묵자. 공자를 딛고 일어선 천민 사상가

묵자, 공자를 딛고 일어선 천민 사상가

ⓒ임건순, 2013

초판 1쇄 | 2013년 7월 15일
초판 2쇄 | 2013년 12월 20일
2판 1쇄 | 2015년 12월 1일
2판 2쇄 | 2017년 10월 16일

지은이 | 임건순
펴낸이 | 김성실
책임편집 | 최인수
인쇄 | 삼광프린팅
제책 | 바다제책

펴낸곳 | 시대의창
출판등록 | 제10-1756호(1999. 5. 11.)
주소 | 03985 서울시 마포구 연희로 19-1 4층
전화 | 02) 335-6121
팩스 | 02) 325-5607
이메일 | sidaebooks@daum.net

ISBN 978-89-5940-574-9 (03100)

이 도서의 국립중앙도서관 출판예정도서목록(CIP)은
서지정보유통지원시스템 홈페이지(http://seoji.nl.go.kr)와
국가자료공동목록시스템(http://www.nl.go.kr/kolisnet)에서 이용하실 수 있습니다.
(CIP제어번호: CIP2015030168)

묵자, 공자를 딛고 일어선 천민 사상가

임건순 지음

시대의창

차례

어렸을 때 제가 가장 존경하는 위인은 소파 방정환 선생님이었습니다. 신나게 놀 수 있고 맛있는 것 먹을 수 있는 어린이날을 만들어 주신 분. 암울한 식민지 시대에 이 땅의 어린이들을 위해 어린이 운동을 펼치신 선생님. 제겐 세상에서 가장 훌륭하신 분이었지요. 그분께선 젊은 나이에 세상을 떠나셨다는데, 이 땅의 어린이들에게 좋은 일을 더 많이 하지 못하고 일찍 돌아가신 것도 안타까웠죠.

근데 커가면서 지각이 생기고 또 공부도 하면서 알게 된 것이 있습니다. 그분이 천도교의 3대 지도자 손병희의 사위이고, 그분의 어린이 운동 뒤에는 모든 사람이 하늘이고 모든 사람이 한얼님을 모시고 있다는 동학/천도교의 가르침이 있다는 것을.

사람은 모두 자기 안에 천주님을 모시고 있으니 모든 사람이 하늘이고 한얼님이라는 동학/천도교에서는 양반이든 상인이든, 신분의 귀천에 상관없이 모든 인간이 동등하게 존중되어야 한다고 생각했고, 그랬기에 당시 사람 취급 받지 못했던 어린이와 여성을 위해 어린이 운동, 여성 운동을 일으켰으며, 방정환 선생님의 훌륭한 삶 뒤에는 그런 천도교의 가르침이 있었던 거죠.

저는 동학의 종사宗師인 수운水雲 최제우와 해월海月 최시형 선생에 대해 알아가면서 동학/천도교가 말하는 한얼님이란 뭘까 궁금했는데, 묵자를 해설하신 묵점墨店 기세춘 선생님의 책에서 동학의 한얼님과 비슷해 보이는 어떤 절대자를 보게 됩니다. 바로 묵자의 하느님.

묵자가 말하는 하느님은 모든 사람을 사랑하시고 특히나 억압받는 하층민을 사랑하신다 하니, 이 땅의 한얼님과도 많이 닮아 보이는 그 하느님 때문에 저는 묵자에 빠져들어 묵자를 화두로 등에 진 채 살게 되었고, 결국 한학과 동양철학을 공부하게 되었습니다. 그러다 이렇게 묵자에 관한 책까지 내게 되었네요. 실로 감개무량합니다. 하지만 또 두려움도 앞섭니다. 아직 설익은 공부로 책을 내는 게 아닌지 하는 걱정. 그러나 묵자란 위대한 사상가를 조금이나마 더 세상에 알리고 싶고, 묵자에 대해 공부한 것을 벗들과 나누고 싶어 이렇게 책을 내게 되었습니다.

묵자적 이상과 문제의식이 오늘날 우리가 사는 대한민국에 절실하다고 생각되기에 묵자가 정말 많이 알려졌으면 좋겠습니다. 책 출간 이후에도 계속 묵자 공부에 매진할 생각인데요. 이렇게 책이 세상에 나왔으니 고마우신 분들 이야기를 안 할 수가 없습니다. 저같이 부족한 사람이 이만큼이라도 공부를 해서 책을 낼 수 있는 것은 저를 아껴주시고 가르침을 베풀어주신 은사님들 덕분입니다.

벽지에서 절 가르쳐주신 권옥주·윤석진·고선희·신경이·황갑분·유인환 선생님, 이제는 장학사가 되신 이재각 선생님, 그리고 항상 절 감싸주셨던 양희선·이상헌 선생님과 상경 후 촌놈인 절 제자로 거두어주신 박용찬·배우성 선생님, 그리고 정재현 선생님. 은사님들께 감사의 말씀 전하고 싶습니다.

아울러 노력은 어떻게든 흔적을 남긴다는 것을 가르쳐주신 김성근 감독님과 빙그레 이글스 김영덕 감독님 등 또 다른 스승님들께도 인사를 드리고 싶고, 하느님을 말한 묵자를 다룬 책인 만큼 이 땅의 민중신학자분들께 모두 구도와 학문의 정진만이 있었으면 좋겠습니다. 그리고 스펙 없는 젊은이의 책을 출간해주신 시대의창 식구들께도 감사의 말씀 올리고 싶고, 특히 성글고 설익은 원고를 정성스럽게 다듬어주신 최인수 편집자님께 감사의 절을 올리고 싶습니다. 아울러 남과 북의 모든 천도교 동덕들에게도 인사를 드리고 싶고, 저 역시 사인여천事人如天의 글쓰기를 계속하겠다는 약속, 드리고 싶습니다.

춘추전국 시대,* 묵자墨子라는 위대한 사상가가 있었습니다.

겸애와 반전反戰, 의로운 정치, 이런 것들의 기초가 되는 하느님의 의지를 말하면서, 앉은 자리가 조금도 따뜻해질 새 없이 동분서주하며 자신의 이상을 펴려 했던 사상가이며 활동가였습니다.

배고픈 자 먹지 못하고 추운 자 입지 못하고 일해서 힘든 자 쉬지 못한다며 당시 하층민들의 고통을 직시하고, 그들을 대변하고, 특히 일하는 자들의 권리와 그들이 누려야 할 기초적인 생활 보장에 관심이 많았던 사상가.

* 중국의 춘추 시대春秋時代(서기전 770년~서기전 403년)와 전국 시대戰國時代(서기전 403년~서기전 221년).

그 사상가에 대한 이야기를, 나름 자세하고 자상하게 펼쳐보려고 합니다. 《묵자》라는 텍스트, 우리가 고전이라고 부르는 《묵자》라는 책을 통해서요.

묵자가 다시 세상에 나오고 세인들의 관심을 받은 것은 '2000년 만의 복권'이라고 합니다. 2000년 동안 누구의 주의도 끌지 못하다가 청나라 말엽에 필원畢沅과 손이양孫詒讓이라는 학자가 《묵자》 원문에 주석을 달고 정리하면서 묵자란 사상가가 다시금 조명을 받게 되었고, 그것을 신영복 선생님이 '2000년 만의 복권'이라고 했지요.

무려 2000년 동안 지하에서 잠자고 있던 사상가와 그 사상이 담긴 책. 이렇게 묵자란 사람과 그 사람의 사상은 줄곧 동아시아 역사에서 소외되어왔고 아무도 주목하지 않았습니다. 그런데 지금 묵자와 그의 사상에 대해 공부하러 여러 벗들과 길을 떠나보려 합니다.

왜 그럴까요? 난데없이 무슨 바람이 불어서 그럴까요?

왜 묵자를 읽어보자는 것인지 분명한 이유를 말하기 전에 일단 《묵자》라는 책은 고전이라는 것을 말씀드리고 싶습니다. 《묵자》를 읽어보자, 묵자 여행을 떠나자는 것은 일단은 《묵자》라는 고전을 읽고 그것과 씨름하면서 이야기를 나눠보자는 건데 고전, 고전, 고전이라…….

마르지 않는 샘물이며 인간과 세상, 사회를 이해하고 보는 시야를 넓혀주고 지평을 새롭게 열어준다는 고전. 하지만 정작 그 고전은 아무도 읽어보지 않는다는 말이 있습니다. 일단 고전은 어렵습니다. 읽기가 쉽지 않죠. 동시대 우리의 언어로 쓰인 책이 아니기에 아무리 번역을 잘했어도 읽기가 쉽지 않고, 또 사실 부끄러운 이야기지만 동서양의 여러 고전이 우리나라에서 제대로 번역이 되질 않았습니다. 제대로 번역을 해도 읽기 어려운데 말이죠.

그리고 읽고 독해하고 이해를 한다고 쳐도, '그래 좋은 이야기야, 하지만 그래서 어쩌라는 거지?' 하고 의문을 던지면서 책장을 덮기가 쉽습니다. 아무리 고전을 만든 사상가가 훌륭하고, 그지없이 좋은 이야기가 고전에 담겨 있어도, 그것이 이 땅에서 오늘을 살아가는 우리가 가진 문제의식에 답을 줄 여지가 없으면? 고전의 할아비가 와도 그건 그냥 죽은 책일 뿐이죠. 고전은 현실을 사는 우리에게, 어떤 명쾌한 답이 아니더라도 오늘을 사는 우리의 고민과 문제에 대해 뭔가를 주어야 합니다. 그렇지 않으면 읽기 힘들고 시간만 낭비하게 하는 괴팍한 책, 그 이상 이하도 아닐 것입니다.

왜 고전이 현실을 사는 우리에게 뭔가를 주지 못할까요? 고전 자체가 죽은 책이어서 그럴 수도 있고, 또 우리가 뭔가에 대해 명확한 문제의식이 없어서일 수도 있고, 아니면 고전에 대한 친절한 길잡이 내지 길동무가 없어서일 수도 있습니다. 그래서 무식하고 용감한 이 필자가《묵자》란 고전 여행을 위한 길동무/길잡이로 나섰고, 이 길동무/길잡이와 함께한다면《묵자》를 읽으시면서 뭔가 얻을 것이 있다고 감히 자신합니다.

이 길잡이를 자처한 제가 생각하기에, 묵자란 사상가와 그 책은 뭔가를 적지 않게 주는 것 같습니다. 오늘날 대한민국을 살면서 이런저런 문제의식을 가지고 씨름하는 우리에게 명쾌한 답까지는 아니어도 여러 가지 생각할 거리와 고민할 거리를 주는 것 같다는 거죠. 또 제가 생각하는 대안에 어떤 자원 내지 초석이 될 것들두 주는 것 같고, 거기에 다른 사회구성원을 설득하는 데 도움이 될 밑천도 많이 담겨 있는 것 같고요. 그래서 《묵자》를 읽어보자는 겁니다. 이런 많은 것들을 얻을 수 있을 것 같으니 읽기 쉽지 않고 무뚝뚝해 보이다 못해 괴팍해 보이는 고전이지만 같이 읽고 소화해보자는 거지요.

《묵자》는 말 그대로 고전입니다. 더구나 원문은 한자로 되어 있고 그것이 쓰인 시기는 2000년 전으로서, 그것이 만들어진 또 그것이 만들어간 당대의 역사, 사회문화적 환경은 오늘날과 아주 많이 다르죠. 그렇기에 더더욱 독해와 소화에 어려움이 따르는데, 그냥 저를 믿고 따라오십시오. 이 패기 넘치는 길잡이는 뭔가 자신감에 차 있습니다. 당대의 역사, 정치적 배경과 맥락에 대해서도 좀 이야기해드릴 수 있을 것 같고, 묵자가 말하는 겸애가 뭔지 그가 말하는 의로움이란 게 뭔지 좀 이해시켜드릴 수 있을 거 같고, 그것이 오늘을 사는 우리에게 어떻게 적용되고 답이 될 수 있을지 고민해보는 데 확실히 도움을 드릴 수 있을 것 같다 이 말입니다.

자, 우리가 서점에 가면 동양철학, 동양사상과 관련된 아주 많은 책을 볼 수 있습니다. 하지만 다들 어째 우리의 현실과 유리된 것처럼 보입니다. 단순히 동양철학과 동양사상을 소개하는 데 그치는 게 아니라 그것을 매개로 해서, 또 그것을 기초로 해서 오늘날 우리가 가진 문제의식과 관련된 이야기, 오늘날 정치공동체의 현실에 가려운 곳을 긁어줄 수 있는 이야기를 하는 책이 있었으면 하는데, 그런 책을 찾아보기 힘들고 그런 책 만들기에 우리가 좀 소홀했다고 할까요? 그래서인지 서점에 가서 동양철학 관련 책 여러 권을 놓고 책장을 넘겨보면 심심하기 그지없게 느껴집니다.

하지만 저는 감히, 무모할지 몰라도 자신합니다. 《묵자》라는 책이 우리 고민에 친절히 답해주고 우리 현실의 가려운 곳을 긁어줄 수 있을 것 같다고요. 근거 없는 자신감인 것 같아 보이더라도 일단은 이 길잡이를 믿어보시고요, 조금도 겁먹지 마시고 부담 가지지 마시고 저와 함께 묵자 이야기 스무 고개 여행을 떠나봅시다. 무모해 보일지 몰라도 자신감 넘치는 이 길잡이/길동무와 함께요.

묵자 여행 준비

일단, 《묵자墨子》를 읽어나가면서 제가 중점을 두고 이야기할 것들을 먼저 좀 말씀드릴게요. 간단히 준비 운동을 한다고 생각하고 들어주시면 고맙겠습니다.

우선 당대의 역사적 환경에 대해서 말씀드리겠습니다.

문학과 역사, 철학이 학문의 장에서 어울려서 사이좋게 같이 가지 못하다 보니 오늘날 우리가 동양철학과 동양사상을 말하고 논할 때 역사적 접근과 함께하는 공부와 이해가 어렵습니다. 당대의 역사를 아우르는 시야를 바탕에 두고 동양철학과 사상을 말해야 하는데 그것이 약해서 어렵다는 것이죠. 물론 철학과 사상을 이야기할 때는 그 철학과 사상의 내적인 논리로 풀어가야 하는 법이지만, 철학과 사상,

그리고 사상가는 어디 하늘에서 떨어진 존재가 아닐 것이고, 분명 그가 살았던 역사적 현실과 배경이 그 사상가를 만들었을 겁니다(물론 사상가와 그 저작이 배경이 되는 현실과 역사에 종속되기만 하는 것은 아닙니다. 완성도 높고 충실한 사상과 저작이 나오면 그 사상과 저작은 다시 현실과 역사를 만들어가기도 하죠).

그렇다면 당연히 우리가 《묵자》를 읽을 때에도 묵자를 고민케 한 당대의 배경에 대해서 이야기를 해야 합니다. 그래야 묵자에 더 가까이 접근해서 그를 제대로 이해할 수 있고, 또 그래야 묵자를 오늘날의 현실, 대한민국 정치공동체의 현실로 불러와 제대로 발언케 할 수 있겠죠.

자, 일단은 묵자가 살고 부대꼈던 시대의 역사적 배경과 맥락에 대해서 말씀드리겠습니다. 장을 하나 뚝 떼어서 말씀드릴 수도 있고, 묵자의 주장과 중심 생각을 말하면서 같이 말씀드릴 수도 있고요.

둘째, 유가儒家와 공자 이야기를 하겠습니다. 왜 묵자를 이야기하는데 유가와 공자를 이야기하느냐면, 유가와 공자를 이야기하지 않고서 묵가墨家와 묵자 이야기를 할 수가 없기 때문입니다. 할 수는 있지만 제대로 깊이 있게 할 수 없다는 것이죠.

묵가 사상은 비주류 이미지를 가졌지만 사실 묵학墨學 역시 유학儒學처럼 동방의 정학正學이었고, 당대의 지배적인 학문이자 사상이었습니다. 유가와 묵가, 두 사상은 한비자가 말한 대로 춘추전국 시대에 양대 현학顯學으로 크게 흥행했는데, 선발 주자는 공자였습니다. 선발 주자인 공자가 이러이러하다고 이야기했는데 후발 주자로 묵자

가 나타나서 '공자 선생님 아니올시다, 이런 게 아니고 저렇습니다'
하고 이야기합니다. 공자 사상에 대해 첫 번째로 반응하고 반대한 사
상가지요. 그것도 아주 집요하고 체계적으로. 그렇다면 공자 사상에
대해 뭐라도 좀 알아야 묵자 사상을 쉽고 또 정확하게 이해할 수 있
지 않을까요? 사실 아주 당연한 일입니다. 공자를 알아야 묵자를 제
대로 알 수 있다는 것이요.

그런데 말입니다. 묵자는 단순히 공자 사상에 대한 반대자 내지 공
격자가 아닙니다. 일단 묵자는 공자와 같은 노魯나라 사람입니다. 같
은 노나라 사람인 게 뭐 어떻다는 거냐고요? 노나라가 낳은 위대한
두 사상가 공자와 묵자, 그들이 단지 같은 나라 사람인 점이 중요하지
는 않을 것이고, 중요한 것은 사상·문화적 토양이 같다는 것이죠. 노
나라라는 정치·역사적 공간이 그것을 단적으로 말해주고요. 자, 이렇
게 같은 노나라에서 나고 자라 노나라에서 자신의 사상을 숙성시킨
사람들. 둘 사이에 뭔가 닮은 점, 공통점이 있지 않을까요?

분명히 묵자는 유가의 학설을 배웠습니다. 하지만 유가의 학설이
맘에 안 들었나 봅니다. 그래서 새로운 사상을 만들었고 그 새로운
사상은 유가 사상을 반대하고 공격합니다. 그렇지만 묵자의 사상은
유가의 학설과 공자의 사상을 전면 부정한 토대 위에 만들어진 게 아
닙니다. 나름 유가의 학설과 공자 사상의 약점과 한계를 극복 내지
보완하고자 하는 문제의식이 상당했죠. 그렇기에 더욱이 공자에 대
해서 이야기해야 합니다. 공자의 사상, 공자만의 문제의식, 공자가
말하는 어짊(仁)이 뭔지, 그리고 그것들이 가지는 한계와 약점이 뭔
지에 대해서 이야기를 해야죠. 그래야 묵자라는 사람의 문제의식과

그 사상의 고갱이가 뭔지 알 수 있으니까요.

셋째로 묵자가 사용한 인仁, 의義, 겸애兼愛, 현賢 등 그의 사상에서 중심에 해당하는 개념과 단어에 대해 단순히 어짊, 의로움, 두루 사랑, 현명함이라고 쓰지 않고 좀 풀어서 설명하면서 이해를 돕도록 하겠습니다. 그리고 저런 단어와 개념이 묵자 아닌 다른 사상가들 사이에선 어떻게 쓰였나를 보면서 더욱 명확하게, 묵자가 저런 단어와 개념을 자신의 사상 안에서 어떻게 소화하고 차별화시켜 재정의, 재규정했는지 설명해보겠고요.

그리고 겸애 같은 묵자 사상의 핵심이 되는 단어와 개념에 대해서 추상적으로 돌려서 감질나게 말하지 않고 직설적으로 명쾌하게 설명할 것입니다. 우리가 주변의 벗들에게 《묵자》를 읽었다고 이야기하면, 벗들이 이렇게 물을 것입니다. "묵자가 말하는 겸애가 뭐야?" 이런 질문을 받았을 때 이 책을 읽는 벗들께선 최소한 '그가 말하는 겸애는 이런 거야'라고 말하면서 어깨를 펼 수 있어야겠죠. 제가 그것만큼은 분명히 약속을 드리겠습니다. '겸애는 뭐다' 하고 딱 부러지게 말할 수 있게끔 규명해보겠습니다.

마지막으로, 오늘날 묵자 선생이 대한민국에 있다면 무엇을 고민하고 어떤 조언을 하고 어떤 대안을 생각해볼까 하는 것에 대해 좀 이야기하고 싶습니다. 당대와 오늘날에도 비슷한 모순이 있는지, 그리고 비슷한 모순이 있다면 묵자는 어떻게 접근해서 무슨 이야기를 할 것이고 어떻게 처방을 내릴 것인지 이야기해보겠다는 것입니다.

그런데 그것은 저 한 사람만의 몫이 아니라 같이 여행을 떠나는 벗들 모두의 몫이기도 할 것입니다.

준비 운동의 마무리로서, 묵자 사상이 왜 전국 시대를 끝으로 사라지게 되었는지 조금 설명하겠습니다. 이 이야기가 끝나면 바로 본격적인 묵자 읽기에 들어갑니다.

준군사조직으로서 가지는 한계

묵가墨家, 곧 묵자墨子의 사상을 배우고 실천하는 사람인 묵자墨者들 무리를 구성했던 사람들 중 상당수는 무인武人, 곧 무사들이었습니다. 그러니 그들로 구성된 묵자 집단 자체가 준군사조직의 성격을 띠었겠죠. 실제로 거자巨子/鉅子라는 묵자 집단의 우두머리는 보스 내지 두목처럼 강한 힘으로 조직을 장악하고 지휘했으며, 거자 휘하의 묵자 조직은 엄격한 내부 규율에 따라 일사불란하게 움직였고 자체적으로 무력을 보유했습니다. 조정에 출사해서도 칼을 차고 있었고요.

이 묵자의 제자들은 전국 시대에 대대적으로 무리를 지어 움직이면서 약소국에 들어가 강대국에 대한 방어를 돕는 활동을 하며 실전에서 자신들의 힘을 과시하고, 어떻게 무기를 만들고 성을 방어하며 군사조직을 운영해야 하는지 상세히 적어두기도 했습니다. 군사 관련해서 실전과 이론 실력을 겸비한 사람들이었죠. 이렇게 묵자 무리는 군사조직 내지 군사전문가의 성격이 상당히 강했습니다.

그런데 혼란의 시기인 춘추전국 시대가 종식되고 통일 제국이 들어서며 전제 왕권 시대가 닥쳤습니다. 그런 상황에서 정부 통치 체계 밖의 준군사조직, 군사전문가 집단은 용납될 수 없었겠죠. 국가의 본질에서 폭력의 독점을 빼놓을 수 없는데, 국가의 힘이 극대화된 시기에 준군사적인 집단은 용납될 수 없었을 겁니다. 이때 묵자 조직은 대대적으로 정부의 탄압을 받고 무수히 죽기도 했는데, 탄압을 피해 흩어진 묵자 무리가 협객의 시초가 되었다는 말이 있습니다. 이른바 강호에서 놀게 되어 그중 일부는 하층민들의 사적인 원한을 풀어주는 해결사가 되었다는 것이죠. '강호江湖'라는 말을 처음 쓴 것은 장자인데 그 강호를 연 것은 묵자 무리였던 셈이죠.

줄을 잘못 섰다??

묵자의 무리 중 적지 않은 수가 진나라에 베팅을 했습니다. 열렬한 반전운동가인 묵자 집단은 약소국 방어에 힘쓰고, 강대국에 가서는 침략 전쟁이 이롭지 못함과 의롭지 못함을 설파하며 적극적으로 반전운동에 나섰습니다. 그런데 약소국 방어에 많은 조직 구성원이 죽어나가고, 기울이는 노력에 비해 결과는 형편없고, 정말 밑 빠진 독에 물 붓는 것과 같다는 생각을 그들은 하게 됩니다.

그렇게 고민하던 그들에게 한 나라가 눈에 들어옵니다. 바로 진시황으로 잘 알려진 진秦. 묵가 무리는 이런 생각을 했던 것 같습니다. 전 중국을 아우르는 통일 제국이 세워지면 전쟁은 없어질 거라고. 그래서 강대국 진에 베팅해서 진나라로 들어가고, 대활약을 펼쳐 통일에 큰 힘이 됩니다.

먼저 묵가 무리는 진나라에서 전문 관료로서 활동하면서 법의 세부 항목을 가다듬고 제국의 체계를 세웠습니다. 묵가 집단에 관중(춘추시대 중기의 제齊 나라 재상)이나 상앙(전국시대 중기의 진秦나라 재상), 오기(전국시대 초기의 초楚 나라 재상), 범려(춘추시대 말기의 월越 나라, 제齊나라 재상)와 같은 슈퍼스타 재상은 없었지만 일선의 현장에서 전문적인 능력을 발휘하는 중하위 관료로서 여럿이 활동했죠. 원래 묵가가 말하는 이상적 인간, 현자, 군자는 유가식으로 수양한 도덕자가 아니고, 현장에서 민民들과 직결되는 문제를 해결하는 문제 해결형 인사입니다. 이런 문제 해결형 묵가 인사들이 진에서 활약하면서 시스템을 잘 만들어놓았습니다.

그런데 진이 오래가지 못했죠. 통일 제국을 세우고 나서 얼마 안 가 아주 허망하게 무너졌는데, 그러면서 묵가의 무리도 직접적으로 타격을 받게 됩니다. 요샛말로 하면 한 방에 훅 갔다고나 할까요. 묵자 무리가 대대적으로 투신한 진이 무너지고, 진은 향후 중국 역사에서 죄인처럼 취급받으면서 반성적인 맥락에서만 고찰되었습니다. 묵자 무리는 정말 진과 함께 갔다고 해도 과언은 아닙니다.

그런데 단순히 진의 멸망 때문에 묵자 무리가 쇠락했다고 하는 건 무리이고, 같이 봐야 할 것이 많습니다. 묵자 무리가 역사 속으로 사라지게 된 데에는 여러 요인이 있는데 이건 이 책의 다른 부분에서 자세히 설명하겠고요, 일단 여기선 묵가의 절멸과 진의 멸망이 밀접히 연관되어 있다는 것만 말씀드리고 싶네요.

사상 자체의 성격

겸애를 주장하는 묵자 사상, 그 묵자 사상은 정말 겸애했습니다.

다른 제자백가에게 아낌없이 퍼주었죠. 다른 제자백가 철학이 만들어지는 데 촉매제 내지 원자재 구실을 많이 했습니다. 인간의 욕망에 주목하는 관점과 논리적, 합리적인 사유는 순자荀子가 가져갔고, 보편적 맥락에서 인간을 사유하는 건 맹자가 반짝 들어가고, 법을 통한 국가 운영과 지배, 관료 체제 확립은 법가가 많이 가져갔고요.

이렇게 다른 사상가들에게 정말 겸애를 했던 묵자 사상은 겸애하면서 자신이 설 자리를 잃어버렸습니다. 묵자만의 장점을 다른 사상가들이 가져가고 배워가고, 각자의 사상 체계 안에 소화시켜 자신들의 사상을 업그레이드하고, 그러면서 묵가만의 뭔가가, 차별화된 이야기가 적어지게 되었습니다.

그리고 묵자 사상을 부분적으로 흡수해 사상 재무장을 한 다른 사상가들이 이렇게 말할 수 있게 되었습니다. '묵자 사상에 혹했던 사람들이 원하는 것과 원하는 세상은 우리 철학과 사상 안에서 제한적이고 부분적으로나마 만들어질 수 있게 되었다'고. 곧 묵자 아닌 사상들의 설득력, 포섭 범위가 넓어진 것이죠.

그래서 묵자 사상이 다른 여러 사상의 자양분이 된 까닭에 굳이 묵자 사상에 목을 매지 않아도 되는 상황이 왔고, 이렇게 되면서 묵자 사상이 설 자리가 도리어 좁아진 셈입니다. 묵가만의 뭔가가, 묵가만의 독자성이 많이 희석되었기 때문에요.

원래 대변하는 계급의 문제

마지막으로 묵가 몰락의 가장 큰 원인이 되는 것은 역시 묵자 사상 자체가 하층민의 입장을 대변하는 사상이었다는 점입니다. 그런 사상은 기존의 질서가 무너지고 유동성이 극대화된 세상에서나 생겨나고 선전되고 어느 정도 먹힐 수 있었지, 확고한 질서가 만들어진 다음에는 이야기가 달라지죠. 국가권력의 질서가 확고히 잡힌 시대에는 하층민을 대변하는 사상이 환영받기는커녕 용인되는 것 자체가 어려울 것입니다. 아니 애초에 생겨나기부터가 힘들겠죠.

분명히 묵자 사상은 춘추전국 시대만의 특수성에서 생겨난 것입니다. 당대의 무질서함과 극대화된 사회적 유동성, 그로 인해 생긴 틈과 공간 안에서 통용될 수 있는 사상이었고 논리였죠. 당대의 무질서함이 하층민에게 극한의 고통도 주었지만, 한편으로 하층민을 대변하는 묵자 사상이 싹트고 숨 쉬고 뻗어나갈 수 있는 공간을 준 것인데, 진나라와 한나라의 통일 제국 시대, 전제 왕권 시대가 열리면서 하층민을 대변하는 사상이 숨 쉴 수 있는 공간은 없어졌습니다.

그리하여 전국 시대가 종식되면서 묵자 철학은 역사의 무대 뒤로 퇴장했습니다. 하지만 그렇다고 그들의 이상과 꿈, 그리고 하층민을 옥죄는 국가와 사회, 정치공동체의 모순이 사라졌을까요? 그렇지 않을 겁니다. 묵자가 꾸었던 꿈과 그들이 품었던 희망은 억압받고 착취받는 사람들이 언제든 생각해왔고 그려왔던 것이며, 그것은 오늘날도 마찬가지일 것이라고 생각합니다. 그렇기에 이렇게 묵자를 다시 불러내어 그 원전 읽기에 나선 것이고요. 그리고 무엇보다 전쟁이 없는 세계, 모든 사람이 기초적인 생활을 누리고, 일하는 사람들이 존중받고 그들의 권리가 보호되는 세상을 꿈꾸고 희망하는 것은 오늘날, 특히 대한민국의 현실에서 여전히 유효하지 않은가요?

자, 이제 본격적인 《묵자》 읽기에 나설 텐데요, 《묵자》 원문은 53편으로 구성되었고 첫 편을 〈친사親士〉로 시작합니다. 사士 곧 지식인을, 친親 곧 가까이하라. 하층민에서 출발한 묵자 집단 스스로 자신들을 지식인이라 생각하는 자의식이 생겼음을 드러내고, 우리도 국정의 주체로서 대접해달라고 이야기하는 편이 묵자의 첫 꼭지입니다.

이 길잡이는 《묵자》란 책을 펴자마자 보이는 '친사親士'를 대하며 항상 가슴 설렘을 느낍니다. 하층민들의 희망과 목소리, 그것이 단순히 목소리 내지 메아리로 그치는 것이 아니라 그들의 목소리를 대변하는, 연대하여 잘 조직된 사람들이 있고, 그 사람들 스스로가 당당히 국정의 주체로서 인정받고자 자신들의 말을 들어달라 하는 외침, 그것을 보는데 어찌 설레지 않을 수 있겠습니까? 저는 그 설렘을 여러분과 함께하고 싶은데……. 서론이 길었죠? 이제 본격적으로 묵자 여행을 떠나봅시다.

길잡이의 나침반

겸애, 그리고 이익이란 무엇인가

묵자 사상의 중심, 겸애

묵자 여행을 시작했으니 일단은 묵자란 인물에 대해서 좀 말해야 할 것입니다. 역사적으로 대략 어느 때 태어나서 활동했는지, 그리고 어느 공간에서 활약했는지, 그의 출신성분 등도 말해야겠고요. 그런데 저는 그보다 앞서 우선 '묵자의 겸애'에 관해 이야기하려 합니다.

묵자 하면 겸애兼愛를 떠올리는 분이 많을 겁니다. 상식적으로요. 묵자 하면 겸애. 하지만 묵자의 겸애에 대해서 딱 부러지게 아는 사람이 거의 없어 보이고 명쾌하게 말해주는 이도 별로 못 본 것 같습니다. 그래서 일단 묵자의 겸애에 대해서 짧아도 이거다 하고 분명히 말씀드리고 시작할까 합니다. 앞서 말씀드렸죠. 겸애에 대해서만큼은 감질나지 않게 설명하겠다고요. 하지만 이 장에선 자세히 논하진 않고 분명하지만 짧게 이야기하겠습니다. 묵자 사상의 핵심인데 처음부터 너무 깊고 자세히 이야기하면 김이 샐 거 같아서요. 자, 그럼 묵자의 겸애에 대해서 좀 알아볼까요?

상대가 중언부언하며 딱 부러지게 자기 생각의 요지나 요점을 말하지 못할 때 우리는 이렇게 말하곤 합니다. "그래서 니 생각이 뭐야?" 이 질문에 명쾌하게 대답하지 못하면 그 당사자는 아직 자신의 생각을 정리하지 못했거나 문제를 제대로 파악하지 못한 것이겠죠. 아니면 듣는 사람을 속이려는 것일 수도 있고요.

동양철학을 공부하는 사람도 마찬가지라고 생각합니다. 공자의 문제의식이 뭐요? 그가 말하는 인仁이란 게 뭐요? 장자 사상의 요지는 뭐요? 하고 물어봤을 때 한마디로 명쾌하게 말할 수 있어야죠. 그러지 못하면 공부가 덜 되었거나 사람을 속이는 것에 불과할 겁니다.

공자의 문제의식 내지 중심 생각? 그가 말하는 인仁? 치인治人(사람을 다스림)의 우월적 지위에 안주하는 군주에 의한 정치가 아니라, 수기修己(자신의 몸과 마음을 닦음)라는 힘겨운 과제에 주력하는 지식인들이 만들어가는 정치공동체의 조화와 평화.

맹자? "이보라 왕, 인仁의 정치를 하라우. 그런데 인仁의 정치는 말이지, 우리 지식인들이 하는 거니까 우리 지식인 대접을 깍듯이 하라, 알겠어?"

장자? 국가나 권력에 의해 강제된 표준과 쓸모에 맞는 인간이 아니라 스스로 자신이 자신의 쓸모를 찾아 사는 강호의 삶.

한비자? 어떻게 간신배들을 누르면서 군주의 힘과 국가의 힘을 키울 것인가.

노자? 천장지구天長地久!!!! 하늘과 땅처럼 왕이 장구하게 제명을 누리며 살 수 있게 하는 요령과 처세술. 자연으로 돌아가자? 문명 이전의 소박한 삶 추구? 모두 노자의 문제의식과 관련이 없는 것입니다. 철저히 군주를 수요자로 해서 만들어진 사상이죠.

그렇다면 묵자 사상의 요지가 뭐냐는 질문을 받는다면 겸애를 가지고 시원하게 이야기해야 할 겁니다.

묵자의 겸애란 바로 통치 체계, 사회 체제를 통한 최대 다수의 기본적인 생활 보장 내지 욕망, 욕구 충족입니다. 여기서 욕망, 욕구란 생존에 필수적인 것을 바라고 가지려 하는 것을 말합니다.

겸애 하면 박애, 자비, 널리 사람을 사랑하라, 두루 사람을 아껴라 하는 것들을 떠올리신 분이 많을 텐데, 그런 추상적인 정신이나 관념과 상당히 멀리 떨어진 것이 묵자의 겸애 개념입니다. 사실 묵자는 공자 사상의 관념성에 문제의식을 품고 독창적인 사상을 만들어내 공자와 유가를 공격했는데, 그의 겸애가 관념적이거나 추상적인 것일 수는 없겠죠.

그리고 묵가에서는 겸애를 말할 때 항상 '교상리交相利'를 같이 이야기하거나 겸애를 교상리라고 풀이합니다. '교상리'란 서로[相] 이롭게[利] 하는 관계 맺기[交]라는 뜻으로, 겸애는 이렇게 이익과 결부되는 개념이지요.

자, 묵자의 겸애를 이해하기 위해 몇 가지 이야기를 해볼게요.

효성이 지극한 아들이 있습니다. 그런데 벌이가 시원찮아 부모의 끼니도 해결해드리기 힘듭니다. 그리고 자식 사랑이 지극한 부모가 있는데 자식이 병이 들었는데도 약값 마련을 못해 발만 동동 구릅니다.

자, 이런 상황에 처했는데 무슨 효성이니 자애를 말할 수 있을까요? 물적 토대와 동떨어진 보통 사람의 삶? 물적 토대와 상관없는 윤리와 도덕? 그런 것이 있을 수 있을까요?

그런데 말입니다. 위와 같은 상황이 문제라면 답은 무엇일까요? 단순히 자식 키우는 부모가 돈 더 잘 벌고 부모 봉양하는 자식이 돈 더 잘 벌면 되는 걸까요? 네, 맞습니다. 하지만 돈 벌고 말고 하는, 물적 토대와 연관된 일은 단순히 개인의 능력이나 부지런함만으로 설명되거나 해결될 수 있는 일이 아닌 것 같습니다. 눈을 사회구조와 시스템으로 돌려 봐야죠. 묵자는 실제 그런 것들에 눈을 돌려 봤습니다.

자, 한 가지 가정을 해봅시다. 사정이 어려운 사람을 위해 모금하는 '사랑의 리퀘스트' 방송을 공자님과 묵자님이 보고 있습니다.

공자님은 성금이 쇄도하는 것을 보고 흐뭇합니다. 타인의 일을 내 일처럼 여기고, 남을 내 가족같이 생각하며, 딱한 사정에 처한 사람을 가여워하는 마음을 가진 사람들의 모습이 좋아서요. 또 공자님은 그런 마음을 잘 키우는 사람들로 사회가 가득 차면, 우리 사회가 맑고 밝고 명랑한 사회가 될 것이라는 생각에 더욱 흐뭇하실 겁니다.

그런데 묵자님은 고개를 갸우뚱하면서 '이건 아니지' 하는 표정을 짓습니다. "안 그래도 얄팍한 서민들 주머니에서 저렇게 푼돈 털어가지 말고, 좀 사회 시스템을 통해 해결해야지" 하면서요.

묵자는 대놓고 말합니다. '효도란 부모를 이롭게 하는 것이다', '의로움이란 것 자체가 사람을 이롭게 하는 것이다'라고. 물질·경제와 동떨어진 관념과 도덕 모두 거부하면서, 통치 체계와 사회 체제를 어떻게 하면 많은 사람들, 모든 인민이 최소한의 생활과 최소한의 물적 토대를 유지할 수 있는가 하는 문제에 천착하죠. 그것이 바로 겸애입니다. 통치 시스템, 국가 시스템, 사회 시스템을 통해서 모든 인민이 최소한 삶의 안정성을 누리도록 보장하는 것, 그것이 겸애입니다.

겸애는 정신적인 사랑, 관념적인 어떤 것과는 아무런 관련이 없습니다. 겸애는 이익과 관련된 문제죠. 당시 묵자는 물질적인 이익을 전면적으로 긍정하고, 그것을 중심에 두고 사고했습니다. 묵자가 살던 당시에 백성들은 세 가지 고통에 시달린다고 묵자는 진단했는데요. 이른바 삼환三患, '추운 자 입지 못하고, 일한 자 쉬지 못하고, 배고픈 자 먹지 못한다.' 이것이 당대에 바닥에 떨어진 인민 삶의 모습이었는데 세 가지 모두 물질적 이익과 연관되죠. 입고 쉬고 먹고 하는, 인민이 누려야 할 최소한의 것들과 동떨어진 도덕과 관념, 윤리를 묵자는 죄다 거부했습니다. 인민 삶의 최소한도 보장해주지 못한다면 도덕이고 윤리고 관념이고 다 필요 없다는 거죠.

묵자!! 경상도 말로 '묵자'가 바로 '먹자'죠. 묵자 하면 밥을 바로 떠올리셔도 좋습니다. 누군 주둥이고 누군 입이 아닙니다. 누구든 먹어야 하고 굶지 말아야 합니다. 이렇게 밥으로 대변되는, 인민 생활 최소한의 기초 내지 최소한의 물질적 토대 보장, 그것이 바로 겸애입니다. 그 겸애가 바로 묵자 사유의 중심이고 문제의식의 핵심이고요.

뒤에 《묵자》를 한 편 한 편 읽어나갈 때 다시 겸애를 집중적으로 논할 테니 여기선 이렇게 맛보기만 하죠. 일단 '관념, 정신, 추상적인 것과는 상관이 없고 모든 백성 삶의 물질적 기초 보장에 관한 것이다' 만 기억해두셔도 좋습니다. 묵자의 겸애가 뭐냐고 누가 물으면 그냥 이렇게 대답해도 무방합니다. "최대 다수의 기초 생활 보장"이라고.

'이익'을 어떻게 볼 것인가

義, 利也.

겸애로 말을 시작한 김에 묵자 사상에서 말하는 리利, 곧 이익에 대해서도 곧바로 이야기하겠습니다. 앞에서 묵자의 겸애는 관념, 추상적인 도덕이나 정신과는 거리가 멀고 물적 토대 내지 이익과 연관 또는 직결되는 것이라고 했죠. 네, 그렇습니다. 묵자는 이익에 관심이 많았고 그것에 대해 많이 고민했습니다. 利, 물질적인 이익이 묵자 사유의 가장 큰 중심은 아니더라도 적지 않은 비중을 차지하는 것은 사실이지요. 그래서 묵자란 인물에 대해 본격적으로 알아보기 전에, 그 사람이 이익을 어떻게 보고 어떻게 사유했는가를 알아봅시다.

보통의 사람은 기본적인 물적 토대와 경제적인 수익(이익) 없이는 생존을 영위할 수 없습니다. 그리고 정상적인 통치 체제 내지 사회 시스템이라면 어떻게든 사람들이 생존에 필요한 이익을 바람직하게 추구할 수 있도록, 안정된 테두리 안에서 보장해줘야겠죠. 그런데 이익, 한자로는 利, 이것은 동양철학 특히 그중에서 주류의 위치를 점해온 유학에서 백안시하거나 경계해온 것이었습니다. 항상 그랬죠. 공자부터 시작해서요.

유가에서 공자 다음의 성인으로 존경받는 맹자가 위나라 혜왕에게 유세하러 위나라의 수도 대량大梁에 갔을 때 혜왕과 주고받은 이야기에서, 이익에 대한 유가의 경계가 아주 잘 드러나죠. 그 자리에서 바로 위나라 혜왕은 맹자를 반기며 한마디하는데······.

"노선생님께서 천 리를 멀다 않고 오셨으니, 장차 내 나라를 이롭게 함이 있겠네요? ㅎㅎ"

이에 맹자는 정색하며 답합니다.

"왕께서는 하필 이익[利]을 말씀하십니까? -_-;;"

그러면서 '단지 인의仁義가 있을 뿐'이라고 이어서 말합니다.

"왕께서 '어떻게 내 나라를 이롭게 할 수 있을까' 하신다면 대부들도 '어떻게 하면 내 집안을 이롭게 할 수 있을까' 할 것이며, 지식인[士]이나 백성들[庶人]도 '어떻게 하면 내 몸을 이롭게 할 수 있을까' 할 것입니다. 위아래가 서로 이익을 다투게 되면 나라가 위태로워질 것입니다. 만승萬乘*의 나라 천자국에서 그 임금을 죽이는 자는 반드시 천승千乘**의 가문 수장인 공경대부요, 천승의 나라에서 그 임금

* '병거(兵車 : 전쟁용 수레) 만 대'라는 뜻으로 천자나 천자의 자리를 가리키는 말.
** '병거 천 대'라는 뜻으로 제후를 가리킵니다.

을 죽이는 자는 반드시 백승百乘의 가문 수장인 대부입니다. 만에서 천을 가지고, 천에서 백을 가지는 것이 적은 것이 아니지만 만약 의義를 뒤로 미루고 리利를 앞세우면 모두가 빼앗지 않고는 만족하지 못할 것입니다."

이익을 탐하면 정치적 위계질서가 무너지고, 서로 죽고 죽이는 살벌한 투쟁이 벌어질 것이다! 맹자의 가르침은 이렇게 시작합니다. 이익에 대한 경계 내지 이익 추구에 대한 경고를 말하는 것으로요. 이익을 추구하다 보면 갈등이 일어난다고 합니다. 그것도 극단적인 갈등이 일어나 결국 공동체의 파괴까지 초래한다고 합니다. 이익을 추구하면 공동체의 의로움이 무너지고 결국 그로 인해 공동체의 파괴가 초래될 수 있다는 것이지요. 그러면서 이익이 아닌 의로움(義)을 말합니다. 이렇게 이익과 의로움은 모순되어 보입니다. 맹자에 앞선 유가의 종사宗師 공자도 《논어》에서 이익 추구의 위험성을 거듭 말했습니다. "군자는 의에 밝고 소인은 이익에 밝다"는 등 "이익에 따라 행동하면 공동체 안에서 원망이 많아진다"는 등.

그런데 묵자는 정반대의 이야기를 합니다.

"義, 利也." 의義는 리利다.

의로움이라는 것은 이익과 함께 가는 것이다!

사회를 유지하는 질서의 기초 내지 통치 질서의 정당성이 바로 '의義'인데 이 '의'는 이로움을 빼놓고는 논할 수 없다는 것. 사람들을 이롭게 하지 않으면 의로움이란 존재할 수 없다고 묵자는 강력히 말합니다. 앞서 겸애를 말할 때도 이야기했듯이, '의'와 '리'를 대립적으로 보는 유가와 달리 묵가는 이익을 윤리와 정치사상, 통치 철학의 필요

조건으로 보는 것 같습니다.

그런데 여기서 주의해야 할 것이 있습니다. 묵가가 이로움을 중시하고 경제 조건과 물적 토대를 강조한다고 해서, 단순히 이익의 총량을 늘리거나 사회 내지 체제의 생산력과 재화를 늘리는 데 주안점을 두지는 않습니다. 단순히 사회 생산력을 높이고 사회 전체가 가지는 경제적 부富를 증대하려는 태도는 법가 사상이라면 몰라도 묵가 사상과는 크게 관련이 없습니다.

이상하지요. 이익을 말하면서 이익의 총량을 늘리는 데는 별 관심이 없다니. 언뜻 이해되지 않을 수 있습니다. 이익 내지 재화라면 늘리고 축적하고 확대하는 게 당연한 것 같은데 말입니다. 그리고 정말 묵가가 이익과 재화, 생산량, 생산력의 확대에 별 관심이 없다면, 묵자가 말하는 이익이란 게 대체 뭘까요?

묵자가 말하는 이익은 그냥 이익이 아닙니다. 어떤 공유되는 이익, 분배되고 나누어지는 이익을 말합니다. 그것도 묵자가 생각하는 정당한 기준에 따라 나뉘고 공유되고 분배되는 이익입니다. 사회구성원이 생산하는 이익과 생산물이 독점되고 또 낭비되고, 그리하여 불평등, 불균등하게 분배되고, 또 생산에 기여한 정도에 따라 나누어지지 못하는 것, 이런 것이 묵자가 무수히 지적한 당대 사회의 모순이고 그들이 직접 겨누었던 문제입니다.

묵자가 말하는, 의로움의 기초가 되는 이로움은 그냥 이로움이 아니라 사회구성원들에게 나누어지고 공유되는 상호적인 이익이고, 이런 이익과 '서로, 이롭게 함'이 그들이 말하는 겸애의 알파이자 오메가입니다. 그래서 의와 리는 같이 가는 것이고 리가 있어야 의로움이 있는 것입니다.

그런데 묵자가 생각하는 의와 리, 그 의와 리의 관계를 정확히 이해하기 위해선 보충 설명이 있어야 할 것 같습니다. 묵자 연구가들은 앞에서 방금 말한 대로, 묵자가 말한 "義, 利也"를 '의는 리다'로 해석해왔습니다. '의'라는 것은 이로움을 필요조건으로 한다, 이로움이 없으면 의로움이 아니라고요. 네, 맞습니다. 그런데 이 해석은 '의'를 '리'에 종속시키는 듯한 뉘앙스입니다. 다른 해석도 한번 생각해보겠습니다. 반대로 '리'를 '의'에 종속시키는 해석도 한번 해보죠. '의로워야 이로울 수 있다, 의로워야 제대로 사회구성원을 이롭게 할 수 있다, 의로움을 통해 이롭게 하자'로요.

'의는 이로움이다'와 '의로워야 이로울 수 있다'는 의미가 상당히 다른 것 같은데, 두 가지 해석 모두를 감안해야 묵자가 생각하는 '의'와 '리'의 의미, '의'와 '리'의 관계가 제대로 들어옵니다.

예를 들어 설명해봅시다. 어느 단체 사람들이 빵 만드는 일을 하는데 생산하던 빵이 10개에서 50개로 늘어났다고 칩시다. 생산력이 발전한 거고 생산량이 많아진 거고 이익이 늘어난 건데, 웬걸 빵을 먹는 자는 소수이거나, 다수라 하더라도 빵을 먹지 못해 굶는 사람이 있습니다. 그렇다면 정의롭지 못한 것이겠죠. 그런데 이익과 무관한 정의에 관심이 없는 묵자는 역시 정의와 무관한 이익에도 관심이 없습니다.

오히려 빵의 생산량이 20개 정도로만 늘어나더라도 일에 참여하는 사람들 중에 굶는 사람이 없고 모두에게 빵이 돌아가도록 하는 것,

이것이 묵자가 말하는 '의'이고 이런 '의'를 통해서 만들어지고 나온 이로움의 확대가 바로 묵자가 말하는 겸애입니다. 그리고 묵자가 말하는 이러한 '의'가 바로 묵자가 생각하는 정당함, 정의로움, 올바름이고 기준입니다. 다른 제자백가 사상가들은 수직적인 신분 질서, 불평등한 관계를 전제하고 거기서 지키고 준수해야 할 것들을 '의', 의로움으로 이야기하지만, 묵자는 그들과 다르게 평등과 관련된 맥락에서 '의'를 정의하는 거죠. 곧 묵자가 말한 "義, 利也"는 이러한 '의'가 있어야, 이런 '의'를 따라야 진정 백성을 이롭게 할 수 있다는 말이기도 합니다.*

자, 좀 정리해보죠. 묵자가 말한 "義, 利也"는 이로움이 있어야 의로움이 성립할 수 있다는 의미이지만, 또 반대로 의로움이 있어야 이로움 역시 성립할 수 있다는 의미도 있습니다. 이 둘을 같이 부여잡아야 묵자가 말하는 '의'와 '리'의 의미, 그리고 '의'와 '리'의 관계를 제대로 이해할 수 있다는 것, 이렇게 두 개념은 서로가 서로를 껴안고 있다는 점을 꼭 염두에 두셔야 합니다.

자, 앞서 말한 대로 묵자는 '리'를 공자, 맹자 같은 유가 사상가들처럼 경계하거나 위험시하지 않았습니다. 도리어 적극 긍정했습니다.

* 순자와 한비자는 엄연한 신분 질서에서 준수해야 할 것을 '의'라고 말하고 맹자도 어느 정도 비대칭적인 관계를 염두에 두고 '의'를 말합니다. 다들 어느 정도는 불평등한 관계를 전제하는데, 묵자는 다른 맥락에서 '의'를 정의하고 씁니다. 선진先秦 시대(진시황의 통일 제국보다 앞선 시대의 중국) 문헌을 공부할 때는, 한자가 같다고 해서 단어나 개념을 모두 동일한 의미 맥락으로 쓰인 것으로 넘겨짚은 채 독해하지 않도록 주의해야 합니다.

하지만 단순한 이익의 확대 내지 확장이 아니라 그것이 모든 사회구성원들에게 공유되고 나누어지도록 해야 한다는 데 중점을 두었고, 그 분배와 공유에는 묵자가 생각하는 의로움이 전제되어야 한다고 보았습니다. 만약 이익을 분배받지 못하고 그 공유에 참여하지 못해 삶의 기초가 위협받는 사회구성원이 소수라도 존재한다면 의롭지 못한 것이고, 그런 상태에서 이익은 성립할 수 없다는 것이 묵자의 생각입니다. 그는 진정한 사랑과 타인에 대한 사랑을 이렇게도 말합니다. 전체 구성원을 모두 이롭게 할 수 있어야 그 사랑이 성립하는 것이라고.*

자, 이렇게 묵자 사상에서 의로움과 이로움은 철저히 같이 가는 것이고 의로움 없는 이로움은 성립할 수 없는데, 이것이 현실의 대한민국을 사는 우리에게 뭔가 생각할 거리를 강하게 주는 것 같습니다.

정도가 심한 부의 불평등, 정도가 심한 재화의 불균등한 분배와 소유가 이루어지는 정치공동체인 대한민국. 그 대한민국에서는 국익, 국가 경제력 강화, 국가의 부 축적 같은 추상적인 구호와 프레임 아래 국민의 삶을 옥죄는 여러 가지 모순을 은폐하고 그것을 외면하도록 사람들을 길들여온 거 같습니다. 한 사람 한 사람 각자에게 돌아가고 분배되는, 눈에 보이는 실질적인 이익보다는 국부國富의 증대,

---

* 자신이 생각하는 진정한 사랑을 묵자는 겸애뿐만 아니라 '인仁'이라고도 말하는데, 앞서 말씀드린 대로 묵자는 유가 사상을 한사코 반대하거나 부정만 한 것이 아닙니다. 어쩌면 진정한 '인'과 '의'를 구현해보고자 했고 유가 사상의 한계를 보완하고 극복하려는 문제의식이 강했던 거죠. 묵가에서는 자신들이 생각하는 겸애와 '의'를 자주 '인仁'으로 말하기도 하는데, 행여 오해가 없었으면 좋겠습니다. 공자 그대로의 仁이 아니고 묵자가 생각하는 의미의 仁이 있는데 그것이 겸애인 것입니다.

국력의 확대 같은 추상적인 전체 국가의 이익을 말하면서 당장의 분배를 외면하고, 그러다 보니 생산에 종사하고 노동에 종사하는 사람들을 위한 정당한 몫의 배분이 잘 이루어지지 않는 것 같다, 이 말입니다.

묵자는 단순하면서도 추상적인 국가의 전체 이익, 총이익에는 무관심했습니다. 상앙과 한비자는 국가를 한 기업과도 같은 단일체로 보고 그 단일체의 생산력과 힘의 극대화를 꾀했지만 묵자는 아닙니다. 묵자는 철저히 국가와 공동체를 이루는 구체적인 개개인 하나하나가 삶을 영위하는 데 필수적인 이익에만 관심을 두었습니다. 그런데 어째 현재 대한민국을 사는 우리는 추상적인 국익의 주술에 취해 사는 게 아닌가 싶습니다. 오늘도 아등바등 한두 푼에 아쉬워하며 살아가는 우리는 우리와 무관할 수도 있는 그런 국익의 논리에 사로잡혀서, 우리 현실을 있는 그대로 보는 눈을 뜨지 못한 채, 또 현실을 넘어서는 어떤 청사진을 스스로 그려보는 슬기를 발휘하지 못한 채 하루하루 그날그날 살아가지 않나 싶습니다.

그래서 말입니다. 묵자가 말한 '의'에 기초한 이익, '의'가 전제된 이익, 그것을 확대 보장하는 겸애. 이것은 오늘날 우리에게 적지 않은 것을 시사해주지 않나 싶습니다. 아닌 말로 추상적인 전체의 이익, 국가의 이익, 이런 것이 밥 먹여주는 것이 아니니까 말입니다.

국익이니 국력이니 자꾸 말하는데 그건 실상 재벌의 이익 내지 최상류층의 이익이 아닐까요? 어째 항상 그들은 자신들의 이익을 그런 것으로 잘 포장하는 것 같습니다. 저만의 망상일까요? 우리는 우리의 이익을 생존권 보장이니 노동자의 권익이니 말하고, 이것을 주류 언론에서는 이기적인 밥그릇 싸움이라고 색칠해서 보도하는데, 재벌과 사회 최상류층 사람들은 자신들의 이익과 그 이익의 유지, 때론 타 사회구성원의 삶과 무관하다 못해 대립적인 자신들만의 이익과 그 유지·확대를 교묘하게 국가의 이익, 국가 경쟁력, 국가 성장 같은 말로 바꿔서 국민들을 홀리는 것 같다는 거죠.

구체적인 모두의 이익이 중요할까요? 아니면 추상적인 전체의 이익이 중요할까요? 묵자라면 당연히 전자가 중요하다고 하겠죠. 그리고 전자만을 생각한 묵자가 현재 대한민국에 산다면 저런 허위적이고 기만적인 프레임과 그것을 통한 주술 걸기, 국민 홀리기를 먼저 단호하게 공격하고 저기에서 벗어나자고 외칠 것 같은데요. 그래서 전 구체적인 모두의 이익을 말한 묵자의 글을 읽을 때마다 속이 다 후련하고, 또 반대로 현실이 그만큼 답답하게 느껴지기도 합니다.

墨子

3

묵자,
그는 누구인가

묵墨의 무리

자, 이제 묵자란 인물에 대해서 본격적으로 들어가 보겠습니다.

그런데……, 일단 묵자에 대한 구체적인 기록이 전혀 전해지지 않는다는 것을 우선 말씀드려야겠네요. 통일 제국 진秦 이전 시대, 곧 선진先秦 시대 인물에 대해선 우선 역사의 아버지, 사마천이 쓴《사기史記》를 참고할 수밖에 없는데요. 사마천 선생님은 공자에 대해선 〈공자세가孔子世家〉편을 두어 장황하게 이야기하고, 〈중니제자열전仲尼弟子列傳〉까지 따로 써서 공자의 제자들 행적에 대해서도 상세히 기록해두었는데, 묵자에 대해선 〈맹자순경열전孟子荀卿列傳〉에서 맹자와 순자 이야기 끝머리에 살짝 얹어 적어둔 것이 전부입니다. 겨우 스물네 자.

묵적은 송나라의 대부로서 나라의 방어를 잘했고 절용을 주장했다. 어떤 이는 공자와 같은 때 사람이라 하고 어떤 이는 그보다 뒤의 사람이라 한다.

蓋墨翟, 宋之大夫, 善守禦, 爲節用. 或曰竝孔子時, 或曰在其後.

한비자는 묵자의 사상이 유가의 사상과 더불어 양대 현학으로 당대의 사상계를 지배했다고 했고, 여불위呂不韋(?~서기전 235년)가 펴낸 춘추전국 시대 사상의 백과사전 《여씨춘추呂氏春秋》에서는 공자와 묵자의 제자와 무리들이 천하에 가득 찼다고 했으며, 묵자의 사상을 극렬하게 공격했던 맹자는 양주와 묵자의 철학이 천하에 가득 찼으니 천하의 여론은 양주에게로 가지 않으면 묵적에게로 간다고 했을 정도로 묵자의 사상은 대흥행을 했는데요.

그러나 그 사상을 만든 묵자는 사마천의 《사기》에선 겨우 스물네 글자로 서술될 뿐이고 전해지는 것이 거의 없다시피 합니다. 그러니 그의 정확한 이름이 뭔지, 최소한 성이라도 뭔지 말들이 엇갈리고, 언제 태어났고 어느 나라 사람인지 학자들 간에도 명확히 합의된 바가 없습니다. 묵자의 묵墨이 과연 그의 성이 맞는지조차 의견들이 엇갈리죠. 이름이 뭔지도 분명치 않습니다. 흔히들 적翟이라고 하는데 그것이 맞는지도 이견이 많습니다. 이름도 몰라요, 성도 몰라. 이렇게 묵자란 한 개인에 대해서는 확실히 알려진 것이 아예 없다시피 합니다.

이처럼 묵자라는 사람에 대한 기록이 분명하게 전해지지 않는 것은, 우선 앞서 말씀드린 여러 가지 이유로 인해 묵자의 사상과 무리가 절멸되었기 때문입니다. 유가 사상이 줄곧 동아시아 사회를 지배했기에, 유가를 가장 극렬하게 공격한 묵자 사상을 이야기하는 것 자체가 불온시 되기도 했고요. 그래서 우리가 묵자라는 인간 그 자체에 대해 알 수 있는 것이 너무 적습니다. 게다가 《묵자》 원전을 읽는다 해도 《논어》의 공자처럼 묵자라는 사람의 인간적인 개성이나 특징이 일관성 있게 그려지는 것도 아닙니다. 그래서 더더욱 묵자란 사람, 개인에 대해서 알기가 어렵습니다.

그런데 군이 묵자란 한 개인에 대해서 꼭 명쾌하게 알아야 할 이유가 있을까 싶습니다. 무슨 이야기냐면 묵자를 그저 한 개인으로 보기보다는 좀 다른 시각으로 접근하는 게 필요하고, 그 다른 시각으로 접근하면 묵자란 인간의 자세한 신상 명세가 그다지 중요하지 않다는 것을 알게 된다는 것입니다.

우선, 이견이 많지만 그의 성으로 알려진 묵墨이라는 글자 자체가 어떤 집단을 나타내는 글자입니다. 어떤 집단인지에 대해서 학자들마다 의견이 다르지만, 대개 어떤 특수한 집단을 대표하는 것으로 보는데요. 묵자란 사람은 사실 어떤 특정한 개인이라기보다는 어떤 집단의 대표자, 또는 그 집단의 의견을 모아 종합 정리한 자라고 보는 것이 좋을 것 같습니다.

학자마다 이 '묵墨'이라는 글자를 가지고 그의 출신과 그가 대변하는 계층을 설명하려고 해왔는데요. 어떤 학자는 피지배층으로 노동자 계층이다, 육체노동을 하다 보니 얼굴이 검어서 '묵자墨子'라 했다고 하고, 또 어떤 학자는 그의 무리가 검은 옷을 입어서 묵자라

했다고 합니다. 묵자 무리는 군사 집단의 성격도 띠고, 학파(school)의 성격도 띠고, 종교 집단의 성격도 띠었는데, 오늘날 사제들을 보면 검은 옷을 많이 입고 스님들은 회색 옷을 입죠. 종교인들이 주로 어둡고 단조로운 색의 옷을 입는데 묵자 무리도 종교 집단으로서 검은 옷을 입고 다녀서 그 이름으로 불렸을 수도 있습니다. '묵墨'이라는 글자를 형벌과 연관 지어 설명하는 이도 있습니다. 당시에 묵형이란 게 있었다고 합니다. 얼굴에 먹물로 글자를 뜨는 형벌로, 이 형벌을 받은 집단 또는 계층을 가리킨 데서 묵자라는 이름이 나왔다고 하는 주장입니다. 또 '묵墨' 자는 나무나 돌에 직선을 긋는 데 쓰는 먹줄, 잣대를 의미하기도 하는데, 그래서 공인工人 집단에서 묵학이 기원했다고 하는 사람도 있습니다.

이렇게 '묵墨' 자를 가지고 묵자와 그 무리를 설명하는 이야기들을 보면, 그 정확한 기원에 대해서는 의견이 다르지만 대체로 육체노동에 종사했던 하층민 내지 피지배층, 천인 계층이었다는 데선 어느 정도 일치가 됩니다. 많은 학자들이 묵자는 천인 계층이었으며, 묵자 무리는 그 계층의 의식을 가지고서 그들의 목소리를 대변하는 무리였다는 데 동의하는데요. 힘들게 노동하고 때로는 지배층에게 가혹한 형벌을 받을 위험에 처하기도 하면서, 혈연 집단의 울타리 밖으로 나와 집단생활을 영위할 수밖에 없었던 사람들. 이렇게 보나 저렇게 보나 지배층 내지 귀족층은 절대 아니고 결국 신분 질서 아래쪽에 위치한 사람들인데, '묵墨'이라는 글자가 바로 그 점을 잘 나타내준다는 것이죠.

묵자 무리가 피지배층, 천인 계층 출신이라는 것은 《묵자》 원문 곳

곳에서 보이는데, 예를 들자면 묵자가 초나라로 가서 그 군주를 만나고 초나라의 신하 목하에게 자기주장을 펼치니, 목하는 기뻐하면서도 '당신의 주장은 훌륭하지만 천한 사람의 것이라 왕께서 쓰지 않을 것'이라 말했습니다. 또 묵자 스스로 자신을 '북방의 천한 사람'이라고 천민 출신임을 인정한 부분도 《묵자》 원문에 있습니다.

그리고 묵자 무리가 단순한 천민들이 아니라 수공업에 종사하던 사람들, 특히 무기를 만들고 성을 쌓고 지키는 무인들로 이루어졌다는 데도 학자들은 대체로 동의합니다.*

춘추전국 시대에 여러 나라에서 어떤 정치적인 목소리를 내거나 정치 참여의 기회를 가질 수 있었던 사람들을 '국인國人'이라고 하는데, 국인은 나름 지배층이고 문화의 수혜를 받은 사람들이며 혈연 집단을 배경으로 하던 사람들입니다. 묵자 무리는 국인이 아니었던 것이 틀림없습니다. 대략 천인 내지 피지배층 중에서도 수공업자들, 특히 방어 전문 무인들로 구성된 사람들이 묵자의 무리였고, 묵자는 그 직업 계층에서 나온 사람으로 말해도 무리는 없을 것 같습니다. 그런데 묵자가 단순히 그 직업 계층에서 나온 사람 중 하나는 아닌 듯합니다. 무슨 말이냐면 그 직업 계층 중의 어떤 특출 난 사람 하나가 원맨쇼로 자신의 사상을 만든 게 아니라는 말입니다.

자, 겸애를 비롯해 천지, 절용, 절장, 비유, 비명, 상동, 상현 등 묵

---

* 와타나베 다카시渡邊卓 선생은 묵자 사상을 역사적으로 개관하면서 상세한 문헌 고증을 통해 묵자 집단이 어떤 직업인들로 이루어졌는지 밝혔죠. 이 내용은 김진욱이 옮기고 열음사가 펴낸 우노 세이이찌 편, 《중국의 사상》에 잘 나와 있고, 이를 인용한 이해영 선생의 《전국시대 비판철학》(문사철, 2008)이란 책에도 잘 나와 있습니다.

자의 사상은 여러 가지 각론들로 구성되어 있고, 《묵자》원문에도 그 여러 가지 사상과 주장들이 열거되어 있는데요. 그런 것들을 어느 한 개인이 통찰력과 창의성 내지 문제의식을 발휘해 만들어낸 것 같지는 않습니다. 무슨 말이냐? 묵자는 분명 묵가라는 집단의 지도자이고 큰 스승이 맞습니다. 유가의 공자처럼요. 하지만 '인仁'이라는 사상을 중심으로 전통문화 내지 관습이었던 '예禮'에 새로운 의미를 부여하고, 지배층 내지 지식인의 각성 내지 자각을 핵심으로 하는 새로운 정치철학을 혼자의 힘과 개성으로 만들어낸 공자와 달리, 묵자는 혼자의 힘으로 겸애를 비롯한 사상 체계를 만들어낸 것 같지 않다는 말입니다. 그렇다면 《묵자》에 담긴 사상은 누가 만들어낸 것이며, 묵자 개인이 만든 게 아니라면 묵가 무리에서 묵자가 차지하는 위상은 어떻게 설명할 수 있느냐고 되물을 수밖에 없습니다. 그리고 저는 거기에 대답을 해야 하고요.

그런데 앞서 이미 답변을 했죠, 묵자라는 사람은 성과 이름도 불분명하고, '묵墨'은 성이 아니라 묵자 무리의 기원과 그 구성원들의 직업과 계층을 가리키는 글자인 것 같다고요. 묵자는 말입니다, 특정한 어떤 개인이라기보다는 특정 집단과 특정 신분계층의 자의식을 대표하는 지도자라고 보는 것이 좋습니다. 그래서 굳이 그 인물이 누구냐 하는 데 매달리지 않아도 좋다 보는 것인데 더 부연해서 제 생각을 말씀드리자면 수공업자, 무인, 거기에 가혹한 삶의 현실에 절망하던 피지배층과 천민들이 집단으로 모여 연대했고, 그들끼리 머리를 맞대고 의견을 주고받고 하면서 어떤 합의 내지 조율된 의견, 그것에 기초한 사상과 그들만의 시대정신이 만들어졌으며, 그것이 《묵자》라는 책으로 묶인 게 아닌가 합니다.

그렇다면 묵자라는 사람의 위상은 무엇이냐면 그런 과정과 합의를 이끌고, 거기에서 나온 사상을 세련된 언어로 표현하고 재구성하고, 그 사상과 시대정신을 구현하려는 조직을 통솔한 지도자 내지 수장? 그렇지 않을까 합니다. 의견들을 잘 종합 편집하고 또 갈무리한 것을 잘 포장하고, 그리고 그것들을 구현할 조직을 이끈 매니저 내지 보스?

제 생각에 묵자라는 사람의 생몰 연대가 분명하지 않고 개인에 대한 기록이 거의 없으며 어느 나라 사람인지 말들이 엇갈리는 것은, 단순히 통일 제국 시대 들어서 묵자 무리가 탄압받고 절멸되었기 때문인 것만 같지 않아요. 묵자라는 사람이 노자나 열자처럼 허구의 인물은 아닐지라도 공자, 맹자, 장자, 순자, 한비자처럼 자기만의 문제의식과 통찰력으로 사상 하나를 뚝딱 만들어낸 사상가가 아니었기 때문에, 또 당시에 하층민들의 여론과 불만, 절박한 목소리들이 잘 조합되고 수렴되는 과정이 있었고 묵자는 그 과정을 잘 만들어낸 무리의 수장 내지 리더 정도에 그쳤기에 그 인물에 대해 전해지는 바가 적은 게 아닌지. 저만의 가설이지만 사실 묵자 한 사람이 독창적으로 《묵자》원전의 사상들을 만든 것이 아니라는 의견은 심심찮게 제기되어 왔습니다. 바로 그 때문에 묵자라는 사람에 대한 기록이 매우 적은 것이라고까지 주장하는 사람은 아직 없었지만요.

사실 《묵자》원전을 찬찬히 읽어보면 갑론을박이 이루어지거나 여러 말들이 오가는 과정에서 합의된 것이라는 인상을 강하게 받게 됩니다. 〈상동〉 편, 〈비명〉 편과 〈경설〉, 〈대취〉, 〈소취〉 등 후기 묵가들이 남긴 편에서도 그런 인상이 전해집니다. 어떻게 합의하여 결론을 도출해내고 서로 간의 견해차를 조정하고 조율해낼 것인지를 두고 씨름한 생각과 고민의 흔적, 그 체계적인 방법과 대안 제시들이 분명히 보입니다.

겸애에 대한 설명을 떠올려보죠. '최소한의 무엇무엇 보장'에 대한 이야기가 많다는 것. 그리고 '정말 좋지 않은 이런 저런 나쁜 짓과 모순에 대한 시정'에 관한 이야기가 《묵자》 안에 무척이나 많습니다. 자, 생각해보세요. 여러 사람이 모여 문제 상황에 대해 의견을 나누고 토론합니다. 그럴 때 결론은 '우리 최소한 이것만은 지키자' 그리고 '이런 나쁜 짓만은 하지 말자' 하는 식으로 귀결되기 쉽습니다. 어떤 거창한 것을 해보자, 어떤 청사진을 만들어놓고 추진해보자는 식의 원대하고 복잡한 기획과 구상보다는 최소한 무엇 무엇은 보장하자, 이것만은 지키자, 이것만은 하지 말자는 식의 의견과 결론이 나오기 쉽고, 그래야 합의되기도 쉽지 않을까요? 《묵자》 원전을 읽어가다 보면 정말 보장해야 할 최소한의 무엇, 그리고 하지 말아야 할 어떤 것에 대한 이야기가 많고, 이는 정말 여러 사람이 모여 갑론을박을 하는 와중에 합의된 결론이라는 냄새가 아주 많이 납니다.

그리고 《묵자》 원전의 사상이 전제로 하는 것이, 사람은 저마다의 몫이 있고 각자가 대등한 지분을 가지고 있다는 생각입니다. 그런 사람들이 모여 공동체를 만들었는데 공동체 구성원들의 의견 합의 과정이 소수에게 끌려가거나 소수의 목소리를 대변하는 결론이 내려져선 안 되겠죠. 처음부터 합의에 참여한 사람들 각각이 대등한 지분을 가졌으니 모든 사람들의 목소리가 최대한 잘 조화되어 결론이 나고 합의가 되어야겠죠. 대등한 몫을 가진 조합원들의 회의나 주주 각자의 지분이 대등한 회사의 주주 총회에서, 한두 사람이 일방적으로 회의를 이끌고 독선적으로 결정을 내릴 수 있겠습니까?

앞으로도 거듭 나오겠지만 이것은 묵자 사상을 이해하는 데 중요한 기초가 되는 이야기인데요. 묵자는 사람들 모두가 자신의 몫을 가지고 있다고 하고 그것을 전제한 채 자신의 사상을 폅니다. 그런 사람들끼리 모여서 합의를 통해 만들어낸 사상이 묵자 사상이라고 전 생각하고요.(몫과 지분은 주로 물질적인 것입니다. 사람이 사는 데 있어야 할 최소한의 생활필수품, 그리고 일한 사람이 받고 챙겨야 할 몫. 몫, 몫, 그 몫 이야기가 많이도 나오는데 역시나 노동자들의 자의식이 담긴 사상이라 그런 것 같습니다.)

무엇보다도 《논어》를 보면 그런 냄새가 납니다. 아니 냄새나 심증 정도가 아니라, 묵자의 사상과 철학은 한 개인이 아닌 여러 사람을 통해 만들어졌다고 주장할 만한 상당히 설득력 있는 근거들이 《논어》에 적지 않게 실려 있습니다. 묵자 이야기를 하다가 뜬금없이 공자의 《논어》 이야기를 하느냐고요? 앞서 말씀드렸죠? 선발 주자인 공자가 이렇다 하고 말한 데 대해 그게 아니라 저렇다 하고 말하면서 나온 것이 묵자 사상이라고요. 공자 사상의 약점과 한계를 지적, 반박하면서 보완하고자 나온 사상이 바로 묵자 사상인데, 《논어》에 이미 공자 사상에 대한 반론 내지 한계 지적이 있습니다. 누구냐 하면 바로 공자의 제자들이 제시한 것입니다.

《논어論語》란 말 그대로 논論하고 어語한 것을 모아놓은 책입니다. 논論하는 것은 혼자서는 할 수 없는 일입니다. 실제 《논어》에서 공자는 제자들과 더불어서 많이 논합니다. 그리고 어語하는 것 역시 혼자서 할 수 없는 일입니다. 語는 흔히 말씀 어 자라고 하여 말씀 언 言과 잘 구별되지 않는데, 영어로 하면 reply(대답하다)의 성격이 있습니다. 곧 먼저 입을 열고 말하는 것이 아니라 상대의 질문이나 주장에 응해서 답한다는 의미지요.

《논어》를 보면 제자들이 말하고 나서 공자가 대꾸해서 말하고, 아니면 공자가 말하고 거기에 제자들이 대꾸해서 말합니다. 공자 스스로가 제자들이 적극적으로 자기주장을 하며 자신을 자극하고 일깨워주기를 바랐지요. 좋은 질문, 날카로운 의견을 던지기를 원했는데, 안연 같은 경우 수제자이지만 스승의 말에 이런 저런 반응을 하지 않고 묵묵히 따르기만 해 그것이 실망스럽다고 지적할 정도였습니다. 곧 공자는 일방적으로 지식을 전수해서 주입하는 사람이 아니었고 적극적인 쌍방향 커뮤니케이션을 바란 사람이었습니다. 그것이 《논어》에 아주 잘 드러나죠. 사실 《논어》는 쌍방향 커뮤니케이션을 하는 텍스트 공동체의 어록집입니다.

단순히 스승이 말하면 제자들이 알았어요 답하는 게 아니라 반대의견을 직설적으로 말하기도 하고, 스승과 다른 자신만의 생각을 말하기도 하는데, 재밌는 건 단순한 반대나 다른 의견이 아니라 어떤 뚜렷한 노선 내지 정치적 입장에 기초해서 반론을 제시한 경우가 많았다는 것입니다. 대표적인 인물이 자로인데, 그 밖에도 자공, 염유, 재아, 번지, 자장 등은 안연, 민자건, 증자, 자유, 자하와는 상당히 색깔이 다른 인물들입니다. 전자의 인물들이 공자 문하 야당이라면 후자의 인물들은 공자 문하 여당이라고 할까요?

공자의 제자들은 거칠게 말해 좌와 우로 양분되는데, 야당 쪽 제자들은 여당 쪽 제자들과 달리 공자와 다른 생각 내지 사상, 노선을 드러냅니다. 이들은 단순히 공자의 말에 '노No' 한 것이 아니고, 뭔가 공자 사상과 뚜렷이 다른 사상으로 클 씨앗을 품고 있었던 사람들입니다. 인격 수양보다는 제도, 물적 토대에 관심을 두었고, 현실 정치에도 참여해서 적지 않게 수완을 보였던 사람들이죠. 이들은 《논어》 안에서 공자에게 적지 않게 반론을 펴고, 물밑에서 아주 긴장감 넘치는 힘겨루기를 벌였죠.

자, 《논어》는 독보적인 리얼리티를 자랑하는 고전입니다. 사마천의 《사기》만 해도 사마천이라는 한 개인에 의해 인물과 사건들이 걸러진 채 나오지만, 《논어》는 다른 동양 고전은 말할 것도 없고 동서고금 어떤 고전보다도 사실적이어서, 공자와 제자들이 서로 대화하고 갈등하는 장면들이 생생하게 담겨 있습니다. 따라서 반드시 우리는 《논어》에서 제자들의 발언도 주목해서 봐야 합니다. 자기만의 뚜렷한 노선과 주관이 있고 현실 정치에선 공자보다 더 인정받기도 했던 인물들.

자, 이렇게 만만치 않은 공자의 제자들 중 특히 야당 쪽에 선 제자들의 발언과 노선을 찬찬히 살펴보면 자로의 사상을 중심으로 뭔가 만들어질 것도 같습니다. 실제 자로는 제자들 사이에서 적지 않게 따르는 이들을 거느리고 있었고, 그들에게 큰형님 대접을 받았습니다. 자로를 중심으로 공자의 좌파 제자들이 한 발언과 그 발언에 담긴 정치적인 노선을 살펴보면 묵자 사상과 적지 않은 친화성을 느낄 수 있습니다.

뒤에서 묵자 사상의 비조라고 할 수 있는 자로에 대해 따로 자세히 논할 텐데, 자로를 비롯해 야당 쪽에 선 제자들의 말과 정치 노선에 대해서는 그때 자세히 살펴보기로 하죠. 여기선 일단 묵자의 사상은 묵적이라는 한 개인에게서가 아니라 여러 사람의 합의 과정 끝에 나온 것 같다, 그 징후가 《논어》에 아주 자세히 또 뚜렷하게 보인다는 정도만 말씀드리고 싶습니다. 혈연공동체에 대한 미련을 접어두고 생산력 제고와 제도 개혁 등 물적 토대에 크게 관심을 가진 공자의 제자들, 그 제자들의 의견이 수렴되면 묵자 사상에 근접한 것이 나올 것도 같은데, 저는 이렇게 묵자 사상이 한 개인에 의해서 뚝딱 나온 것이 아니라 여러 사람들의 의견과 생각이 모여 탄생한 것이라 보는 것입니다.

앞서 묵자의 '묵墨'을 가지고 묵자란 인물의 출신, 직업, 그가 대변하는 계층 등에 대해서 이야기하는 여러 설들에 대해 말씀드렸는데, 전 이렇게도 볼 수 있지 않을까 싶습니다. 엉뚱한 생각이지만요, 한 번 들어보시겠습니까? ^^

빨간 물감, 노란 물감, 녹색 물감, 파란 물감을 모두 섞으면 무슨 색이 나올까요? 여러 색을 물에 던져놓고 섞으면 검은색이 나오죠? '묵墨'은 말 그대로 색이 검다는 것인데, 이처럼 한 가지가 아닌 아주 많은 색의 목소리와 의견이 합쳐져서 묵자의 사상, 묵학이 나온 것이 아닐까요? 많이 엉뚱하죠? ^^

노나라가 낳은 사상가

앞서 말씀드렸듯이 사마천의 《사기》에서는 묵자를 송나라 사람이라고 했습니다. 하지만 많은 묵자 연구자들은 묵자를 노나라 사람으로 보고 있습니다. 《묵자》 원문만 봐도 그와 그의 무리가 대개 머무르며 발언하고 활동했던 공간적 배경은 노나라로 보입니다.

노나라든 송나라든 그의 출생지 내지 국적이 뭐 그리 중요하냐고 되물을 수 있겠는데요. 네, 단적으로 말해 묵자란 사상가의 출생지와 성장한 나라, 그의 활동 지역과 반경은 중요합니다. 그의 사상을 이해하기 위해서는요. 사실 오늘날 중국만 해도 지역마다 사람들의 기질과 관습, 풍습 등이 다른데 통일 제국 성립 전에는 말할 것도 없었겠죠. 실제 춘추전국 시대에는 지역과 나라에 따라 사상적인 기풍과 학풍이 달랐기 때문에 묵자의 사상과 그의 출생지 내지 국적은 분명히 서로 연관 지어 이야기해야 할 것입니다.

노나라는 주 왕조를 단단한 반석 위에 올린 주공이 주나라 천자에게 봉토로 받아 그의 아들이 다스리기 시작하면서 열린 나라라서 주공을 시조로 하는데, 주나라의 선진 문화와 각종 전적 등 주나라 소프트파워의 핵심이 잘 보존되었던 곳입니다. 그래서 노나라에서 공자가 나올 수 있었던 거고, 공자는 주나라를 따르겠다, 주의 문화를 이상으로 하겠다고 했던 거지요.

그런데 묵자도 노나라 사람입니다. 그래서 그런지 그는 공자의 학문을 배웠습니다. 그리고 공자의 학문을 버린 뒤에도 줄곧 자신의 사상을 이야기할 때 《시詩》와 《서書》(후에 《시경》과 《서경》으로 격상되어 동아시아를 지배하는 교본이 된)를 자주 인용했는데, 《시》와 《서》는 주나라 선진 문화의 핵심이자 유가의 필수 교재로서 그것을 자주 인용하고 활용한 건 묵자 역시 노나라에서 공부했음을 잘 보여주는 사례입니다.

그래서 묵가를 유가와 더불어 동방 정학東方正學 또는 육예六藝* 정학이라고도 합니다. 정학正學이라고 불리는 것을 보니 그의 사상이 검증된 정통 학문, 사상체계와 무관하지 않고 어쩌면 그 사상의 뿌리는 노나라의 종주국 주나라에 있을 수도 있겠습니다. 그런데 '동방의 정학'이라니 무슨 의미일까 갸우뚱하실 수도 있겠네요. 단순히 노나라가 당시 열국 중에 동쪽에 있어서? 그건 아닙니다. 동방의 정학이라고 한 이유는 다른 데에 있습니다.

---

* 주나라에서 중시한 여섯 가지 교육 과목(예禮·악樂·사射·어御·서書·수數). 또 고대로부터 전해져 내려와 춘추 시대에 정리된 여섯 가지 고전(육경), 《시경詩經》《서경書經》《예기禮記》《악기樂記》《역경易經》《춘추春秋》를 가리키기도 합니다.

춘추 시대에 동방은 제와 노, 송 등을 일컫고 남방은 초, 서방은 진秦, 북방은 나중에 한韓·위魏·조趙로 삼분되는 진晉을 일컫는데요. 동방의 학풍은 서방과 북방보다는 온건하고 인민의 입장을 많이 고려해주는 경향이 있었다고들 합니다. 하지만 서방과 북방, 특히 법가가 꽃을 피운 서방 진의 사상적 기풍은 철저한 생존 경쟁에서 이기기 위한 악착과 투지가 짙게 배어 있어 동방의 학문과는 사뭇 대조적이죠. 법가는 한·위·조로 갈라져 삼진三晉으로 일컬어지는 북방에서 꽃을 피웠고, 향후 서방 진秦에서 열매를 맺는데, 한비자가 바로 한韓의 왕자였고 상앙도 위나라에서 활동하다가 진秦에 가서 대활약을 했죠.

　춘추전국 시대 지도가 있으면 아무거나 한번 보시길 바랍니다. 없으면 현대 중국 지도를 보셔도 좋습니다. 저들 나라가 있었던 곳의 지형을 차분하게 살펴보면요, 왜 동방의 학풍과 사상적 기풍이 서방, 북방과 다른지, 각 지역에서 나온 통치 철학의 개성과 그것들 간의 차이가 눈에 보이고 또 이해될 겁니다. 거칠고 단순하지만 쉽게요.

　유가와 묵가는 기본적으로 동방의 철학입니다. 원산지가 노나라, 바로 산둥반도 쪽에서 나왔죠. 노나라 쪽은 트였습니다. 산지가 많지 않고 바로 옆의 제, 송, 위衛나라로 갈 수 있는 곳이 노나라입니다.

　하지만 서방 진秦과 북방 삼진三晉은 다르죠. 서방 진秦의 위로는 사막, 뒤로는 티베트 산맥이 길을 막고 무시무시한 전투 민족 융족戎族이 바로 옆에 있었습니다. 삼진은 태행산太行山(타이항 산맥)을 배경으로 하는데, 국토 자체가 칸칸이 울타리가 쳐져 있는 모양새입니다. 더구나 태행산엔 융족 못지않게 싸움에 능한 적족狄族이 살았습니다

서방과 북방의 두 나라는 막힌 지형에, 무서운 이민족이 바로 옆에 득시글했습니다. 이러니 인민들이 어디로 도망하거나 삶의 터전을 옮기기가 쉽지 않습니다. 동시에 정부의 효율적인 통제와 체계적인 인민 쥐어짜기가 가능했죠. 그러니 강압적인 통치 철학이 먹혔고, 억압적이더라도 중앙 집권화와 일사불란한 체제 만들기가 쉬웠습니다.

하지만 동방의 노나라는 그리하기 힘들었습니다. 노나라 근처의 송과 제 역시 마찬가지여서, 인민들은 언제든 트인 지형에서 선택을 할 수 있었습니다. "에이, 여기서 정말 못 살겠네" 하고 도망가면 됩니다. 그러다 보니 자연히 인민들을 달래고 타이르고, 겉으로나마 피지배층을 위해주는 척이라도 하는 정치철학이 생기기 쉬웠겠죠. 동아시아 최초의 경제학자 관중의 제나라는 부를 극대화해 풍요로움으로 사람들을 모았고요, 노나라의 공자는 덕을 펼치는 온정적인 정치로 사람들을 모으자 했죠. 이렇게 동방은 서방, 북방과 아주 달랐습니다.

공자나 맹자, 특히 공자의 《논어》를 읽어보면 거리와 오고 감, 왕래 등과 관련된 표현들이 많습니다. 멀어지다, 가까워지다, 돌아가다, 흩어지다. 《논어》 첫 장에서도 먼 곳에서 벗이 찾아오는 즐거움을 이야기하지 않습니까?* 자신의 말대로 어진 정치를 하면 백성들이 돌아오거나 몰려들 것이라고 하거나, 파탄 난 국정이나 어지러운 국가의 현실을 비관적으로 말할 때는 '백성들이 흩어진 지 오래다'라고 하는 등, 정말 거나 오가는 일과 관련된 표현이 많습니다.

* 有朋自遠方來 不亦樂乎(벗이 있어 멀리서 찾아오면 역시 즐겁지 아니한가).

공자의 '인仁'이란 것은 결국 가까이 있는 인민들을 편안하게 해주어 딴 곳으로 갈 생각이 들지 않게 하고, 폭정에 지쳐 삶의 터전을 버리고 도망간 인민들을 돌아오게끔 하는 정치철학이죠. 쉽게 이야기하면 그렇습니다. 묵자의 정치철학 역시 공자와 방법과 수단은 다르지만 인민을 위하는 것이고 인민의 입장에서 생각하는 것입니다. 묵자는 애초에 피지배층 출신이다 보니 더욱 인민의 입장에서 생각하는 사상을 말했습니다. 이렇게 노나라가 낳은 동방 사상들의 개성과 특징은 바로 노나라의 지역 환경과 절대 무관하지 않습니다.

책이나 대학 수업에서 고대 동아시아 철학과 철학자들을 개관해서 설명할 때 이런 지형이나 배경과 함께 말해주면 이해가 쉬울 텐데, 그런 점들이 잘 언급되지 않아 아쉽습니다. 자연환경, 기후, 지형 같은 건 요즘도 사람이 극복하기 힘들고 아직도 사람을 어느 정도 지배하는 것들입니다. 철학과 사상이 어디 하늘에서 떨어진 것이 아닐 테고 인간의 환경과 무관한 게 아닐 텐데, 유가와 묵가, 법가를 말할 때 저런 공간적인 배경도 같이 이야기해서 이해를 돕는 것이 좋겠죠.

자, 묵자는 노나라, 그리고 동방의 사상가입니다. 기억해두세요.

여담

묵가와 유가를 동방의 사상이라 하고, 법가를 서방과 북방의 사상이라고 했는데, 그렇다면 도가는 어디의 사상일까요? 흔히 춘추 시대 사상을 일러 유묵도법儒墨道法이라고 하는 만큼, 도가의 위치가 궁금하지 않으세요? 어디에서 시작했을까, 아니면 어디에서 꽃을 피웠을까 하는 것이.

전 기본적으로 장자와 노자의 문제의식은 크게 다르다고 보기에 장자와 노자를 하나로 묶어서 도가라고 하는 걸 그다지 좋아하지 않습니다. 그런데 노자만을 말한다면 서방 진의 철학입니다. 보통 남방의 철학, 초나라의 철학이라고 하지만 제가 보기엔 진의 철학입니다.

노자 철학을 보면 옳으니까 해야 한다, 아니면 선한 동기가 중요하다, 백성들을 위해야 한다, 감싸야 한다는 가르침은 조금도 없습니다. 노자 문헌에는 어떻게든 살아남으며 지지 않으려는 악착같음이 잘 드러나고, 그 노자 사상은 서방 진에서 완성된 게 아닌가 싶습니다. 일단 《도덕경》은 춘추 시대 문헌도 아니고 《논어》보다 훨씬 늦게 만들어진 책인데, 전국 시대 말기에 진에서 완성된 것이 아닌가 합니다. 분명히 노자 철학에는 동방의 학문과는 뚜렷이 구별되는 특징이 있습니다. 그리고 법가의 문제의식과 일치되는 부분이 적지 않습니다. 그래서 전 법가 철학이 환영받고 완성된 지역에서 노자 철학도 자리를 잡았다고 생각합니다.

사실 법가와 노자는 쌍둥이입니다. 그런데 이란성 쌍둥이죠. 얼핏 보면 조금도 닮지 않았지만 닮은 부분이 많고, 또 같은 부모를 둔 철학. 그렇다면 그들의 부모는 누구일까요? 바로 병가 사상입니다. 그것은 공자의 유가보다 먼저 싹이 터서 등장했던 것이죠. 공자가 자신의 사상을 완성하고 세상의 주목을 받기 전에 동시대의 손자는 농익은 병법(그 유명한 《손자병법》)을 말했고, 강태공이 지었다는 《육도·삼략六韜三略》도 있었습니다. 병가는 사실상 중국의 첫 번째 사상으로, 오늘날에도 중국을 이해하려면 반드시 배울 필요가 있습니다. 중국 전문가, 말 그대로 중국 연구의 대가인 헨리 키신저가 괜히 《손자병법》을 중국 이해의 기초 열쇠로 강조하는 게 아닙니다. 그럼 그 병가 사상, 병가 논리의 기본은 무엇일까요?

병가 문헌은 전쟁에서 이기기 위한 전략과 기본자세를 말하는 책입니다. 전쟁터에선 우선 살아남아야 합니다. 이기든가 지지 않아야 합니다. 옳으니까 해야 한다? 모두가 더불어 잘살아야 한다? 그런 건 일 바 아닙니다. 일단 이떻게든 내기 실고 뵈야 히는 만큼, 디인을 생각하는 온정주의 따위는 들어설 자리가 없습니다. 그러니 냉철한 이성이 강조되죠. 최대한 냉철해야 상황을 잘 읽을 수 있고 살아남을 수 있고 이길 수 있으니까요.

그리고 변화하는 상황을 전제로 합니다. 전쟁터의 상황은 항상 변하고 예측을 불허합니다. 그래서 한 가지 원칙과 대전제를 고집할 수 없습니다. 불리함이 유리함으로 유리함이 불리함으로 강함이 약함으로, 언제든 상황은 변화하고, 반대로 변할 수 있고, 그 변화의 흐름과 기미를 읽는 냉철함이 필요하며, 읽고 난 뒤 유연하게 상황에 대응할 수 있어야 합니다. 그래서 손자는 물을 극찬했죠. 병법은 물과 같이 잘 변신해야 한다고 강조했습니다.

그런데 물을 극찬한 사상가 하면 누가 떠오르시나요? 바로 '상선약수上善若水(가장 좋은 것은 물과 같다)'를 말한 노자죠. 노자는 노골적으로 이겨야 한다고 말하지 않고 또 전쟁을 실패한 정치 행위라고 보았지만, 어떻게든 살아남아야 한다는 악착같은 투지(정확히 말해 궁중에서 왕이 어떻게 해야 오래오래 살아남을 수 있는가 하는 문제의식)가 노자 문헌에 잘 드러나고, 노자 문헌에서는 줄곧 살아남기 위해 필요한 냉철한 인식 능력과 상황에 대응하는 유연함을 강조합니다. 그가 말하는 '허虛'가 바로 그것이죠. 비움을 위함 비움이 아닌, 상황에 능동적이고 유연하게 대처하기 위해 왕으로서 가져야 할 덕목이 바로 '허虛'입니다. 비움으로써 냉철하게 상황을 읽고, 그러고 나서 물처럼 유연하게 변해야 한다고 하는데, 이 모두 병가에서 영향을 받았지요. 아니 병가에서 기원하다시피 했지요.

그것 말고도 노자가 말하는, 반대되는 것들끼리 상호 유전流轉하고 상호 공존한다는 논리, 가령 미추와 선악, 화복이 같이 존재하거나 한쪽에서 반대로 변한다는 것 역시 병가의 영향을 강하게 받은 흔적입니다. 사실 모택동(마오쩌둥)처럼 노자 문헌을 아예 병가서라고 보는 사람들도 있지요. 국내에도 윤성지 선생님의 《노자병법》이란 훌륭한 책이 있습니다.

변화하는 상황을 전제로 하는 것, 그리고 냉철함을 강조하는 것은 법가도 역시 마찬가지입니다. 법가는 변화하는 상황에 맞게 수시로 법을 바꾸고 갱신해야 함을 말합니다. 한 가지 원칙을 고집하는 것은 수주대토守株待免(그루터기를 지키며 토끼와 와서 부딪혀 죽기를 기다림)하는 얼간이나 하는 짓입니다. 실제 수주대토라는 고사는 《한비자》에 나온 것이죠. 그리고 동기주의나 온정주의가 아닌 냉철함을 말합니다. 그래야 국력을 극대화하고 신하들을 빈틈없이 통제할 수 있다고 하죠. 법가 역시 병가의 영향을 받아서 그렇습니다. 그리고 법은 누구에게든지 차별 없이 적용되어야 하고, 그것이 아주 엄정해야 한다고 자주 강조됩니다. 군법과 비슷하죠. 역시 병가의 영향을 받아서 그렇습니다.

그리고 병법의 기본은 숨기고, 내 상황을 위장하여 상대에게 내 허실을 보이지 않는 것입니다. 노자와 법가 모두 그런 위장과 은폐를 강조합니다. 이란성이지만 어쨌거나 쌍둥이입니다. 병가라는 부모를 둔 형제지요.

그런데 어떻게 위장하고 은폐하고 또 의도된 노출을 해서 개인이, 아니면 단체나 국가가 살아남을 것인가 하는 강한 문제의식, 또 그에 기초한 중국인들의 전략 만들기의 전술 운용은 오늘날까지도 유효합니다. 그래서 중국을 이해하려면 동방의 철학 못지않게, 서방과 북방 쪽 사상의 부모가 되며 중국의 첫 번째 사상이라고 할 수 있는 병가 사상을 알아야 하죠.

여담이 너무 길어졌는데 묵자와 직접 관련이 없는 이야기지만 독자들께 춘추전국 시대를 좀 더 깊게 제대로 보여드리고 싶어서 논의를 넓혔습니다. 또 동방의 사상과 대조되는 사상들을 알아야 동방의 사상 중 하나인 묵자 사상을 더 잘 이해할 수 있지 않을까 싶어서 장황하게 나가봤네요.

墨子

④

시간적 배경

전국 시대

어떻게 하면
전쟁을 끝낼 수 있는가

성도 이름도 분명치 않은 인물, 묵자. 언제 태어나고 죽었는지도 확실치 않습니다. 앞에서 말씀드렸죠. 그러니 그가 살았던 시기도 분명하게 말하기 어렵습니다. 대략 서기전(BC) 몇 년에 태어나서 몇 년에 죽은 거 같다고 추정하는 것도 쉽지 않습니다. 청나라 시대 말엽부터 묵자에 관한 연구가 시작되는데, 지금까지는 대체로 묵자가 공자보다 약간 나중에 나온 사람이고 맹자보다는 앞선 시대의 사람으로 알려졌고요. 이렇다는 데에 연구자들 대부분이 동의하고 있습니다.

《맹자》 책에 이런 말이 나오죠. "온 세상에 묵자의 사상을 따르는 무리가 가득하다." 맹자는 이런 말을 하면서 묵자의 공격에 대해 유가 사상을 잘 방어하겠다는 신념과 다짐을 드러내는데요. 이것만 봐도 묵자가 공자와 맹자 시대 사이의 사람이었던 것만은 틀림없어 보입니다. 공자가 등장한 뒤 도전자 묵자가 나타나 공자 사상을 반대하며 자신의 사상을 크게 흥성시켰고, 그 뒤 맹자라는 사람이 등장해 다시 묵자 사상을 극복하려 했던 것이 춘추전국 시대 철학사의 흐름이죠(이 중간에 상앙이라는 사람도 있습니다. 《맹자》 책을 보면 맨 처음에 양혜왕梁惠王에게 유세하는 장면으로 시작하죠. 그때가 바로 상앙이 죽음을 당한 시기라고 합니다. 공자-묵자-상앙-맹자, 그리고 장자는 맹자와 동시대, 이런 흐름으로 갑니다).

호적胡適(후스, 1891~1962)이란 중국의 대학자는, 묵자가 대략 서기전 480년쯤에 태어나 서기전 380년쯤에 죽었다고 추정합니다. 이런 연대기적인 시기도 알면 좋고 묵자가 공자와 상앙, 맹자 같은 사상가들 사이에서 크게 활약했다는 것도 분명 기억해둬야겠지만, 가장 중요한 건 묵자는 공자와 달리 전국 시대 사람이었다는 겁니다. 곧 전국 시대가 만든 인물이라는 거죠.

전국 시대라⋯⋯.

춘추전국 시대를 춘추 시대(대략 서기전 770년~서기전 403년)와 전국 시대(대략 서기전 403년~서기전 221년)로 나누어서 이야기들 합니다. 춘추는 공자가 지었다는 역사책 《춘추春秋》에서 그 이름이 기원했으며, 전국 시대는 전한 시대 사람인 유향劉向이 썼다는 《전국책戰國策》이라는 역사책에서 그 이름이 기원했지요.

공자는 춘추 말엽 사람입니다. 춘추 시대 끝물 사람이죠. 공자가 죽고 나서 얼마 안 지나 묵자라는 사람이 등장하는데 그때는 전국 시대에 접어든 시기입니다. 곧 그가 살고 부대꼈던 배경과 무대가 공자

때와는 달랐다는 것입니다. 그것도 아주 많이.

　단순 시간적으로는 공자와 크게 차이 나지 않지만 살았던 환경이 크게 달랐다는 건 그만큼 급변하는 변화의 소용돌이에 휩싸였다는 것인데, 예 그렇습니다. 묵자가 살았던 시기는 전국 시대적 논리와 환경으로 급변하던 시대였습니다. 급변하던 시대 사람들이 느낀 위기감과 피로는 정말 장난 아니었을 텐데 묵자가 그런 시대의 사람이었죠. 그래서 전국 시대가 묵자를 만들었다는 것입니다. 그런 급변하는 시대의 칼바람을 온몸으로 마주하고 걸었던 사람이기에.

　춘추 시대와 전국 시대를 나누는 기준은 학자마다 다릅니다. 가령 진晉의 3분, 아니면 제나라의 강씨가 제후 자리를 전씨에게 빼앗겼던 사건 등. 기준이 되는 사건은 달라도 전국 시대는 춘추 시대와 다른 배경과 시대정신을 가진 시기였다는 건 다들 동의하죠. 주례周禮(주 왕실의 제도와 예법), 또는 주나라 문화를 계승하겠다, 그것을 살리겠다고 말한 공자가 산 시대는 말엽이라고 해도 춘추 시대입니다. 하지만 전국 시대에 들어서 주나라의 문화 내지 전통 관습, 그것을 계승하고 살리겠다는 건 공허한 주장 내지 누구도 설득할 수 없는 이상異常한 이상理想이 되었습니다. 말 그대로 전국戰國, 전쟁이 일상화된 시대에는 다른 이야기와 설득의 주제가 있어야겠죠. 맹자도 순자도 공자의 계승자지만 전국 시대적 수요에 맞게 자신의 사상을 만들어가야 했는데 실제 순자는 훌륭하게 당대의 시대적 수요에 맞게 공자의 사상을 재해석했습니다.*

　자 이렇게 전쟁이 일상화된 시기, 각 나라는 전쟁을 잘 수행하고 국력을 극대화시키기 위해 군주 중심의 일원적인 중앙 집권 체제 형성에 안간힘을 기울였습니다. 전쟁이 일상화된 원인으로 생산력의 큰 발전이 있었는데요. 생산력이 발전해야 전쟁 수행 능력도 커지고 또 전쟁을 통해 얻을 수 있는 이득이 커지게 마련인데, 전국 시대는 본격적으로 철기가 도입 내지 정착된 시기입니다. 이 생산력 발전이 전쟁의 격화뿐 아니라 여러 가지 춘추 시대와는 다른 모습들을 만들 어내게 되었죠.

묵자는 춘추 시대가 아닌 전국 시대 사람입니다. 전국 시대에 최적화되고 전국 시대에 흥행이 될 수 있는 이상을 말한 사람이죠. 자 분명히 기억해두세요. 묵자는 전국 시대 사람, 그것도 전국 초기 본격적으로 전국 시대가 열린 시기에 산 사람이란 것을요. 그래야 묵자 사상의 이해가 쉬워집니다. 그럼 그가 살았던 전국 시대라는 배경과 무대가 그의 사상과 어떻게 연관되는지를 차근차근 말씀드리겠습니다.

묵자가 주장했던 것 중 유명한 것이 바로 '비공非攻'이라는, 전쟁을 반대하는 사상입니다. 묵자는 비공을 사상으로만 주장하지 않고 실제 현실에서 열렬히 몸으로 부대끼며 운동으로 전개했고, 많은 제자들이 그것을 위해 목숨까지 걸곤 했습니다.

전쟁……. 민중의 삶을 뿌리째 흔드는 것이 전쟁이고, 보통 사람들을 말 그대로 지옥으로 몰아넣는 것이 바로 전쟁이죠. 그 전쟁을 가

---

* 맹자는 과연 당대에 잘 팔린 사상이었는지 모르겠습니다. 맹자 사상은 상당히 과대평가된 부분이 있는데, 애초에 묵자와 양주, 농가 등 다른 사상가들과 전방위적으로 싸운 언더독underdog(경쟁력이 열세인 약체 선수나 팀)을 후세의 유가 학자들이 우호적으로 독해하고 띄워주었던 것일 수도 있다고 봅니다.

장 앞에 나서서 반대했던 사람이 바로 묵자이고 그가 주장했던 것이 바로 비공입니다. 그것은 겸애와 더불어서 가장 대중적으로 알려진 그의 사상이기도 하고요. 말씀드린 대로 전국戰國, 허구한 날 전쟁하는 시대, 단순히 전쟁의 빈도수만이 아니라 규모와 범위, 살상과 국력 소모 정도가 춘추 시대와 완전히 달라진 시대가 바로 전국 시대인데 그렇기에 묵자가 그렇게도 비공을 주장하며 반전을 위해 뛰었겠죠.

전국 시대 들어서는 전쟁의 규모와 강도가 춘추 시대와 차원이 달라집니다. 춘추 시대에는 대부와 사士, 지배층과 귀족들이 주가 되어 참여한 전차전 중심의 전쟁이 많았다면, 전국 시대에는 보병전으로 바뀌면서 귀족들뿐만 아니라 하층민들까지 모두 투입되어 대규모로 전쟁을 하게 되었습니다. 그전에 하층민들은 참여한다고 해도 물자 보급에 투입되었을 뿐 실제 전투는 높으신 분들의 의무이자 권리였는데, 전국 시대 들어선 하층민들도 죽기 살기로 싸우도록 내몰리게 되었죠. 이제 전면전이 된 전쟁은 춘추 시대처럼 단순히 명분을 겨루고 힘의 우위를 과시하는 정도가 아니라 적국의 병사를 절멸하고 적국을 완전히 초토화, 멸망시키는 데까지 이르게 되었습니다.

이렇게 전쟁의 규모가 커지고 잔혹해진 원인을 살펴보자면 생산력 이야기를 하지 않을 수 없는데요. 당시 생산력은 철기의 생산, 도입으로 인해 크게 신장된 상태였습니다. 석기나 청동기로 만든 농기구와 철로 만든 농기구, 각자의 기능성과 효용을 비교해 보면 상대가 되질 않아요. 춘추 시대에는 철기가 생산되지 않았거나 생산되었어도 보급이 시원치 않았고, 무기로서 철제가 많이 쓰이질 않았습니다. 그러다 보니 농업이나 수공업 생산력이 약해서 비축된 식량과 물자가 많지 않아 장기간 전쟁이 불가능했고, 또 역시 생산력이 약하다 보니 전쟁에 이긴다고 해도 획득할 수 있는 이익이 적었습니다. 하지만 철기와 우경牛耕(소를 이용한 경작법)이 정착된 전국 시대에는 이야기가 달라졌죠. 무기의 화력도 더욱 세졌고, 발전된 생산력으로 인해 축적된 물자는 군주 휘하에 큰 규모의 상비군 운영을 가능케 했고 장기간 전쟁을 수행할 수 있게 했으며, 또 발전된 사회의 생산력은 전쟁에서 이겼을 때 얻을 수 있는 이익도 커지게 했습니다. 판돈이 커졌다고나 할까요?

철저히 명분을 세워서 전쟁을 하고 나름 게임의 룰을 지키며 장기전이 아닌 단기전으로 승부를 보던 춘추 시대와 달리, 전국 시대에는 명분이 약해도, 또 명분이 없어도 전쟁을 하고 장기전도 마다하지 않고 수십만이 넘는 적국의 군사를 모두 죽이기도 하면서 상대 나라를 통째로 접수하곤 했는데, 이런 아비규환의 시대에 묵자가 살았던 것이죠. 이렇게 전쟁이 일상화되고 전쟁의 규모와 강도가 세진 시대, 한쪽에선 전쟁에서 이기기 위해 생산력을 발전시키고 왕 중심의 일원적이며 효율적인 국가 시스템을 만들어내려 힘을 다하는 사람들이 생겼고, 또 한쪽에선 어떻게 하면 전쟁을 막아보고 없앨 수 있을까 고민하는 사람들이 생길 수밖에 없었는데 후자에 선 사람들이 바로 묵자였죠.* 자, 이렇게 그가 전개했던 반전운동과 비공 운동은 철

---

* 사실 묵자는 전자의 문제도 외면하지 않고 고민해서 훌륭한 대안들을 말했습니다. 묵자 사상이 괜히 당대에 대흥행을 한 게 아닐 것입니다. 그만큼 이 사람 저 사람의 가려운 부분을 잘 긁어준 것인데, 전자와 관련된 건 이 장에서도 이야기하고 또 뒤에서도 자세히 이야기할 것입니다.

저히 전국 시대의 산물임을 밝혀두고 싶습니다.

그리고 이제 통일을 슬슬 이야기하고 꿈꾸게 된 시기가 바로 전국 시대였습니다. 중원 열국들 간의 통일을요.

공자 시대만 해도 여러 제후국들 간의 통일을 이야기하기가 어려운 시대였습니다. 일단 당시 공자가 꿈꾼 이상은 이렇습니다. 중원의 각 나라가 공자 자신이 말하는 어진 정치를 하고, 그리고 나서 그 나라들끼리 사이좋게 이상적인 연대를 하는 중원 정치공동체. 이것이 바로 공자가 꿈꾼 이상이었습니다. 공자 시대에는 통일을 이야기하지 않았고, 정확히 말해 통일을 이야기할 상황이 아니었죠. 통일을 위해선 전쟁이 불가피하고, 통일 전쟁을 완수하려면 생산력이 크게 확충되어야 합니다. 그리고 각 나라가 국력을 극대화하고 총동원할 수 있도록 사회 체제가 크게 변해야 합니다. 그러나 공자 시대만 해도 각 열국의 상황은 그것과는 거리가 멀었습니다.

일단 각 열국 자체가, 곧 제후국 하나하나가 확고히 일사불란하게 움직이는 영토국가라 하긴 무리였어요. 확실하게 일원적으로 움직이고 돌아가던 정치공동체가 아니었습니다. 각 열국부터도 스스로 내부에서 제대로 응집되지 못했는데 중원의 통일은 비현실적인 이야기였겠죠.

춘추 시대의 제후, 곧 춘추 시대 여러 나라의 왕은요, 진·한 등 통일제국 시대의 왕과 다른 건 물론이거니와 전국 시대의 왕과도 상당히 달랐습니다. 어찌 보면 귀족들의 대표이자, 제사를 지낼 때 맨 앞에서 폼 잡고 그것을 주관하는 종교 제사 공동체의 수장에 가까웠지, 한 나라를 자기 손에 완전히 장악하고 끌고 가는 군주가 아니었습니다.

춘추 시대만 해도 각 나라는 읍邑 단위로 만들어진 읍제 국가 내지 성읍국가였습니다. 중원 각 여러 곳에 읍이 점처럼 깨알같이 산재해 있고, 읍 단위에서 정치와 군사 행정, 제사 등이 벌어졌는데 그 읍 하나하나가 곧 국國이기도 했습니다. 그 작은 범위와 적은 인민들로 이루어진 읍이 '국'이었다는 것인데요. 國이라는 한자 아시죠? 나라입니다. 우리는 이 한자를 나라 국, 국가 국이라 부르다 보니 오늘날의 대한민국이나 과거의 조선 같은 영토국가를 떠올리기 쉬운데, 애초에 '국'은 그런 의미하곤 거리가 멀었고 읍邑과 호환이 되는 말이었습니다.

중앙의 천자인 주왕이 한 제후에게 어느 지역을 봉토로 주노라 선언합니다. 그럼 제후는 그 지역에 가서 읍을 세우죠. 읍은 그냥 편하게 시티city 내지 타운town 또는 빌리지village, 우리말로 하면 '고을'이나 '큰 마을' 정도로 보시면 되고요.

나라 국國 자를 한번 볼까요. 國 자 구성요소를 보면 가운데에 창을 뜻하는 과戈 자가 있고, 그 안과 밖에 작은 네모와 큰 네모가 보이시죠? 큰 네모 口는 말 그대로 큰 울타리를 뜻하는 것이고, 작은 네모는 그냥 입 구口 자가 아니라, 축문祝文이라는 기도문을 담는 그릇을 뜻합니다. 제사에 쓰이는 아주 중요한 도구죠. 무기와 제사 도구를 감싼 큰 네모, 그건 바로 성城을 말합니다.

읍은 그런 겁니다. 같은 조상을 모시며 같이 제사 지내고 외부의 공격에 같이 방어하는 사람들이 사는 성과 그 주변. 외부의 이질적, 적대적 존재를 대비해 성을 쌓은, 제사와 전쟁 공동체로서 존재합니다. 그 공동체의 수장이 바로 제후, 곧 춘추 시대 열국의 왕이었습니다.

이렇게 제후의 '국國'은 협소한 공간이었고, 춘추 시대의 왕은 그렇게 작은 규모 정치공동체의 수장으로 시작합니다. 공동체가 어느 정도 자리를 잡았다 싶으면 제후는 자신의 씨족 중 한 거물을 '국'에서 멀지도 않고 가깝지도 않은 다른 곳에 봉합니다. 다른 곳에 가서 읍을 개척하도록 하는 것이죠. 그것을 '도都'라고도 하는데('도읍'이란 말이 여기서 나왔습니다), 이렇게 새 읍을 개척하게 된 사람을 대부大夫라 합니다. 대부 역시 읍을 세워 자신의 근거지를 만들고, 제후에게 간섭받지 않는 독자적인 영역area을 확보합니다.

이런 국과 도 외에 사람들은 '비鄙'라는 읍에 살기도 하고 '야野'라는 공간에 살기도 했죠. 비읍은 도읍 근처에 산재한 여러 작은 공동체라 보시면 되고, 야는 읍 사이의 공간을 말하는데 전국 시대 전에는 대개 국가 행정력이 미치지 못하는 공간을 가리키는 말이었습니다.

이렇게 중국 땅에는 읍들이 점처럼 산재해 있었죠. 노나라라고 하면 노魯라는 읍을 뜻했습니다. 읍이 안정되면 점차 읍 안의 여러 친인척 귀족들을 분가시켜 다른 읍을 개척하게 하고, 그리하여 왕과 그 대부들의 읍을 선으로 연결하면 대충 그들의 영향력이 미칠 수 있는 권역이 만들어지고, 그다음에는 그 권역이 점점 진하게 영토국가의 성격을 띠게 되는데, 춘추 시대는 그 연결의 단단함과 권역 내 영향력이 관철되는 정도가 상당히 느슨했습니다.

춘추전국 시대 중국 지도를 보면 점선이나 실선으로 나라의 경계가 그어져 있습니다. 송나라, 노나라, 제나라 등의 국경선에 따라 국토 크기도 대략 보이는데요. 그 국경선 안의 영토를 왕이 확고히 지배했다? 그건 전국 시대의 이야기입니다. 춘추 시대 왕이 직접 관할하는 지역은 협소했고, 다른 지역은 간접적으로 영향력을 미치거나 권력 행사를 할 뿐이었죠. 때로 왕은 나름의 근거지를 바탕으로 무력과 경제력을 지닌 대부들과 싸우기도 했습니다. 이런 상황에서 왕이자기가 직접 다스리는 국 말고 대부의 읍, 그 밖에 여러 비읍과 '야'에사는 백성을 일괄적으로 지배할 수 있었을까요? 제후마다 열국마다사정이 조금씩 달랐지만 쉽지 않았을 겁니다.

하지만 춘추 시대 중기부터 여러 나라들은 조금씩 중앙 집권을 위한 준비를 시작하거나 시동을 걸었고, 제후와 대부들 간의 싸움도 승자가 가려지며 슬슬 내부 정리가 되기 시작했습니다. 제후는 대부들을 찍어 누르며 왕권을 다지고, 제후를 이겨 하극상에 성공한 대부는스스로가 강력한 군주가 되어 국토 장악력을 늘려갔습니다. 이제 군주들은 하층민을 직접적으로 지배하기 시작했고, 이제 '국'은 한 도시에 불과한 읍이 아니라 오늘날 우리가 말하는 영토국가가 되어갔습니다. 읍과 호환되는 말이 아니게 된 것이죠. 그런 흐름은 삼진三晉이라는 북방의 진晉이 먼저 시작했습니다. 앞서 동과 서의 차이 말씀드렸죠? 그걸 떠올리시면 그들이 시작한 중앙 집권화의 진행과 성숙도 이해되실 겁니다.

자, 이렇게 삼진이 중앙 집권화와 그것을 기초로 한 국력 극대화를시작했고, 이것을 시발점으로 여러 나라가 중앙 집권화와 영토국가만들기에 주력하게 되었습니다. 이제 이 과제에 주력하지 못한 나라는 경쟁에서 도태되기 시작했고, 그 와중에 약소국들이 많이 멸망하고 열강들 중심으로 중원이 재편됩니다. 자, 이런 중원 여러 나라의 중앙 집권화와 확고한 영토국가로의 재편성, 재탄생은 전국 시대에 와서 완수되었고, 이제 안으로 통일되어 내부 역량을 극대화한 나라들끼리 밖으로 나가 싸우면서 더 큰 통일을 이야기할 수 있게 되었습니다.

《맹자》만 읽어봐도 중국의 통일에 대한 이야기가 나오죠. 누가 통일을 할 것인가? 어떻게 해야 통일을 할 수 있는 힘을 키울 것인가? 그런데 통일 하면 먼저 묵자 이야기를 해야 할 겁니다. 통일은 묵자가 가장 먼저 이야기했기 때문이에요. 그뿐 아니라 묵자는 통일을 왜 해야 하고 어떻게 해야 할지 고민했고, 거기에 답도 나름 충실히 제시했습니다.

전쟁, 그 전쟁 상황의 격화는 어떻게 되어야 궁극적으로 사라질까요? 단순히 생각하면 싸우는 나라들끼리 합쳐져서 유일한 통치 권력이 폭력을 확고히 독점하면 됩니다. 그 통치 권력 바깥에 적이 다시 생기면 모르겠지만 최소한 분열된 시대의 전쟁 상황으로 인한 가혹함은 사라지겠죠. 실제 묵자 무리는 반전운동을 통해 많이 죽어나가다가, 통일이 되면 전쟁 상황은 종식되겠지 하는 생각으로 여러 열강 중 가장 싹수 있어 보이고 통일 제국이 될 잠재력이 풍부한 진에 베팅을 하게 됩니다.(모든 묵가 무리가 이런 행보에 동의한 것은 아니었습니다. 묵자 사후 줄곧 묵자 무리가 하나로 움직였던 것도 아니고요. 묵자 사후 초기에 지도자 중심으로 강하게 뭉쳐 있었던 묵자 무리는 나중에 분열되어, 서로가 서로를 사이비 묵가 무리라는 뜻의 '별묵別墨'이라고 비난하며 갈등했습니다 지도자의 사망 후 세력이 분열되고 갈등, 반목하는 건 흔히 볼 수 있는 일인데, 묵자 무리도 거자巨子/鉅子 자리를 둘러싼 다툼과 노선 갈등 때문에 세 개로 쪼개졌다고 합니다.)

　요새도 중국인들은 분열을 상당히 두려워합니다. 역사상 중국이 쪼개져 쪼개진 나라들끼리 전쟁을 할 때마다 겪어야 했던 중국 인민들의 고통은 이루 말할 수 없었을 텐데, 그것에 대한 트라우마를 거의 유전적으로 가지고 태어나는 사람들이 바로 중국인이 아닐까 싶습니다. 모택동이 중국을 통일한 후 문화대혁명, 대약진운동 등의 과정에서 무수한 인민이 죽어났고 중국은 크게 후퇴했습니다. 그래도 많은 인민들은 모택동을 존중하고 존경합니다. 왜냐, 어쨌든 분열을 막고 중국을 통일한 사람이니까요. 괜히 중국에서 안정이 모든 것을 압도한다고 하는 것 같지 않습니다. 그만큼 분열과 분열이 초래하는 고통을 두려워하고 통일된 중국을 원하는 것이 중국인들이지 않나 싶어요.

　묵자는 통일을 적극적으로 준비했습니다. 전쟁 종식을 위해서도 그렇고 그가 말하는 이상인 겸애, 최대 다수의 기본적인 생활 보장인 겸애는 정치 단위의 규모가 클수록, 그리고 정치 질서가 안정되고 일사불란할수록 달성될 여지가 높기에, 한 천자 중심으로 전 중국이 다스려졌으면 한다고 묵자는 자주자주 말했죠. 천자가 정점에 서고 그 천자 밑에 각 나라를 총괄하는 제후들이 있어야 한다고 말하긴 했지만, 이때 묵자가 말하는 천자는 춘추 시대 주나라의 천자 같은 허수아비 천자가 아니라 실질적으로 전 중국을 총괄하는 군주였고, 또 여기서 묵자가 말하는 제후는 자체적인 무력을 갖추어 중앙 정권에 대항할 수 있는 독자적 정치 단위의 수장을 말하는 것이 아니었습니다. 천자의 뜻을 어기지 않는 지역 행정관을 가리켰죠. 묵자는 천자가 중심에 확고히 서고 그 천자 중심으로 중원이 돌아가는, 그런 질서에서 자신들의 겸애를 실현해보자 했고, 또 그런 질서가 섰을 때에야 겸애를 실현할 수 있다고 이야기했습니다. 천자 중심의 일원화된 정치 질서와 겸애의 관계에 대해서는 뒤에 더 이야기할 것입니다.

통일을 위해선 어떤 기준 내지 명확한 표준이 있어야 합니다. 통일 이후에도 명확한 기준과 표준이 있어야 그 통일된 나라를 다스려갈 수 있겠고요. 그런 기준 내지 표준을 통일 이후에 준비해서 만들면 너무 늦은 일이고 통일 전에 먼저 만들어놓고 가야겠죠. 통일하자는 사람과 세력이 전 중국과 인민들을 아우르는 약속이 될 만한 기준과 표준을 생각지 않아서야 되겠습니까? 소화액과 효소도 없이 뭘 집어 삼킬 수는 없는 노릇이잖아요?

실제 《묵자》 책에서 묵자는 많이 이야기합니다. 많은 사람들이 받아들일 수 있는 스탠더드, 기준, 표준에 대해서요. 공인 출신이라 측정 기구인 자와 컴퍼스 같은 것에 비유해서 이야기하곤 했어요. "공인들도 정확한 그림쇠(컴퍼스)와 직각자 등으로 작업을 하고 물건을 만드는데 천하를 다스리는 사람이 명확한 기준과 법도가 없어서야 되겠냐"는 식으로요. 생각해보세요. 작업을 하는데 측정 기구와 도구가 다르면 서로 손발 맞춰서 일할 수 있겠습니까? 마찬가지로 통일을 하고 통일된 제국을 제대로 끌고 가려면 전 사회에 통용될 확고한 기준과 규범이 있어야 합니다. 이것을 묵자가 강조했습니다.

묵자는 이에 그치지 않고 어떻게 표준과 기준을 끌어내고 합의해낼 것인가에 대해서도 많이 이야기했습니다. 가령 삼표법三表法이라 해서 과거 성인 군주들의 업적, 많은 사람의 의견과 여론, 그리고 실제 사람들의 이익에 합치되는가 여부, 이 세 가지를 근거 내지 수단으로 해 어떤 표준을 만들어보자고 힘주어 이야기했어요.

앞서 통일 제국 진나라와 묵자를 연관 지어 말씀드렸죠? 진나라, 진시황 하면 가혹한 이미지 외에 도량형과 문자의 통일 같은 것이 떠오르는데, 바로 그것과 묵자를 연관 지어 말할 수 있습니다. 실제 통일 제국 진이 등장한 데에는 묵자 무리의 지분이 크고, 묵자 사상이 바로 통일된 기준과 표준을 비중 있게 강조하니까요. 묵자의 제자들 중 적지 않은 사람들이 진으로 가서 진의 시스템을 가다듬고 다양한 분야에서 법들을 만들어내고 또 일선 행정을 맡았으니, 날로 강성해져 중원을 통일한 진이 괜히 도량형과 문자를 통일해낸 게 아닐 것입니다.

아, 그리고 이 이야기도 해야겠네요. 그들이 표준과 기준, 규범을 강조한 데는 그들이 애초에 공인 집단이었던 까닭도 있을 수 있습니다. 그런데 애초에 묵가 집단엔 상당수 무사가 있고 무사로서 자의식을 가진 사람도 많다고 했지요. 표준과 기준, 규범은 물건을 만드는 공인들의 작업 현장에서뿐만 아니라 전쟁이나 국방에서도 중요한 것입니다. 전쟁사학 분야에서 훌륭한 저술을 보여주시는 임용한 선생님의 글에 따르면 부대마다, 그리고 병사마다 전투력과 무기의 질, 작전 수행 능력 등이 천차만별이면 군대가 강해질 수 없는 노릇이니, 고대 어느 국가든 전쟁 수행 능력과 국방력을 극대화하려는 나라는 무기의 질, 전투력 등을 군사마다, 부대마다 규격화·표준화하려고 애썼다네요.

중국 고대사만 봐도 그렇습니다. 춘추 시대 초기에 전쟁을 하면 대부들이 자신들의 영지에서 군사들을 이끌고 나옵니다. 이 귀족들의 군사를 모았을 때 각 귀족의 부대마다 주특기와 주된 무기가 다르고, 그것만 다르면 좋은데 신호와 명령 전달 체계, 무기의 질, 군사들의 훈련 정도와 전투력, 전술 이해 능력까지 다르면 전쟁 능력 극대화가 되겠습니까? 오합지졸 되기 십상이죠. 결국 전국 시대에 전투력 향상의 요건은 각자 이질적인 귀족들의 군대를 모아 싸우는 데서 탈피해, 얼마나 규격화된 표준과 기준으로 무장되고 훈련된 왕의 정규군으로 싸우고 또 그것을 규모화하느냐였겠죠.

묵자 무리가 그렇게 표준과 기준을 강조하고 집착한 것은, 어쩌면 그들이 무사였고 또 일선 현장에서 자주 실전 경험을 해봤던 사람이기에 표준과 기준, 규격화의 중요성을 의식했던 까닭이 아닐까 하는 생각이 듭니다. 《묵자》 원문엔 군사 관련 이야기도 많은데 후반부는 실전에 유용한 여러 가지 이야기가 있습니다. 방어와 축성, 대오 만들기 등등. 거기서도 그런 측면이 잘 보입니다. 《묵자》 원문 자체에 표준화된, 규격화된 군사 매뉴얼이 들어 있는 셈입니다. 구체적인 수치까지 정확히 제시하는 부분도 있습니다. 이렇게 묵자는 표준과 기준의 통일을 중시했습니다.

씨족공동체의 일원에서
보편 인간으로

지금까지 묵자가 살았던 전국 시대 이야기를 했습니다. 구체적인 그의 생몰 연대보다 중요한 게 그가 노나라 사람이었다는 것과 그가 살았던 전국 시대라는 시대적 배경이라고 했고, 전국 시대라는 배경과 그의 사상이 어떻게 연관되는지 이야기하면서 그의 사상이 발아하던 환경에 대해서 말씀드렸습니다.

전국 시대는 분명 여러 가지 측면에서 춘추 시대와 다른 시대라고 했습니다. 생산력의 증대와 전쟁의 격화, 통일을 위한 과도기적 시기라는 점 등을 이야기했는데, 그 밖에도 놓치지 말아야 할 것이, 그때가 씨족 질서라는 것이 완전히 무너지고 해체된 시기라는 점입니다. 씨족 질서……. 생소한 말일 겁니다. 하지만 당대 사회와 당대 사회의 변화를 이해하기 위해선 놓치지 말아야 할 개념인데요. 이제 차근차근 설명하겠습니다.

앞서 읍이라는 단위로 당대를 설명했는데, 읍에는 여러 익명의 사람들이 사는 것이 아니라 동일한 조상을 모시는 같은 성, 같은 씨의 사람들이 사는 경우가 많았습니다. 그래서 한 읍에 사는 공동체를 '가家'라는 말로도 일컬었는데, '가家'는 말 그대로 가족입니다. 같은 조상을 모시고 같은 조상의 자손이라는 유대감을 가지고 살아가며, 같이 노동을 해서 생산의 결과물을 나누고, 그 가족 안에서 너와 나 구분이 없고 연장자는 내 형이고 아버지고 어머니고 연하의 사람은 내 동생이고 아들이고 딸이고 하는, 연대감과 일체 의식 속에서 살고들 있었죠.

가족이라고 해서 오늘날의 핵가족 개념으로 당대의 씨족공동체를 봐서는 안 되고요, 아주 많은 사람으로 이루어진 공동체인데 생산력이 턱없던 시절 이렇게 많은 사람이 북적거리면서 공동으로 노동을 해 삶을 영위했습니다. 사실 그렇게 해야만 살 수 있는 시대였고요. 그런데 춘추 시대 말부터 씨족공동체가 파괴되었습니다. 왜 파괴되었을까요? 많은 사람들이 생산력의 증대와 전쟁의 격화 등을 원인으로 꼽는데, 철기가 등장하고 철기를 바탕으로 우경이 시작되고 농기구가 개량된 것이 씨족공동체 해체에 큰 영향을 준 것은 사실입니다.

소를 끌고 경작하는 우경. 소 한 마리가 사람 일곱 명 정도의 일을 거뜬히 해냅니다. 생산의 근원인 경작지 면적은 동일한데 소 한 마리와 소 주인 한 명이 여덟 명이 하던 일을 너끈히 해낼 수 있게 되었습니다. 그럼 기존에 일하던 씨족공동체 구성원이 모두 그 땅에 붙어 있어야 할까요? 기존엔 그 사람들이 도와줘서 같이 일을 해야만 거우 생산을 해낼 수 있었지만, 농기구가 개량되고 우경이 시작된 상황에서 나머지 사람들은 그저 내가 생산한 것을 축내는 사람 그 이상도 이하도 아니게 됩니다. 그럼 나머지 사람들은 어떻게 해야 할까요? 새로운 땅을 찾아 떠나야지요. 전에는 생산이 아주 대가족 단위로 이루어졌는데, 이제는 가장 하나에 대여섯 명이 딸리는 소가족으로 생산 단위가 변했습니다. 수십 명이 달라붙어서 하던 일을 몇 명이서도 해낼 수 있게 되었으니까요. 이제 정말 내 아내, 내 새끼가 아닌 이상 같은 조상을 둔 씨족공동체 구성원이고 같이 제사에 참여하는 삼촌, 사촌이라고 하더라도 과거처럼 생존을 위한 협력자가 아니라 어쩌면 경쟁자가 되어버린 상황. 이런 상황에서 기존의 씨족공동체는 온전할 수가 없었을 겁니다.

생산력이 커졌습니다. 이건 어떻게 보면 정치권력이 뜯어먹을 거리가 늘었다고 볼 수도 있는 일이죠. 기존에는 그 땅을 경작하던 사람들이 겨우 먹고살 정도였는데 이제는 잉여 생산량이 많이 늘어났기에 말입니다. 이제 정치권력이 착취를 본격화합니다. 그렇다면 착취가 덜한 곳으로 떠나야 할 상황이 생길 수 있습니다. 춘추전국 시대에는 그런 정치권력, 행정의 공백 지대가 존재했으니까요.

또 정치권력은 단순히 내 영향력이 닿는 곳의 인민들에 대한 착취를 늘릴 수도 있지만, 전쟁을 통해 땅을 넓히고 그 땅에 사는 더 많은 사람들을 착취할 수도 있게 되었습니다. 그래서 전쟁이 빈번해집니다. 그렇다면 또 그 땅에 살던 사람들은 다른 곳을 찾아 떠나야 할 상황에 직면하게 될 수도 있죠. 물론 전쟁을 통해 죽어나는 것도 무시 못 합니다. 씨족공동체의 파괴예요.

이렇게 여러 가지 이유로 사람들은 기존의 생활 근거지를 버리고 떠나게 됩니다. 이런 연유로 기존의 씨족공동체는 무너지고, 다른 질서의 시대가 왔습니다, 바로 전국 시대.

이렇게 씨족 질서가 무너진 전국 시대적 상황은 여러 가지로 통치자와 사상가들을 고민하게 했습니다. 일단 공자 사상의 한계가 드러나고 그에 대한 문제의식이 싹트게 되었죠.

공자 사상은 씨족공동체에 기초하고 있습니다. 공자가 살던 시기에도 그것이 적지 않게 무너진 상황이었지만 분명 공자는 익명의 사람들이 아닌 부모와 형제, 친척들이 같이 사는 공동체에서 자연스레 배우는 효와 공손함, 어른을 공경하고 아이들에게 자애롭게 대하는 태도를 충분히 익혀서 이것을 사회 전반으로 확대해나가자고 합니다. 그의 정치철학을 보면 왕은 독단적으로 정국을 운영해서는 안 됩니다. 공자 사상에서 군주는, 지역 주민들의 지배자라기보다는 보호자에 가까웠던 씨족공동체의 대표, 그 사람과 같아야 하고, 그 사람처럼 너그러운 마음을 가져야 합니다. 또 과거의 씨족공동체는 여러 원로들이 모여 공동체의 일을 토론, 토의하는 원시적 민주제의 전통이 강했는데, 그래서인지 공자 사상을 보면 왕이 홀로 독주하지 말고 여러 지식인들을 우대하고 그들을 국정의 주체로 분명히 인정해서 그들의 말을 경청하고 그들과 함께 나라를 다스리라고 합니다. 공자의 《논어》, 그리고 《맹자》에 '더불어, 같이, 함께'를 뜻하는 한자 여與자가 괜히 많이 나오는 것이 아닙니다.

그런데 씨족공동체의 질서가 무너진 상황에서, 이제 이야기가 달라졌습니다. 효와 공손함, 어른을 공경하고 아이들을 따뜻하게 품어주는 등의 정서에 기초한 '인仁'을 대신할 다른 윤리가 필요해졌습니다. 저런 정서들을 배울 공간도 없어지고 또 배운다고 하더라도 그것이 먹힐 상황이 아니게 된 시대, 그 시대에 맞는 사상과 통치 철학이 필요하게 되었죠. 공손하게 효를 실천하고 연장자를 존중하고 아이들에게 자애롭게 대하고, 다 좋다, 그런데 어쩌라고? 하는 물음이 돌아오는 시대가 되었다는 겁니다.

일단은 씨족공동체가 무너진 상황에서 왕과 군주는 인민을 직접적으로 지배하고 관리할 필요가 생겼습니다. 기존에는 '가家'라는 씨족공동체 울타리 안에서 인민들이 생활을 영위했고, 울타리 안의 수장들이 인민들을 관리하고 돌보았습니다. 군주는 대부를 포함한 지역의 수장을 무시할 수 없었고, 상당 부분 그들의 권리를 인정하고 존중해주었습니다. 각 지역 내부의 일에 대해서 간섭하긴 어려웠지요. 하지만 춘추 시대가 끝나가며 이제 씨족공동체가 해체되고, 또 공동체의 수장 중에 왕권에 방해가 될 만큼 성장한 인물들(주로 대부겠지요)은 왕권에 의해 제거된 상황. 그렇게 달라진 환경에서 군주가 직접적으로 인민들을 다스려야 할 상황이 되었습니다.

그런 상황에서 자애로움, 양보에 바탕을 둔 예의나 유가적 온정주의로만 백성들을 다스릴 수는 없었겠죠. 이때 왕의 가려운 곳을 긁어줄 사람들이 등장했으니 바로 법가입니다. 법대로 인민들을 직접 다스려보자는 것, 그리고 기존의 질서가 무너진 상황에서 법으로써 행정구역을 재편해 효율적으로 관리 내지 통제해보자는 것이 그들의 주장입니다.

앞서 경작하던 땅에서 떠나 살 수밖에 없게 된 인민들 이야기도 했는데, 그럼 그들이 더 이상 떠돌게 하지 말고 다른 생산기반을 마련해주어 거기에다가 묶어두고, 그러면서 효율적으로 그들에게서 세금도 거두고 유사시 전쟁에 쓸 군인 자원으로도 활용해야겠죠. 법가는 이런 전국 시대적 상황이 만들어낸 수요에 훌륭히 대응했습니다.

그리고 법가만이 아니라 묵가도 훌륭히 수요에 응했습니다. '상동'이라는 군주 중심 통치 체제, 인仁이 아닌 겸애라는 정치 윤리, '상현'이라는 인재 등용법, 그리고 법가 못지않게 상벌로 인민을 통제할 방법도 고민했고요. 실제 법의 제정과 집행에 관련해서 묵가의 제자들이 상당히 많은 것을 일구어냈습니다. 이건 10장에서 부연 설명할 텐데, 상앙의 진秦에서는 묵자의 제자들이 법의 상당 부분을 만들고 정비, 집행했죠. 상앙이 무척이나 특출 난 사상가이고 정치가였지만 혼자서 그 방대한 법의 체계를 만들고 굴릴 수 있었겠습니까?

그리고 새로운 통치 철학과 체제 개편 말고도 새롭게 사유의 지평을 열어야 할 필요가 생겼습니다. 바로 인간이란 문제. 이제 인간을 다른 각도 내지 시각에서 생각하고 연구해야 할 상황이 되었다는 것인데요. 기존에는 '가家' 단위로 누구 집안의 사람, 어떤 조상의 후손 하는 식으로 사람을 파악했습니다. 하지만 전국 시대 들어서서 씨족 질서가 무너진 상황에서 하나하나 개체화되다시피 한 사람들을 국가에서 상대, 관리해야 하고, 또 적극적으로 전쟁을 통해 적국의 백성들을 자국의 백성으로 편입해야 하는 시점에서 어느 정도 균질적인 인간, 평균적인 인간, 개체화된 인간, 그리고 보편적인 이성에 대해 논할 시점이 되었습니다.

맹자가 말한 성선론, 순자가 말한 성악론이 다 이런 상황에서 등장한 것이지요. 기존에 사람들은 개체화된 존재로 사유되지 않았고 그저 누구를 조상으로 하느냐, 어느 '가'의 사람인가로, 성 단위 씨 단위로 파악되었고 그것들이 중요했습니다. 그리고 사람들이 제사로 섬기고 모시는 조상들도 모두 동등한 존재가 아니라 조상들 사이에도 우열이 있었고요. 조상들의 우열은 그 후손들 사이에도 차등적인 관계를 만들어줬습니다. 자, 어떤 왕을 조상으로 모시는 사람들이 있고 그 신하를 조상으로 모시는 사람들이 있다고 합시다. 단순히 모시는 조상이 다른 게 아니라 조상으로부터 비롯된 우열 관계가 있는 것인데, 그들을 두고 똑같이 인간이 착하다거나 악하다거나 하는 일반적인 맥락으로 썰을 푸는 게 가능했을까요? 그렇게 썰을 푼다고 해도 상당히 위험하고 불온한 것으로 여겨졌을지 모릅니다. 또 어떤 논의의 실익도 없었을 것입니다. 그래 그렇다 치자, 그게 어떻다는 말인가? 하는 답변이 돌아왔겠죠.

하지만 누굴 조상으로 두느냐가 중요하지 않게 된 시대, 그리고 가장 중심의 소가족 시대, 통치 권력이 인민 한 사람 한 사람에게 직접 미쳐야 하는 시대에 들어서는 보편적인 인간에 대해서 논할 수 있게 되었고 논해야 했습니다. 인간은 이렇다, 저렇다, 무엇으로 동기 부여를 할 수 있고 무엇을 두려워하기에 어떤 것으로 통제할 수 있다는 식의 설說들이 나오게 되었고, 그런 것들을 논하는 사유가 진행되었습니다.

그렇다면 처음으로 보편적인 맥락에서 인간을 사유하고 이야기한 사람은 누구일까요? 바로 묵자입니다. 성선설의 맹자, 성악설의 순자 등 인간 일반은 보통 어떻다고 한 저 사람들보다도 먼저 보편적인 맥락에서 인간 일반을 사유하고 이야기한 사람은 묵자이고, 맹자든 순자든 모두 묵자의 영향을 받은 것이지요. 특히 맹자는.

자, 이 문제는 다음 장에서 더욱 자세히 논하도록 하고, 이제 이 장을 정리해보죠.

묵자는 철저히 전국 시대 사람이다. 통일 추구, 전쟁 반대, 그리고 씨족 질서가 무너진 상황에서 새로운 통치철학 제시, 그리고 보편적 맥락에서 인간에 대한 논의와 사유, 모두 바로 눈앞에 닥쳐온 전국 시대적 상황과 수요에서 그가 해낸 것들이라는 점. 전국 시대 사람 묵자. 잊으시면 안 됩니다. 전국 시대에 묵자의 가게가 그렇게 장사가 잘된 건 다 이유가 있다는. ㅎㅎ. 전국 시대가 가져온 변화의 칼바람을 온몸으로 마주하며 걸었던 사상가이자 운동가, 묵자! 자, 이번 시간은 여기까지입니다.

墨子

5

묵자가 본 인간

노동하는 존재, 자기 몫을 지닌 존재,
욕망하고 계산하는 존재

　묵자의 사상을 정치학의 범주에 넣든 철학의 범주에 넣든, 인간을 어떻게 보느냐는 중요한 문제가 아닐 수 없습니다. 정치사상이든 철학이든 인간을 어떻게 보느냐에 따라 다르게 사유하고 상이한 답을 낼 수밖에 없기 때문입니다. 원죄론을 상정하는 기독교와 인간의 불성을 믿는 불교만 봐도 서로 다른 세계관과 지향점을 펴고, 유가 내의 맹자와 순자만 해도 '인정仁政'과 '예치禮治'라는 다른 답을 내놓죠. 그렇다면 묵자라는 사람은 어떤 인간관을 가지고 있었을까요? 우선 인간은 노동하는 존재라고 묵자는 말합니다.

　오늘날 사람은 진실로 날짐승과 길짐승, 큰 사슴과 노루, 날아다니는 새, 파충류 등과 다르다. 오늘날의 날짐승과 길짐승, 큰 사슴과 노루, 날아다니는 새, 파충류 등은 자신의 날개와 털에 의지해서 사람의 의복처럼 체온을 유지하고, 자신의 굽과 손톱으로 사람의 발처럼 이동하며, 물과 풀을 자신의 음식으로 삼는다. 그러므로 비록 수컷이 곡식을 갈거나 채소를 심지 않고, 암컷 역시 실과 베를 짜지 않더라도 입고 먹을 거리가 원래 이미 갖추어져 있다. 오늘날 사람들은 이와 다르다. 스스로 힘써 일하는 자는 살고, 힘써 일하지 않는 자는 살지 못한다. 비악非樂 편

今人固與禽獸麋鹿蜚鳥貞蟲異者也

今之禽獸麋鹿蜚鳥貞蟲, 因其羽毛以爲衣裘, 因其蹄蚤以爲絝(褲)屨, 因其水草以爲飲食

故唯使雄不耕稼樹藝, 雌亦不紡績織紝, 衣食之財固已具矣

今人與此異者也, 賴其力者生, 不賴其力者不生

인간은 본래 노동하는 존재라는 것이 묵자의 생각입니다. 일해야 산다, 일하는 존재다. 역시나 하층민, 피지배 계층의 목소리를 대변하는 것인데, 그렇다면 일하는 사람은 어때야 할까요? 우선 일한 사람은 자기 몫을 가져야 합니다. 일해서 뭔가를 만들어냈는데 그 사람에게 돌아가는 것이 없어서야 되겠습니까? 일하는 존재인 인간, 이런 인간관을 가진 묵자는 인간이 자기 몫을 가진 존재라고도 말합니다. 일했으니 당연히 자기 몫을 가져야 하고 몫을 요구할 수 있죠. 그리고 그것을 통치 체제가 분명히 보장해줘야 합니다.

옛날에 사람들이 처음으로 생겨나 아직 지도자가 없을 때 사람들은 저마다 의로움〔義〕을 달리했다. 한 사람이 있으면 한 가지 의로움이 있었고

두 사람이 있으면 두 가지 의로움이 있었으며 열 사람이 있으면 열 가지 의로움이 있었다. 사람의 수가 더욱 많아지면 그들이 주장하는 의로움 역시 많아졌다. 상동尚同 상上편

古者民始生, 未有刑政之時, 蓋其語, 人異義

是以一人則一義, 二人則二義, 十人則十義

其人玆衆, 其所謂義者亦玆衆

사람마다 각기 다른 의로움이 있다고 합니다. 한 사람이 있으면 한 가지 의로움, 열 사람이 있으면 열 가지 의로움, 백 사람이 있으면 백 가지 의로움이 있겠네요. 근데 여기서 말하는 '의義'는 정의 내지 윤리가 아니라 이익과 관련된 것입니다. 그것은 각자 자기 입장에서 정당한 몫, 곧 내 몫에 대한 요구 내지 자신의 이익을 주장하는 것입니다. 누구나 일했으니 내 몫을 달라 요구할 수 있고, 모든 사람이 그렇게 요구할 수 있겠죠. 열 사람이 있으면 열 사람의 의로움이 있고 백 사람이 있으면 백 사람의 의로움이 있다, 이것은 모든 사람이 자기 몫을 가진다는 것이고 묵자는 철저히 이 점을 전제합니다. 그렇다면 앞에서 말한 바대로 그것을 통치 체제가 보장해줘야 합니다. 그것이 결국 겸애로 귀결되고요. 자, 이렇게 묵자가 보는 인간은 노동하는 존재고 자기 몫을 가진 존재입니다.

또 〈비악非樂〉 편에서 묵자는 당시 백성들이 세 가지 고통에 시달린다고 진단했습니다.

첫째, 배고픈 자 먹지 못한다. 飢者不得食

둘째, 추운 자 입지 못한다. 寒者不得衣

셋째, 일해서 힘든 자 쉬지 못한다. 勞者不得息

이런이런~ 죽어라 일하는데 먹지도 못하고 입지도 못하고 쉬지도 못하는군요. 일해야 사는 존재 인간, 노동이 본질인 인간, 일하는 존재이기에 어떤 몫을 분명히 가지는 인간, 그 인간이 반드시 누려야 할 몫이 뭔지 여기서 말해주는 것 같네요. 먹을 것, 입을 것, 쉴 수 있는 여건이죠. 이 몫들은 통치 체제와 사회 체제가 보장해줘야 할 최소한의 것이고, 그것을 모든 만민에게 보장해주자는 것이 바로 묵자의 겸애입니다.

자 그런데요, 묵자의 말엔 이런 면도 있는 것 같습니다. 인간은 입어야 하고 먹어야 하고 쉬어야 하는 욕구를 가진 존재라는 것이요. 뭐 사실 당연한 이야기고 상식적인 이야기지만, 욕구와 욕망이 이익 추구로 직결되고 그것이 공동체의 분란과 파괴로 이어질 수 있다고 생각한 공자와 맹자는 그것들을 화제의 중심으로 선뜻 불러오질 않는데, 묵자는 그것을 아주 자주 주제로 설정하고 이야기합니다. 역시나 묵자 사상엔 하층민, 피지배층의 의식이 담겨 있는 것을 알 수 있어요. 인간은 이렇게 욕구, 욕망을 가진 존재라는 묵자의 관점이 보입니다.

자 지금까지 본 바로는, 묵자의 인간관은 일단 노동하는 존재, 그리고 자기 몫을 가진 존재, 그리고 욕구를 가진 존재라는 것이죠. 모든 인간이 그렇다고 하면서 일반적, 보편적인 맥락으로 인간을 이야기합니다. 그런데 이것이 다가 아닙니다.

거기에다가 묵자는 협력과 분업, 계산할 수 있는 존재로서 인간을 말했습니다.

협력과 분업. 앞서 여러 번 말씀드렸죠, 묵자 사상엔 하층민과 피지배층, 그중에 수공업 종사자의 자의식이 많이 담겨 있다고. 수공업이란 것은 그렇다고 합니다. 생산력과 생산량, 생산 능률을 올리려면 분업과 협력이 필요하다고요. 그래서인지 묵자는 협력과 분업을 많이 이야기하고, 사회 체제를 만들 때 어떻게 분업과 협력 시스템을 만들지도 많이 고민했습니다.

그래서 묵자가 정치를 논할 때 정치라기보단 행정의 맥락으로 이야기할 때가 많아요. 행정은 정치에 비해 각론적이고 전문성이 강조되죠. 군사 행정, 재무 행정, 복지 행정, 여러 가지 분야가 망라되고 각 분야에서 실무에 능한 전문가 육성이 필요한 게 행정인데 묵자는 정치를 그런 맥락에서 보는 것 같습니다. 그리고 그런 관점은 진묵秦墨이라는, 진나라에 들어간 묵가가 만든 진나라 법률에 잘 녹아들어 있습니다. 진나라 법률이라면 그저 공포를 조장하고 사람 겁주는 형벌을 생각하는 분이 많을 텐데요. 전혀 그렇지 않습니다. 어떻게 재정을 조달해 분배하고 공적 업무를 나누고 공무원을 어떻게 채용하고 인센티브를 줄 것이며 등등, 정부 조직과 인사 관리, 재무 등 행정 전반을 포괄하는 제도가 진나라 법에 담겨 있습니다. 그리고 그것은 애초에 묵자가 인간을 협력하고 분업하는 존재라고 봤기에 그의 제자들이 잘 고민해서 만들어낸 것이라 저는 생각하는 거구요.

참고로 묵자 집단의 팜 시스템farm system*, 그러니까 제자 교육 시스템을 보면 묵가는 제자들을 각자의 특기와 적성에 맞게 분류한 뒤 과목을 달리해서 육성했습니다. 대학의 전공별 교육과 비슷하다고 할까요? 책과 문헌을 정리하는 설서說書, 수공업 기능과 군사 기술, 성곽 방어 등을 익혀 몸으로 일하는 종사從事, 마지막으로 묵가의 이론을 세상 사람들에게 전파하고 왕과 지배자들에게 유세하고 설득하며 백성들을 계몽하기 위한 논객 내지 지식인 양성 과목인 담변談辯. 이렇게 묵자 학단學團에서는 세 가지 전공별로 교육이 이루어져 제자들 하나하나를 전문가로 만들어내려 했으며, 제자들은 각자 전문인이 되어 그들끼리 분업하여 조직이 굴러갔습니다. 공자는 시와 서, 예와 악 등 공자 학단의 과목들을 제자들 하나하나가 모두 충실히 익히길 바랐고, 제자들이 두루두루 갖춘 전인적인 군자가 되길 바랐는데 묵자는 제자 양성부터 전문가 양성에 초점을 두었던 것 같습니다. 이 역시 묵자의 인간관과 연관되는 일 같고요.

묵자 집단부터가 이렇게 특화된 기능을 중심으로 나누어 교육하고 운영하는 집단이었고, 그들은 국가 정치와 행정도 분업과 협력의 원리로 돌아가기를 바랐습니다. 곧 묵자는 인간을 분업하고 협력할 수 있는 존재로 보았던 것입니다.

그리고 또 하나, 묵자는 '계산하는 인간'을 말했습니다. 묵자는 설

* 본래는 미국 야구 용어로, 메이저 리그의 각 팀이 산하에 마이너 팀을 두고 선수를 훈련, 육성하는 제도. 마이너 팀들 간의 리그에서 실력을 갈고 닦은 선수가 메이저 팀으로 발탁되기도 하고, 메이저 리그에서 성적이 부진한 선수가 마이너 팀으로 보내지기도 합니다.

득을 할 때 이런저런 옵션을 보여줍니다. 유가식으로 이것이 옳다, 옳으니 해야 한다고 말하는 것이 아니라 선택할 수 있는 몇 가지 항목을 제시합니다. 그 와중에 이것이 옳으면서도 이득이 된다고 말하면서 설득을 하죠. 이런저런 선택지 중에 이것이 나라 살림을 더 부유하게 한다, 아니면 당신의 생활 조건이 개선되게 한다 말하면서 더 이득이 될 수 있는 선택지를 제시하고, 또 그것을 상대가 현명하게 계산해서 받아들일 것이라고 낙관합니다.

묵자는 인간이 이득과 결과적 효용을 계산하고 더 이득이 되는 것을 받아들일 수 있다고 낙관하는데, 그렇기에 묵자가 말하는 겸애는 단순한 이타주의 내지 희생을 통한 사랑이 아닙니다. 앞서 욕구를 가진 존재, 자기 몫을 가진 존재로서 인간을 본다고 했는데 욕구를 품고서 자기 몫을 챙기려는 인간은 당연히 이익에 민감한 존재겠지요? 그래서 묵자의 겸애는 이익에 민감해 이익을 계산할 수 있는 인간이란 존재가 받아들일 수 있는 범주에 속한 것입니다. 너 자신을 희생해라, 나보다 남을 위해라 하는 것이 아니라, 우리 식의 사회 시스템 설계와 국가 청사진을 따르면 타인이 이롭고 사회 전체도 이로우며 결국 당신도 이로울 것이니 함께하지 않으시렵니까 하고 설득하는 것이죠. 묵자는 상대의 계산 능력을 믿고 겸애를 선택하도록 설득하고 유도합니다.

선택지를 두고 계산하는 존재인 인간이라…….

공자도 인간을 그렇게 보았을까요? 계산적 이성으로써 고민하고 재보고 저울질해보는 인간을 생각해봤을까요? 공자는 선택지 사이에서 계산하는 인간을 만나지 않습니다. 인간에게 가야 할 길은 정해져 있다, 그것을 '도道'라고 하지요. 바람직한 길, 사명, 해야 할 일, 그 길은 정해져 있고 그것을 따르느냐 안 따르느냐에 따라 군자와 소인이 갈릴 뿐, 선택지 사이에서 자유 의지를 가지고 계산하는 존재로서 인간을 말하지는 않습니다. 공자에게 중요한 건 주어진, 올바른 길을 따라 계속 걸어갈 수 있는, 한 개인의 굳센 의지와 마음 됨됨이죠.

선택지 사이에서 자유 의지를 가지고 계산하고 선택하는 존재로서 인간을 말하는 묵자와 아주 많이 다른데, 애초에 공자는 자기 신념과 사상의 근거로 '천명天命'(하늘의 명)을 이야기합니다. 하늘의 명령이니 무조건 따라야지요. 하지만 묵자는 '천지天志'(하늘의 뜻)를 이야기하죠. 공자가 생각하기에 '인仁'과 군자의 도리는 하늘이 명한 것이고, 묵자가 생각하기에 겸애라는 것은 하늘의 뜻이라는 겁니다. 천명과 천지, 말의 뉘앙스가 많이 다르죠. 천명은 선택의 여지가 없이 꼭 해야 하는 것 같고, 천지는 따를 수도 있고 따르지 않을 수도 있는 것 같은, 결국 선택은 인간의 몫이라는 말 같습니다.

사실 묵자는 인간이 자유 의지를 가졌으며 천지를 따를 수도 있고 안 따를 수도 있다고 봅니다. 그걸 전제한 후 인간이 천지를 따르면 그에 따르는 이득이 생긴다고 설득하고, 또 따르지 않으면 좋지 않은 결과와 손해가 생긴다는 것을 상대에게 말하는 것이죠. 그 상황에서 선택과 그에 따른 결과 모두 인간의 몫일 뿐입니다. 물론 하느님의 뜻이니 하느님의 뜻을 따르는 게 옳다는 말도 하지만요.

유가는 천명을 말하면서 당위니까 따라야 한다, 옳으니까 해야 한다고 말하는데 묵가는 옳고 또 당신에게 이득이 되니 따를 테면 따르시오라는 것. 자, 대조가 좀 되는 것 같나요?

노동하는 존재, 자기 몫을 가진 존재, 욕망과 욕구를 가진 존재. 분업, 협력하는 존재, 계산하는 존재.

자, 묵자의 인간관을 이렇게 이야기했는데 좀 장황하게 늘어놨죠? 그런데 이게 끝이 아닙니다. 묵자의 성악설 이야기를 안 했기 때문입니다. 묵자가 성악설? 성악설 하면 순자 아닌가? 그리고 성악설이라면 뭔가 부정적이고 인간을 비관적으로 보는 게 아닌가? 하는 생각이 드실 텐데 우선 성악설은 어떤 저급한 게 아니라고 말씀드리고 싶고요. 또 묵자는 분명 성악설적 입장에 서서, 그것에 기초해 사상을 펼친다는 점을 분명히 말씀드리고 싶습니다. 성악설에 선 묵자가 인간을 비관적으로 본다거나 부정적인 존재로 보는 건 절대 아닙니다. 묵자의 성악설과 아울러 전국 시대의 인성론을 전반적으로 같이 살펴보도록 하죠. 맹자의 성선설, 순자와 법가, 도가의 성악설 모두 조금씩이나마 보도록 하겠습니다.

묵자는 성악론자

묵자는 성악설 편에 서 있다…….

성선설性善說, 성악설性惡說 얘기는 많이들 들어보셨을 겁니다. 도덕이나 윤리 시간에 배워보셨을 것이고 또 나름 이 주제에 스스로 답을 내기 위해 고민해보셨던 분도 있을 테고, 거기에 자신의 확고한 답이 있는 분도 계실 겁니다. 성선설과 성악설. 흔히 접해본 단어일 텐데 전국 시대 철학자들, 사상가들도 거칠게 성선설 진영과 성악설 진영으로 나누어서 볼 수 있습니다. 그중 묵자는 분명 성악설 쪽에 서 있는 것이 사실입니다.

앞서 순자와 법가, 도가, 묵자가 성악설 쪽이라고 했는데, 성악설 진영의 수가 참 많죠? 사실 성선설은 맹자 하나, 잘 봐줘서 공자까지 둘? 정말 소수만이 주장한 의견입니다. 그런데 학교의 윤리나 도덕

시간에는 성악설이 부정적인 맥락으로, 그리고 비주류적인 입장으로 소개된 감이 좀 있는데, 사실은 저렇게 성악설 쪽이 주류입니다. 전국 시대 사상가들 대부분이 성악설 쪽에 서 있었던 거죠(사실 근대 사회과학과 법체계도 성악설 쪽인 것 같네요).

우선은요, 먼저 성악설이 인간을 비관하거나 멸시하는 이론이 절대 아니라는 것을 말씀드리고 싶습니다. 다만 현실에 드러난 모순과 무질서, 혼란, 갈등과 투쟁을 직시해서 명확한 대안을 찾고자 하는 자세에서 나온 것이지요. 여기서 중요한 건 현실이라는 겁니다. 네, 그렇습니다. 성악설은 현실을 보는 자들의 이야기입니다.

자, 본격적으로 인성론에 들어서기 전에요, 앞에서 말씀드린 대로 인성론은 보편적 맥락에서 인간은 이렇다, 저렇다고 이야기하는 것인데 그것은 전국 시대적 배경에서 가능한 이야기였다는 것 다시 한번 상기시켜드리고 싶고, 또 보편적 맥락에서 인간 이야기하기의 포문을 묵자가 가장 먼저 열었다는 것도 다시 한 번 말씀드리고 싶습니다. 그리고 성선설을 포함해서 인성론은 상당히 정치적인 논쟁임도 기억하세요. 단순히 심심해서 인간 일반이 선하다 아니다를 논한 것이 아니고, 인성론은 누가 정치를 해야 하고 무엇으로, 어떤 기준으로 정치를 해야 하느냐와 직결되는 문제라서 그렇습니다. 왜 인성론이 정치적인 담론이냐는 밑에서 자세히 말씀드리겠고…….

일단은 여러분께 질문을 해보고 싶습니다. 여러분은 어떤 입장이 맞는 것 같나요? 성선설이 맞는 것 같습니까, 아니면 성악설이 맞는 것 같습니까?

성악설을 지지하는 분이 적지 않을 것 같은데, 특히나 현실에서 사람에 치인 경험이 많은 분은 아마 성악설을 지지하실 겁니다. 그렇습니다, 위에서 말씀드린 대로 현실을 중시하고 그것을 직시하면 성악설 쪽으로 기울기 쉽습니다.

순자의 성악설, 지식인이 본 현실입니다.

법가 특히 한비자의 성악설은 군주가 본 현실입니다.

도가의 성악설, 장자의 성악설은 주변부 지식인이 본 현실이고, 노자의 성악설은 왕이 본 현실, 아니면 왕을 중심으로 놓고 역사를 살핀 지식인이 본 현실입니다.

그리고 지금 이야기의 주제인 묵자의 성악설은 바로 하층민이 본 현실에 기초한 것이지요.

모두 현실에 눈을 두고 현실의 혼란과 무질서, 갈등을 직시하고자 한 사람들입니다. 여기서 인간을 가장 악한 존재로, 정말 극단적일 정도로 인간을 부정적인 존재로 보는 한비자의 경우는 왕이 본 현실이기에 그렇습니다. 왕에게는 신하들은 물론이거니와 부인과 자식도 권력 투쟁의 경쟁자지요. 그 경쟁에서 실패할 경우 굉장히 가혹한 현실이 그를 기다립니다. 바로 죽음. 그러니 극단적인 성악설적 입장이 나오게 된 것입니다.

이렇게 현실을 보는 성악설은 현실 인간들의 부정적인 모습에 우선 주목하기에 인치人治를 부정하고, 인간의 마음이 아닌 것에서 정치의 객관적인 기준을 찾고자 합니다. 맹자야 인간의 마음 안에 선한 경향성 내지 가능성이 있다고 보고, 이것을 잘 키운 사람들이 하는 정치와 그들의 마음과 감정에서 뽑아낸 규범(이것은 예禮라는 관습으로 이미 정착되어 있습니다)을 말하지만, 다른 사상가들은 인치를 부정하고 인간의 마음이 아닌 다른 곳에서 규범의 기초와 타당성을 찾습니다.

순자는 예외적 존재인 선왕先王(이상적인 정치를 펼친 과거의 성인 군주)의 문제의식과 사람들의 계산적인 이성에서 예라는 것을 끌어내 말하고(맹자도 예를 말하지만 예의 근원지가 다르죠), 묵자는 하느님의 뜻인 천지에서, 노자와 법가는 자연과 세계의 객관적인 원리와 법칙에서 각각 도와 법을 끌어냅니다.

그런데 인성론에서는 인간의 본성이 이렇다 저렇다고 어떤 결정론적 입장을 말하는 것 같지만 사실은 그렇지가 않습니다. 인성론에서 '성性'은 인간이 태어날 때 지니고 오거나 부여받은, 변할 수 없는 인간의 본질이 아닙니다. 인성론은 그저 현실의 인간에게서 보일 수 있는 일반적인 경향성을 우선 보고요, 그런 경향성을 만들어내는 원인과 기제(대표적으로 성악설에서는 욕망과 감정)에 주목하는 것이지, 태어날 때부터 주어졌고 변할 수 없는 본성이나 본질을 전제로 하는 것이 아닙니다. 성악설이라 해서 인간이 구제 불능의 존재로 태어났다거나 날 때부터 악하다고 하는 게 아닙니다. 현실의 인간이 어떤 부정적인 경향성을 보이며, 그런 경향성을 만들어내는 게 뭘까 생각해보는 거죠. 물론 성선설도 마찬가지입니다. 항상 착하다, 날 때부터 착하다는 것이 아니고, 현실의 인간에게서 선한 경향성 내지 선한 가능성이 보인다는 것이고 이에 주목하는 것이지요.

자, 성악설이 주로 현실을 직시하는 관점에서 나왔다고 했고 인간 사회의 모순이나 갈등, 무질서를 피해 가지 않고 그에 대한 대안을 강구하는 입장이라고 했습니다. 그렇다면 갈등이나 혼란, 투쟁, 무질서가 어디서 왔는지 그것들의 원인이 뭔지, 성악론자들은 당연히 고민했겠지요.

그럼 투쟁과 무질서, 혼란을 만들어낸 것이 무엇일까요? 바로 욕망과 감정입니다. 욕망과 감정이 인간을 움직이고 또 이것이 무질서와 공동체의 파괴까지 불러올 수 있다고 성악론자들은 보았습니다. 그러다 보니 결국 성악설은 이 욕망과 감정을 어떻게 다스릴 것인가에 천착하게 됩니다. 그렇다고 욕망과 감정을 없애자, 줄이자는 방향으로 무턱대고 나아가지 않습니다. 적절히 추구하자, 어느 한도 안에서 길러주자, 때로는 그것을 가지고 국력을 기르고 사회를 발전시키는 원동력으로 삼아보자는 식으로 가지요.

자, 성악설에 대한 이야기를 잠깐 멈추고 맹자 이야기를 좀 해볼까요? 왜냐하면 성악론자들 모두가 인치를 반대하니, 그와 대조되는 맹자의 인치에 대해서 알아보는 게 우선이기 때문입니다. 그래야 반대편 이야기를 이해하기 쉽겠죠.

자, 맹자는 인간이 선하다고 주장합니다. 하지만 모든 인간이 전적으로 선하다, 그리고 인간이 항상 선한 모습을 보인다는 것은 아닙니다. 인간에게는 선한 경향성이 있다, 특히 마음에 그런 선한 경향성 내지 선의 싹과 씨앗이 있어 보이는데 이것을 잘 키워보자는 것이고요, 게다가 나라를 다스리는 데나 규범을 만드는 데 필요한 원칙과 기준을 인간의 그 긍정적인 마음에서 끌어내자는 것입니다. 그러니 어떤 객관적인 제도와 법으로 나라를 다스리자는 것이 아니라 인간에 의한 다스림, 곧 인치人治를 주장하죠. 인치의 핵심은 선한 도덕감정과 도덕이성을 잘 키운 지식인이구요.

사실 공자와 달리 맹자는 상당히 귀족적 입장에 서 있는 듯한 감이 있어요. 맹자의 인성론과 성선설은 유가적 지식인, 또는 유가적 지식인으로 변신한 귀족의 입장을 대변합니다. 도덕감정과 도덕이성이 누구에게나 있다고 하면서도 맹자는 그것을 잘 키운 사람은 따로 있고 그들이 국정의 주체가 되어야 한다고 말합니다. 그리고 그것을 잘 키운 사람들이 백성들에게서도 대접받고 왕에게서도 대접을 받아야 한다고 말하구요. 분명히 그렇게 말합니다. 모든 인간이 선한 마음의 경향성을 가지고 있다는 것처럼 이야기하지만 그것을 잘 키우고 기른 건 소수이며 그들이 국가의 주인공이 되어야 한다고. 맹자의 인성론과 성선설은 사실 철저히 정치적인 것이고 정치적인 프로파간다로 볼 수도 있죠. 그것도 특권층을 옹호하는.

자, 맹자의 성선론은 인치人治로 귀결되는데 인간의 도덕감정과 도덕이성을 바탕으로 제도든 규범이든 문화든 만들어내자는 것이며, 또 제도와 법이 주가 되어선 안 되고 정치공동체를 구성하는 인간들 하나하나가 수양을 해야 한다는 것입니다. 하지만 성선론이 아닌 성악론자들은 하나같이 인치에 반대하며 객관적이고 분명한 기준으로 나라를 다스려야 한다고 말합니다. 그것이 예든 법이든, 자연과 인간 사회의 법칙으로 관찰되는 도道든 간에요.

순자는 '예禮'를 제시하면서, 신분 질서에 따라 사회 공존의 틀을 해치지 않는 한에서 욕망을 추구하고 감정을 적절히 드러내게 하자고 합니다. 일정 범위 안에서 욕망을 추구하게 한다!! 차등적인 신분 질서라는 전제 조건을 깔아놓았지만 욕망 그 자체를 부정하지 않고,

예를 통해 적절히 욕망을 추구하고 충족하게 해야 한다고 말합니다. 그는 욕망을 직시하기에, 욕망을 억누르자는 비현실적인 주장을 하지 않습니다.

법가는 일단 욕망 때문에 일어날 수 있는 일탈 행위를 법으로 강하게 규제하려 합니다. 하지만 법을 통해서 욕망을 추구할 수 있는 멍석도 깔아줍니다. 이렇게 하면 상을 주겠다, 벼슬을 주겠다며 인센티브 제도를 도입합니다. 그렇게 인간의 욕망을 충족케 하면서 국력의 극대화를 도모하기도 했지요.

또 다른 성악론자 장자는 좀 다르게 접근합니다. 그는 인간이 타고난 본성은 본래 순박한 것이어서 본래 인간은 자족하며 살 수 있는데, 사회가 욕망을 부추기고 쓸데없는 지혜와 선입견을 주입해서 사람들이 한정된 재화와 자리에 몰리도록 밀어붙여, 인간 세상을 힘자랑하는 전쟁터로 만든다고 봅니다.

장자는 인간의 '성性'이 바람직하다고 봅니다. 그래서 성선설로 보이기 쉽습니다만 그렇지 않습니다. 사상가들의 인성론과 인간관에서 중요한 건요, 현실의, 사회 속 인간의 일반적인 모습과 그것을 만들어내는 중심 기제이지 타고난 본성이 아닙니다. 단순히 性이라는 글자에만 천착하면 그들의 인성론과 인간관에 깔린 문제의식을 제대로 알 수 없습니다. 태어날 때 선하게 태어나면 뭐할까요? 사회에서 현실에서 인간의 모습은 바람직하지 않고 바람직하지 않게 만드는 고착된 뭔가가 있는데 말입니다. 결국 그 바람직하지 않은 모습을 먼저 직시하고 그것의 원인이 되는 것을 고치자고 해야 수고롭게 논의하는 의미가 있겠죠.

장자는, 목마른 두더지가 물가에 와서 물을 마신다, 딱 필요한 만큼만 먹고 두더지는 자리를 뜬다 합니다. 두더지가 배 아플 때까지 마시겠습니까? 장자가 보는 본래의 인간은 그렇게 스스로 필요한 것을 필요한 만큼 구하고 그에 자족하면서 살 수 있는 존재입니다. 하지만 사회와 문명과 제도가 인간이 그렇게 살도록 내버려두지 않으니 그 문명과 제도를 비판하면서 인간을 좀 내버려두라는 것이지요. 배 터지도록 아니 배가 찢어지도록 먹게 부추기지 말라고 외치는 겁니다. 그냥 타고난 본인의 순박한 性대로 살게 말입니다. 성악설에 서 있는 장자의 시각은 이렇습니다.

《노자》는 궁중에 있는 왕을 사상의 수요자로 삼아, 그 왕이 어떻게 하면 궁중에서 오래 길게 살아남을 수 있을까 하는 치열한 고민을 담은(정확히 말해 그런 방향에 도움이 되는 금언들을 모아 편집한) 책입니다. '천장지구天長地久! 하늘과 땅처럼 장구하게 살려면 내가 가르치는 처세의 요령대로 사시오, 그 해답은 하늘과 땅으로 대변되는, 자연의 질서로 드러나는 도道에 있소'라는 겁니다.

노자 사상은 보통 사람을 수요자로 해서 만들어진 사상이 아닌데요, 왕을 위해 말하는 노자는 현실의 냉혹함을 잘 직시합니다. 권력에 대한 인간의 욕망이 만든 냉혹한 현실, 그리고 그 현실에서 오래 살아남으려는 권력자의 절박함, 거기에 초점을 두고, 어떻게 하면 그 냉혹한 현실에서 살아남을 수 있을지 방법을 제시하죠 그게 바로 두

道, 덕德입니다.

그러니 유가식의 도와 덕하고는 이야기가 다르죠. 유가식의 도와 덕은 '바람직하니 따라야 하는' 것이지만 노자식의 도와 덕은 철저히 수단적, 공리적입니다. 이렇게 따르면 어찌 되든 당신은 오래 살 수 있고 천수를 누리니 해보라고 하는 거죠. 윤리적이니 아니니, 뭐가 옳고 그르니, 동기가 선하니 악하니 하는 데는 조금도 관심을 두지 않습니다.

자, 그렇다면 묵자의 입장은 무엇일까요? 성악설은 현실의 인간을 보고, 현실의 모순과 갈등을 만들어낸 원인으로서 욕망에 접근해서 거기에서 시작한다고 앞서 말씀드렸습니다.

당시 묵자가 본 현실은 하층민이 본 현실인데, 그들이 본 현실이 긍정적일 수 없었겠죠. 툭하면 착취에 수탈에 전쟁이나 일으키는 지배층, 그런 현실이 그들을 가혹하게 내모는데 좋고 긍정적인 생각이 들겠습니까? 그들은 인간의 모습을 부정적으로 파악합니다. 또 부정적인 현실을 만들어내는 욕망에 주목합니다. 그리고 답을 통치 권력, 통치 체제에서 찾습니다. 묵자가 생각하는 통치 체제 내지 통치 권력이 뭐길래 인간의 욕망과 욕망이 만들어내는 부정적인 현실에 답이 될 수 있다고 본 것일까요?

일단 묵자가 본 당대의 현실과 인간 군상이 《묵자》 원문에 아주 적나라하게 쓰여 있는데, 우선 그것을 보도록 하지요.

옛날에 사람들이 처음으로 생겨나 아직 지도자가 없을 때 사람들은 저마다 의로움을 달리했다. 한 사람이 있으면 한 가지 의로움이 있었고 두 사람이 있으면 두 가지 의로움이 있었으며 열 사람이 있으면 열 가지 의로움이 있었다. 사람의 수가 더욱 많아지면 그들이 주장하는 의로움 역시 많아졌다. 이로 인해 사람들은 자기의 뜻은 옳다고 하면서 남의 뜻은 비난했으니, 그래서 사람들은 서로를 비난하게 되었다. 그리하여 가정 안에서는 부자나 형제들이 서로 원망하고 미워하며 헤어지게 되고 서로 화합하지 못했다. 천하의 백성들은 모두 물과 불과 독약으로써 서로를 해쳤다. 남는 힘이 있더라도 서로 돕지 않았으며, 썩어나는 재물이 있어도 서로 나누어 갖지 않았으며, 훌륭한 도가 있어도 숨기고 서로 가르쳐주지 않았다. 이때 천하의 혼란은 마치 새와 짐승 들이 뒤섞인 것과 같았다. 상동尙同 상上편

古者民始生, 未有刑政之時, 蓋其語, 人異義

是以一人則一義, 二人則二義, 十人則十義

其人玆衆, 其所謂義者亦玆衆

是以人是其義, 以非人之義, 故交相非也

是以內者父子兄弟作怨惡, 離散不能相和合

天下之百姓, 皆以水火毒藥相虧害, 至有餘力, 不能以相勞, 腐朽餘財,

不以相分, 隱匿良道, 不以相敎, 天下之亂, 若禽獸然

통치 권력이나 정치 지도자가 없었던 과거의 상황을 말한다지만 이것은 사유 실험입니다. 확고한 통치 권력이 없을 때에 일어날 혼란 상황을 말해주는 것 같죠. 하지만 더 정확히 보자면 당대 현실, 당대의 병리 현상을 끄집어 말한 것입니다. 앞서 말했죠? 묵자는 전국 시

대 격변의 소용돌이를 온몸으로 산 사람이라고. 위 인용문은 그냥 지옥문이 열린 전국 시대의 모습에 대한 묘사입니다.

독약과 불로 서로를 공격하고 해치고, 가족끼리도 화합하지 못하는 상황. 그리고 재화와 사회적 자원을 독점한 사람이 그것을 사람들과 나누지 않고 움켜쥐고만 있다고 하네요. 《묵자》 원문의 다른 부분에서는 강한 자가 약한 자를 공격하고, 재물을 많이 가진 자가 더 뺏으려 안달하고, 지혜 있는 자가 지혜 없는 자를 업신여긴다고 말합니다. 정말 묵자는 당대 현실의 끔찍함, 무질서와 혼란을 만들어낸 인간들의 어둠을 아주 적나라하게 보여줍니다.

여기서 묵자는 의로움을 말합니다. 한 사람의 의로움, 열 사람의 의로움, 근데 각자가 주장하는 의로움 때문에 무질서와 혼란이 일어난다고 하니, 어째서 '의義'가 혼란의 원인이 될까요? 앞서 언급한 대로 여기서 말하는 '의'는 자기 입장에서 정당한 것, 곧 자신의 이익 주장, 자기 몫 주장입니다. 사람들 각자가 자기 몫을 주장하다 보니 그런 혼란이 왔다는 것이지요.*

앞에서 묵자가 인간의 욕망, 욕구에 주목했다고 했는데 욕망, 욕구를 가진 자는 이익을 주장하게 마련이고, 그것이 혼란과 무질서의 원

---

* 그럼 '의'가 나쁜 것이냐고 반문할 수도 있는데 사회공동체에서 통합, 조정, 합의되어 재탄생한 '의'는 겸애와 직결되지만 위의 글에서처럼 분리된 개인이 혼자서만 으르렁대며 주장하는 '의'는 위험한 것입니다. 인간 모두가 자기 몫을 지닌 이익 향유의 주체이기에 각자의 '의'가 부정되어선 안 되지만 만인이 제각각 각자의 '의'를 주장하는 것이 혼란과 무질서의 원인이 되는 것은 분명하죠. 그래서 묵자는 사회구성원들끼리 잘 합의해서 표준적이며 보편적인 사회의 공의를 만들어보자는 겁니다. 어떻게 합의해서 공적인 의를 만들 것인지는 뒤에서 《묵자》 〈상동〉 편과 〈비명〉 편을 보면서 자세히 얘기하겠습니다.

인이 됩니다. 다른 성악설 논자들과 유사한 주장을 하는 겁니다. 그런데 단순히 그런 무질서와 혼란을 지적하는 데 그쳐선 안 되겠죠. 그것을 종식할 대안을 말해야 합니다. 위 글에서 그 대안을 말해주죠. 형정刑政, 곧 통치 권력 아니면 정치 지도자. 그것을 통해 혼란과 무질서를 막아내자.

그래서 곧장 묵자는 통치 권력과 정치 지도자, 통치 시스템의 문제로 달려갑니다. 단순히 강력하고 잘 조직된 통치 권력 내지 국가권력이 있어야 한다는 이야기를 하는 걸로 그치지 않습니다. 그 통치 권력과 통치 체제는 어떤 무언가에 구속되어야 하고, 또 그 무언가의 뜻을 대행하는 체제가 되어야 한다고 말하죠. 그 무언가가 무엇이냐면 바로 하늘, 또는 하느님, 하느님의 뜻입니다. 묵자는 넓은 영역과 많은 사람을 관할할 수 있는 일원적이고 잘 조직된 국가 체계와 통치 권력을 말하면서, 그 통치 권력은 하느님의 뜻을 관철할 수 있어야 하고 하느님의 뜻에 종속되어야 한다고 합니다.

《묵자》〈법의法儀〉 편에 이런 말이 있습니다.

무엇으로 천하와 나라를 다스리는 법도를 삼으면 좋을까? 만약 모든 사람이 자기 부모를 본받는다면 어떻게 될까? 천하에 부모 노릇을 하는 자는 많지만 어진 자는 적다. 만약 저마다 자신의 부모를 본받는다면 이것은 어질지 않음을 본받는 것이다. 어질지 않음을 본받는 것은 법도로 삼을 수 없다.

만약 모든 사람이 자기 스승을 본받는다면 어떻게 될까? 천하에 스승 노릇 하는 사람은 많지만 어진 사람은 드물다. 만약 모두가 자신의 스승을 본받는다면 이것은 어질지 않음을 본받는 것이다. 어질지 않음을 본받는 것은 법도로 삼을 수 없다.

만약 모든 사람이 자신들의 임금을 본받는다면 어떻게 될까? 천하에 임금 노릇 하는 자는 많지만 어진 사람은 적다. 만일 모두가 자기 임금을 본받는다면 이는 어질지 않음을 본받는 것이다. 어질지 않음을 본받는 것은 법도로 삼을 수 없다.

그러므로 부모와 스승과 임금은 나라를 다스리는 법도로 삼을 수 없다.

그렇다면 무엇으로 나라를 다스리는 법도를 삼아야 하는가? 내가 생각하기에 하늘을 법도로 삼는 것보다 더 좋은 것은 없다. 하늘의 운행은 광대하면서도 사사로움이 없고, 그 베푸는 은혜는 두터우면서도 공덕으로 내세우지 않으며, 그 밝음은 오래가면서 사그라지지 않는다. 그러므로 성군들은 이것을 법도로 삼았던 것이다. 법의法儀 편

然則奚以爲治法而可? 當皆法其父母奚若? 天下之爲父母者衆, 而仁者寡, 若皆法其父母, 此法不仁也

法不仁不可以爲法

當皆法其學奚若? 天下之爲學者衆, 而仁者寡, 若皆法其學, 此法不仁也

法不仁不可以爲法

當皆法其君奚若? 天下之爲君者衆, 而仁者寡, 若皆法其君, 此法不仁也

法不仁不可以爲法

故父母學君三者, 莫可以爲治法

然則奚以爲治法而可? 故曰莫若法天

天之行廣而無私, 其施厚而不德, 其明久而不衰, 故聖王法之

여기서도 현실의 인간을 부정적으로 보죠. 부모와 스승, 임금, 그 위계질서 자체는 인정해도 위계질서의 담지자들을 그다지 긍정적으로 보지는 않습니다. 그래서 그들에게 배워선 안 된다고 합니다. 유가식의 '군사부일체君師父一體'를 부정하고, 그전에 유가식의 '인치人治'를 부정하는 것이지요. 그러면서 말합니다. 하느님을 본받자, 하느님을 따르자고.

이익을 추구하는 현실의 인간이 일탈 행위와 혼란, 무질서를 만들어낸다. 그래서 통치 권력을 통해 해결해야 한다. 그런데 통치 권력은 하느님의 뜻을 따라야 한다. 결국 이렇게 귀결됩니다. 하느님의 뜻에 따라라…….

그리고 묵자는 물들임을 말합니다. 염색에 비유하면서요. 실을 파란 물감에 물들이면 파랗게 되고 노란 물감에 물들이면 노랗게 되는데, 인간은 하느님의 뜻에 물들어야 한다. 특히 국정의 주체들은 그리 물들어야 한다. 그래야 당대의 무질서와 혼란이 질서와 평화로 바뀔 수 있으며, 또 그래야 궁극적으로 하층민 모두가 삶의 기초를 안정적으로 유지할 수 있다는 것입니다.

염색에 비유해서 인간의 변화를 말한 묵자의 주장은 맹자와 격렬하게 논쟁한 고자告子의 인성론과 많이 닮았습니다.* 고자는 식食과 색色, 곧 '음식남녀'로 말할 수 있는 식욕과 성욕이 인간의 본성이며, 묵자처럼 욕망과 욕망의 추구를 인성이라고 말하면서, 인성을 소용

* 사실 고자가 선발 주자 묵자의 영향을 받은 거죠. 또 위에서 말한 묵자의 사유 실험을 순자가 가져가서 유사하게 써먹기도 합니다. 통치 권력이 없을 때 일어날 사회 혼란에 대한 경고, 그것을 통해 통치 권력의 정당성을 역설하고요.

돌이치는 물에 비유합니다. 동쪽으로 터주면 동쪽으로 가고 서쪽으로 터주면 서쪽으로 가는 물과 같다는 거죠. 이에 맹자는 버럭 하면서 아니라고 합니다. 물은 항상 아래로 내려가는 성질이 있듯이 인간에게도 외부에서 가해지는 힘과 상관없는 어떤 특정한 성질이 있다고 합니다. 그것이 선한 마음이고 거기서 '인'과 '의'가 만들어진다고 하죠.

고자는 인간을 좀 수동적으로 보는 것 같습니다. 인간을 수동적으로 보는 고자 입장에서 중요한 건 어느 쪽, 어느 방향으로 인간의 '성性'을 터주느냐겠죠. 묵자에게 실을 어느 색으로 염색하느냐가 중요한 것처럼요. 고자 역시 성악론자인데 여기서 성악론자들의 비슷한 특징이 잘 보이죠. 인간 밖에서 기준을 만들어내 그 외부적 기제로 인간을 변화시키자.

순자 역시 예외적 인간인 선왕先王(이상적인 정치를 펼친 과거의 성인 군주)이 만든 '예'라는 외부적 기준으로 인간을 변화시키자고 하면서, 그 예를 자주 삼각자와 컴퍼스 같은 공구로 비유합니다. 정확한 기준이 되는 공구로 치수를 재서 잘라내고, 또 그것으로 굽은 것을 곧게 하고, 그러면서 완제품을 만들어내고. 이런 제조 과정으로 인간의 변화를 이야기합니다(컴퍼스와 삼각자 같은 공구를 가지고 하는 비유는 원래 묵자의 전매특허지요. 이렇게 순자가 묵자의 영향을 많이 받았습니다).

그 인간을 찍어낼 외부의 기준을 어디서 어떻게 만들어내느냐, 또 그것을 어떻게 정당화하느냐에 대한 답이 성악론자들마다 다 다르지만, 맹자처럼 인간의 마음과 연관 짓지 않고 인간 외부에 시선을 두는 건 다들 마찬가지입니다. 법가의 법 역시 마찬가지죠.

성악설을 이야기한 김에 마지막으로 백지설白紙說 이야기도 좀 해 보겠습니다. 고등학교 윤리 시간에 성악설과 성선설 말고 백지설을 따로 이야기하죠. 성선, 성악설과 다른 관점의 인간 이해론으로요. 하지만 인간은 본래 선하지도 악하지도 않은 백지 상태이며, 교육과 환경에 따라 선하게도 악하게도 된다는 백지설은 결국 성악설과 똑같은 겁니다.

왜 그러냐면, 아까 성악설은 인간의 타고난 욕망과 감정에 주목한 다고 했습니다. 그런데 인간의 욕망 자체는 사실 가치중립적인 것입니다. 대표적인 욕망인 식욕과 성욕이 없다면 인간은 개체로서 생존도 못하고, 자손 번식 다른 말로 사회구성원의 재생산도 못하게 될 것입니다. 문제는 그런 욕망을 가진 인간들이 무리를 지어 모여 살다 보니 욕망을 채워줄 재료가 부족하다는 것이며, 그래서 그 모여 사는 생활에 질서가 없으면 혼란이 생긴다는 것입니다. 그래서 사회적 존재일 수밖에 없는 인간의 부정적인 모습과 좋지 못한 성향을 말하면서 어떻게 인간을 바꾸어나갈 것인가를 말하는 거지, 인간이 태어날 때부터 싹수가 노랗다, 틀려먹었다는 게 아닙니다. 중요한 건 사회를 구성하며 사는 인간이 어떻게 욕망을 추구하느냐, 그리고 어떻게 바람직하게 욕망을 추구하는 인간으로 바꾸어나갈 것인가 하는 문제죠.

성악설은 이렇게 인간이 긍정적인 방향으로 변화, 개조될 수 있음을 전제하는 것인데, 그래서 인간은 백지인 것이기도 합니다. 인간의 '성性'은 원래 가치중립적인 것이고 또 변화할 수 있다고 보기에.

순자는 인간을 원석에 자주 비유합니다. 훌륭한 장인이 좋은 공구를 써서 다듬으면 좋은 작품이 됩니다. 하지만 그 자체로 내버려두면 그냥 쓸모없는 돌일 뿐입니다. 앞서 묵자는 염색될 수 있는 실에 인간을 비유하며 하느님의 뜻이라는 겸애에 물들이면 된다고 했죠. 하지만 물들이기 전 현실의 인간은 이익을 생각하며 다투는 부정적 존재입니다. 왜냐하면 하느님 뜻을 대변할 통치 권력이 부재한 상태에서 군집 생활을 하기에요.

성악론자 그들에게 어쩌면 인간은 시험지라고도 할 수 있겠네요. 선생님이 시험지를 나누어주고 문제를 칠판에 적습니다. 누구든 시험이 무섭고 처음 든 백지 상태의 시험지 자체는 부담스럽습니다. 그러나 시험장에 들어서기 전에 공부를 열심히 해서 좋은 답안을 써내면 좋은 성적을 받습니다. 시험지를 백지 상태 그대로 놔두면 빵점을 받지만요. 인간이란 그런 시험지처럼 그 위에 아무것도 써넣지 않으면 빵점을 받는, 곧 생존이 극단적으로 위협받는 존재지만, 그 위에다가 뭔가 훌륭한 답을 써넣을 수도 있는 존재입니다.

거기에 뭘 쓸 것인가 하는 생각의 차이에 따라 묵자는 천지에서 연역해낸 겸애, 순자는 예, 노자는 도, 법가는 법을 말한 것이겠죠. 그러나 다들 백지라고 보는 건 똑같습니다. 그리고 인간을 백지로 보기도 하는 성악설은 나름 인간의 긍정성을 제한된 범위에서나마 인정한 셈이기도 합니다. 종이에 이미 까맣게 얼룩이 져 있거나 다른 잡설들이 쓰여 있다면 무엇을 써넣을 수 있을까요? 또 배운 것, 가르친 것을 기억하고 습득할 수 없다면 백지에 무엇을 쓸 수 있을까요? 최소한 인간이 어떤 긍정적인 것을 받아들일 수 있는 가능성을 지닌 존재 내지 그것을 받아들여 스스로 자신을 바꿀 수 있는 존재라고 보는 것은 확실합니다.

이렇게 성악설은 인간 자체를 부정하거나 멸시하는 이론이 아닙니다. 《순자》 본문을 읽어보면 인간의 가능성을 긍정하고 신뢰하는 이야기가 아주 많죠. 우리의 선입견과는 다르게.

자, 묵자의 인간관을 이야기하면서 좀 장황하게 성악설 전반을 살펴봤는데요. 성악설에 대한 오해가 좀 풀리셨습니까? 마지막으로 몇마디 덧붙여본다면 맹자식 성선론은 지식인에 의한 정치를 말하는데(by 지식인) 결국 지식인으로 포장된 관료, 지주 등 특권층 귀족을 위한 정치로 가기 쉽고, 그들의 착취와 비능률을 옹호하고 하층민의 생활을 옥죄게 할 여지가 많습니다. 그건 뭐 우리 조선 시대 역사만 봐도 쉽게 이해가 되실 겁니다.

그리고 성악설은 어쨌거나 현실의 혼란과 무질서를 직시해서 해결하고자 하는데, 항상 현실의 혼란과 무질서에 가장 많은 피해를 입고 그것들 맨 앞에 정면으로 노출되는 이들은 하층민이죠. 그래서 성악설은 하층민의 편에 더 가깝습니다. 하층민 편이라기보다는 결과적으로 하층민에게 이익이 될 여지가 많다는 거죠.

다음으로 성악설은 또 왕의 입장에 서기 쉽습니다. '예'든 겸애든 법이든, 결국 통치 체제와 제도의 문제이고 그것은 통치 권력의 정점에 선 군주가 다루는 것인데, 그러다 보니 군주를 위한 통치론으로 가면서 군주의 입장을 옹호하기 쉽습니다. 군주가 자신의 힘과 국력을 강화하려면 생산에 종사하고 군역을 치를 백성들이 튼튼해져야 하는데 그렇다면 당연히 비능률과 착취의 정치, 무위도식을 일삼고 특권을 향유하는 귀족층을 누르는 데 관심을 기울이기 쉽고, 그러면서 백성들의 이익을 보호하고 생산 의지를 격려하게 되죠. 그래서 성악설은 역설적으로 왕을 위하지만 백성들을 위한 사상이 됩니다.

사실 그렇습니다. 성선을 말하는 맹자식의 정치철학에서 자주 내세우는 백성이 가장 귀중하다는 주장, 그 주장 내지 수사는 그저 지식인으로 포장한 귀족들이 왕 앞에서 자신의 목소리에 스스로 힘을 싣기 위한 방편에 불과하거나, 왕권을 제한하기 위한 전술 내지 전략적 용어와 구호로 전락하기 쉽습니다. 그것은 우리 동아시아 역사에서 무수히도 보았던 장면이고요.

묵자의 인간관, 이해가 되셨나요? 이제 좀 정리해볼까요?
묵자가 보는 인간은,

노동하는 존재.
자기 몫을 지닌 존재.
욕망하는 존재.
계산하는 존재.
분업하고 협력하는 존재.
그리고 묵자만의 성악설(통치 권력과 체제, 하느님 뜻으로 귀결되는).

자 이번 시간은 여기까지구요, 정말 수고 많으셨습니다.

6

묵자의 하느님

동양 사상의 하늘,
하느님

앞서 묵자의 인성론을 이야기하면서 하느님 이야기를 했습니다. 한자로 '천天', 앞으로 이 天을 하늘이라고도 하고 하느님이라고도 부를 것인데요. 인간 마음 밖에서 어떤 기준을 찾고 그 기준으로 인간 사회를 만들어가고자 하는 성악설을 지지한 사상가 중 하나인 묵자. 그 묵자는 하늘 내지 하느님의 뜻을 기준으로 삼아 세상을 만들어가고자 합니다.

그런데 묵자만 하늘을 이야기한 것이 아닙니다. 사실 한자 '천天'은 근래까지도 동아시아 사상과 사회를 이해하는 데 빼놓을 수 없는 낱말이자 개념이고, 큰 열쇳말이죠. 天과 관련된 아이디와 패스워드 없이 동아시아 사상 세계에 들어갈 수 없다는 말입니다. 하느님 곧 상제上帝의 뜻을 받은 임금이 세운 나라라며 자신들의 지배와 권력의 정당성을 말하던 은나라, 그 은나라를 무너뜨리고 나서 주나라는 지배 권력의 정당성을 천天, 천명天命으로 말했습니다. 우리는 천명을 받아서 다스리는 것이다, 우리 뒤에 천명, 천명을 내린 하늘이 있다고 그들은 말했죠. 그 뒤로 쭉 天은 동아시아 사회를 이끌어가고 설명하는 데 아주 중요한 관념과 사상의 뿌리였으니 당연히 묵자만 天을 이야기한 것이 아닐 것입니다. 묵자 외에도 많은 사상가들이 자신의 사상과 이념의 근거, 정당성을 주장하는 데 天을 이야기했습니다.

하지만 묵자의 '천天'은 다른 사상가들의 天과 다른 의미를 지니고 또 다른 맥락으로 사용되었으며, 사상 체계 내에서 天이 차지하는 비중도 달랐습니다. 그 차이는 무척이나 컸는데요. 단도직입적으로 말하면 다른 학파 사상들에 비해 天에 대한 진입 장벽이 아주 낮았다는 점, 그리고 天이 사상에서 차지하는 위상이 타 학파 사상보다 훨씬 높았고, 무엇보다 天이 그냥 당장 주어진 현실과 현실의 지배 질서를 단순히 설명하는 것이 아니라 새로운 질서와 이념, 제도를 만들어내는 적극적이고 능동적인 주체였다는 것입니다. 또한 묵자의 天은 의지를 가지고 있습니다. 그래서 단순한 하늘이 아니라 '하느님'으로도 번역이 가능하죠. 다른 사상가나 학파의 天과 달리요. 다른 학파의 天은 하느님으로 번역하면 상당히 어색합니다. 아니 아주 틀린 번역도 될 수 있습니다.

하느님이라……. 하느님 하면 기독교를 떠올리는 분이 많을 텐데 묵자의 하느님이 뭐 해방신학, 민중신학의 하느님과 닮은 구석이 있고 그런 신학의 하느님을 생각하셔도 큰 무리는 없다고 생각합니다만, 굳이 그렇게 연결하는 건 제 능력 밖의 일인 듯하니 묵자에 국한해서 이야기하겠습니다. 묵자가 말하는 天이 뭐고 그것이 어떻게 다른 학파의 天과 구분되고 또 그 天은 누구의 의지와 목소리를 대변하는지를요.

일단 다른 제자백가 사상가들이 어떻게 天을 바라보는지부터 먼저 설명할 텐데요, 지루해질 수도 있지만 묵자의 天만이 지닌 개성과 특징을 제대로 보여드리기 위함이니, 잘 따라오셨으면 좋겠습니다.

나는 열다섯이 되어 배움에 뜻을 두었고, 서른이 되어 주관이 바르게 섰으며, 마흔이 되어 현혹되지 않았고, 쉰이 되어서 천명을 알게 되었고, 예순이 되어서 귀가 순하게 되어, 일흔이 되어서……. 《논어》 위정爲政 편

공자가 광 지방에서 위기에 처하자 말하길 "문왕은 이미 돌아가셨으나 문文은 여기에 남지 않았느냐. 하늘이 장차 이 文을 없애고자 한다면 후에 죽은 자들은 이 文과 함께하지 못할 것이다. 하늘도 이 文을 없애지 못한다면 광의 사람들이 나를 죽인들 무엇하겠느냐?" 《논어》 자한子罕 편

공자가 말하길 "하늘이 나에게 덕을 내렸는데 환퇴가 나를 어찌하겠느냐?" 《논어》 술이述而 편

자기의 마음을 다하면 자기의 성性을 안다. 자기의 性을 알면 천天을 알 것이다. 자기의 마음을 간직하고 자기의 性을 길러 天을 섬긴다.
《맹자》 진심盡心 편

천天의 운행에는 일정한 항상됨이 있다. 이는 성군인 요임금 때문에 존재하는 것도 아니고 폭군인 걸임금 때문에 존재하는 것도 아니다. [인간이] 응하여 잘 다스리면 길하고 그에 응해서 제대로 다스리지 못하면 흉하다. 농사일에 힘쓰고 절약한다면 하늘도 가난하게 할 수 없고, 의식을 충분히 갖추고 부지런히 일한다면 하늘도 병들게 할 수 없다. 도를 따라서 어기지 않는다면 하늘도 화를 내릴 수 없다. 《순자》 천론天論

군자다운 사람이 되어라, 정치 일선에 나서기 전에 수양으로 완성된 인간이 되어라, 인仁을 하라, 의義를 행해야 한다, 예禮로 공동체를 다스려보자고 하는 유가, 구체적으로 공자와 맹자. 그들이 도덕적, 윤리적 인간이 되어야 한다고 말할 때 매번은 아니어도 종종 '천天'을 언급하곤 했습니다. 공자보단 맹자가 더 많이 언급하고 더 비중 있게 다루며 자신의 사상 중심부에 더 가까이 위치시켰는데요. 둘의 사상에서 天은, 어떤 도덕적 사명을 부여하는 것으로서 도덕과 윤리의 맥락에서 이야기되는 점, 그리고 인간이 어쩔 수 없는 어떤 운명이라는 맥락으로 이야기되기도 한다는 점에서 사실상 같다고 볼 수 있습니다.

공자와 맹자 말고 다른 유가 사상의 목소리를 좀 들어볼까요. 《중용中庸》이라고 있습니다. 유가의 경전인 사서四書 중 하나로 꼽히는 《중용》은 이렇게 시작합니다. 아주 멋들어지게, 현학적으로.

하늘이 명하여 사람에게 부여된 것을 성性이라 하며, 性을 따르는 것을 도道라 하며, 도를 따르고 받아들이려 공부하는 것을 교教라 한다.

天命之謂性, 率性之謂道, 修道之謂敎

《중용》이란 책을 흔히 이렇게 설명합니다. 유가 사상에 대한 관념적, 철학적인 해석을 시도하여 유가의 우주론과 인간관을 집약한 책이라고. 그런《중용》의 첫머리는 이렇게 하늘과 사람의 관계를 규명하는 것으로 시작하네요.

하늘이 명하여 사람에게 부여된 것이 있는데 그것이 '성性'이라나요. 사람은 날 때부터 그렇게 하늘이 준 性을 지닌 존재이며 그래서 모든 가치를 실현할 능력과 책임을 지닌 존재이고, 그 性을 따르기 위해 노력하는 것이 '도道' 곧 사람의 길이라고 천명한 중용의 이 첫 구절은 유학의 天을 아주 분명하게 보여줍니다. 비록 순자의 天 관념을 담아내지 못하고 주로 성리학적 맥락에서 해석되어왔지만 주류 유학의 天 관념을 제대로 명쾌하게 보여준다고 할 수 있는데, 저 구절을 깊이 음미해보지 않아도 우리는 유가의 天이 어떤 도덕 내지 인간이 해야 할 당위와 연관되는 것임을 알 수 있죠. 사람은 도덕적인 하늘에게서 부여받은 性을 지닌 존재고 그 性을 잘 키워 항상 도덕적, 윤리적으로 살아야 하는 존재라는 뜻이다, 이렇게 이해하시면 무난합니다.

이런 天 관념과 그 天 관념에 따라 이해되는 인간관의 뿌리를 살펴보려면 유가의 시조인 공자까지 소급해야 하는데, 앞서 인용한 예문에서 보이는 대로 공자가 말하는 '하늘'은 도덕과 연관되고 도덕적으로 살라는 사명을 내리는 존재로서 종교적인 냄새까지 풍깁니다. 맹자만큼 비중 있게 자주 말하진 않았어도 공자가 말하는 '하늘'은 자신에게 어떤 사명을 부여하고 자신의 길을 걸어갈 수 있도록 용기를 주는 존재입니다.

〈술이〉 편에서 공자는 커다란 위기 상황에 맞닥뜨리자 하늘이 나에게 덕을 주었는데 사람인 환퇴가 어쩌겠느냐고 했고, 《논어》〈팔일八佾〉 편에서는 하늘에 죄를 지으면 빌 곳이 없다고 했습니다. 그리고 공자가 위나라의 실세인 요부 남자南子와 만나려고 하는 것을 자로가 따져 묻자, 공자는 볼멘소리로 자신의 결백을 하늘에 맹세하며 '내가 거짓되면 하늘이 날 싫어할 것'이라고 말하죠. 유랑 중 죽을 고비에 몰려서도 하늘이 '문文'(바람직한 도덕 문화겠죠)을 없애지 않고자 하는 이상 '광 땅의 사람들이 나를 어떻게 하겠느냐'고 말했죠. 이런 장면들에서 天은 도덕적 사명을 내리는 존재일 뿐만이 아니라 도덕적으로 살고 윤리적으로 살려는 공자를 뒤에서 지켜주는 존재로 이야기되는 것 같네요. 이렇게 《논어》에서 공자의 天은 도덕적인 존재로 읽히는, 경외의 대상으로서 등장합니다.

그런데 공자는 天에 대해 마냥 종교적 태도로 접근하지는 않고 적당히 거리 두기도 하면서 합리적으로 사고하려는 모습도 보여줍니다. '삶도 모르는데 어찌 죽음을 알겠는가?' '공자는 괴력난신怪力亂神(괴이하고 불가사의한 존재나 귀신에 관한 일)을 말하지 않았다' '사람도 제대로 섬기지 못하거늘 어찌 귀신을 섬길 수 있겠느냐' 등등, 주술적 태도나 비합리적인 사고를 멀리하는 모습을 보입니다. 제자 자공도 '스승에게서 천도天道와 성性에 대해서 듣지 못했다'고 말했듯이, 공자는 "하늘이 무슨 말을 하더냐? 사철이 운행하고 만물이 자랄 뿐이지 하늘이 무슨 말을 하더냐?"라고 합니다.

이런 공자의 모습은 天 관념에서 신비적이고 종교적 색채가 갈수록 엷어지고 인간과 교감하는 天의 의미 역시 쇠퇴하는 등, 합리적으로 天을 이해하려 했던 당시 시대 상황의 반영일 것입니다. 그리고 天에서 신비적이고 종교적 색채를 완전히 지우고, 인간과 교감하는 天을 부정하는 흐름은 순자와 법가, 노자로 이어지면서 잘 가다듬어진 이론 틀과 형식을 갖추게 되지요. 그렇지만 어쨌든 공자는 天과 인간 사이의 끈 자체는 버리지 않고 자주 天을 도덕과 연관 지어 해석하고, 도덕을 투영해 하늘을 읽었습니다.

맹자는 공자보다 天에 대해서 많이 언급하고 또 높은 비중을 둡니다. 성선性善, 인간의 마음에 선한 경향성 내지 가능성이 있음을 말하는 맹자는 그것이 天이 부여한 것이고, 그런 선한 마음을 잘 키울 수 있는 지식인은 선각자이자 진리의 담지자로서 왕과 백성의 스승이 되어 세상을 이끌고 구할 의무와 권리가 있다고 말하죠. 그리고 왕에게 자신의 인의仁義와 인정仁政에 대해서 유세할 때마다, 天이 부여한 도덕적 마음〔性〕을 아주 잘 키워서 정치를 하고 그것으로 천명을 받아 천하를 다스리고 대권을 잡은 과거의 군주들 이야기를 아주 많이 합니다. 그러니 내 말 잘 들어보라는 것이죠. 내 말처럼 하면, 곧 하늘이 부여해서 당신이 지니고 있는 선한 마음의 싹을 잘 키워 정치하면 당신도 천명을 받을 수 있다는 것입니다.

하늘을 말하는 빈도와 그것이 사상에서 차지하는 비중은 공자와 맹자가 좀 다를지라도 어쨌든 그들의 하늘은 도덕, 윤리와 연관 또는 직결되고 인간에게 도덕적 사명을 부여하고 선하게 살 수 있는 능력을 주는 존재인데요. 또 그들은 天을 어떤 운명으로서 이야기하기도 합니다. 그것은 도덕적인 天과 다른, 天의 또 다른 모습이자 얼굴이죠.

이상적인 질서인 도道가 이루어지는 것도 하늘의 명이요, 이루어지지 않는 것도 하늘의 명이라고 합니다. 공자는 아끼는 제자가 중병에 걸렸을 때 그것 역시 하늘의 명이라고 말했습니다. 천명天命, 그것은 인간에게 윤리·도덕적으로 살라고 말하는 사명으로 다가오기도 하지만 도덕 주체가 어찌할 수 없는 결과 내지 운명으로 다가오기도 합니다. 인간에게 도덕적으로 살고 행위하라는 사명을 부여하고 가능성을 주는 존재이지만, 현실에서 그 도덕 주체에게 어떤 결과를 보증해주지 못하며 잔인한 결과와 운명을 내리기도 하는 하늘. 이렇게 이중적인 맥락으로 공자와 맹자에게 天은 이해되고 이야기됩니다. 이렇게 사명과 운명, 공맹의 天은 두 가지 얼굴을 가지고 있습니다.

그런데 그것 말고도 또 공맹의 天에 공통점이 있습니다. 天은 아무나 접근할 수 있는 것이 아니며 천명 역시 아무나 이해하고 말할 수 있는 게 아니라는 점.

위 인용문 중 첫 번째, 오십이 되어서야 천명을 알 수 있었다, 천명에 대해 깨달았다는 공자의 말 보이시죠? '지천명知天命'이라는 유명한 말인데, 공자가 학문에 뜻을 둔 지 35년 만에 알았답니다. 서른이 되어서 뚜렷한 지향점과 자기 주관이 섰고 그 10년 후 마흔에는 자신의 길과 지향점에 대해 어떤 의혹도 일지 않을 정도로 수양되고 공부된 사람이 다시 그로부터 10년 후에나 알게 된 천명.

뭐 이렇게 알기 어렵나요? 공자 정도 되는 사람이 이렇게 고생고

생해서야 겨우 천명에 접근하고 알게 되었는데 보통 사람들은 어디 엄두나 내겠습니까? 맹자도 이야기하죠, 자신의 마음을 다한 다음에 자신 안에 내재된 성性을 발휘하게 되는데 그러고 나서야 天과 만난다고. 天에 접근하는 사람을 막는 문턱이 참 높아 보입니다.

그런데 이것은 공자와 맹자뿐만이 아닙니다. 순자와 도가, 법가 모두 마찬가지죠. 유가처럼 도덕적인 天, 윤리를 투영해서 읽는 天을 부정하고, 객관적인 자연 법칙 내지 원리로서 天을 이해하는 바탕 위에서 예, 법, 도 등 자신들이 말하는 가치 내지 기준의 정당성을 설명하는 그들 역시 그런 법칙과 원리를 아무나 이해하고 꿰뚫어보아 자기 것으로 만들 수 있다고 보질 않았죠. 교육의 수혜자 중에서도 일부, 아니면 도통한 사람, 아니면 아주 극소수 이상적인 군주가 가진 어떤 특출한 지혜 내지 통찰력으로 알 수 있다는 것입니다.

도덕적인 맥락으로 해석되는 天이든, 도덕과 상관없는 맥락에서 이야기되는 天이든 굉장히 신비스럽고 소수의 사람만이 접근해서 알 수 있는 것이었습니다. 위 순자의 말을 보십시오. 하늘엔 항상된 질서가 있다고 하는데 벌써 범상치 않고 꽤나 어려운 말 같습니다. 그런데 그것에 응해서 세상을 잘 다스리면 길하고 다스리지 못하면 불길하다고 합니다. 그런데 그것이 뭔지 알아 응할 수 있고 또 응해서 어찌어찌 해볼 수 있는 건 누구의 몫일까요? 철저히 그것은 인간 사회의 스승이자 질서의 담지자가 되는 이상적 군주의 몫이라고 순자는 못 박습니다. '요'라는 성군을 위해서 있는 게 아니라며 공자, 맹자와 달리 도덕과 거리를 둔 채 말하지만 《순자》 책을 보면 天에 대한 진입 장벽을 너무도 높게 설정해놓았습니다

우리 '인'을 행해보자, 아니다 '예'로 다스려보자, '법'대로 하자, 아니 '도'에 순응해서 살자고 주장들을 하고 목소리를 높이는데, 왜 '인'을 행해야 하지? 예나 법, 도는 대체 어디서 정당성과 타당성을 얻는 것이지? 하고 물으면 '어, 天이란 게 있는데 말이야, 거기에 근거와 정당성이 있어.' 그럼 '天이란 게 뭐예요?'라고 다시 물으면 '어 그런 게 있어'라고 답하는 상황. 묵자 외에 모든 제자백가 사상가들이 그랬습니다.

　오늘날 우리는 누구든 헌법을 들춰보면 대한민국 사회의 정체성, 그리고 대한민국 주권의 정당성과 근거, 또 대한민국이 지향하는 청사진과 국가의 미래를 알 수 있습니다. 어느 정도 국가가 보장하는 정규 교육을 받은 사람이면 누구든 헌법을 읽어볼 수 있고 알 수 있죠. 하지만 춘추전국 시대에 나라를, 또 천하를 다스리고 질서를 부여해보려 했던 제자백가 사상가들은 자신들 사상에 근거가 되거나 정당성을 부여해주는 天에 대해서 보통 사람이 알 수 없게 너무 높은 울타리를 만들어놓았습니다. 쳐놓은 울타리는 너무 높고 또 울타리 안의 그 天이 뭔지 명확히 말해주지도 않고.

　문어체의 말이 아니라 구어체로, 살아 있는 현장의 언어로 기술된 《논어》, 그리고 그 《논어》에서 제자들을 자상하게 이끌어주는 공자조차 자공에게 '하늘이 무슨 말을 하더냐'고 되묻고, 또 자공 본인도 스승께 천도에 대한 이야기를 듣지 못했다고 했지요. 그리고 공자 자신부터가 굉장히 장시간 공부하고 수양해서 겨우 天에 대해 깨달았다고 말합니다. 어렵게 깨달았다고 해도 자신의 사상과 직결되는 것이라면 좀 이런 것이다 하고 시원하게 말해주면 좋으련만 그리 말해주지도 않고. 참 답답한 노릇.

그런데 묵자는 다릅니다. 天에 대해서 분명히 말을 해줍니다. 天이 뭘 싫어하고 좋아하고, 사람들이 구체적으로 어떤 행태를 보이기를 원하고, 또 무엇을 하면 벌을 주고 또 상을 준다고 여러 차례 지루할 정도로까지, 묵자는 거듭 명쾌하게 이야기합니다. 신비화된 무엇, 소수만이 볼 수 있는 무엇이 아니란 말이죠. 묵자의 天은 이렇습니다.

일단 공자와 맹자는 天과 관련해서 '천명'을 주로 말합니다. 도덕적 사명의 맥락이든 아니면 인간이 어쩔 수 없는 운명의 맥락이든 그렇게 말을 합니다. 실제 '명命'이라는 한자가 원래 명령 내지 사명, 그리고 운명, 두 가지 뜻 모두를 가지고 있죠. 자, 공맹은 天에다가 命을 붙여서 천명을 많이 이야기합니다.

하지만 묵자는 '천지天志' 이야기를 많이 합니다. 《묵자》 책에 〈천지天志〉 편이 아예 따로 있죠.

명命 vs 지志.
명령 내지 운명 vs 뜻.

낱말의 의미나 뉘앙스가 많이 다르게 느껴질 겁니다. 사명, 운명과 달리 뜻은 좀 덜 무겁게 느껴지고 위압적인 냄새가 나지 않으며 쉽게 알 수 있을 것 같다는 생각이 들죠.

그런데 이렇게 묵자가 구체적으로 이런 것이다, 저런 것이다 자세히 밝혀 말해주는 天과 天의 뜻(천지), 그것을 묵자는 어떻게 알아내서 말해주는 것일까요? 어떤 종교적 체험을 통해 절대자와 만났을까요?

《묵자》원문을 보면 天에 대한 존경심이 가득 표현된 말이 많지만 어떤 신앙고백 내지 절대자 앞의 묵상이나 명상, 기도는 보이지 않습니다. 굴뚝이 검어질 새도 없이 또 앉은 자리가 따뜻해질 짬도 없이 구세救世를 위해 돌아다녔다고 많은 당대 문헌에서 묵자를 종교적 열정을 가진 행동가, 구세가로 표현하긴 하지만, 그가 종교적 체험에 기반해서 天, 천지天志에 접근했다는 흔적은 《묵자》원문을 비롯해서 다른 춘추전국 시대 문헌 어디에서도 찾아 볼 수가 없습니다. 그럼 묵자는 거짓말을 하거나 하늘의 이름을 빌려, 아니 더 직설적으로 말해 하늘을 팔아먹으면서 약을 파는 사람이었을까요? 혹시 사이비 교주??

지금까지 많이도 말씀드렸습니다. 묵자는 대등한 지분을 가진 인간들을 전제한다, 그 인간들이 모여서 합의 내지 의견 수렴을 통해 뭔가 만들어내는 것이 기준이 된다, 묵자 사상 자체가 한 개인이 자신의 창의력과 통찰력으로 뚝딱 만들어낸 것이 아니라 여러 사람 특히 하층민들의 의견 하나하나가 모여 만들어진 것 같다는…….

묵자가 말하는 '천지天志'(하늘의 뜻)는 '묵지墨志'(묵가 무리의 뜻)이고, 또 '민지民志'(인민의 뜻)입니다. 묵가 집단의 자의식, 하층민들의 염원과 희망 등이 투영되고 모여서 만들어진 것이 '천지'이고, 그렇게 만들어진 천지의 핵심이 '겸애'인바, 겸애가 구현되는 세상을 묵자 집단이 만들려고 했던 것이죠.

사실 그렇습니다. 누군가 절대자, 天, 하느님을 이야기할 때 그 하느님, 그 절대자는 그것을 이야기하는 사람 내지 그 사람이 대표하는 집단의 목소리와 의지, 소망이 투영된 것일 수밖에 없지 않나 싶습니다. 오늘날 교회마다 예수와 주님을 말해도 모두 같은 예수와 주님을 말하는 것일까요? 정확히 말해 모두가 예수니 주님이니 말해도 예수와 주님을 말하는 사람들 하나하나 각자가 생각하는 예수와 주님이 똑같을까요? 예수와 주님을 말하는 사람들 각각이 속한 여러 집단에서 예수와 주님을 보는 시각이, 그리고 그 절대자에게 기도하는 내용이 같을까요?

어느 교인이 자신이 소유한 부동산과 주식 값이 올랐다고 다른 교인에게 자랑하듯 말할 때, 그 이야기를 들은 교인은 주님께서 역사하셨다고 합니다. 그런 교인과 그 교인들이 속한 교회가 있지요, 분명히. 그런데 어떤 교회에서는 주님은 사람들의 영혼을 구해주는 존재이지 물질적, 세속적 소원을 들어주는 존재가 아니라고 합니다. 다 같은 교인이고 똑같이 주님과 예수를 말해도 그들 각각이 보는 주님, 예수님은 서로 다른 존재 같습니다. 아예 다른 범주의 종교에서는 말할 나위도 없겠죠. 그저 각자가, 각자의 집단이, 자신이 처한 위치, 자신이 가진 소망, 욕망, 교양 수준에 따라 다른 신과 절대자를 만들어내고 또 섬기는 게 아닐까 생각합니다.

조선 말엽에 등장한 동학, 후에 천도교가 되는 그 동학이 말하는 절대자, 한얼님에겐 누구의 소망과 염원이 투영되었을까요? 청나라에서 태평천국 운동이 일어났을 때 그들이 말한 상제는 또 어떤 집단의 염원과 소원이 담긴 것일까요? 그들의 신은 모두 그 운동을 일으킨 집단, 그들만의 소원과 염원이 담긴 절대자이고 신일 수밖에 없었습니다. 동학에선 모두가 한얼님을 모시고 있다는 '시천주侍天主' 사상을 말하면서, 모든 사람 각자가 천주를 모시고 있기에 평등한 존재라고 했는데, 당시 양반들이 그런 한얼님을 이해하고 그 한얼님에 동의할 수 있었겠습니까?

묵자, 그리고 묵자 집단이 대변하는 하늘과 하느님은 그들 집단의 하느님이고 하느님의 뜻, '천지'는 그들 집단이 생각하는 하느님의 뜻이었죠. 묵자가 말하는 하느님과 하느님의 뜻을 보면 귀천 구분 없이 모두가 하느님의 신하이고 모든 국가, 도시와 지역이 하느님의 나라, 하느님의 고장이라고 합니다. 그들의 하느님은 당시에 사람들을 묶고 있던 질서의 울타리와 담벼락을 무너뜨리는 하느님이고, 또 하층민들을 동정하면서 그들을 공격하고 착취하는 것에 반대하는 하느님입니다. 그리고 묵자는 천지, 하느님의 뜻으로 다스려야 한다고 말하면서 그 하느님의 뜻이 어떻게 만들어지고 구성되는가를 명백히 밝히는데, 그것을 보면 그들이 말하는 '천지'가 묵지墨志이고 민지民志임을 알 수 있죠.

〈상동尙同〉 편에서는 '의義'를 어떤 과정과 시스템을 거쳐 통일해야 한다고 말하는데, 그렇게 통일 후에 나온 '공의公義'가 바로 천지이고요. 또 〈비명非命〉 편에서 삼표三表를 말하면서 세 가지를 바탕으로 통치의 기준 내지 규범, 표준을 만들어야 한다고 말하는데, 그중 두 가지를 말해보면 첫째가 전체 백성들의 이익에 합치해야 한다는 것이고 둘째가 전체 백성들의 여론과 합치해야 한다는 것입니다. 결국 인민의 의견과 이해관계를 종합하자는 것이죠. 하층민들의 의사를 염두에 두고서 그것들 사이에서 통치의 기준을 끌어내자는 것입니다. 통치 기준을 만들어내는 세 가지 근거 중 나머지 하나는 과거의 이상적인 군주를 뜻하는 '성왕聖王'의 지도 이념과 그들이 실제

했던 전적인데요. 삼표법은 간단히 말해서 앞서 말한 두 가지 근거에 성왕의 지도 이념과 실제 행적을 더해 이것들로 기준 삼아 공동체를 이끌어가는 공의를 만들자는 것입니다. 그런데 그 성왕의 지도 이념과 정치적 업적 역시 묵자 무리의 의사와 직접 연결되는 것입니다.

성왕聖王, 성왕, 성왕……. 과거에 존재했던 성인 군주라는 것. 참 고대 동양 사상에서 많이도 우려먹은 것인데, 일단 묵자가 말하는 성왕은 역사적으로 정말 존재했던 것일까요?

사실 묵자가 말했던 성왕과 성왕의 전적이란 것은 존재의 진실 여부를 가릴 수도 없고 가리는 것이 무의미한 존재인데, 왜 그러냐면 묵자 집단의 이상과 가치 기준에 맞게 만들어내고 재구성한 역사 속의 존재이기 때문입니다. '지금 이런 기준의 이상적인 정치를 해보자, 과거에 이상적인 성인 군주가 이렇게 했거든.' 이렇게 전개되는 이야기로 묵자는 자주 설득을 하고 자신의 주장에 근거를 제시했습니다. 정말 실제로 과거의 성인 군주가 묵자 무리의 이념과 기준으로 정치를 했고 묵자가 그것을 계승해 현재의 대안으로 삼자는 것일까요? 아닌 것 같습니다.

사실 역사란 게 좀 그런 거 같아요. 동서고금을 막론하고, 정치에 관여하거나 발 담그고 있는 집단들이 각자 가치관과 이해관계에 따라 다른 역사적 기억을 말하고, 또 그것을 가지고 다시 역사를 재구성하고, 사회구성원들을 재교육하려고 하죠. 그리고 거기서 빚어지는 갈등과 주도권 싸움, 우리는 자주 볼 수 있습니다. 성경의 구약만 해도 그것이 정말 역사적 진실이고 '정치적 이해관계에 따른 과거의 기억 다시 만들기'를 벗어난 것일까요?(최동후 선생님의 《구약의 하나님은 신약의 하나님이 아니다》를 한번 읽어보세요.) 대한민국은 불과 한 세기도 지나지 않은 근현대사의 기억을 가지고 싸웁니다. 각자 정치적 이해관계가 다르고 부여잡고 있는 가치와 기준이 다르기에 그렇죠. 누구에게는 건국의 아버지, 조국 근대화를 이끈 국부國父지만 누구에겐 무수한 국민을 죽인 살인마, 권력욕에 눈먼 독재자, 그렇지 않습니까?

묵자가 말하는 성왕, 성왕의 이념과 행적은 묵자의 가치관과 이념에 따라 만들어내고 재구성한 것이겠죠. 그리고 사실 묵가 아닌 유가도 마찬가지입니다. 유가는 자신들의 이념과 이상을 말할 때 과거 요임금과 순임금, 문왕 모두 유가의 이상대로 정치를 해서 성공했다고 자주 이야기하는데 정말 요와 순, 문왕, 무왕이 유가에서 설명하는 군주의 모습 그대로였을까요? 단적으로 유가는 그들이 무력이 아닌 평화와 덕을 가지고 정치를 해 천하를 평정했다고 하는데, 어디든 정치권력의 기원을 거슬러 올라 보면 무시무시한 폭력이 있습니다. 근데 저들이 정말 평화와 덕으로 권력을 잡고 세상을 다스렸다? 유가 역시 자신들이 주장하는 이상과 이념으로 과거의 역사를 재구성했을 뿐이고 저 성왕들은 재구성한 역사의 중심인물일 뿐이죠. 그리고 사실 유가는 어쩌면 조직적이고 체계적으로 역사를 왜곡한 사람들일지도 모릅니다. 그것의 결과물이 《서경書經》이라는 경전이고요. 유가가 말하는, 평화를 일군 과거 성인 군주에 대해서 중국의 다른 문헌에서는 반대로 폭력과 무력에 능한 모습을 서술하기도 했습니다.

자, 이야기가 많이 돈 거 같은데요, 정치공동체를 이끌어가는 기준을 만들어내는 방법으로 삼표법이란 게 있다, 세 가지 틀과 수단으로 공의를 만들어보자는 것인데 하나가 인민들의 이익에 합치하는가 여부, 둘째가 인민들의 여론, 셋째가 성인들의 이념과 행적. 그리고 이 세 가지가 모두 하층민을 대변하는 묵자의 생각과 의견에 직결되는 것이고 묵자가 말하는 천지를 만들어내는 것이라는 거.

이제 좀 정리해볼까요. 묵자가 말하는 천지天志, 하느님의 뜻은 결국 하층민들의 의지가 투영된 것이고 그들의 의견과 목소리가 수렴되어 나온 것이다. 그리고 다른 제자백가 사상가들은 天을 신비의 장막으로 둘러싸고 진입 장벽을 높게 쳐놓아 소수의 특권적 세력만이 접근할 수 있도록 해놓았는데, 묵자는 애초에 하층민의 여론을 토대로 '천지' 개념을 만들었으니 진입 장벽이나 신비의 장막이 있을 리만무하다. 그러니 묵자가 말하는 하늘의 뜻과 의지는 누구든 알 수 있고 또 그 하늘의 뜻을 만드는 데 누구든 참여할 수 있다.

자 이렇게 정리해봤는데요. '천지'의 핵심은 겸애입니다. 통치 권력이 분배하는 기본적인 물질적 혜택의 범위를 늘려보자는 겸애가 하느님의 뜻이니, 그 겸애를 실현하는 통치 시스템을 만들어보자, 곧 국가와 국가 체계를 하느님의 대행자로 만들어보자는 것이 묵자의 주장이고 이상이죠.

묵자의 天, 현실과 단절된

　지금까지 묵자의 天, 하늘, 하느님에 대해서 장황하게 떠들었습니다. 어떤 의지를 가진 것이기에 하느님이라고 독해해도 되고, 다른 제자백가 사상가들의 天에 비해 문턱이 낮으며, 또 그들이 말하는 하늘의 뜻, 하늘의 의지는 하층민들의 뜻이고 하층민들의 바람이 투영되어 만들어진 것이라고요. 인민의 의지를 합하고 그들 사이에서 합의를 이끌어내고 그것을 통해 나온 것이 곧 천지, 하느님의 뜻과 동의어라는 것, 묵가 운동은 그 뜻을 철저히 대행할 정치 체제, 통치 체제, 행정망을 만들어보자는 것이라는 데까지.

　묵자의 天에 대해서 좀 더 설명하겠습니다. 아주 길지는 않을 거예요. 여기서 너무 많이 이야기하면 뒤에서 《묵자》 원문을 본격적으로 읽을 때 문제가 생깁니다. 《묵자》 원문에 〈천지天志〉 편이라고 아주 중요한 부분이 있는데 그때 가서 해야 할 이야기를 여기서 모두 해버리면 김이 새니까요. 여기선 그냥 예습 좀 한다고 생각하고 들어주세요. 〈천지〉 편의 내용이 좀 어려울 수도 있는데 여기서 살짝 이야기를 듣고 나서 뒤에 〈천지〉 편을 읽으시면 도움이 될 겁니다.

여기서 또 다른 사상가들의 이야기를 꺼내야겠는데요. 묵자 아닌 제자백가 사상가들이 말하는 天은 지금까지 말씀드린 대로 묵자와 비교하면 사상에서 차지하는 비중도 적고 아무나 접근하고 알 수 있는 것도 아닌데, 그 밖에 또 묵자와 다른 점이 있습니다. 그들의 天은 현실과 연속된 존재라는 것. 그런데 그들의 天과 다르게 묵자의 天은 현실과 단절된 것입니다. 아리송하시죠? 연속된 것은 뭐고 단절된 것은 또 뭔지? 그리고 연속과 불연속 그것이 왜 중요할까 하는 의문도 들 수 있습니다.

음……, 순자가 말하는 '예', 공자가 말하는 '인', 맹자가 말하는 '인의', 그리고 한비자와 상앙이 말하는 '법', 노자가 말하는 '도'. 이들 개념은 어디서 갑자기 떨어진 것이 아니라 각자의 사상가들이 생각하는 天을 바탕으로 그 위에 서 있습니다.

앞에서 보았듯이 공자와 맹자만 해도 '인'의 길을 가자, '의'의 길을 가자, 왜냐면 하늘이 '인'의 길을, '의'의 길을 가라고 했단다, 뭐 그렇게 말하는데 공자와 맹자, 둘 다 자신들 사상의 근거 내지 토대로 하늘을 이야기하죠. 그 하늘에 대해 자신의 사상 핵심과 어떻게 연결되는지 성의껏 말하지는 않지만요. 그건 한비자나 상앙, 노자나 순자도 마찬가지입니다. 그런데 중요한 건 그들이 말하는 하늘이란 게 자신들 사상의 핵심과 따로 떨어진 것도 아니지만 현실과도 단절된 것이 아니라는 것.

묵자가 말하는 天도 그 사상과 떨어진 것이 아닙니다. 묵자의 의로움, 공의, 겸애 역시 묵자의 하늘, 하느님에서 뽑아낸 것이라고 하지 않았습니까? 묵자는 그것들이 하늘과 어떻게 연관되고 그것들을 하늘에서 어떻게 뽑아낸 건지 명확히 설명하면서 하늘을 구체적으로 규명하고 또 현실에 적용하려 했지요. 그러니 묵자의 天 관념과 그 사상의 핵심은 연결되어 있습니다. 그런데 공맹과 순자, 상앙과 한비자, 노자 모두에게서 天 관념은 그들 사상과도 연속되고 또 현실과도 연결되어 있는데, 묵자의 天은 현실과는 단절되어 있습니다.

유가의 '인의'는 전통 관습과 도덕규범으로 현실에 존재하고, 상앙과 한비자가 말한 '법', 노자가 말한 자연과 세계의 원리인 '도' 역시 어쨌거나 현실에 존재하는 것들입니다. 구성원들이 잘 안 따르기도 하고, 왕이나 지배층이 제대로 적용하고 말고 하는 문제가 있을 수는 있어도 어쨌거나 저것들은 현실에서 무시할 수 없거나 실제로 존재하는 것들입니다. 그러니 그것들과 연관되는 天은 현실과 끊어진 게 아니라 현실과 이어져 있거나 현실 안에 있는 것이죠. 다만 현실에서 확실히 눈에 보이진 않고 잠겨 있습니다.

예로 돌아가자, 법을 지켜라, 도를 따르라 말하는 사람들에게 '왜 그렇게 해야 하는데?' 하고 물으면 슬그머니 天을 이야기합니다. '天의 명령 내지 원리에서 뽑아낸 것이거든' 하면서요. 그럼 다시 묻습니다. '대체 무슨 天인데, 그 天이 어떤 것인데?' 그러면 성실히 대답은 안 해주고 '응 그런 게 있어, 니들이 그것까지 알 건 없는 거 같아'

라고 합니다. 여기서 그들의 불성실한 설명 태도는 차치하고 중요한 건 법과 도, 예는 현실에 부재하는 게 아니고 분명히 존재하는 것이며, 사회구성원들이 인지하고 있거나 현실에서 질서로서 움직이고 있다는 것입니다. 그러니 그것들과 연관되는 天은 현실과 연속되어 있겠죠.

공자가 말한 대로 '인仁'으로써 살려면 방법은 간단합니다. 현실의 전통 관습과 문화, 예禮, 아니면 퉁쳐서 문文, 때론 사문斯文('이 문화'라는 뜻. 영어로 말해보면 The culture)이라는 것을 준수하고 살면 됩니다. 이렇게 현실과 天은 연속되어 있습니다.

순자의 天 이야기를 해볼까요. 순자의 天은 단순히 하늘이 아니라 인간 앞에 놓인 삶의 조건으로서 적극적으로 바꿔가야 할 것이고, 天의 원리는 그런 바꿔야 할 모든 대상의 원리, 그 안의 법칙 같은 것입니다. 이렇게 하면 굽은 나무를 펼 수 있고 저렇게 하면 돌을 제대로 깎을 수 있고……. 그런 객관적인 자연물과 물질의 원리, 그 안에 내재된 법칙과 그것들의 습성이 天이자 天의 원리이기도 합니다. 天은 인간까지 포괄하는데 인간은 이러이러한 습성이 있어 뭘 싫어하고 좋아하니, 그런 것을 가지고서 유인 내지 재교육, 재사회화할 수 있다고 봅니다. 순자 철학에서는 인간도 역시 자연처럼 가공해야 할 것으로, 하늘 아래 던져진 자연물 같은 것으로 환원될 수 있습니다.

순자는 물질적인 天만을 생각하고 의지와 도덕을 투영해서 보는 天은 생각지도 않았는데, 애초에 도가의 영향을 받아서 그런 것입니다. 그러니 장자와 노자는 말할 것도 없을 겁니다. 그리고 물질적인 天, 객관적인 질서로서 天을 파악하는 건 한비자와 상앙도 마찬가지 인간을 마치 물건이나 부속품처럼 보기도 하는 법가 사상가들에게도 인간은 天의 범주에 속합니다. 어떤 객관적인 법칙과 속성을 지니며, 그 속성과 법칙이 파악되고 장악되면 조종하고 바꿀 수 있는 모든 것이 天인데 인간도 그 天의 하나로 보는 것이죠. 그러니 天은 인간이나 현실과 연속된 정도가 아니라 아주 인간 그 자체, 현실 그 자체일 수도 있지요. 법가 사상가들에겐 인간을 포함한 현실과 눈앞의 물질세계가 그냥 天이기도 한 것입니다.

자 여기서 묵자로 화제를 돌려봅시다. 묵자가 말하는 天, 하느님, 그리고 하느님의 뜻은 다분히 하층민들의 뜻이 투영되어 만들어졌다고 했지요.

그런데 그들의 의지와 소망이 투영되어 만들어졌을 뿐이지, 그 하느님의 뜻이 관철된 세상이 있었습니까? 그 하느님의 뜻으로 빚어진 윤리, 도덕, 규범이 현실을 지배하거나 현실에서 존재한 적이 있었나요?

없었죠. 다만 그런 것이 하층민들 사이에서 합의되어 만들어졌고, 그것의 핵심이 겸애이니 겸애를 공동체에서 실현하도록 해보자며 뛰어다니고 움직인 거죠. 묵자의 天, 하느님, 하느님의 뜻은 현실과 단절되어 있는 것입니다. 그렇기에 그들이 그렇게 죽도록 전력투구한 것이겠고요.

현실은 인간도 포괄합니다. 그러니 묵자의 하늘은 인간과도 단절된 것입니다. 인간들의 중지를 모아 만들어낸 하늘과 하느님의 뜻은 독립된 개념일 뿐, 그것이 인간이나 인간들 자체는 아니라는 겁니다.

그것을 따르고 말고 구현하고 말고는 또 현실 인간들의 몫일 뿐이고. 天, 천지와 현실의 인간 사이에는 이런 간극과 불일치가 있습니다(정확히 말해 하층민들의 의지가 투영되어 만들어졌으니 이런 불일치가 있는 것이겠지만). 이렇게 묵자의 天은 현실의 인간과도 단절되어 있습니다.

법가와 도가, 순자는 인간 자체가 그냥 天이라고도 했지요. 객관적인 속성과 법칙으로 파악되거나 어떤 물질적 단위로서 파악되고 가공할 수 있는 것으로 인간을 보기도 하기에요.

공자와 맹자는 인간 자체가 天이라고 보지는 않습니다만, 인간 안에 天이 부여한 속성이 있다고 하죠. 그래서 공부 많이 하고 수양해서 인간 자신의 안으로 잘 파고들면 하늘을 만날 수 있어 하늘의 명대로 살 수 있다고 하죠. 종심소욕불유구從心所欲不踰矩. 마음이 하고자 하는 바를 따라도 법도에 어긋남이 없다. 곧 내 마음이 수양되어 지천명知天命해서 하늘과 만난 상태가 되니, 그다음에는 내 마음대로 해도 전통문화와 전통 도덕을 벗어나지 않게 되었다고 공자는 말했죠. 공자와 맹자도 인간을 天과 단절된 것으로 보지 않는 겁니다. 그러면서 '천인합일天人合一'(하늘과 사람이 하나가 된다)을 말하죠. 天과 같이 기능하고 天의 덕을 베푸는 존재가 되자고요.

자, 유가와 법가, 도가에서 모두 현실과 현실의 인간은 天과 연결되어 있는데, 묵자가 보기에 天은 인간과도 현실과도 모두 단절되어 있는 것입니다.

자, 이해가 되시나요? 이해는 둘째 치고 이런 얘기가 뭐 그리 중요하냐고 물으실 수 있을 겁니다. 네, 중요합니다. 단절의 문제, 중요합니다.

단절되었기 때문에, 더 정확히 말해 현실에서 실현된 적이 없고 하층민 의사를 대변하는 집단 사람들의 머릿속에 합의된 채로만 있기 때문에, 그것을 더 따라야 하고 현실에 구현하려 노력해야 했을 것입니다. 그리고 역시나 현실에서 실현된 적이 없고 단절되어 있기에 열심히 분주하게 사방으로 다니며 홍보하고 설득해야 했고, 또 天의 뜻을 구현할 세부적이고 구체적인 청사진이 필요하기도 했겠지요.

곧 묵자 집단이 왜 그렇게 설득의 기술과 언어에 주력했고 또 열성적으로 헌신적으로 활동했으며, 여러 가지 국정 관련 주제들에 자기 생각을 명쾌하게 각론의 형태로 말했는지 이해하려면 여태껏 말씀드린 단절의 문제를 이해해야 합니다.

그리고 단절과 연속의 문제는 그만큼 그들의 계급적 속성을 잘 말해주는 것이죠. 그들이 하층민이 아니었더라면 그들이 말하는 겸애의 보증자, 天이 그렇게 현실과 단절되었을까요?

또 이런 측면도 있어요. 다른 걸 떠나 묵자 사상만이 동아시아 사상사에서 지니는 독보적인 개성, 이런 것을 보여드리기 위해서 그 '단절'을 강조한 것이기도 합니다.

고대부터 근세까지 동아시아에서는 인간을 포함한 우주를 볼 때, 항상 조화와 균형을 이루는, 아니면 조화와 균형을 찾아가는 유기체로 인식하기에 현실 세계, 현실의 인간과 단절된 독립적 주체 내지 대상을 상상해내기 쉽지 않습니다. 서구처럼 태초에 말씀이 있었다느니 하며 신과 피조물로 세계를 이분화해놓고 본다면 모를까, 동아시아 세계관에선 묵자식의 단절된 天, 하느님을 생각하기 쉽지 않은데, 유일하게 묵자만이 서구의 신과 비슷하게 단절된 天과 절대자를 말합니다. 그리고 그 절대자와 단절되었지만 절대자의 뜻으로 세상을 만들어가려고 하고요.

또 절대자의 뜻이란 게 신비화된 무언가가 아니라 명확히 언어로 설명되는 합의된 것이라는 점에서, 묵자도 이렇게 말할 수 있겠네요. '태초에 말씀이 있었다'고. 사실 묵자 철학은 동아시아 사상사에서 정말 이질적인 사상 체계죠.*

자 이렇게 현실과 단절된 하늘, 하느님, 그 하느님의 뜻을 구현하기 위해 온몸을 던진 묵자 집단. 이처럼 하층민들의 이상은 현실과 단절되어 멀리 있는 것이고, 그것을 구현하려면 뼈가 빠지게 열성적이며 또 조직적인 노력이 필요한 것일까요?

그렇겠죠. 그뿐만 아니라 국정을 구성하는 여러 분야와 사회의 병리 현상에 대해 각각 구체적으로 대안을 제시할 수 있어야겠고, 그것을 포함한 자신들의 이상과 주장을 홍보, 설득하기 위해 필요한 세련된 설명 기술과 장치가 있어야 하지 않을까 싶습니다.

정녕 세상을 바꾸려면 투쟁도 좋고 조직 활동도 좋지만, 일단 많은 사람에게 어떻게 알리고 설명하고 설득할 것인지 그 수단과 방법을 아주 많이 고민해야 합니다. 또 자신들이 말하는 이상이 추상적이고 관념적인 것에 그치지 않도록 반드시 현실화될 수 있는 구체적인

---

* 현실과 단절된 절대자, 자유 의지를 가진 인간, 논리적 주장 전개와 글쓰기 등 논리에 대한 강한 집착, 자신의 주장에 어떻게든 근거를 들어 설명하려는 태도, 용어와 개념에 대한 명확한 정의. 선진 시대 철학 중에 묵가만이 가지는 개성인데 상당히 서구적(?)이고. 이렇게 묵자 사상이 독특합니다.

대안과 프로그램, 매뉴얼들을 개발해야 합니다. 최소한 묵자 무리만큼은 노력을 해봐야지 않겠습니까. 그들처럼 착취 없는 세상, 인민을 위한 공의의 세상을 열기 위해서는요.

그들은 앞서 말씀드린 대로 담변談辯이라는, 언어와 설득 관련 과목을 만들어 제자들을 교육했는데 괜히 그랬던 게 아니었겠죠. 그만큼 자신들의 대안과 이상을 설명하고 설득할 기술과 방법이 절실히 필요했던 겁니다.

그들은 상동尙同, 상현尙賢, 절장節葬, 절용節用, 사과辭過, 칠환七患, 삼변三辯, 비명非命, 비공非攻 등 여러 가지 주제로 논의를 펼치며 대안을 마련해 역설하고 실현하려 노력했는데요. 그러다 보니 제자백가 시대에 처음으로 제대로 된 주제별 논의와 글쓰기란 게 이루어졌죠. 〈천지〉편은 말 그대로 하늘의 뜻에 대한 이야기, 〈비공〉편은 말 그대로 침략전쟁 반대에 관한 이야기. 후에 순자가 묵자의 주제별 논의를 발전시켜 32편의 주제별 논문이라는 엄청난 학술적 성과도 이루어냈습니다. 순자가 묵자의 영향을 받았거든요.

이런 주제별 글쓰기와 주장에 대해 단순 감탄만 할 것이 아니라 왜 그렇게 묵자 무리가 여러 가지 주제에 접근해서 주장과 이론들을 펴낼 수밖에 없었는지 헤아리는 것이 우선이겠죠.

묵자가 보여준 설득을 위한 여러 가지 노력, 다양한 주제별 논의, 이상과 대안 실현을 위한 헌신적이고 조직적인 운동은 오늘날 우리에게도 생각할 거리를 던져주는데, 참 묵자 무리는 신기하고 재미있고 대단한 집단이었던 거 같습니다. 여러 가지로요.

말 잘하기, 설명 잘하기, 홍보 잘하기, 설득 잘하기. 자신들이 내세우는 '천지'가 현실과 단절된 채 너무 멀리 떨어져 있고, 하층민 출신이니 당장에 기득권과 권위, 권력도 없고. 뭐 애초에 그러니까 천지가 현실과 단절되어 저 멀리 있는 것이겠지만 어쨌든 그런 상황에서 출발을 했으니, 묵자는 언어와 설득을 중시해 제자들에게 독립 전공으로 가르쳤고, 위정자들과 관료들에게도 설득과 커뮤니케이션 등 말 잘하고 듣는 덕목을 요구했고, 《묵자》 책 안에 언어와 설득, 논쟁에 관한 말들을 아주 많이 써놓았습니다. 어떻게 개념을 정의하고, 주장에 근거를 댈 것이며, 논쟁에서 시비를 가리고 타당성을 따질 것인가 등등에 관한 것들을요.

자, 여러 얘기를 했지만, 아직 묵자의 天에 대해서 모든 것을 말씀드리진 않았습니다. 뒤에 나올 〈천지〉 편에서 더 설명할 것이 남아 있기에요. 지금껏 말씀드린 내용만 해도 분량이나 그 중요성이 적지 않은데 뒤에서 더 살펴봐야 합니다. 그만큼 天, 하느님은 묵자에게 중요합니다. 괜히 고대 동아시아의 해방신학, 민중신학이라고 하는 게 아니죠. 자 이번 시간은 여기까지입니다. ^^

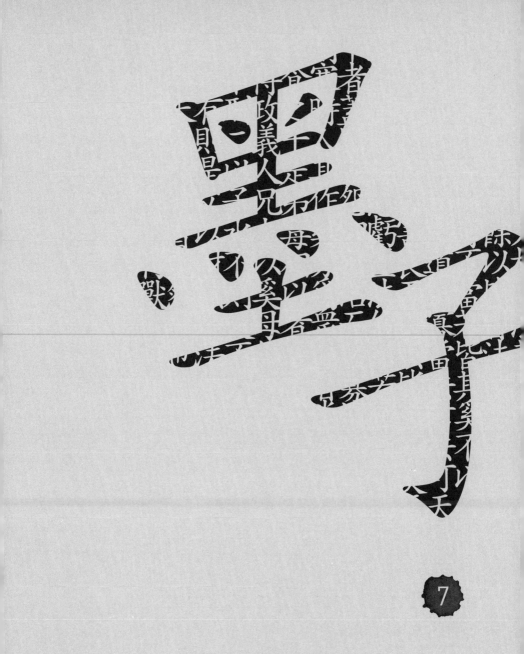

기축 시대의 스승, 묵자

종적 질서와 논리, 그리고 횡적 질서와 논리

저는 왜 난데없이 '기축 시대의 스승'이란 거창한 이야기를 할까요? 여기서 기축 시대가 뭔지, 기축 시대의 스승이란 의미가 뭔지 좀 설명해야겠고, 그것이 묵자란 사람과 어떻게 연관되고 또 그 연관됨이 묵자를 어떻게 설명해주는지 이야기해야겠죠.

기축 시대, 그냥 어떤 스승들의 시대라고 편하게 압시다. 상식으로서 아는 인류 4대 성인이라고 있지요. 부처와 공자, 소크라테스와 예수. 야동계의 김 본좌 포함해서 5대 성인이라는 사람도 있고 만화〈둘리〉의 고길동을 넣어서 5대 성인이라는 사람도 있는데 각설하구요, 실존철학자 야스퍼스는 이들을 '기축機軸 시대Axial Age(인류사의 중심축이 되는 시대)의 스승'이라고 했습니다. 인류는 비슷한 시기에 어떤 커다란 변화의 수용돌이에 휘말렸는데, 이때 비슷한 문제의식을 가지고 비슷한 가르침을 말하며 인류 문명사에 전환점을 만든 큰 스승들이 등장했다! 이렇게 야스퍼스 선생님은 본 모양입니다.

그런 위대한 스승들의 시대가 바로 기축 시대인데요. 뭐가 어떻게 변하고 새로 생겨서 사람들이 휘말려가지고, 급기야 스승들이 등장해서 이건 아니다, 우리 이렇게 해보자 했을까요? 과문한 제가 보기엔 대략 씨족공동체 질서의 와해와 도시 문명의 등장, 종적 질서의 등장과 견고화, 이런 것들이 생겨났던 것 같아요. 그리고 그것들로 인해 변해버린 환경은 사람들을 아주 가혹하게 내몰았고, 이때 변화의 흐름을 차분히 관찰하고는 대안을 제시한 스승들이 나타난 것이 아닐까 합니다.

씨족공동체.

나보다 나이 많으면 누구나 아버지고 어머니고 형이고 누나고, 나보다 어린 아이는 다 아들이고 딸이고 조카, 동생이고, 그랬던 때가 있습니다. 바로 씨족공동체 사회. 당시엔 빈약한 생산력 때문에 여럿이 힘을 합쳐야 겨우 생존을 이어나갈 수 있었으니 타인은 나와 이익을 두고 다투는 경쟁자가 아니라 협력자, 아니 그것을 넘어 내 생존의 토대였습니다. 그런 공동체는 아무리 많은 수로 구성되었어도 같이 일하고 밥을 먹고 자는 식구, 가족이었고 그 공동체의 대표는 지배자가 아니라 보호자에 가까웠을 겁니다.

하지만 신석기 혁명이 시작되고 청동기 시대가 열리고 철기 시대가 열리면서 변화가 시작되고 그 변화는 거세집니다. 그리고 변화한 환경이 완고한 질서로 굳어지게 됩니다. 생산력이 높아져 생산물이 늘어나고, 부와 권력이 불균등하게 소유되고, 타인은 나의 경쟁자로 등장했으며, 공동체의 대표자는 억압적 성격을 띤 지배자가 되고 종적인 질서를 만들어냈으며 폭력을 독점하기 시작했죠.

그리고 생산과 소유를 같이하는 완결된 체제였던 씨족공동체가 파괴되면서 도시가 생겨났습니다. 도시에서, 이익을 두고 경쟁하는 적대적 타인들, 서로 아무것도 알지 못하는 익명의 낯선 이들이 만나게 되었습니다. 배타적 소유 의식과 같이 가는 것이 인간의 개체 의식인데, 이익을 두고 경쟁하는 타인과 부대끼면서 이제 사람들에게는 뚜렷한 개체 의식이 생겼고, 개체 의식을 지니게 된 한 사람 한 사람에게는 또 그 익명의 사람들과 어떻게 지낼지 고민할 필요가 생겼겠지요. 그리고 종적 질서를 관장하는 지배자들은 씨족공동체의 사슬에서 떨어져 나와 분리된 이들을 어떻게 조직하고 묶을 것인지 고민하게 되었습니다.

익명의 낯선 사람과 만났는데, 이 익숙지 않은 상황에서 사람들은 낯선 이들과 어떻게 지내야 했을까요? 대충, 공자는 과거의 관습에서 만들어진 예, 예수는 사랑, 부처는 자비, 그런 걸 말한 것 같네요. 한 가족처럼 살던 씨족공동체 구성원들끼리는 굳이 거창한 사회 윤리나 정치 규범이 필요 없었는데, 낯선 사람과 조우하게 된 시대에는 정말 제대로 된 사회 윤리, 정치 규범이 필요해진 것입니다. 씨족공동체 사회에선 그냥 본능대로 그냥 해오던 대로 살면 되었지만, 이제 세상이 변하면서 명확한 모둠살이의 규칙이 필요해졌죠.

이에 대해 공자는 과거의 관습을 좀 고쳐서 대안으로 말한 건데, 이렇게 익명의 사람과 만남을 전제로 한 기축 시대적인 사회 윤리로서 공자의 예禮, 인仁만이 답은 아니었을 테고 자신만의 대안을 역설한 사상가가 또 있었겠죠. 그게 바로 묵자입니다.

묵자는 관습주의의 공자와 달리, 앞서 말씀드린 대로 합의해서 새로운 규범과 기준을 만들어내자고 합니다. 관습주의 vs 합의주의. 이렇게 갈리는 셈인데, 묵자의 겸애도 결국 낯선 타인과 만남을 전제로 한 생각이죠. 그것도 단순히 낯선 타인이 아니라 이익을 두고 경쟁하는 적대적인 타인과 만남을 전제하고 편 사유라, 더욱 기축 시대적으로 윤리와 규범을 고민한 것입니다.

기축 시대를 만든 변화의 소용돌이와 흐름에서 개체 의식의 성장, 낯선 익명의 사람과 만나고 갈등하는 것 못지않게 중요한 일이 부와 권력, 폭력이 불균등하게 소유되고 그것이 합쳐져 종적인 질서가 만들어졌다는 것입니다.

그래서 우선은 종적인 질서를 긍정하는 관점에서 고민하는 사람들이 나타났습니다. 종적인 질서를 어떻게 극대화할 것인지, 그리고 어떻게 안정되고 오래가게 할 것인지, 그리고 종적인 질서를 어떻게 포장해 세련된 수사로 세탁해서 사람들의 불만을 막을 것인지, 또 종적 질서의 핵인 폭력을 어떻게 구사할지, 이런 것들에 대해 고민하고 답을 찾는 사람들이 생겼습니다.

그리고 반대로 종적 질서에 대해 반성적으로 생각하는 사람도 생기게 되었습니다. 종적 질서 자체를 완전히 부정하진 못해도 나름 순화된 방향으로 그것을 이끌려 하고, 또 그 질서의 정당성을 어떻게 확보해 사람들을 설득할 것인지 고민하고, 종적인 질서 안에서 어떻게든 나름 숨 쉴 공간을 확보해서 부분적이나마 제한적이나마 횡적인 질서를 도모해보려는 사람들.

이렇게 종적 질서를 놓고 반성적으로 사고하며 대안을 일구고 대안의 기초가 될 윤리와 철학, 종교를 만든 사람을 가리켜 '기축 시대의 스승들'이라 하고 공자와 부처, 예수와 소크라테스를 기축 시대의 간판스타로서 말하는 게 아닌가 합니다.

그런데 그들만이 기축 시대의 스승 전부가 아니고 묵자 포함해서 많은 스승들이 있었죠. 기축 시대의 여러 스승들에 대해 쓴 종교학자 카렌 암스트롱의 저서 《축의 시대》를 읽어보면 맹자와 장자, 《우파니샤드》의 스승들, 자이나교와 조로아스터교의 창시자 등 아주 많은 사람을 기축 시대의 스승이자 주역들로 다루었는데, 지금 여기서 말하고자 하는 묵자 역시 암스트롱의 논의에 포함되어 있습니다.

네, 맞습니다. 분명 묵자도 기축 시대의 스승이고 또 스승으로 대접받고 조명을 받아야 합니다. 앞서 말한 대로 낯설고 적대적인 타인과 만남을 전제로 한 사회 윤리를 고민했고, 게다가 종적 질서에 대해 반성적으로 사고하며 대안을 일군 사람이기에. 정말 기축 시대의 스승으로서 놓치지 말고 조명해봐야 할 인물이죠.

그런데 여기서 또 공자 이야기를 먼저 해야 할 것 같네요. 기축 시대의 스승으로서도 공자가 선배니까요.

앞서 공자와 유가 이전에 중국 사상의 시작이 있다고 했죠. 윤리와 도덕의 범주에 넣기 어렵고 또 어떤 체계적인 통치학과 정치철학으로 영글진 않았어도 공자보다 분명 선발 주자였던 사상, 바로 병가의 사상입니다. 그런데 병가의 사상은 기축 시대에 만들어진 것이지만 종적 질서를 반성적으로 사고한 것은 아니죠. 병가의 사상은 종적 질서가 가진 폭력의 힘을 극대하하자, 아니면 안정된 투대 위에서 ㄱ

힘을 구사하자는 생각에서 만들어졌습니다. 병가의 대표적인 스타가 바로 《손자병법》의 손무孫武, 곧 손자인데요. 《손자병법》이 대략 공자의 30대 후반 무렵 만들어져 세상에 나왔다는데, 묵자가 '공자 선생, 그건 아니오' 하고 나왔다면 공자 역시 '손자 양반, 그건 아니올시다' 하면서 나왔다고 볼 수 있죠. 체계적으로 폭력을 행사하자는 손자에게, 공자는 '거, 우리 말로 합시다' 이렇게요.

그런데 재밌는 것이, 손자가 말한 장수의 다섯 가지 덕목으로 인仁, 용勇, 신信, 엄嚴, 지智가 있습니다. 재밌게도 '엄'을 제외하곤 모두 유가의 덕목으로도 이야기되는 것이지요. 그렇다고 손자가 저것들을 공자와 같은 의미와 맥락으로 썼을까요? 절대 아닙니다. 손자가 저런 것들을 말했을 때는 어디까지나 폭력을 제대로 구사하기 위해서, 폭력 구사자 내지 독점자에게 요구되는 덕목으로서 말한 것이지요. 그리고 사실 저 글자들의 원래 뜻 내지 문자 기원 자체는 손자가 말한 의미 맥락에 부합하고요. 하지만 공자는 저런 단어에서 폭력의 의미를 거세하고 새로운 의미를 부여하려 했습니다. 사람을 사랑하고 배려하고 존중하는 의미로. '인仁'만 해도 원래 공자 이전의 고문헌에서는 늠름함, 씩씩함, 보무도 당당함, 이런 뜻이었는데 공자가 배려와 양보, 어짊, 자상함으로 바꿨죠.

문명, 문명화란 대체 무엇일까요? 폭력에 대한 반성적 사고의 확장? 폭력을 민감하게 느끼고 그 민감함이 강화되는 과정? 뭐 이런 것들이 문명, 문명화의 핵심이겠죠.

그런데 공자 이전 시대에는 모든 것이 폭력으로 해결되고 시작되어 끝났습니다. 제후諸侯, 그 밑에 대부大夫, 또 그 밑에 사士. 춘추

전국 시대 질서의 담지자들은 모두 무사입니다. 무사들끼리 갈등이 생기면 무엇으로 해결할까요? 그냥 칼부림하는 겁니다. 칼로써 해결하는 거지요. 당대의 이야기를 다루는 역사책《사기》나《좌전左傳》을 보면 너무도 잔인한 이야기, 또 지저분한 이야기들이 나오는데, 당시엔 그것이 당연한 일이었습니다. 그때는 폭력으로 해결했어야 했고, 그들은 다들 무사로서 자존심을 지켜야 했습니다.

그런데 공자가 나선 거지요. 우리, 말로 하자. 좋게 타일러보자. 그리고 정치 일선에 나서기 전에 도덕적 인간이 되고, 그다음에 정치가가 되어 정치 일선에서 역할 상대자들을 인정하고 존중한 채 사이좋게 지내고, 우리 지배층끼리 화합한 상태에서 백성들을 잘 가르치며 이끌어보자고요.

공자가 말한 '인仁'이라는 대안이 당시의 시대를 구원하고 바꾸었느냐?' 하고 물으면 '예스YES' 하지는 못하겠지만 분명 그의 등장은 의미 있는 일이었고, 그는 동아시아 역사에서 의미 있는 물꼬를 크게 튼 사람입니다. 앞에서 말한 이유들 때문에 전 그렇게 생각하는데요. 사실 정치, 사회, 문화, 경제 중 문화가 다른 범주들과 대등하게 다루어지지 않고 그 모든 것의 중심에 서는 동아시아 역사의 시작은 공자가 연 거지요(오늘날 현실의 중국에 국한해 봐도 이건 유효합니다). '치인治人'이라는 우월적 지위에 안주하는 독점적인 권력의 지배자로서가 아닌 수기修己(자신을 닦음)와 수양이라는 비폭력적, 도덕적 과제에 주력하는 여러 지식인들의 화합과 조화, 거기서 시작하는 정치공동체의 평화. 이것이 공자가 한 주장이고 호소인데 공자의 호소가 당시 시대를 구원했느냐 안 했느냐, 또 당대 위정자들의 가려운 곳을 긁어

줬느냐 안 줬느냐를 떠나서 분명히 공자의 등장은 크게 의미 있는 일이었습니다.

그런데 이런 공자에 대한 첫 번째 반대자가 묵자였죠. '공자 선생의 말이 아주 틀린 건 아닌데 좀 다른 방향과 방법, 수단으로 접근하고 대안을 마련해봅시다' 하고요.

묵자가 말하길,

"정치 일선에 나서기 전에 윤리와 도덕을 준비하고 갖추어야 한다는 선생의 말이 틀린 건 아니오. 하지만 그것만으로는 아비규환 같은 이 시대에 신음하고 괴로워하는 하층민들을 살릴 수 없다오."

"천지天志라고 쓰고, 하층민들의 피어린 염원 내지 소망을 담은 공동체의 공의公義라 읽는, 하느님의 뜻으로 세상을 다스려봅시다."

"그렇다면 하느님의 뜻은 뭐냐? 모든 정치공동체가 하느님의 도시고 마을이며 모든 사람이 하느님의 신하이니 이들끼리 서로 사랑하는 겁니다."

"어떻게 사랑하느냐면 서로가 서로의 가진 몫을 빼앗으려 하지 않고, 통치 체계를 잘 구축해서 모든 사람이 누려야 할 각자의 기본적인 몫을 보장해주는 것입니다."

"그 통치 체계는 일원적이고 효율적인 정치를 가능케 하는 상동尙同을 운영체제로 합니다. 다음으로 분배 정의를 잘 실현할 수 있는 인사를 등용하는 상현尙賢을 메인 프로그램으로 해서 돌려봅시다. 그리고 다른 프로그램으로 절장, 절용, 비악, 비공 등 여러 가지 옵션이 있는데 각 나라별로 국정 상태를 진단해 병든 곳을 찾아 선택적으로 적용해봅시다."

앞서, 특히 묵자의 인간관을 이야기할 때 말씀드렸듯이 묵자가 본 현실은 강자가 약자를 핍박하고 착취하는 상태, 곧 종적 질서의 담지자이자 그 질서의 상위에 있는 사람들이 하위에 있는 사람들을 핍박하고 착취하고 공격하는 문제 상황이 극대화된 상태였습니다. 그래서 종적 질서의 하위에 있는 사람들이 목소리를 낸 거죠. 횡적 논리가 다분한 하느님의 뜻, 그 하느님의 뜻인 겸애를 실현하자.

그렇다고 종적인 질서 자체를 부정한 건 아닙니다. 다만 그 종적인 질서가 하느님 뜻을 대행하기 위한 것이 되어야 한다는 거죠. 묵자 역시 다른 제자백가 사상가들처럼 왕으로 대표되는 수직적 질서, 신분의 비대칭성을 인정했고요, 그것들 자체를 부정한 채 사유하지 않았습니다. 정말로 그랬다면 당대에 어떻게 흥행을 했을까요? 다만 하층민들의 의식이 투영된 천지를 실현하게끔 그 질서를 바꾸자는 것이죠.

자, 묵자도 기축 시대의 스승 맞습니다. 변해버린 세상과 환경을 두고 '말세야!' 하면서 절망하던 사람들이 많았던 시대에 살며, 종적인 질서 그 자체를 놓고 반성적으로 사고했고, 그 나름대로 종적 질서 안에 평등한 횡적 논리를 전개해보려고 했던 사람이죠.

그런데 말입니다. 묵자와 공자, 부처와 예수를 포함한 기축 시대의 스승들이 왜 여전히 조명받고 그들에 대해서 우리가 공부하는 걸까요?

거칠게 말해 아직도 우리가 사는 시대가 철기 시대이기 때문입니다. 컴퓨터가 생기고 인터넷이 깔리고 스마트폰이 나왔어도 문명을 구동하는 핵심은 똑같습니다. 바로 철기. 그리고 철기 시대가 완성한 종적인 질서 자체는 여전히 견고하고 완강합니다. 견고하고 완강한 질서 아래서 착취 내지 억압도 여전하고요. 그러니 저 기축 시대 스승들의 말은 여전히 설득력이 있고 필요합니다. 이것은 사실 《철의 제국 가야》를 쓰신 김종성 선생님의 관점인데요, 네 분명히 옳은 말씀입니다.

그런데 단순히 아직도 철기 시대라서 기축 시대의 스승들이 필요하다고 하면 좀 심심한 이야기고요. 지금은 근대화·산업화·글로벌화·극단적인 도시화·신자유주의화 등 철저히 자본주의적 논리대로 재편된 세계이기에 더욱 기축 시대 스승들의 지혜가 절실하게 필요하지 않나 싶습니다. 특히나 한국식 자본주의는 이익을 둘러싼 경쟁을 심화하고 타인을 적대적 경쟁자로서 만들며 공동체란 공동체는 죄다 허울만 남기고, 1인 가정 시대란 이야기가 나올 정도로 인간을 파편화시켰으며, 지방과 촌락공동체는 극단적으로 피폐하게 만들어 거의 모든 이들을 도시에 살게 만들었죠. 그리고 어떤 독재 권력보다 더 무섭게 사람들을 짓누르고 일상의 삶까지 지배하는 괴물 같은 시장 권력이 군림하고 있습니다. 그러니 기축 시대 스승들의 지혜는 계속해서 참고하고 되새김질해야지 않나 싶습니다.

자, 어쨌든 여전히 억압과 착취에서 자유롭지 않은 세상을 사는 우리, 어쩌면 그런 억압과 착취가 더욱 교묘해진 시대를 살고 있는데요. 종적 질서를 순화하거나 정당하게 행사되게 하려고 하는 사람들, 더 나아가 종적 질서를 아예 횡적 질서로 바꾸고자 꿈꾸는 사람들은 계속 나올 수밖에 없습니다. 그런 꿈을 꾸는 사람들이 같은 꿈을 먼저 꾸었던 선배들의 생각과 사상을 참고하는 건 당연한 일일 텐데, 남미의 해방신학, 우리나라 민중신학도 그런 연장선상에 있지 않나 합니다.

예수가 살던 시대나 오늘날이나 뭔가 비슷한 모순이 있으니 예수를 불러내 민중신학이나 해방신학을 만든 것인데, 우리 한번 묵자도 불러내 볼까요? 묵자가 살던 시대나 오늘날이나 비슷한 모순, 구체적으로 말해 억압, 착취, 폭력을 만들어내는 잘못된 종적 질서가 지배력을 행사하고 있으니까요.

그런데 앞서 말씀드렸다시피 묵자를 불러내 묵자가 대한민국에 있다면 했을 법한 발언과 주장에 대해 생각해보기는, 묵자 여행 길잡이인 저만의 몫이 아니라 우리 모두의 몫인 것 같은데요. 여기선 그냥 묵자가 한국에 왔다면 우선적으로 했을 법한 발언을 한번 상상해볼게요. 제 생각입니다, 어디까지나. ^^

노동 관련 분쟁이나 아니면 이런저런 이익단체가 내세우는 자기주장들, 그로 인한 첨예한 갈등 상황을 보고 우리는 그것을 부정적으로 보아 어차피 밥그릇 싸움 아니냐는 말을 하곤 합니다. 사실 우리가 말하기 전에 언론이 그렇게 분위기를 몰아가죠. 밥그릇 싸움 운운하며 이익 주장 자체를 부정적으로 보게 하는 보도와 기사들.

근데 사람이 밥 안 먹고 살 수 있습니까? 누구든 먹어야 살죠. 그러니 밥그릇이 없어지게 생기거나 자기 밥그릇에 숟가락질하는 놈들 있으면 소리 낼 수 있고 화낼 수 있고, 그것을 집단적 목소리로 조직해서 낼 수 있는 거죠. 아주 당연한 일입니다. 근데 언론에선 그런 것들 자체를 부정적으로 인식하게 하죠. 그래야 한국 사회의 지배 권력을 장악한 자본이 막 나가기 좋으니까요.

이런 한국에 묵자가 오면 이런 말을 할 것 같습니다. "밥그릇 싸움, 밥그릇과 관련된 주장, 그게 어때서? 그게 뭐가 나빠서?" "사람 누구든 자기 몫이 있고 자기 밥그릇이 있는 것 아닌가?" 하고. 그리고 묵자는 밥그릇 때문에 불거진 주장을 할 때 애초에 국민이니 국가니 거창한 거 내세울 것도 없이 당당히 나의 밥그릇을 위해 나왔고 목소리를 내는 거라고 주장하라 독려할 것 같습니다.

누구든 먹어야 하고 밥그릇에 밥이 담겨 입에 들어가야 삽니다. 국가는 그것을 보장해줘야 하고요. 그런 밥그릇을 위한 싸움과 목소리 내기를 두고 어차피 밥그릇 싸움 아니냐며 그 자체를 백안시하거나 비도덕, 비윤리적인 일로 몰아갈 이유가 없습니다. 그런 태도가 고쳐지지 않는다면 후진적인 사회일 뿐이죠. 그렇게 몰아가는 사람들 자신은 밥 안 먹고 살 수 있고 자신의 밥그릇을 빼앗기면 가만히 있을까요?

밥그릇은 중요한 겁니다. 왜 중요한지 새삼스레 말할 필요도 없구요. 그러니 우리는 정당한 내 몫이 위협받을 때에 당당히 밥그릇과 관련된 문제임을 더 직설적으로 이야기하고 주장할 수 있어야 합니다. 그런 다음에 거기서 문제의 해법을 찾아야 하지 않을까요? 이익이 얽힌 분쟁이 있을 경우 어차피 이익 문제라고 직시하고 공정한 룰과 합의로 풀 생각을 해야지, 국민 경제가 어려운데 파업이다, 가뭄인데 파업이다, 시민들의 편의는 생각지 않는다며 은근슬쩍 공동체적 윤리 도덕과 연관되는 수사로 물 타기하고, 깎아내리고, 밥그릇을 빼앗겨 입에 거미줄 칠지도 모르는 사람들을 이기적 집단으로 몰아가고 손가락질하는 사회가 정상인지 모르겠습니다. 파업에 부정적인 여론이 형성되도록 몰아가는 사람들은 공동체적 윤리와 도덕을 즐겨 끌어다 쓰며 파업의 본질을 희석하는데, 정작 그것이 용인되는 사회는 지극히 비윤리적, 비도덕적인 몹쓸, 못된 놈의 사회겠지요.

지금 이 땅에 묵자가 있다면 이익 관련 문제와 갈등이 발생할 때 그것 자체로 좀 바라보고, 섣불리 국민이니 국가니 하면서 어설프고 기만적인 윤리적 수사로 갈등 상황 자체를 뭉개지 좀 말자고 할 거 같습니다. 그러면서 밥그릇이란 말에 우선 부정적으로 반응하는 보통 사람들의 인식에 대해서도 꼬집을 것 같고, 또 그렇게 분위기 몰아가는 언론에 특히 강하게 경고할 것 같아요. 제 생각엔 한국처럼 도덕 과잉, 윤리 과잉인 사회(정확히 말하면 도덕적, 윤리적 말치레 과잉인 사회)는 도리어 매우 나쁜 비도덕, 비윤리적인 사회, 공동체가 아닐지요.

가만있는 밥그릇이 무슨 죄라고 말입니다. 밥과 밥그릇의 보편성을 무시하는 기득권층이나 언론 종사자가 있다면 당장 밥그릇으로 머리를 좀 맞아봐야 합니다. 아주 호박이 깨지도록!!! 묵자 선생도 그러실 거 같습니다. "굶는 사람이 있어도 알 바 아니라 하고 그 사람들의 절박한 외침을 그저 입 막으려 하는 사람들, 그 사람들은 말이다, 밥그릇으로 머리를 맞아야 한다. 아주 정신이 번쩍 들게."

전 이렇게 묵자를 불러내 봤습니다. 묵자 불러오기, 묵자가 오늘날 한국에 있다면…… 가정하고 통박 굴려보기, 전 재미있는데요. 궁극적으로 교묘하게 착취와 수탈을 가리고 숨기는 여러 가지 기만술에 대해서 어떻게 반격할까 고민하는 사람에게, 묵자 불러오기는 상당히 유용할 것 같습니다. 바로 그 기만술과 은폐술의 급소를 묵자의 창을 빌려 정면 공격할 수 있으니까요.

자, 그럼 이번 시간은 여기까지 하겠습니다. 마지막으로 정리 좀 해보자면 묵자 역시 기축 시대의 스승인 걸 잊지 마시라, 적대적 익명의 타자로 구성된 사회를 전제로 사회 윤리와 정치철학을 강구해냈고, 어떻게 하면 종적 질서가 정당하게 행사될 수 있을까 고민했으며, 그 종적 질서 아래서 나름 제한적이나마 횡적 질서와 논리를 도모했다는 것. 자, 수고하셨습니다.

墨子

8

공자와 묵자,
유가와 묵가

먼저 공자가 있었다

유가와 묵가, 공자와 묵자…….

많은 이야기를 해야 할 것 같습니다. 장황해질까도 우려되고, 많은 이야기를 내실 있고 밀도 있게 해야 할 텐데 참 부담이 됩니다. 하지만 정말 중요한 부분이기에 마음 단단히 먹고 당차게 시작해서 뚝심 있게 밀고 나가보겠습니다.

묵자를 이야기하는데 왜 공자를 이야기하고 유가를 이야기해야 하느냐? 앞에서 말씀드렸죠. 묵자는 공자를 극복하고자 하는 문제의식을 가지고 나와 자신의 사상을 편 사람이라는 것. 그렇기에 공자에 대해서, 그리고 공자의 문제의식에 대해서 알아야 묵자를 제대로 이해할 수 있습니다.

사실 그렇습니다. 공자를 모르고 또 공자의 사상이 담긴 《논어》라는 저술에 대한 철저한 독해가 없으면 묵자를 제대로 이해할 수 없습니다. 공자가 '이러이러하다'고 이야기한 데 대해 '그게 아니라 저러저러하오'라고 한 묵자의 이야기를 이해하려면, 먼저 공자가 대체 뭐라고 했길래 묵자가 그게 아니라고 한 건지 알아야겠죠. 그 반대도 성립합니다. 묵자를 알아야 공자를 알 수 있습니다. 묵자는 단순히 공자를 비난하고 그의 사상을 반대하려 했던 게 아니라, 선배 사상가의 약점과 한계를 나름 분명히 직시하고 나서 그것을 극복하고자 한 사람이기에, 묵자의 이야기를 잘 들어보면 공자 사상의 약점 내지 한계가 보이고 그러면서 공자 사상이 더욱 깊이 있게 이해될 수 있습니다.

라이벌, 라이벌의 존재.

원래 그러지 않습니까? 라이벌은 또 다른 자신이라고. 자신보다 자신을 더 잘 알기도 하고, 자신의 장점을 많이 흡수해 자신과 흡사한 존재이기도 하고, 또 라이벌이 없어지면 자신의 존재 기반도 흔들리고 자신이 무대 뒤로 사라지기도 하고.

공자의 라이벌 묵자, 공자를 알아야 묵자를 알 수 있지만 묵자를 알아야 공자도 더 잘 알 수 있습니다. 공자뿐만 아니라 뒤에 나온 공자 사상의 계승자, 맹자와 순자를 이해하는 데에도 묵자 사상에 대한 공부가 필수입니다. 유가에서 묵가로, 묵가에서 유가로, 이렇게 공부의 상호 되먹임 과정이 있어야 선진 시대 사상사를 제대로 들여다볼 수 있지요.

그런데 우리나라에서는 유가만을 우선하고 묵가를 잘 보지 않으니 도리어 유가와 공자 사상 연구에 허점이 보인다는 생각도 드네요. 아이돌 그룹이 지배하는 가요판을 보더라도, 우리나라에선 뭐든 쏠림 현상이 심한데 동양철학과 선진 사상사 연구도 마찬가지인 듯. 그러다 보니 너무 소외되는 철학과 사상들이 있습니다. 그중 대표가 묵자. 정작 묵자를 공부하지 않다 보니 많이들 다루는 유가와 공자 연구의 완성도에도 문제가 있고 뭐 그렇습니다.

자, 묵자는 공자를 집요하게 또 체계적으로 공격하면서 약점을 물고 늘어졌습니다. 그리고 묵자의 사상은 선진 시대에 크게 히트를 치고요. 그런 상황에서 공자 사상의 계승자인 맹자와 순자는 어떻게 해야 했을까요? 묵자가 공자에 대해 그랬던 것처럼 묵자 사상의 약점과 한계를 지적하는 공격을 해야 합니다. 반격을 해야죠. 하지만 단순히 공격만 해서는 안 됩니다. 묵자가 제기한 공자 사상의 문제를 외면하거나 지나치지 말고 그것을 보완 내지 수정하면서 방어의 벽을 쌓기도 해야겠죠.

실제 맹자와 순자 모두 묵자가 지적한 공자 사상의 약점과 한계를 나름 직시했구요, 그러면서 공자 사상의 근본적 방향을 바꾸지 않은 채 공자 사상의 핵심을 충실히 계승하는 범위 안에서 어떻게 보완하고 부분적으로 수정하면서 업그레이드할 것인지 크게 고민했습니다. 특히 순자는 묵자의 공격에 방어할 수 있도록 훌륭하게 공자 사상을 보완하면서 업그레이드했습니다. 그것을 변질이라고 주장하는 학자도 있지만, 순자 덕분에 공자의 사상은 백면서생이나 책상물림들의 이론, 이상이 아니라 통일제국 시대를 이끌어갈 현실의 정치사상과 기술로 거듭났습니다.

그리고 이런 측면도 있어요. 싸우면서 닮아간다고 하죠. 그렇게 그들이 묵자와 사상적 전쟁을 치르며 전선을 형성하는 와중에 묵자 사상의 영향을 적지 않게 받기도 했습니다. 맹자와 순자 모두요. 특히 어쩌면 순자 사상의 아버지는 공자이지만 어머니는 묵자가 아닐까 할 정도로 순자는 묵자의 영향을 많이 받았습니다.

순자의 성악설, 현실과 욕망을 인정하고 살피는 눈, 개인의 선의지가 아닌 객관적, 공식적 규범을 중시하는 면과 사회철학으로서의 성격, 주제별 글쓰기, 천하를 염두에 두고 이론을 전개하는 사고 범위와 스케일 모두 묵자의 영향을 받은 것이죠. 순자는 특히 묵자의 '겸兼'이란 단어를 참 좋아했습니다. 겸술兼術, 겸리兼利, 겸복兼服, 겸제兼制, 겸복兼覆, 겸청兼聽, 겸족兼足, 겸권兼權, 겸지兼知 등 묵자의 겸애를 창조적으로 수용했지요. 그의 천하 관념과 직결되는데 통일 국가의 군주의 덕목, 정치 원칙으로 겸을 활용했습니다.

맹자도 마찬가지입니다. 보편적 맥락에서 인성을 논의하는 것, 항산과 반전론은 물론, 맹자의 기질과 성격이 묵자의 영향을 강하게 받았습니다. 자상하고 따스한 봄바람 같은 공자와 달리 맹자는 전쟁터의 북소리와 깃발을 연상시킬 정도로 성격이 드세고 강하지요. 무사 집단인 묵가의 영향이 보이는 거 같죠?

어쩌면 유가를 키운 건 8할이 묵가라고 볼 수도 있어요. 묵가의 도전에 응전하는 가운데 유가 사상이 굉장히 크게 발전하고 성숙해졌거든요. 강력한 호적수였지만 묵자의 존재는 유가에 있어 커다란 축복이었을지 모릅니다.

그리고 앞서 여러 번 말씀드렸듯이, 많은 사람들이 묵자를 공자 사상의 반대자 내지 공격자라고만 이야기하는데 전 그런 각도에서만 묵자를 바라보지 않습니다.

단적으로 《묵자》 원문에 인仁과 의義가 아주 좋은 의미로 쓰입니다. 공자가 즐겨 쓰던 개념이 긍정적 맥락으로 쓰인다는 겁니다. 묵자는 자신의 핵심 사상인 겸애라는 것을 자주 인仁으로 바꾸어서 이야기했고, 겸애하는 자를 인자仁者, '어진 이'라 했는데요. 단순히 공자 사상의 반대자 내지 공격자라면 그런 입장을 취하지 않았을 거 같지 않나요? 실제 공자 사상을 공격한 다른 사상가들을 보면 공자가 말하는 '인'과 '의', '덕' 같은 핵심 개념들을 긍정적 맥락으로 사용하지 않을뿐더러 때론 아주 대놓고 조롱하기도 합니다. 그런데 묵자는 인과 의를 무수히도 긍정적인 맥락에서 이야기하고 그것을 궁극적으로, 또 반드시 현실의 땅에서 제대로 실천, 실현하자고 말합니다.

묵자의 겸애는 제대로 된 '인'과 '의', 하층민을 위한 진정한 '인'과 '의', 현실 가능한 '인'과 '의', 그런 것이라고 이해해도 좋은데요. 그래서 전 묵자를 단순히 공자 사상의 반대자, 내지 비판자, 공격자로 보지 않고, 어쩌면 큰 틀에서 공자 사상에 동의하거나 동의하는 부분이 적지 않은데 이상의 실현을 위해 다른 방법을 모색하고 더 좋고 현실적인 수단을 찾아보고자 한 사상가로 볼 수 있다고 생각합니다. 아, 그리고 묵자는 효와 공손함, 자애로움, 연장자에 대한 공경도 긍정적으로 말했습니다. 그가 단순히 유가 사상의 반대자이기만 했다면 그런 덕목들을 긍정했을까요?

공자는 분명 그가 꿈꾸는 이상과 세계를 말했습니다. 그리고 그것을 이루는 방법과 길 역시 말했죠. 그런데 그것을 이루는 방법과 길을 다른 사람이 보니 그걸로는 안 되겠다 싶었나 봅니다. 목표하는 바는 좋은데 그런 방법과 수단으로선 안 되겠다. 그렇다면 어떻게 해야 할까요? 뭐 다른 방법과 수단, 길을 찾아봐야겠지요.

그리고 앞서 말했듯이 묵자는 공자처럼 노나라 사람입니다. 그리고 《회남자淮南子》*를 비롯해 적지 않은 문헌에서 묵자가 공자의 학문을 배웠다고 했고요. 묵자가 공자와 다른 길을 갔다고 해도 같은 노나라 사람으로서 공유했던 환경과 배경이 있고, 또 공자 사상을 배웠는데, 아무리 사상 체계를 새로 만들었다고 해도 배웠던 흔적이 전부 사라졌을 것 같지는 않습니다. 더구나 묵자는 《시詩》와 《서書》, 후에 《시경》과 《서경》이 되는, 유가가 애지중지하는 문헌을 즐겨 인용하고 유가 집단과 똑같이 그것으로 제자들을 가르쳤으며, 또 유가와 똑같이 아주 먼 과거에 요임금, 순임금, 우임금 같은 성인 군주에 의해 이상적인 질서가 이루어진 적이 있었다고 강조했습니다.

그리고 맹자와 순자가 공자 사상을 업그레이드할 때도 묵자 사상을 적지 않게 참고했는데요. 단순히 싸우다 보니 비슷해지거나 더 강해지고자 하는 보완 차원에서 묵자 사상을 가져갔던 것 같지는 않습니다. 원래 뭔가 친화성이 있었던 게 아닐까요. 사상의 근본 체질이 다르면 상대 것을 가져와 소화하기도 쉽지 않을 테니까요. 이런 것들을 보면 묵자가 아무리 유가를 공격했어도 뭔가 유가 사상과 닮은 면이 있지 않았을까 하는 생각을 할 수 있습니다.

* 중국 전한前漢의 회남왕淮南王 유안劉安(서기전 179년~서기전 122년)이 많은 문인·학자와 함께 편찬한 책. 도가 사상을 바탕으로 다양한 제자백가 사상을 인용해 현실 세계의 근원과 변천을 설명했습니다.

자, 《묵자》 원문에 따로 한 편을 할애해서 유가를 공격하는 부분이 있습니다. 〈비유非儒〉 편인데요. 그리고 〈공맹公孟〉 편에서는 공맹이라는 유가 사상을 대변하는 사람을 등장시켜 그와 논쟁을 벌이며 유가 사상을 공격했고, 그 밖에 직간접적으로 원문 내에서 유가 사상을 무수히 공격했는데, 실제 역사적 공간에서 양 학파는 적지 않게 부딪히며 으르렁댔습니다. 단순히 공자 팬이 공자 안티로 돌변해서 그랬을까요? 팬이 안티로 돌변하면 더 무섭다는데 그래서 그런 걸까요? 뭐 이렇게 생각해볼 수도 있죠. 가까운 사이일수록 경쟁 관계로 발전하면 정말 치열하게 죽기 살기로 싸우는데 그것에 해당하는 경우가 아닐까 하는. 더구나 경쟁 관계로 발전했지만 비슷한 면이 많으니 차별화를 위해 더욱 심하게 공격한 게 아닐까 하는.

공자와 묵자, 유가와 묵가를 같은 무대에서 논하는 이 장에서 저는 일단 묵자가 무조건적으로 공자 사상을 비판하고 공격한 것이 아니라 공자와 닮거나 공유하는 부분, 공자에게 영향을 받은 부분이 분명 있다는 것을 전제하고 갈 것입니다.

자, 그럼 이제 본격적으로 공자 이야기로 들어가 봅시다.

흔히 공자를 보수적인 사상가, 복고적인 사상가로 알고 있습니다. 사실 틀린 말이 아닙니다. 공자란 사상가는 옛것을 좋아한 사람입니다. 단순히 옛것을 따르고 완고하게 지키자고 한 것은 아니지만 옛것을 존중하는 데서 시작한 사람인 것은 맞습니다. '갑론을박해서 합의된 기준대로~!'를 주장한 묵자와 달리 '기존의 관습대로'를 주장한 공자는 분명 보수적, 복고적인 면이 강합니다. 거칠게 말해 합의주의

자 묵자와 대조되는 관습주의자 공자입니다.

공자 학단 내지 공자를 종사宗師 곧 사상의 시조로 숭배하는 학파를 뜻하는 '유儒'는 본래 제사와 예식, 의전을 담당하는 지식인 내지 도우미 집단을 가리키는 말로서 이들은 은나라 때부터 존재했습니다. 분명 공자 이전에도 존재했던 집단이지요. 관혼상제를 비롯해 외교적 의전, 의식 등 통치 계층, 귀족 계층의 공식적 문화와 관습, 전통을 보존하고 전수해온 사람들로서 공자 이전에도 오랫동안 실체로서 존재하던 사람들입니다.

그들은 분명 옛것을 끌어안고 살아온 사람들이고, 그들 중에서 공자가 목소리를 낸 것입니다. 선배들이 지켜온 것, 그 전통과 관습을 '문文' 내지 '사문斯文', '예禮'라고 할 수 있는데 공자는 이것으로 흔들리는 시대, 질서가 무너진 시대를 바로잡자고 한 것이고, 지배층과 지식인들이 저것을 익히며 수양해 나라를 다스려야 한다 주장한 것이지요.

그런데 공자는 단순히 옛날의 질서와 문화 관습을 고스란히 지켜 적용해가자고 한 사람이 아닙니다. '주례周禮'라고 불리는 옛날의 질서와 문화 관습이 크게 흔들리고 무시당하고, 또 세상을 다스리는 데 효용성이 없어져가는 상황인데, 단순히 옛날 식대로 하자고 하면 아무리 반복해 이야기한다고 해도 누가 경청할 것이며 무슨 의미가 있을까요?

공자는 유신維新 내지 갱신更新을 말합니다. 바로 업데이트. 기존의 것을 버리지 말되 그것에 새롭게 의미 부여를 하고 새로이 고쳐 그것으로 세상을 만들어가자고 한 것이죠. '예'와 전통문화를 말했지만 갱신된 '예'와 갱신된 전통문화를 말했고, 통치자들이 해왔던 역할을 다시 검토하며 그 통치자들이 새롭게 해야 할 역할 수행에 대해서 말했습니다.

일단 공자는 '군자'라는 말의 의미부터 바꿨고 군자가 해야 할 역할을 재검토했습니다.

군자君子, 임금〔君〕의 아들〔子〕. 단순히 글자만 보면 신분을 가리키는 말입니다. 그렇습니다. 원래 군주의 아들들, 친척들, 귀족들, 통치권을 가진 최상류층 사람들을 가리키는 말입니다. 조상 잘 만나서 호강하고 특권을 누리던 사람들.

하지만 공자는 그 의미를 바꿨습니다. 혈통이 좋고 신분이 고귀한 사람들이 아니고, 공부하고 수양하여 타인을 배려할 줄 아는 유덕자有德者 내지 훌륭한 역할 수행자라는 의미로.

그러면서 문화적 혜택을 받고 통치에 참여할 수 있는 모든 사람을 보고 말했습니다. 위에서 남을 다스리는 '치인治人'이라는 우월적 지위에 안주하지 말고, 그러니까 폼 잡고 목에 힘만 주지 말고, 그 전에 수기修己, 곧 자신을 닦으며 훌륭한 역할 수행을 위해 공부하고 준비하라고. 그리고 나서 '안인安人'을 말합니다.

분명히 기억해두세요. 공자의 사상과 유가의 학문을 '수기치인修己治人의 학學'이라고 하지만, 공자는 '치인'이라는 말을 한 적이 없습니다. '안인'이라고 했죠. '타인을 다스린다'와 '타인을 편안히 해준다'는 것은 의미가 많이 다릅니다. 전자는 독선적일 수 있고, 타인을 자신과 대등한 정치의 주체로 보지 않는다는 의미가 강하지만, 후자는 나 아닌 타인도 정치의 주체로 보고, 그들을 존중한다는 의미를 담을 수 있습니다. 그리고 공자는 후자를 군자의 자격 요건으로 보았고요.

안인安人을 위해, 정치 일선에 나가기 전에 '학學'을 통해 수기修己해라, 그런 준비와 배움이 무르익은 다음에 정치 현장에 나가 자신처럼 준비되고 인격이 수양된 다른 사람들을 정치의 주체로 인정하고 또 존중하면서 공동체를 가꾸어나가라. 그래야 군자이고, 위정자라면 그래야 한다고 공자는 말합니다.

이렇게 지배층이 거듭나고 변해야 한다고 생각한 공자는 기존 지배층의 역할과 규범도 재검토합니다. 새로운 군자를 말했으니 군자의 역할과 규범도 새롭게 변해야겠죠. 공자의 재검토 끝에 새롭게 부여된 역할이 갱신되고 유신된 '예'이고, 그것을 잘 수행하는 자가 새시대를 이끌어갈 수 있는 갱신되고 유신된 군자입니다.

신분 질서 상위에 있거나 당장 정치 일선에서 통치권을 가진 군주, 대부, 그리고 저들과 함께 국인國人 계층을 형성하는 사士, 누구든 공자는 무시하지 않았습니다. 누구든 다 공자는 인정했습니다. 다만 그들이 새로운 군자, 거듭난 지배층이 되길 바란 것이죠. 거기에다가 살짝 지배층 내지 정치 참여의 장을 둘러싼 울타리의 문을 열어놓습니다. 하층민 중에도 배움에 뜻을 두고 열의를 품어 수양이 무르익은 사람이 있으면 그들에게도 정치적 발언권을 주며 존중해주자고요.

군자는, 옛날에는 말 그대로 조상 잘 둔 사람들을 가리키는 폐쇄적인 개념이었지만 이제 수양되고 도덕을 갖춘 사람이란 의미를 가지게 되었으니 문호가 열리고 범위가 넓어질 수밖에 없었죠. 하지만 기본적으로 공자는 질서의 중심에 있었던 지배층을 일단은 인정하고,

우선 그들이 긍정적으로 변하기를 희망했던 사람입니다. 어떻게? 배움을 통해 도덕적, 윤리적 인간이 되어라, '명名'으로 규정된 신분에 맞는 역할 수행자가 되고 다른 역할 수행자를 존중하는 사람이 되어라, 그러고 나서 보자는 것입니다.

그리고 공자는 예禮를 말합니다. 귀족들 사이의 관습과 에티켓, 거기서 발전해 사회 규범의 원리, 통치 질서의 기본 틀이 되기도 한 예. 순자는 여기에 법까지 포괄해서 담으려고 했는데요. '예' 하면 우리는 흔히 매너manner로 번역될 수 있는 예절, 또는 수직적 위계질서의 의미가 상당히 풍기는 예의를 떠올리곤 합니다. 그런데 공자는 예로써 정치공동체 구성원들끼리 화합하고, 그것을 기초로 세상에 평화로운 질서를 만들어보자고 합니다. 그렇다면 공자에게 '예'란 구체적으로 무엇이었을까요?

원래 '예'는 제사나 종교 의식에 관련된 것이었습니다. 물론 그 제사·종교 의식엔 철저히 멤버십을 가진 귀족들만 참여할 수 있었는데요. 귀족들이 모여 하늘에 대해, 조상에 대해 제사를 올리고 종교 의식을 거행합니다. 그런 의식들이 점점 확대 발전해서 제사공동체 구성원인 귀족들 사이에서 지켜야 할 규칙과 규범이 되었고, 거기서 다시 사회 규범으로까지 의미가 확대된 것이 바로 '예'입니다.

그런데 중요한 건 공자는 이 '예'를 단순한 형식 내지 지켜야 할 강제 규범으로 이해한 게 아니라 인간을 사랑하고 정치공동체 안의 타인을 인정하고 존중하는 것과 관련지었다는 것이죠. 아니 정확히 말해 그런 것들을 담아낼 수 있어야 '예'지, 그것을 담아내지 못하는 껄

차와 관습, 형식은 '예'가 아니라고 봤습니다. 정확히 말해 과거에 '예'였을지라도 지금은 사람을 존중하고 사랑하는 정신을 담아내지 못하면 '예'가 아니라는 것. 그래서 일반적으로 아랫사람만이 윗사람에게 지켜야 하는 강제적 의무나 단순히 위계질서를 지키는 틀이 되는 '예'는 부정했습니다.

'예' 하면 우리도 흔히 예의를 떠올립니다. 예의라는 말은 좀 딱딱하고 엄숙하고, 불평등한 관계를 전제하는 듯한 느낌을 주죠. 하지만 《논어》에 예의란 말은 보이지 않고 '예양禮讓'이란 말이 많이 나옵니다. 양보와 경청을 의미하는 '예'! '예'로써 양보하고 적극적으로 상대를 인정하고 상대의 말을 경청하고, 그러면서 군주나 유력자 소수가 독주하고 폭주하지 말고 여러 지식인과 군자가 조화를 이루어야 한다는 것이죠. 그렇게 되면 좋은 세상이 온다는 것입니다. 그것이 바로 인仁이죠. 군자들이 '예'를 통해 제대로 된 역할 수행을 하고 상대를 존중하면 순서대로 따라오는 통치 계층의 화합과 정치공동체의 평화, 민생 안정, 이것이 바로 '인'이라는 것입니다.

인仁 하면 어떤 내적인 감정, 심리를 떠올리는 사람이 많을 텐데 그것은 맹자와 성리학자들의 이야기지, 공자의 '인'은 바람직한 사회 질서와 조화로운 관계를 추구하는 정치적인 맥락의 개념일 뿐 심리적이고 추상적인 것이 아니었습니다. 성리학자들은 '인'을 초역사적, 전우주적인 뭔가로 말하는데 애초 공자의 '인'과는 거리가 멀어도 너무 먼 것이죠.*

자 공자의 문제의식, 중심생각을 정리해볼까요. 기존 질서의 지배층을 인정했다, 그리고 그들이 거듭나야 한다고 말했다. 단순히 지배자의 혈통을 이어받은 사람들이 아니라 덕을 지닌 도덕적인 존재로. 그렇게 수양한 많은 군자들이 서로 존중하고 양보하면서 조화로운 공동체를 만들어가자.

이것은 앞서 말했던 '수기修己 안인安人'이라는 말로 통칠 수 있습니다. 수기하자, 그리고 수기한 여러 사람이 모여서 안인 해보자. 안인이 바로 정치공동체의 평화이며 공동체에 부여된 바람직한 질서입니다.

이런 공자의 이야기, 참 좋은 이야기입니다. 하루가 멀다 하고 정치인들의 부정부패와 제왕적 리더십, 권위주의가 우리를 짓누르고 협잡꾼 내지 시정잡배 같은 그들의 행태가 뉴스에 보도되곤 하는데요. 정치인들, 그리고 잠재적인 정치 참여자들의 도덕적 수양은 필요조건으로 인식될 수 있습니다. 그런데 그것이 좋은 세상 만들기, 모든 사람이 잘 먹고 잘사는 세상 만들기의 충분조건은 아니라는 데 문제가 있고, 거기에 공자 사상의 약점이 있습니다.

공자가 말한 수기와 안인, 그리고 공자 후대의 유가 사상가들이 말한 수기와 치인. 수기와 안인 사이, 수기와 치인 사이에는 너무도 깊은 심연의 낭떠러지가 있습니다. 수기에서 안인, 수기에서 치인 사이에 놓인 다리는 마치 천 길 낭떠러지 사이에 놓인 길고 좁은 외나무다리라 할까요? 수기한다고 해서 안인과 치인이라는 결과가 담보되

* 그렇다고 송대宋代(960~1279년)에 등장한 성리학자들이 정신병자들이었거나 바보짓을 한 건 아니죠. 그들도 나름 당대의 시대적 과제에 주력하여 공자 사상을 재해석한 거죠. 공자를 죽이는 새해석이시린.

는 게 아니고, 그 결과를 보장하기란 너무도 어렵습니다. 이것이 유가 사상의 문제죠(순자라면 이야기가 달라지긴 합니다. 하지만 순자는 유가에서 사실상 이단아 취급을 받는 사람이라. 아, 우리나라의 이율곡이 순자와 비슷한 면이 많기는 합니다만).

유가에선 한 사람 한 사람 각자가 변해야 좋은 세상이 온다고 합니다. 공자와 그의 후배들이 그랬죠. 그 말 자체를 부정할 수 없습니다. 사람 사는 세상은 분명 사람 하나하나가 변하는 데서 변하기 시작할 테니까요. 하지만 개인의 변화만으로 세상이 다 변할 수는 없겠죠. 각자 처한 입장이 다른 상황에서 정치공동체의 평화와 화합은 그리 만만한 일이 아니니까요.

좋은 사람, 착한 사람, 덕 있는 지배층과 지식인, 다 좋지만 국정을 다스리는 데는 명확한 기준 만들기와 그 기준 만들기를 위한 갑론을박의 커뮤니케이션은 필수가 아닌가 싶은데, 공자는 그런 기준 만들기에 대해 적극적으로 고민하지 않았습니다. 그래서 좀 심한 말일지 모르지만 공자는 정치의 독자적인 영역을 보지 못한 사람일 수도 있습니다. 그것은 공자가 말, 언어를 경계한 데서도 잘 드러납니다.

공자는 교언영색을 정말 싫어하고, 말 많은 것, 말 잘하는 것을 탐탁지 않게 여기면서 그것이 어짊(仁)과 무관하거나 어짊을 해칠 수도 있는 것으로 봤는데, 정치란 말이 많을 수밖에 없고 그 말의 홍수 안에서 합의를 이끌어내야 하는 것이 정치의 본질이며, 또 교언영색이 정치에는 필수일 수도 있습니다. 공자의 조국 노나라만 해도 살벌한 춘추전국 정글에서 약소국이지만 노련한 줄타기 외교로 얼마나 많은 덕을 보았습니까? 원래 외교란 것이 정치의 커다란 한 부분이고 당

186

대의 환경에선 외교가 정치 그 자체였을 터. 실제 노나라는 말 많고 말 잘해서 국제정치 무대에서 크게 재미를 봤지요. 노나라의 사신들은 열국이 모인 회합의 장이나 강국들의 조정에 가서 청산유수의 능수능란하고 노련한 외교적 언사로 실리를 취했는데, 대표적으로 중손멸仲孫蔑과 숙손표淑孫豹라는 인물이 그런 외교의 달인이라 할 수 있습니다. 노나라 외교가들의 활약은 공원국 선생님의 《춘추전국 이야기》에 잘 서술되어 있습니다. 어느 정도 교언영색에 능해야 하는 것, 정치란 그런 것이죠.

하지만 공자는 말 많은 것, 말이 독자적 왕국을 구축하는 것, 곧 말이 단순히 말이 아니라 법과 제도 등으로 발전해서 통치의 핵심이 되는 것을 상당히 꺼렸습니다. 전통에 따라 '예'대로 하면 그뿐이라고 생각했거든요. 어쩌면 공자는 도덕과 윤리는 알아도 정치는 몰랐던 것일 수도 있습니다. 정확히 말해 정치의 독자적인 영역을 보지 못한 것이지만요.

그리고 정치는 기본적으로 사회적 자원을 나누는 일이고 사람들의 이익에 대한 욕구, 욕망 추구를 조율, 조정할 수 있어야 합니다. 그런데 단순히 욕망을 억제한 채 최소한만을 얻으라, 상대에 양보하라, 이렇게 설득하기만 해서 될까요? 실제 공자는 주로 그런 식으로 이야기했습니다. 각자가 이익 추구에 나서다 보면 공동체 내부에 원망이 많아진다, 그리고 이익 추구는 소인이나 하는 짓이다 하고요.

이익 추구, 특히 이익에 대한 경쟁적 추구에 대해서 공자와 맹자는 계속 경계하는 말을 합니다. 공자가 말하는 예양, 그리고 '인'과 반대되는 곳에 위치한 것이 경쟁적 이익 추구, 그로 인해 일어나는 인망

〔怨〕이라는 공동체 내부의 분열과 갈등, 투쟁인데요. 이익, 원망, 원망 없음. 이와 관련된 공자의 발언이 《논어》에 많이도 나오는데, 원문 좀 몇 장 볼까요?

중궁이 인仁에 대하여 물었다. 공자께서 말씀하시길, 문밖에 나가면 큰 손님 대하듯 사람들을 예우하고, 백성을 부릴 때에는 큰 제사를 받드는 것처럼 해야 한다. 자신이 바라지 않는 일을 타인에게 하지 말아야 한다. 그래야 나라에도 집안에도(중앙 정치 무대에서도, 지방 정치 무대에서도_인용자) 원망의 목소리가 없어진다. 《논어》 안연顏淵 편 2장

仲弓問仁, 子曰: 出門如見大賓, 使民如承大祭. 己所不欲, 勿施於人. 在邦無怨 在家無怨

큰손님 대하듯 사람들을 대우하고 제사 받드는 것처럼 백성을 다뤄라. 앞에서 '예'의 기원에는 종교, 제사 행위가 있다고 했다시피 결국 종교 의식, 제사를 올릴 때의 마음가짐으로 타인을 대하라는 것이고, 그것이 곧 '예'라는 것인데, 여기서 원망 없음은 '예'를 행해서 따라오는 부수적 효과가 아닙니다. 원망 없음은 반드시 일구고 지켜야 할 목표요, '인'의 핵심이지요. 그 목표를 위해 '예'를 행하라는 것이고요.

군자는 의에 밝고 소인은 이익에 밝다. 《논어》 리인里仁 편 16장

子曰: 君子 喩於矣, 小人 喩於利

군자가 마음에 두는 것은 덕이고 소인이 마음에 두는 것은 땅이다.
《논어》리인편 11장

子曰: 君子 懷德, 小人 懷土

물적 토대 내지 이익의 근원에 관심을 두는 사람은 소인이라는 거죠.

이익에 따라 행동하면 원망이 많아진다. 《논어》리인편 12장

子曰: 放於利而行, 多怨

이익에 따라 행동하면 공동체 내부의 조화가 깨진다는 말입니다. 공자는 이익 추구가 불러올 갈등을 거듭 경계하면서, 군자의 자격 요건 내지 지식인의 자세를 논할 때 이익에 거리 두기를 계속 강조합니다.

군자는 도道를 마음에 두지, 먹을 것에 관심을 두지 않는다.
《논어》위령공편 31장

子曰: 君子謀道, 不謀食

선비가 되어 도에 뜻을 두고도 자기의 나쁜 옷과 음식을 부끄러워하면 그와 더불어 도(정치공동체의 일_인용자)를 논의할 수 없다.
《논어》리인편 9장

子曰: 士志於道 而恥惡衣惡食者 未足與議也

그리고 지배층의 이익 추구는 지나친 착취와 세금 걷기, 전쟁 추

구 등으로 나타날 소지가 많은데 그것에 대해서도 반대하는 말을 하죠. 자, 이쯤 되면 공자가 말하는 '인', '예'가 더 명확히 보이는 것 같습니다. 당시 사회의 질서가 무너진 것은 정치인들, 귀족들의 정신적·윤리적 타락에서 기인했다. 그 중심엔 경쟁적·배타적인 이익 추구가 있다. 그러니 그것에서 거리를 두는 것이 '인'과 '예'의 핵심이고 시작이다.

결국 지도적 위치에 있는 귀족층의 윤리, 도덕, 정신의 문제로 모든 것이 환원되고 맙니다. 경제 문제, 이익 문제를 직시하고 그것들과 정면 대결하는 모습은 공자에게서 찾아볼 수 없습니다. 하지만 앞서 말했듯이, 제 생각에 정치란 이익을 추구하는 사람들의 욕망을 직시하고 그것을 어떻게 합리적으로 배분할 것인가를 놓고 고민하는 일입니다. 그렇지 않으면 지나치게 순진하고 낙관적인 백면서생, 책상물림들의 이상론에 그치게 될 소지가 많죠.

공자는 수기하면 안인하게 될 것이라고 하지만 수기한다고 안인이 되는 세상이 쉽게 올 리 만무하고, 그러니 공자의 주장을 들으면서 지나치게 순진하거나 낙관적이다, 내지 더 세게 말하면 팔자 좋은 소리 한다고 했던 사람이 분명 있었을 거예요. 더구나 사회의 모순과 혼란에 직접적으로 타격을 받고 항상 생존의 위기에 놓여 있는 사람들 중에는요. 그런 사람들 중에 이익과 이익 배분의 문제, 이익 배분과 직결되는 정치경제적 관계와 법, 그것들과 제도의 정비와 변화 문제, 그리고 이해관계 당사자들 간의 전면적인 투쟁과 힘겨루기를 직시한 사람들이 있었습니다. 그들은 결국 공자의 '인'에 대해 반대하고 나서게 되었지요. 바로 그들을 대변한 사상가가 묵자고요.

仁에서 겸애로,
다시 대동사상으로

정치를 정치인의 도덕성 내지 윤리적 자각의 문제로 돌려버리고 전통문화를 지나치게 낙관하다 보니, 이익을 둘러싼 당장의 갈등과 문제 상황을 해결하는 데 관심을 기울이지 않고, 국정의 포괄적인 방향을 제시하는 것에 정치를 국한했던 듯한 공자. 이런 공자의 사상은 현실에선 무력하기 그지없었습니다. 특히나 하층민들 입장에선 너무도 무력하고 쓸모없어 보였겠죠. 이익을 둘러싼 갈등과 모순, 부조리가 삶의 기초를 송두리째 앗아가는 일이 빈번했던 당시에 말입니다.

그런데 여기서 잠깐. 계속 하층민, 하층민 그러는데 좀 더 큰 틀에서 왜 묵자란 사람이 나왔는지 볼까요.

당시 춘추전국 시대는 혼란스럽고 유동성이 극대화된 세상이었는데요, 춘추전국 시대만이 아니고 동서양의 역사를 보면 질서가 크게 흔들리고 무너지고 유동성이 커지고 할 때마다 보이곤 하는 어떤 비슷한 흐름 내지 양상, 움직임이 있는 것 같습니다. 위로부터의 개혁 내지 거듭남, 그리고 아래로부터의 운동 내지 혁명. 바로 그런 것들.

춘추전국 시대도 그랬는데요, 그 혼란과 위기의 시대에 당시 사람들은 저 두 가지 방식으로 대응했습니다. 먼저 기존의 질서 틀을 부정하지 않고 질서 틀 상위에 있는 지배 계층의 거듭남을 강조하는 운동 내지 주장이 있었습니다. 앞서 자세히 이야기한 공자의 사상이 그렇죠. 반대로 기존의 질서 틀에 회의를 품고 그 질서 틀을 만드는 원리와 기초를 인정하지 않은 채 새로운 기준과 원리로 질서 틀을 다시 짜보자, 재구성하자는 사람들도 등장했겠죠(틀 자체를 완전히 부수고 전적으로 횡적인 질서를 수립하자는 주장은 최소한 묵자와는 상관없습니다. 묵자의 주장은, 재구성하자는 거죠). 새로운 기준으로 틀을 재편하자, 위에 있는 사람들 내려와라, 아니면 우리도 좀 그 틀에 끼워달라고 어떤 사람과 집단이 목소리를 냅니다. 춘추전국 시대뿐만이 아니라 위기와 혼란의 시대엔 어렵지 않게 볼 수 있는 현상인데요. 그런 현상을 대변한 집단이 묵자 무리였습니다.

지배 계층의 거듭남? 그것만으로는 안 된다, 분배되는 이익을 늘리고 생산에 종사하는 사람들이 기초적인 생활을 누리게 보장하라. 이것이 '겸애'죠.

그리고 태어날 때 부여된 신분이고 뭐고 겸애를 잘할 수 있는 능력을 가진 사람들을 정치인, 지배층으로 적극 등용, 편입하고 대우하라. 이것이 바로 현자를 극진하게 대접하고 국정의 주체로서 인정해 힘을 실어주어야 한다는 '상현尚賢'인데, 상현은 바로 혈연 중심의 지배층

형성 틀을 부정한 것이었습니다. 그렇다고 지배-피지배 관계, 그리고 그것을 정점에서 관할하는 왕이란 종적 질서 자체를 부정한 건 절대 아니었습니다. 앞에서도 말했죠. 완전히 그 틀을 부수자는 게 아니라 재구성하자는 것이었다고. 다만 정치와 행정의 주체는 신분과 혈통이 아니라 어떤 능력을 본위로 해서 선발하고 자리에 앉혀야 한다는 것.

그리고 종적 질서가 좀 더 전체 인민의 기초적 삶을 보장할 수 있도록 만들어보자, 특히 군주 중심의 일원적이고 집중된 체제로다가. 이것이 바로 '상동尚同'입니다.

상현에서 말하는 현명한 이의 자격 요건에는 말 잘하는 것, 곧 언변의 탁월함이 들어가고요, 상동의 체제는 합의에서 시작합니다. 그 합의는 인민들의 말, 곧 여론을 수렴해서 사회를 이끄는 분명한 기준을 정하고 산출해내는 과정에서 나온 것이죠.

앞서 말씀드린 대로 묵자는요, 그냥 기존의 문화와 관습이 아니라 새롭게 합의된 분명한 기준으로 세상을 다스리자고 주장했기에 말 잘하는 것, 언변에 능한 것, 그리고 여론을 수렴하고 전달하는 정치 체제를 중시했던 겁니다. 말을 조리 있게 잘해야 합의를 잘해 기준을 만들어내지 않겠습니까? 그리고 정치 체제는 기준을 도출하는 합의의 과정을 적극 보장하고, 그리해서 만들어진 기준을 가지고 정치를 해야겠죠.

도덕의 영역에 국한된 공자의 '인' 대신에 이익을 다루는 '겸애'라는 것을 대안으로 제시하고, 겸애를 위한 새로운 질서 틀 재편의 기준인 '상현'을 제시하고, 또 새 질서 틀의 운영 방법과 메커니즘으로 '상동'을 제시하고, 그 밖에도 묵자는 여러 가지를 주장합니다. 이렇게 정치하자, 공동체를 개선하고 바꿔가자고요. 그것들을 포괄해 '묵자 10론'이라고 합니다.

1. 겸애兼愛
2. 비명非命
3. 비공非攻
4. 상현尙賢
5. 상동尙同
6. 천지天志
7. 명귀明鬼
8. 절용節用
9. 절장節葬
10. 비악非樂

묵자는 제자들에게 그럽니다. 여러 나라로 가서 국정을 진단하고 병리 현상을 잘 파악해, 저 열 가지 대안들을 그 나라 상황에 맞게 선택적으로 처방해 적용하라고. 그냥 다스리는 자(治者)의 도덕성이란 프리즘만으로 정치를 보는 공자와 달리 묵자에게서는 정말 현장의 냄새가 나지 않나요? 정말 현실, 현장에서 구체적인 문제를 해결하고자 여러 가지 대안과 옵션을 바리바리 싸들고 일선으로 달려가는 모습.

정치란 그래야지 않겠습니까? 정치인은 문제와 정면 승부하는 해결사의 면모를 지녀야 하고, 또 정치공동체에는 다방면에서 문제 상황이 생기는데 그것을 전문적으로 다룰 정치인 내지 행정인이 있어야죠. 그리고 그들끼리 스쿼드squad(선수단 조직)와 라인업lineup(선수 배치)이 잘 짜여서 그 라인업과 스쿼드가 체계적인 분업 시스템으로 잘 작동되어 능률적으로 국정을 이끌고. 정치란 게 그래야지 않겠습니까? 실제 영토국가화, 영토국가화를 위한 정치의 전문화, 관료의 대대적 충원 등이 시급히 요구된 당시에, 묵자는 당대의 수요에 훌륭히 부응했습니다.

묵자는 저 10론 외에도 어떻게 성을 견고하게 쌓고 무기를 잘 만들고 진을 치고 나라를 방어할지, 국방·군사 문제에 대해서 여러 가지 탁월하고 충실한 의견과 실용적인 매뉴얼을 내놓았습니다. 비록 방어에 국한되었지만요. 사실 방어에 국한된 건 당연한 일이었고요, 침략 전쟁을 반대한 사상가였으니.

이렇게 묵자는 전쟁으로 해가 뜨고 지던 당시에 정말 필요한 것을 공급해주었던 거죠. 시대적 수요에 정말 충실히 응했습니다. 단순히 다른 나라 쳐들어가지 말고 약소국 침범하지 말자, 명분 없는 전쟁 하지 말자고 주장하는 데 그치지 않았습니다. 침략을 막아내기 위해 방어력을 키울 방법을 고민하고, 그래서 실용적인 군사적 방어 기술을 개발하고 체계적으로 정리했죠.《묵자》원문에 잘 드러나 있습니다. 성문을 수비하는 방법에 대해 논한 〈비성문備城門〉편과 〈비제備梯〉편, 쳐들어오는 적을 물로써 방어하고 물리치는 방법을 기술한 〈비수備水〉편, 성에 구멍을 내고 공격해 오는 돌突 공격에 대응하는 방법을 기술한 〈비돌備突〉편, 군사적 통신과 신호 전달 체계를 서술한 〈기치旗幟〉편, 어떻게 군기를 잡고 유지하여야 하는가를 논한 〈호령號令〉편 등이《묵자》책에 있는데요. 그외 군사·국방 관련 이론들이 비성문, 비제, 비수, 비돌 등 준비할 비備 자로 시작하는 것은 적의 공격에 대한 방어를 준비하는 데 초점을 두었기 때문입니다.

자, 여기서 《묵자》 책의 차례를 한번 보시겠습니까.

첫 편은 〈친사親士〉. 지식인을 가까이하라. 인재 등용 내지 인사 행정에 관한 주제로 시작합니다. 그리고 두 번째 편은 〈수신修身〉. 지배층의 변화와 거듭나야 함을 말합니다. 세 번째 〈소염所染〉 편에서 인성론을 주제로 이야기하고, 다음 네 번째 편이 〈법의法儀〉, 의로움을 본받는 일에 대한 이야기. 다섯 번째 〈칠환七患〉 편은 나라를 망하게 하는, 재앙과도 같은 일곱 가지 국정의 문란함에 대해 이야기합니다.

이렇게 주제별로 글이 이어집니다. 상당 부분이 국정 운영, 행정 관련 주제지요. 〈노문魯問〉과 〈공맹公孟〉, 〈귀의貴義〉, 〈경주耕柱〉 편과 후기 묵가 저술 몇 편을 제외하고는 대부분 정치 현실과 직결되는 주제가 거론됩니다. 공자의 《논어》와는 달라도 많이 달라 보이지요?

《논어》는 그냥 어록입니다. 공자가 제자들과 문답한 편린 한 편 한 편을 모은 책이죠. 〈학이〉 편은 그냥 해당 편이 '학이學而'라는 말로 시작해 그것이 제목이 된 것이지, 제목이 어떤 주제를 말해주지는 않습니다. 《논어》의 모든 편이 그렇습니다.

그런데 《묵자》는요, 대부분 편의 제목이 해당 편의 주제를 분명히 말해주고, 그 해당 편의 내용을 보면 제목이 드러내는 주제에 대해 충실히 논하고 있습니다. 이런 주제별 글쓰기는 묵자가 선진 시대 처음으로 해낸 것인데, 선진 시대 사상가 중 주제별 글쓰기를 가장 충실하게 한 사람은 순자입니다. 그가 쓴 《순자》라는 책을 보면, 총 32가지 주제를 선정해서 완성해낸 32편의 충실한 논문이라고 해도 과

언이 아닙니다. 《순자》를 완성한 동아시아 지성의 큰 봉우리 순자도 사실 묵자의 영향을 크게 받았습니다.

그런데 묵자가 괜히 주제별 글쓰기를 한 것이 아닙니다. 말씀드린 대로 정치란 여러 가지 문제를 안고 씨름해야 하는 것이기 때문이죠.

묵자는 유가를 쳐야 울리는 종이라고 말합니다. 치지 않으면 가만히 있는, 수동적이고 무력한 존재라는 것입니다. 그래서 묵자 자신은 스스로 울리는 종이 되겠다고 말하는데, 현실에서 문제를 적극적으로 해결하는 문제 해결형 지식인이 되겠다는 뜻이고 그러기 위한 실용적인 통치 철학과 사상이 준비되었다고 자신하는 겁니다. 묵자는 그런 문제의식에 따라 여러 가지 국정과 관련해서 주제별 논의를 하고 정책 방침을 마련했고요.

근데 정말 유가가 무력했을까요? 네, 실제 많이 무력했습니다. 세상 물정 모르는 책상물림, 샌님 대접을 많이 받았고 실제 군주들이 유가 사상가들을 적극적으로 등용하지 않았죠. 당대 정치 현실의 수요에 맞지 않았으니까.

위나라 군주 령공靈公이 진을 치는 방법을 묻자, 공자는 대답하지 않고 위나라를 떠났다고 합니다. 국가 존망이 걸린 전쟁에 관해서 아무런 조언도 할 수 없었나 봅니다. 맹자는 한 술 더 뜹니다. 강대국들에 둘러싸인 위나라 군주 양혜왕이 국방 관련해서 대안을 물으니 이렇게 말했습니다.

"땅이 사방 백리면 가히 천하를 호령하는 군주가 될 수 있습니다. 왕께서 백성들에게 어진 정치를 베풀고, 형벌을 줄이고, 세금을 적게 거두며, 그들이 안심하고 농사일을 하게 하소서. 그리고 젊은이들에게 효제충신孝悌忠信의 도리를 잘 교육해 집에 들어와서는 아버지와 형을 잘 섬기며 나가서는 연장자를 잘 공경하게 하소서. 왕께서 정치를 통해 그렇게 하신다면 그들이 몽둥이만 갖고 싸워도 진나라와 초나라의 강군들과 맞서 이길 수 있을 것입니다."

이 정도면 현실 정치에 무력한 정도가 아니라 거의 잠꼬대라고 해도 심한 말이 아닐 겁니다. 유가는 이렇게 시대, 특히 전국 시대의 수요에는 상당히 어긋나 있었죠. 순자는 예외지만요.

유가의 가르침 다 좋습니다. 위정자들이 백성들 적당히 뜯어먹고, 군주가 정치적 발언권을 가진 여러 귀족과 신하들의 말 경청하고, 전쟁 벌이지 말고, 다 좋은 이야기입니다. 하지만 그것만으로 무슨 설득력이 있었을까요? 장사가 되려면 수요에 맞게 공급을 해줘야 합니다. 그런데 가려운 곳을 알지 못하고 긁어줄 줄 모르니 유가는 춘추 전국 시대 내내 현실 정치의 영역에선 찬밥 대접을 받을 수밖에 없지 않았나 싶습니다. 그리고 당대의 혼란스러운 와중에 죽어나던 하층민들에게 유가의 말은 그저 팔자 좋은 신소리였겠죠. 아무리 좋은 말을 하고 말에 담긴 이상이 좋아도 현실을 제대로 보질 못하고 현실에서 무력하니 말입니다.

하지만…… 유가 사상이 현실의 수요에 전혀 대응치 못한 것은 아닌 거 같습니다.

일전에도 이야기한 것 같은데, 당시 지배층과 귀족들은 모두 무인이었습니다. 제후는 보스이고 대부는 중간 보스, '사士'는 선비라고 번역하지만 무사였죠. 士라는 글자는 도끼를 든 형태를 기원으로 합니다. 우리가 지금 선비 사士 라고 하는 이 글자는 원래 지식인의 의미가 강한 선비가 아니라 무사를 가리켰습니다. 오늘날에도 사기士氣, 사관학교士官學校라는 말에 士의 원래 뜻이 뚜렷하게 남아 있지요. 그런데 공자가 士의 의미를 지식인으로 바꾼 거예요. '대부大夫', 큰 사람이라는 뜻. 동서고금을 막론하고 싸움질은 덩치 큰 사람들이 잘하는 겁니다. 그리고 지배층을 일컬었던 '대인大人'이라는 말 역시 커서 체급이 좋아 싸움 잘하는 이. 그리고 '제후諸侯', 제후의 후侯 자 안에 화살(矢)이 보이죠.

다들 강단 있는 무사로서 자존심이 강하고, 그러니 당연히 그들끼리의 갈등은 무력을 통해 해결했습니다. 주나라가 은나라를 무너뜨리고 은나라 땅을 주 왕실의 친척들에게 나누어주었는데, 당연히 그 지역은 주나라 정부가 파견한 지배자들에게 적대적인 곳일 수밖에 없었고, 주나라가 파견한 지배자 곧 제후들이 만든 거점인 국國, 다른 말로 국읍國邑은 무장 식민 거점일 수밖에 없었습니다. 그 거점의 사람들은 자연히 무인들이었겠죠.

갈등이 있으면 무력으로 해결하는 곳에 정치란 것이 있을 수 있을까요? 갈등을 전부 대화로 해결하진 못해도 어느 정도는 대화로 이성으로 해결하려고 하고, 설득하려는 척이라도 해야 정치가 있는 것이죠. 그래서 어쩌면 공자는 최초로 '정치'를 말한 사람일지도 모릅니다. 그가 말한 정치사상, 정치철학이 당대에 얼마나 유효했나를 논하기 전에, 그는 최초로 정치를 말했고, 그것에 우리는 의미 부여를 해야 합니다. 어쨌거나 폭력이 아닌 다른 것으로 갈등과 문제를 풀어보자며 처음으로 또 제대로 말한 사람이 공자니까요

주먹질과 칼부림만 있는 곳에서 '우리, 말로 합시다' 하는 거, 그거 절대 쉬운 일이 아니었을 겁니다. 앞서 말씀드린 대로 공자가 공동체를 이끌어갈 법과 제도 등에 대해 별로 고민하지 않고 경제와 이익을 보는 시야가 아쉬웠다고 하더라도, 동아시아에서 정치를 처음으로 말한 사상가는 공자일 것입니다. 현실적인 약점이 많았고 정치만의 독자적인 영역을 보진 못했지만요.

당대의 현실 수요에 맞는 사상은 아니었다고 했습니다. 어떻게 무력과 국가 폭력의 힘을 키워가고 군주 중심의 일사불란한 정치 체계를 만들 것인가 하는 현실의 수요에 제대로 응하지 못해, 당대에는 공자가 영 팔리지 않았던 사상가라는 건 부정하기 어렵습니다. 하지만 이건 있습니다. 왕 아닌 다른 정치 담당자, 곧 신하들에게서 무력을 뺏어야 했던 당대 현실에 공자의 사상이 부응했다는 것.

문무 겸비. 흔히 이것을 바람직한 인간의 모습으로 이야기하는데, 과연 문무 겸비가 이상적일까요? 제후의 나라에서 경, 대부卿大夫 같은 고관대작은 다 정치인이었지만 앞서 말한 대로 본래 무인이었습니다. 칼을 잘 쓰고 수레를 몰고 전쟁에 나가 군대를 이끌고. 정치인이자 무인, 단순히 무인이 아니라 문무를 겸비한 사람들. 직업 군인 내지 전쟁에만 종사하는 전문가들이 아니라 정치 무대에서 말발도 세우고 전쟁 나가 싸움도 잘하는 사람들. 그들에게 둘러싸인 왕의 입장에선 권력 강화를 위해 무엇을 해야 할까요? 그들에게서 칼과 수레, 활을 빼앗아야 할 것입니다. 그래야 왕 중심의 일원적인 통치 체제가 만들어질 수 있죠. 신하들은 철저히 문文에만 종사하는 관료가 되게 하고, 무武의 영역은 따로 직업 군인과 전쟁 전문가를 두어 그것에만 종사하게 하고요.

그렇다면 힘과 무력이 아닌 이성과 경청, 상호 존중에 기초한 정치를 말한 공자의 사상이 정말 당대의 수요에 조금도 응하지 못했던 걸까요? 폭력을 절대적으로 반대하는 유가 사상은 신하들에게서 무력을 뺏는 데 나름 유용했을 듯한데 말입니다.

조나라의 명장인 무신 염파廉頗와 문신 인상여藺相如가 갈등을 벌인 일 아주 유명하지요. 그건 전형적으로 전국 말기적인 현상이었습니다. 춘추 시대는 무신과 문신이 구별되지 않았고 조정에서 말발깨나 앞세우는 신하들이 다들 무인이었기에, 그들은 수틀리면 언제든 왕 앞에서 칼을 들고 덤볐고 또 자신의 영지에서 관할하는 군사들을 가지고 왕에게 도전했습니다. 그들에게서 칼과 활을 뺏는 데 유가 이념은 유용한 도구가 되었으리라 봅니다. 설령 유학의 그런 측면이 정말 당대엔 인정받지 못했다고 하더라도 최소한 통일 제국기에 들어서서는, 그러니까 이제 신하들이 칼과 활을 가지고 왕에게 덤비지 못하게 해야 한다는 전제가 확실히 합의된 통일 제국기에는 그렇지 않았을 겁니다. 통일 제국 진의 뒤를 이은 한나라가 괜히 유교를 택한 게 아니지요.

그리고 이런 말씀 드리고 싶네요. 이 장의 논지와 조금 어긋날 수 있지만요. 유학이 당장은 무력하고 현실의 수요에 제대로 응하지 못해도, 결과와 이익 이전에 옳은 것은 옳으니까 해야 한다, 말로 하자, 우선은 달래보자, 상대가 잘못하면 응징하기 전에 타일러보자, 백성들의 부모가 된 마음으로 그들을 보살피는 척이라도 하자, 높은 지위에 있는 사람이 먼저 모범을 보여야 한다, 궁극적으로 세상이 변하려면 제도와 법, 시스템도 돌봐야 하지만 죽으나 사나 사람 하나하나가 변해야 한다, 내 안에서 일군 만큼 타인과 세상을 변하게 할 수 있다, 지구를 움직이는 아르키메데스의 지렛대를 영원히 내 자신에게 두어야 하며 남 탓하지 말고 끊임없이 자신을 반성하며 더 나은 사람이 되어야 한다고 부르짖는 유학 사상의 핵심은 항상 우리가 경청해야 할 이야기가 아닌가 싶습니다.

남 탓하지 않고 늘 자신을 돌아보며, 딱한 처지의 타인을 가여워하고, 다른 사람의 말을 경청하고 또 양보하고, 선배와 조상들이 일군 문화 중에 긍정적인 것들을 배우고 익혀서 후배와 자손들에게 전달하려고 하는 유가 사상. 당대에 무력했다고 또 지금 시대에 맞지 않는다고 해도 우리가 전적으로 버리고 무시해야 할 것이라고는 생각지 않네요.

마지막으로, 그래도 묵가는 어느 정도 유가적이라고 하고 싶습니다.

여러 가지 측면에서 비슷한 것이 많은데, 첫째 공리적이지 않습니다. 무엇이 옳으냐를 따지고 선한 동기를 중요시합니다. 법가든 병가든 도가든, 동방의 철학이 아닌 사상들은 철저히 공리功利적입니다. 이득이 되니까 해야 한다고 설득합니다. 우리 말을 따라야 왕이 살아남고 전쟁에 이길 수 있고 국력을 극대화시킬 수 있다고 말하지, 옳고 그름의 문제는 따지지 않습니다. 묵가는 결과적 효용과 이득을 말하긴 하지만 옳음과 당위를 배제하지 않고 함께 이야기합니다. 옳고도 이로우니 하자고 하지 이익만 가지고 설득하지 않습니다. 그들은 절대로 결과적 이득에만 목을 매는 공리지상주의자들이 아닙니다.

둘째, 묵가는 무턱대고 밖으로 나가자고 하지 않습니다. 비동방 사상가들은 밖으로 나가자는 말을 많이 합니다. 밖으로 뻗어나가 다른 나라의 재화와 인민들을 편입시켜 국가의 덩치를 키우자고 하죠. 상앙은 국력에 어느 정도 여유가 생기면 반드시 전쟁을 통해 그것을 써먹어야 한다는 말까지 합니다. 하지만 묵가는 유가만큼은 아니어도, 또 유가보단 사고 단위가 넓어도 밖으로 뻗어가는 걸 별로 좋아하지 않습니다. 우선은 자신의 나라가 인민들이 살기 좋은 곳이 되어야 한다고 말하지요.

셋째, 비록 유가는 위에서 아래로, 묵가는 아래에서 위로, 선 지점과 시각이 다르지만 백성을 동정하여 온정적으로 보고 생각했습니다. 그래서 방법과 수단은 달라도 그들이 꿈꾸던 이상이 크게 다르진 않았던 것 같네요.

이렇게 동기와 당위를 따지는 비공리적인 사상, 밖으로 쳐들어가는 것을 좋아하지 않으며 백성들을 많이 생각하는 사상, 비슷한 면이 제법 눈에 들어오고 정리가 되는데 정말 그래서일까요?《예기》라는 유가 경전에서 말하는 대동大同 사상, 대동세계라는 개념*에선 묵자

---

* 《예기》〈예운禮運〉편. "대도大道가 행해지는 세계에서는 천하가 공평무사하게 된다. 어진 자를 등용하고 재주 있는 자가 정치에 참여해 신의를 가르치고 화목함을 이루기 때문에, 사람들은 자기 부모만을 친하지 않고 자기 아들만을 귀여워하지 않는다. 나이든 사람들이 그 삶을 편안히 마치고 젊은이들은 쓰이는 바가 있으며 어린이들은 안전하게 자라날 수 있고, 홀아비·과부·고아, 자식 없는 노인, 병든 자들이 모두 부양되며, 남자는 모두 일정한 직분이 있고 여자는 모두 시집갈 곳이 있도록 한다. 땅바닥에 떨어진 남의 재물을 반드시 자기가 가지려고 하지 않는다. 사회적으로 책임져야 할 일들은 자기가 하려 하지만, 반드시 자기만이 할 수 있다고 생각하지는 않는다. 이 때문에 간사한 모의가 끊어져 일어나지 않고, 도둑이나 폭력배가 생기지 않는다. 그러므로 문을 열어놓고 닫지 않으니 이를 대동大同이라 한다."(번역문 출처 · 한국민족문화대백과)

냄새가 풀풀 나고, 어쩌면 양쪽 사상 세력이 대등한 지분으로 참여해 만든 것이 아닌가 하는 생각도 듭니다. 아예 대동사상은 유가의 사상이 아니라 묵자 무리가 만든 것이라고 주장하는 학자들도 있고요. 진개천陳啓天, 방수초方授楚, 장음린張蔭隣 등이 그렇습니다(이와 관련해선 진정염이 쓰고 이성규 선생님이 번역한《중국의 유토피아 사상》이란 책에 잘 소개되어 있고요. 박문현 선생님의 박사학위 논문인〈묵자의 경세사상 연구〉에도 잘 설명되어 있습니다).

제 생각엔 애초에 양 학파가 바라보는 이상과 목표가 크게 다르지 않았기에 양측 모두 어느 정도 동의할 수 있는 대동세계라는 이상이 만들어졌고, 또 그것이 전국 말엽, 통일 제국의 탄생이 눈앞에 다가왔을 때에 많은 사람들을 설득하는 청사진으로 제시된 것이 아닐까 합니다. 그 시기는 내 생각에 통일 제국은 이래야 한다, 또는 내가 제시하는 통일 제국의 청사진은 이러하다, 어서 통일 제국으로 가는 길에 참여하려무나 하고 많은 사람들을 설득할 필요가 있었던 시기였고, 대동세계 개념은 그런 시대적 수요와 배경에서 만들어졌습니다.

또, 앞서도 말했지만 묵자는 유가가 말하는 '인'과 '의'를 부정하지 않았다는 것. 겸애를 '인'이란 말로 바꾸어서 많이도 말했다는 것. 자기네 방법과 수단을 따라야 진정한 '인'의 공동체가 만들어질 수 있고 공동체에서 '의'가 실현될 수 있다고 그들은 말했습니다. 이 역시 그들이 꿈꾸는 이상이 서로 크게 다르지 않았음을 말해주는 것 같습니다. 그리고 효와 공손함, 연장자 공경과 자애로움을 묵자도 적극 긍정했다는 것.

그리고 순자라는 대사상가가 묵자의 영향을 정말 많이 받았다고 했는데, 애초에 유가 사상과 묵자 사상에 비슷한 점이 상당히 있었기에 순자는 묵자 사상을 아주 많이 자신의 사상 체계에 편입하고 자신의 사상을 키우는 자양분으로 활용한 게 아닐까 생각합니다. 순자는 그런 말도 했습니다. 유가 중 어떤 무리와 학파는 도무지 묵가 무리와 다른 게 없고 구분이 안 된다고.

어쩌면 묵자 사상이 통일 제국 이후에 없어진 건, 통일 제국의 지배 이념이 되어 줄곧 동아시아 세계를 지배한 유가 사상 안에서 제한적이나마 묵자가 생각한 이상이 추구될 수 있었고 유가 사상과 큰 차별점을 내세울 수 없었기 때문이 아닐까 하는 생각도 듭니다. 여러 가지 원인이 있었지만요.

참고로 말씀드릴 게 있는데 대동세계大同世界의 동同은 원래 공자를 비롯해 유가가 상당히 꺼리는 말입니다. '군자는 화이부동和而不同해야 한다'고 공자가 말했는데, 이 말은 '조화를 이루면서도 부화뇌동하지 않아야 한다'는 뜻이 아닙니다. 흔히 그렇게들 알지만요. 화和와 동同은 대립적인 정치 노선의 양 축인데요, 전자가 유가라면 후자가 법가와 묵가입니다.

화和는 신분 질서하에서 각자 맡은 역할의 차이를 인정하고, 그 칸막이가 쳐진 상태에서 각자가 역할 수행 잘하고, 그 와중에 조화를 이루는 것이 바람직하다는 의미로 공자가 말한 것이죠. 명名으로 대표되는 신분질서에 따라 나뉜 상태, 구분된 상황에서 각자 열심히 잘해보고 그 와중에 조화를 이루어내자는 것입니다.

동同은 귀족과 평민, 지식인과 비지식인, 맹자가 말한 대로 정신노동자와 육체노동자, 이런 신분과 역할, 구별을 무시하고, 구성원들을 같은 법률이나 원칙으로 군주가 일괄 지배하는 정치 노선입니다. 하지만 부동不同!! 유가는 그래선 안 된다고 하며 경계했고 동의 논리를 거부했죠. 화이부동은 바로 그런 정치적인 노선을 말하는 것이지, 부화뇌동하지 말라느니 자기 줏대를 잘 지키라느니 하는 처세론이나 금언이 아닙니다.

공자, 그리고 유가는 원래 동同을 좋아하지 않습니다. 아니 싫어합니다. 同은 특권층을 배제하고 공평한 법에 의한 지배와 관리를 말한 묵가와 법가 쪽 노선이죠. 그런데 同이 들어가는 대동사상이 원래는 同 하면 질색팔색했던 유가 쪽의 이상으로 등장한 것을 보면 두 학파의 상호 흡수와 소화가 정말 있지 않았나 싶은데, 그러니까 유가에서 많이 양보해 同을 받아들이고 그것도 '대동大同'이라는 커다란 同을 시대적 이상으로 제시한 게 아닌지.

墨子

9

유가와 묵가의 사고 단위, 그리고
전국 시대의 통일

국지적인 유가,
전체적인 묵가

묵가와 유가를 같이 묶어서 한 꼭지만 더 이야기를 해야겠습니다. 역시나 묵가 사상의 정확한 이해를 위해서입니다.

유교, 유가는 묵가에 비해 로컬local, 국지적입니다. 굳이 묵가에 비교하지 않고도 어떤 한정된 지역사회적인 냄새 내지 이미지가 있죠. 철저히 유교적 논리로 만들어진 조선 사회, 조선 시대 생각하면 강고해 보이는 향촌 질서 그 상층부에는 공자 왈 맹자 왈 하는 지역 유지 겸 지주들이 있고, 이것은 우리가 어렵지 않게 떠올려볼 수 있는 이미지입니다. 그 유교가 만든 조선 사회를 이해하려면 향촌의 지주들을 좀 이해해야죠. 그러면 유교 사상이 이해되면서 또 역으로 유가와 싸운 묵자 사상도 대조되어 좀 쉽게 이해됩니다.

지주란 것을 제대로 볼 필요가 있습니다. 존재 자체가 친일, 그것도 악질적인 민족 반역자였던 일제 강점기 지주들의 모습으로 조선 시대 향촌 지주들을 생각하거나, 현대적 소유권 내지 토지 소유권 개념을 가지고 그들을 보면 잘 들어맞지 않습니다. 소작인들을 학대하고 횡포를 부리고 언제든 '내 땅에서 나가, 꺼져'라고 할 수 있는 가혹한 지주의 모습은 조선 시대의 지주 내지 지주-소작인 관계에 들어맞지 않는 것 같아요.

조선 시대엔 소작인이라도 해도 분명 땅에 대한 권리가 있었습니다. 거기서 농사지을 권리는 분명 보장된 것이었고 지주가 배타적으로 땅에 대한 권리를 행사할 수 없었습니다. 그리고 지주는 해당 지역에서 어른 노릇을 해야 했습니다. 가부장제의 가부장으로서 보호자 역할 등 나름의 의무를 감당하면서 지역사회에서 극한의 생존 환경으로 내몰리는 사람이 없도록 처신했어야 했죠.

나이 먹은 홀아비와 과부, 부모 없는 고아가 존재하고 전염병 내지 기근이 들고 굶어 죽는 사람들이 있는데 해당 지역 지주들이 나 몰라라 할 수는 없었고요, 또 국가의 법 이전에 지역사회의 관습과 여론에 의해서 자율적으로 지역민들을 관리 또는 보호해야 했는데, 그런 그들이 소작인을 가혹하게 착취하고 극한으로 쥐어짜는 건 쉽지 않은 노릇이었습니다.*

---

* 유교 하면 그저 전근대 사회의 모든 억압과 모순과 직결되는 것으로 생각하는 분이 많은데, 전근대 어느 사회든 하층민들의 삶은 시궁창이었습니다. 하층민들의 삶을 시궁창으로 내모는 기득권층이 어떤 종교와 사상을 가졌든 간에요. 그나마 전근대의 제도권 사상과 종교 중에서 유교는 하층민들을 보호하고 지키려 했지요. 유교가 있어 그런 모순과 억압이 만들어진 게 아니고, 억압과 모순의 전근대 시대에 유교가 그나마 백성들을 보호한 겁니다. 유교가 왜 동아시아에서 헤게모니를 잡았느냐? 단적으로 말해 많은 사람들을

그리고 중앙 정부에서도 나름 지역사회에서 어른 역할을 하는 지주들을 인정했습니다. 중앙의 행정력이 지방을 관할하는 데에는 한계가 있었습니다. 곧 각 지역의 모든 것을 중앙 정부가 직접 관리하고 지배할 수 없었다는 거죠.

그런데 왜 이렇게 지주 이야기를 하느냐면 제목처럼 유가의 사고 단위와 묵가의 사고 단위를 비교하려고 하는 겁니다. 유가는 이렇게 좀 로컬적입니다. 유가가 말하는 여러 가지 덕목은 기실 씨족사회 공동체가 지켜온 관습에서 유래된 것이 많습니다. 항상 같이 일하고 나누어 먹고 얼굴 보고 친하게 지내며 가족같이 살아온 공동체. 강고한 국가권력이 생기기 전의 원시 공산제적, 원시 민주제적, 또는 원시 모계제적 사회에 대한 향수. 거기에서 기인하는 여러 덕목들. 유가를 이해하는 데 놓쳐선 안 되는 것들입니다.

군주와 신하가 같이하는 정치를 뜻하는 군신공치君臣共治는 마을의 여러 원로들이 모여 수평적으로 회의하는 모습을 떠올리면 이해가 빠를 것이며, 왜 유가가 힘이든 권력이든 재화든 집중되는 것을 반대하는가는 역시 씨족사회의 원시 공산제적 유풍을 떠올리시면 됩니다. 그리고 통일 제국 한나라가 들어서고 유가가 지배 사상이 되면서 가부장적 질서를 지탱하는 핵심 기제가 되었지만, 원조 유가 사상가인 공자가 말했던 인仁과 자애로움엔 여성적인 것, 모성적인 것이 많이 투영되어 있는데 그것 역시 원시 모계제 사회의 모습을 떠올리

설득할 수 있는 기제, 곧 지배층과 하층민, 왕을 두루 설득할 수 있는 뭔가가 있었기 때문입니다. 그런데 유교에다 억압과 착취, 식민 지배, 분단, 모든 걸 다 뒤집어씌우는 건 정말 옳지 않습니다, 아니에요.

시면 이해가 빠를 것입니다.

사실 유교 아니고도, 어떤 종교나 사상이 국가에 의해 공인되고 나아가 국가권력의 핵심으로 편입되면 가부장적인 모습으로 변합니다. 잔정 많은 어머니 대신 독재하는 무서운 아버지의 모습을 띠며 엄격한 통치를 받쳐주는 사상으로 변질되곤 하죠. 유가가 있어서 동아시아 사회가 가부장적인 전제 군주 체제로 된 것이 아니라, 유가가 가부장적인 전제 군주 체제에 편입되면서 변한 것이죠.

자, 이렇게 공자 사상의 기원을 올라가 보면 국가권력이 강해지고 공고해지기 전 씨족사회의 모습과 유풍, 관습이 있는데, 그러다 보니 유가가 제도권에 들어오고 제도권의 핵심이 되었어도 로컬적인 면이 강해서, 중앙의 국가권력이 지역, 지방의 모든 것을 장악하고 쥐고 흔드는 것을 좋아하지 않습니다. 그렇기에 조선 시대에도 국가권력이 나름 로컬적인 향촌의 질서와 그 안의 자율적인 관리를 존중해줬던 것이지요. 철저히 유교식으로 만든 사회 아닙니까, 조선 사회는.

일단 공자는 자기가 사는 고장과 지역이 '인仁'한 사회가 되길 바랍니다. 자애로운 어른, 어른을 공경하는 젊은이, 이웃을 존중하고 이웃에게 양보하는 많은 사람들로 구성된 지역사회. 그 지역사회 하나하나가 仁하게 되고 그런 하부 단위들끼리 서로 이상적으로 어울리며 공존하고. 그러니 당연히 국가권력이 나서서 국가의 하부 단위 전체를 일원적으로 재편하고 관리하는 것을 원치 않았겠죠.

왜 정치에 나서지 않느냐는 질문에 공자는 《서경》에서는 오직 효도하라, 그리고 효도함을 넓혀나가라고 한다. 정말 그뿐이면 되는데 정치 일선에 굳이 나갈 이유가 있겠느냐'며 잘 이해되지 않는 말로 대답을 합니다.

동문서답 같은데 여기서 공자가 말하는 효孝는 자신의 부모를 섬김에만 국한되는 것이 아닙니다. 일단 자기가 사는 지역에서 널리 보면 다들 친척인 지역민들끼리 친하게, 사이좋게 지냄, 그런 의미를 포괄하는 것입니다. 효와 제悌(공경함)를 좁은 뜻으로만 이해하면 공자와 유가 사상을 정확히 보기가 어렵습니다. 원시 씨족사회에서는 나보다 나이 많으면 누구든 아버지, 어머니, 누나, 형이었습니다. 그들을 잘 따르고 인정하고 존경하는 것, 그것이 '효'와 '제'이고 효는 거기에서 기원했습니다.

곧 공자는 자신이 사는 집단에서 조화를 도모하고 그것을 확대해나감이 우선이다. 그것도 정치고 또 정치의 시작이니, 중앙 무대에서 활약하는 것만이 정치는 아니라고 한 것이지요.

맹자도 그런 이야기를 많이 하죠. 친족 집단에서 어른과 어린 이들을 잘 대우하고, 거기서 생기고 커지는 친근하고 살뜰한 마음을 동심원처럼 확대해나가자고. 그렇게 모든 지역과 지방이 이상적인 풍속을 보이고 키우고, 그것을 점점 더 큰 범위로 넓혀가면 좋은 세상이 온다는 것입니다. 이게 바로 유가이고 유학입니다.

인자仁者는 산을 좋아한다[仁者樂山]고 그럽니다. 인仁을 산에 비유한 건데, 산에는 계곡이 있고 계곡에는 물이 있기에 과실나무들이 자라고 짐승들이 모이고 그 주변에 마을이 생깁니다. 산은 사람과 뭇 생명을 어머니처럼 감싸 안고 품고 길러줍니다. 그런데 지리산, 칠보산, 구월산, 대둔산, 장수산, 묘향산, 금강산, 한라산, 설악산, 마이산, 계룡산 이렇게 산은 한 나라에 하나만 있는 것이 아니고 여러 곳에 있으며 그 산 하나하나가 仁의 발원지이고 仁의 몸입니다. 여러 지역에 산재한 산이 모두 仁의 중심지이고 仁의 몸체지요. 각 지역과 지방이 저 산들처럼 되면 해당 지역 하나하나가 모두 仁의 중심지이고 발원지이고 몸체가 되는 겁니다. 이렇게 유가, 유학의 이상과 공자의 仁, 그 안에 내재된 사고 단위를 이해하시면 됩니다. 철저히 로컬적이고 지역적인 유가.

그런데 묵자는 다릅니다. 그는 일단 국가권력의 정점에서 내려가자고 합니다. 자, 우산이 있습니다. 우산 위에서 물을 붓습니다. 그러면 그 물이 동시에 모든 방향으로 흘러가겠죠. 그렇게 생각하시면 됩니다.

한 국가가 있고 국가를 구성하는 하부 단위로서 100개 지방이 있다고 생각합시다. 유가는 각 지방이 스스로 알아서 자율적으로 이상적인 정치 단위로 거듭나야 한다고 말할 것입니다. 그런데 묵자가 보기에는 국가권력이 정점에서 모든 지방을 관할 내지 관리해야 하는 것이죠. 단순히 관리를 위한 관리 내지 관할을 말하는 게 아니라, 국가 내 모든 구성원의 기초적 삶을 중앙의 통치 권력이 보장해줘야 하기 때문에, 그러기 위해서 전 지역을 국가에서 관리하고 관할하자는 것입니다.

앞서 말씀드린 대로 묵자는 공자의 仁을 부정하지 않습니다. 외려 제대로 仁을 실현해보자고 하죠. 그런데 국가의 모든 구성원을 포괄할 수 있어야 하고 소외되는 사람이 없어야 진정한 仁이라고 합니다. 仁, 사람을 사랑하는 것이라고 공자는 말했는데, 묵자는 모든 사람을 사랑해야 한다고 말합니다.

근데 묵자가 말하는 사랑이 뭐라고 했지요? 바로 물질적인 이익의 보장이고요, 그것에 소외되는 사람이 없어야 진정한 仁이요 사랑이라는 것입니다. 모든 사람은 하느님의 신하이고 하느님이 사랑하는 대상이니 거기서 소외되는 사람이 없어야 하고, 힘이 있어 전 지역을 장악한 국가가 그렇게 만들어야 한다는 것이지요. 100개 지역이 있는데 99개 지역이 잘 돌아가도 나머지 한 지역에서 굶는 사람, 추위에 얼어 죽는 사람, 인간으로서 삶의 기초를 보장받지 못하는 사람이 있다면 그것은 묵자가 말하는 仁이 아니고 겸애가 아닙니다.

이러니 묵자가 생각하는 사고 단위 내지 정치 단위는 유가보다 훨씬 클 수밖에 없고, 강력하고 잘 짜인 정치 시스템을 구상할 수밖에 없습니다. 모두가 하느님의 고장이며 모든 사람이 하느님의 신하이고 자식이니, 모두 다 하느님 뜻의 대행자인 국가권력에 의해 공공복지를 누려야 한다고 묵자는 생각합니다. 그러니 저런 큰 사고 단위와 잘 조직된 통치 시스템에 의한 일원적 행정 체계를 지향하는 것은 당연한 귀결이 아닐 수 없습니다.

자, 묵자는 공정한 재분배와 모든 사회구성원의 기초적 삶을 보장할 수 있는 국가라는 정치 단위에 주목한다고 했습니다. 그러면 그 국가가 관할하는 범위와 국가에 소속된 사람이 늘어날수록 좋지 않을까요? 그 국가와 국가권력이 좋은 국가와 좋은 국가권력이라는 전제하에 말입니다.

정말 하늘 아래 모든 지역이 하느님의 도시, 고장, 지역, 지방이고 모든 사람이 하느님의 신하이고 자식이라면, 그 하느님의 의지를 대행하는 국가 범위가 커지고 결국 여러 나라가 그 국가에 편입되면 좋지 않을까 하는 생각, 그런 생각을 해볼 수 있습니다. 아니 어쩌면 그것이 필연적 귀결일지 모릅니다. 그리고 실제 묵자 무리는 그런 생각을 했습니다.

바로 다음 장에 진秦나라와 묵가 이야기가 나옵니다. 묵자 무리가 진나라에 들어가 어떻게 활약했고 어떻게 통일 제국 진을 만드는 데 이바지했는지 이야기할 것인데, 앞에서 그들이 왜 진에 투신했는가 살짝 이야기한 적이 있습니다. 전쟁 반대 운동과 묵가 무리의 절멸과 관련해서요. 반전운동을 실현하기 위해 약소국 방어에 몸을 던졌던 묵가 공동체, 그 묵가의 구성원들이 죽어나가고 다시 또 약소국 방어를 위해 뛰고 다시 죽어나가고, 이렇게 밑 빠진 독에 물 붓기 식 희생에 그들은 문제의식을 느꼈습니다.

한 나라가 통일해버리면 전쟁 없는 상황이 올 것이라는 단순하지만 유일한 답을 내린 채 많은 묵자 구성원들이 진나라로 투신했다고 했지요? 네, 그렇습니다. 하지만 그것이 전부가 아닙니다.

묵자 사상 자체가 큰 정치 단위, 국가의 큰 덩치를 생각하는 쪽으로 가기 쉬워서 진에 베팅한 걸 수도 있습니다. 하지만 묵가는 법가나 병가처럼 뻗어나가서 다른 나라를 침략하고 다른 나라의 재화와 인민을 귀속시켜 덩치와 힘을 불려나가는 것은 분명히 반대한다고 했죠. 자기가 있는 나라에서 제대로 국정을 펴, 그 나라를 사람 살기 좋은 곳으로 만드는 것을 우선한다고 말했습니다. 그런데 그러면서도 앞서 열거한 이유로 인해 사고 단위가 커질 수밖에 없었고, 결국 그들은 통일에 대한 생각을 하지 않을 수 없었던 것 같습니다.

법가와 병가처럼 국가의 힘을 극대화하는 것을 지상 목표로 생각해서 그런 것이 아닙니다. 묵자 무리는 막연한 단일체로서 국가의 힘이 커져야 한다고 생각한 사람들이 아닙니다. 구체적인 국가구성원들 하나하나의 이익이 늘어나야 한다고 생각한 사람들이죠. 그렇기에 그런 혜택을 받는 범위가 늘어나면 좋겠다고 생각할 수밖에 없었다는 것이죠.

그런데 통일을 하려면 어떻게 해야 하느냐. 결론은 전쟁? 사실 전쟁은 분명히 통일을 위한 아주 유효한 수단이거나 때론 유일한 수단일 수 있습니다. 통일을 원한다면 전쟁, 전쟁을 통한 상대국 편입을 생각하기 쉽고 사실상 전쟁이 결론일 수밖에 없는 경우도 있는데, 그렇기에 묵자 무리 중 일부가 진에 투신해서 통일 제국 진을 만들기 위해 뛰었습니다.

그런데요, 진에 투신한 그들의 행보가 완전히 이해되시나요? 묵자 하면 반전反戰과 비공非攻 아닙니까. 그렇다면 진에 투신한 묵가 무리의 선택과 행보는 자신들의 사상 중 중요한 부분인 비공, 반전과 모순되는 행보였을까요?

실제 그렇게 볼 수 있습니다. 사실 모든 묵자 무리가 진으로 달려간 것이 아닙니다. 묵자 사후에 지도자들 중심으로 똘똘 뭉쳤던 묵가는 시간이 흐르자 분열되어갔습니다. 서로가 서로를 향해 '사이비 묵자 무리'라는 뜻으로 '별묵別墨'이라고 욕하며 원조 논쟁을 벌이기까지 했으니, 그런 상황에서 묵자 무리 전부가 진으로 갈 수 없었겠죠. 묵자 무리가 다 진나라의 묵가, 곧 진묵秦墨이 된 게 아니고, 진묵이 키운 진과 싸우다 희생된 묵자墨者들도 많았습니다. 통일 제국 진의 성립 과정에서 많은 묵자 무리가 죽어갔다는 겁니다. 과거 동지의 손에요.

그런데 진으로 간 묵자 무리는 스스로 자신들의 사상과 모순된 행보를 걷는다고 생각했을까요? 결국 전쟁 상황을 종식하기 위한 통일 전쟁이니 스스로 합리화가 되지 않았을까요?

자, 이 정도로 정리하고 이야기를 다음 꼭지로 넘겨야 할 것 같습니다. 로컬적인 유가, 반대로 전체를 보는 묵가. 묵가의 넓은 사고 단위. 그들이 사고하는 정치 단위는 클 수밖에 없다는 것. 그러니 통일 친화적이게 된다는 것.

아, 그런데 이왕 유가와 묵가, 공자와 묵자 이야기를 했으니 하나만 더 말씀드리겠습니다. 유가와 묵가, 공자와 묵자 이야기를 완전히 마무리하기 위해서입니다.

시詩와 변辯

요새 소통이란 말을 참 많이들 하는데 양 학파가 내세운 주요 소통 수단이 있습니다. 공자의 유가는 시詩, 묵자의 묵가는 변辯.

공자는 시를 사랑한 사람입니다. 단순히 좋아하고 사랑한 정도가 아닙니다. 제자들에게 굉장히 강조했고, 그것으로써 실제 삶의 영역과 정치 현장에서 사람들이 바람직한 모둠살이의 모습을 연출하기를, 즉 인仁으로 가는 길을 만들기 바랐죠.

공자가 시를 말한 부분을 《논어》에서 한번 찾아볼까요?

공자께서 말씀하시길, 시를 통해 일어나고 예를 통해 서며 음악을 통해 이룬다. 《논어》 태백泰伯 편 8장

子曰: 興於詩 立於禮 成於樂

공자께서 말씀하시길, "너희들은 왜 시를 배우지 않느냐. 시로써 깨어 일어날 수 있고 시로써 살필 수 있고 시로써 어울릴 수 있으며 시로써 원망할 수 있다. 또 가깝게는 아버지를 섬기고 멀리로는 임금을 섬기며, 새와 짐승과 풀과 나무의 이름도 많이 알게 된다." 《논어》 양화陽貨 편 9장

子曰: 小子何莫學夫詩. 詩可以興 可以觀 可以群 可以怨. 邇之事父 遠之事君, 多識於鳥獸草木之名

공자께서 아들 백어에게 말씀하시길, "너는 〈주남周南〉과 〈소남召南〉*을 배웠느냐? 사람이 〈주남〉과 〈소남〉을 배우지 않으면 담을 마주하고 서 있는 것과 같다." 《논어》 양화편 10장

子謂伯魚曰, 女爲周南召南矣乎? 人而物爲周南召南, 其猶正牆面而立也與

시 삼백 편을 한마디 말로 규정하자면 '생각에 거짓됨이 없다'는 것이다.
《논어》 위정爲政 편 2장

子曰: 詩三百 一言以蔽之, 曰思無邪

공자께서 말씀하시길, "시 삼백 편을 다 외우고도 정사를 맡겼을 때 제대로 수행해내지 못하고, 각국에 사신으로 나가서도 제대로 일을 처리하지 못한다면, 시를 많이 공부했다 한들 무슨 소용이 있겠느냐?"
《논어》 자로편 5장

* 〈주남〉, 〈소남〉 모두 《시경》에 실린 시편들입니다.

子曰: 誦詩三百, 授之以政不達, 使於四方 不能專對, 雖多亦奚以爲

시가 참 여러 가지로 유용하고 그래서 필수적인 것이었나 봅니다. 이런저런 상식과 인간 세계에서 서로 공유하는 보편적인 정서와 마음 씀씀이를 익히게 하고, 그것으로써 사람들과 어울리고 조화를 이루게 하고요. 사람들을 잘 관찰할 수 있게 하고, 또 좋지 못한 감정과 원망스런 마음도 어느 정도 정제된 틀로써 드러내게 하고. 또 정치 무대에서 시로써 정치적 발언을 해내고, 외교 무대에서 시로써 협상을 하고 타협을 일구어내고. 이렇게 여러 가지 쓸모가 많다고 공자는 보았네요.

실제 중국은 시의 나라죠. 강택민江澤民(장쩌민) 중국 주석도 민감한 정치적 사안에 대해 시로써 대답하고, 또 간부들 상대로 중요한 회의를 시작할 때 이백의 시를 끌어와서 던진 다음 회의의 물꼬를 트곤 했다는데, 시의 나라 중국은 어쩌면 공자가 만든 게 아닌지. 공자에게 시는 배움과 정치에 필수적인 것이었습니다. 공자가 보기엔 시가 있어야 어디에서든 소통할 수 있었으니까요.

그런데 묵자 쪽은 시가 아닌 다른 소통의 수단을 제시했죠. 바로 변辯.

시를 좋아하고 시만으로도 소통할 수 있다, 또 시를 통해야 진정으로 소통할 수 있다고 본 공자는 말 잘하고 말 많은 것을 싫어했는데, 묵자는 말을 중시했습니다. 자신들이 생각하는 이상적 관료와 지식인의 요건에 분명 말 잘하는 능력이 포함되어 있었고, 묵가의 교육

과정에는 아예 담변談辯이라는 과목이 있어 제자들을 집중 교육하기도 했고요.

그런데 묵자가 강조하는 말은 단순히 '말'이 아니라 시비를 분명히 가려내고, 논쟁에서 상대를 이기고, 또 개념과 용어를 분명히 정의하고, 근거를 들어 자기주장을 분명히 논증하는 기술과 방법을 뜻합니다. 논쟁적, 설득적 커뮤니케이션과 관련된 말과 언어죠.

> 변辯이란 어떤 명제를 놓고 논쟁을 하는 것이다. 변에서 이기는 것은 근거가 합당하기 때문이다. 경經 상上편 75항
> 辯 爭皮也
> 辯勝, 當也

> 변이란 시비의 분별을 밝히고, 치治와 난亂의 기준을 살피고, 같음과 다름의 소재를 명확히 하고, 명실名實의 이치를 살피고, 이익과 해로움을 분별하고, 의혹을 푸는 것이다. 소취小取 편
> 夫辯者, 將以明是非之分, 審治亂之紀, 明同異之處察名實之理, 處利害, 決嫌疑

성인께서 이렇게 말씀하셨다. 어른이 그렇다면 하면 그런 줄 알아, 무슨 말이 많아? 무슨 이유가 많아? 이런 태도에 익숙한 우리에게 묵자의 저런 특징은 특이하게 느껴지기도 합니다. 네, 사실 앞서도 말했지만 동양에서는 묵자만이 지니는 특징입니다. 서양 철학과 유사하게 논증, 정의, 분명한 시비 가리기와 논쟁에 이기기 위한 기술을

탐구하고 방법을 제시한 것, 정말 묵자 사상만의 독보적인 면입니다. 후기 묵가에서는 '변辯'을 따로 독립 영역으로 분리해서 발전시키기도 합니다.

여러 번 말씀드린 대로 분명한 기준으로 나라를 다스리려 하고 또 기준을 어떻게 만들어낼 것인가, 곧 합의 문제에 천착한 묵자다 보니 말 잘하는 것, 언변에 관련된 기술, 논쟁하고 설득하는 방법에 대한 고민은 당연한 것일 수밖에 없었습니다.

유가는 기존의 문화와 전통 관습을 인정하고 이것을 바탕으로 세상을 다스려가자고 합니다. 시는 그런 문화와 전통 관습의 큰 부분이죠. 주로 귀족들만이 배우고 주고받는 고급 언어였고, 귀족들은 그것으로써 서로 어울리고 정치 무대에서 의사 표현을 해왔는데, 공자는 그것을 인정하자고 한 것입니다. 그리고 그것을 더욱 조화로운 인간 관계를 만드는 데 많이 쓰자고 한 것이구요.

그런데 묵자는 두리뭉실하게 해석될 수 있고 또 귀족들만이 공유했던 시가 아닌, 다른 것으로 소통하여 정치 사회를 이끌어가자는 것입니다. 그래서 묵자는 설득력 있는 언변을 중시했습니다. 공자가 보기에는 그가 교언영색의 '교언巧言'(교묘한 말솜씨)에 특출 난 소인배일 수 있지만, 정치가 복잡해지고 정치 범위와 영역이 커질수록 조리 있게 합의를 끌어내는 원칙과 방법은 중요할 수밖에 없는 것입니다.

시와 말, 시와 변, 이런 대립 구도도 양 학파를 대조적으로 잘 이해시켜주지요?

墨子

10

진나라의 묵가, 진묵

묵자들이 진으로 간
까닭

요새는 견고하고 땅의 형세는 유리하고 산림과 냇물과 골짜기는 아름다우며 천연자원의 이점이 많으니, 이는 뛰어난 지형입니다. 국경 안으로 들어와 나라의 풍속을 보니, 백성은 소박하고 음악은 음란하지 않으며 옷은 경박하지 않고 관리들을 매우 두려워하면서 정부의 지시에 순종하니, 옛날 백성과 같았습니다. 도시나 시골의 관청을 가보면 여러 관리가 숙연히 모두가 공손하고 검소하며 착실하고 공경받을 만하고 충성되고 신의가 있으면서 그릇되지 않았으니, 옛날 관리와 같았습니다. 도읍으로 들어가 사대부를 보니, 자기 집 문을 나와서는 곧장 관청 문으로 들어가고 관청 문을 나서면 곧바로 자기 집으로 들어가, 사사로운 일을 하는 경우가 없었습니다. 자기와 뜻 맞는 사람만 가까이하지 않고 자기네끼리 붕당을 만들지 않으며 모두가 밝게 통치도록 공사를 처리하니 옛날의 사대부와 같습니다. 조정을 보니 그곳에서 정사를 듣고 처리함에 여러 일을 남겨 미루는 일이 없고, 고요하기가 다스리는 사람이 없는 것 같으니 옛날의 조정과 같았습니다. 그러므로 4대(효공-혜문군-무왕-소양왕) 동안 승리를 거두어온 것은 요행이 아니라 당연한 일이었습니다. 이것이 제가 본 바입니다. 편안하면서도 다스려지고 간략히 하는 듯하면서도 세밀함이 있고 번거로움 없이도 실제를 이룩하는 것이 정치의 이상이라고들 하는데, 진나라는 진실로 그 전형일 것입니다.

비록 그렇기는 하나, 진나라에는 우려되는 점이 있습니다. 이 몇 가지 요건을 모두 갖추고 있으나, 이것이 임금의 공적이라 선전하기에는 사실과 까마득히 멀리 떨어져 있을 것입니다. 그것은 무엇 때문이겠습니까? 진나라에는 유학자가 거의 없기 때문입니다. 순수하게 유학을 쓰면 왕자王者가 되고, 잡되게 쓰면 패자霸者가 되고, 하나도 쓰지 않으면 망한다고 했습니다. 이것은 또 진나라의 단점이 되고 있습니다.
《순자》강국強國 편●

대학자 순자荀子가 진秦나라 수도 함양에 들렀는데, 진의 재상 범저范且/范雎가 그에게 "선생님께서 진나라에 오셔서 받은 인상이 어떤지요?"라고 묻자 저렇게 대답합니다. 순박한 백성들, 관리들의 기강과 청렴함, 지리적 이점과 풍부한 물자 등, 진의 저력과 국력이 보

● 가이즈카 시게키 지음, 이목 옮김,《한비자 교양강의》, 돌베개, 2012, 111∼112쪽에 인용된 번역문을 재인용하고 교정했습니다.

이는 것 같습니다. 우리가 진 하면 흔히 떠올리는 부정적 이미지와 좀 어긋난 느낌이 들 것입니다. 거의 찬사 일변도라서요.

진나라……. 자, 여러분은 진나라 하면 어떤 것이 떠오르시나요? 아방궁과 만리장성의 진시황제? 최초로 중국을 통일하고 제국을 이룩한 나라? 도량형과 문자를 통일해 표준과 기준을 만들어 정착시킨 나라? 아니면 가혹한 폭정으로 인해 단명한 나라??

진나라 하면 사실 이미지가 좋지 않습니다. 가혹한 폭정, 만리장성과 아방궁으로 대표되는 무리한 토목 공사, 분서갱유로 대표되는 사상 탄압, 지식인 박해 등. 하지만 통일 제국을 세운 뒤 진나라가 보여준 폭정과 실책과 무리수 등을 보기 전에 어떻게 진이 열국을 통일할 수 있었는지, 통일을 이룩한 그들의 힘이 어디서 나왔는지를 보는 것이 우선이 아닐까 싶습니다. 단순히 전쟁만 잘하고 싸움에만 능해서는 아니었겠죠. 뭔가 특별한 그들만의 장점이 있고, 그 장점으로 사회와 국가를 조직했기에 최강국이 되었을 테니까요. 그리고 진만의 장점을 만들어 사회를 재편, 재구성했던 사람들 역시 있었겠죠. 그들이 바로 묵자 무리입니다. 더 정확히 말해서 진묵秦墨. 묵가 in 진.

앞서 말한 대로 묵자 무리 일부가 진에서 활약했고, 그것이 진을 강하게 하고 선진화시켜 결국 통일 제국 진의 밑거름이 되었습니다. 진나라가 단지 전쟁 능력만 우수했던 건 아니지만 전쟁만 잘하려고 해도 여러 가지가 받쳐줘야죠. 우수한 무기, 장비와 군량미를 확보하는 일만 해도 농업과 수공업 생산력이 받쳐줘야 가능한 일이죠. 정예 군대를 상시적으로 가동하려면 충분한 인력 보급 시스템과 체계적인 훈련 프로그램도 있어야겠죠. 그러려면 국가와 인민이 가진 잠재력을 십분 끌어내야 합니다. 사회 체제와 국가 행정 조직이 잘 굴러가야 하고요. 사회의 총체적인 역량과 시스템이 받쳐줘야 합니다.

진나라 하면 떠오르는 것으로, 앞서 말한 것들 말고도 법이 있을 겁니다. 주로 가혹한 형벌, 형법이 연상되는데, 진나라 하면 법이고, 거칠게 말해 법이 진을 강하게 만들었다고 해도 틀린 말이 아니지요. 법 하니 떠오르는 법가 사상가들, 상앙商鞅과 한비자韓非子가 있지요. 한비자의 통치 철학과 사상이 진에 영향을 준 것은 사실이지만 그건 시황제 무렵, 통일 제국이 거의 완성되어가던 시기와 그 후의 이야기고요, 한비자 이전에 통일에 나설 수 있도록 진의 힘을 키워준 법을 만들고 정비한 사람은 상앙입니다. 상앙이야말로 통일 제국 진의 아버지라고 해도 과언이 아닐 것입니다.

그런데 진나라를 크고 강하게 만든 법은 정말 형벌로 겁주고 처벌하는 쪽으로만 주력하는 법이었을까요? 사람들에게 겁을 주는 방식으로만 사회를 조직, 운영할 수는 없습니다. 사회가 선진화하려면 형벌, 형법만이 아닌 여러 가지 법과 제도가 구비되어야 합니다. 실제 진나라는 여러 가지 법과 제도가 충실히 정비된 국가였습니다. 그런데 그런 것들을 상앙 혼자서 일구고 만들고 그것으로 진나라를 재편했을까요? 아무리 상앙이 탁월한 현장 정치가였을지라도 혼자서 온갖 법과 제도를 만들고 정비하고 집행할 수는 없었을 겁니다. 손오공 분신술을 쓰는 것도 아니고 말이죠. 그렇다면 그것을 뒷받침한 사람들, 그리고 상앙과 협조했던 사상가 집단을 생각하지 않을 수 없습니다. 상앙을 받쳐준 사람들. 여기서 기억해야 할 것은 '무리'이고 '사람들'이라는 겁니다. 단 몇 명이서 법의 정비와 체계화, 교육과 집행?

엄두도 못 냅니다.

그리고 여기서 상앙의 정치철학과 사상이 가진 약점을 생각해봐야 합니다. 상앙의 사상은 왕 아닌 사람들을 설득하기 어렵습니다. 나의 정치사상과 철학을 따르면 국력이 이렇게 저렇게 강해지고 나라가 세질 것이라는 식으로 왕을 설득할 수는 있지만, 왕 아닌 다른 사람들, 일반의 백성들이 끌릴 수 있는 청사진과 보편적인 이상 제시가 상앙 철학에는 결핍되어 있다고 봐도 무방합니다.

사상이란 게 한 사회를 전반적으로 바꾸고 그것을 넘어 여러 나라를 통합하는 통일의 밑알이 되기 위해선 왕 아닌 다른 많은 사람을 설득하고 그들의 마음을 움직일 수 있어야 합니다. 하다못해 거짓된 사탕발림의 탈을 쓰기라도 해야 합니다. 자신의 사상과 주장대로 법과 제도를 만들면 왕만 좋아지는 것이 아니라 많은 사람들이 더 나은 환경과 혜택을 누릴 수 있다는 전망을 보여줘야죠. 그런데 그런 것들이 상앙의 사상 안에는 없다시피 했습니다. 하지만 그런 취약점을 보강해준 사람들이 있었으니 그들은 상앙을 도와 법과 제도를 정비했을 뿐만 아니라, 무엇을 위한 정비이고 변법이고 체계화인지 설득할 수 있는 보편적 이념을 갖추었습니다. 그들이 바로 묵자 무리죠.

묵자는 이념을 공유하는 조직된 학파이기도 하고, 자체 교육 시스템이 있어 사상과 실무 능력을 갖춘 사람들을 집단으로 보유하고 또 파견할 수 있는 역량 있는 집단이었습니다. 또 앞서 말씀드린 대로 뚜렷한 기준을 중시하다 보니 법을 중시하는 집단이었습니다. 도가니 법가니 해도 전국 시대에 '같은 이념과 학문적 스승 아래 뭉친 조직'으로서 실체가 있었던 '학파'는 유가와 묵가밖에 없었는데* 그중

법을 중시한 건 묵가였고, 위에 인용한 순자의 말처럼 유가 무리는 진에서 활약하질 않았습니다. 더구나 묵가는 법을 중시하면서도 법가가 가진 약점을 보완할 수 있었죠. 사람을 설득할 수 있는 보편적 이상과 이념을 가졌기에요. 이렇게 생각해보면 묵자 무리가 진에서 활약했다고 볼 수밖에 없습니다(《여씨춘추》를 비롯한 역사 문헌에도 진묵의 존재를 입증할 자료가 있지만 저는 먼저 사상 내적인 논리로써 설명을 하고 싶습니다).

여러 가지 분야의 법과 제도를 정비하고, 왜 법을 바꾸고 확충해야 하는지, 이들 법과 제도를 받아들이면 뭐가 좋은지 설득할 수 있었던 사람들, 그들이 바로 진묵이었습니다. 그들이 상앙과 협조해 대활약하고, 상앙이 실각한 뒤에도 지속적으로 활동하며 진을 키웠던 거지요. 상앙은 뒤를 봐주던 효공의 죽음 이후 반역자로 몰려 죽었지만, 그 뒤에도 진나라에서 법을 정비하는 흐름이 끊어진 게 아니라 계속되었다는 것은 그 일을 맡은 다른 사람들이 있었다는 뜻이겠죠. 정말 역량 있고 법에 능한 지식인 집단이 없었다면 상앙의 실각 이후에도 진이 법을 통한 내부 역량 강화와 국가 선진화를 이룩할 수 있었을까요?

자, 여기서 진나라 법률을 좀 보십시다. 진 하면 우선 가혹한 형벌을 떠올리는 것은 얼마나 왜곡된 이미지인지 느낄 수 있을 겁니다.

* 법가法家라고 하는데 법가가 정말 한 조직으로서 실재했을까요? 뒤에서 자세히 설명드리겠습니다만 그들은 어떤 스승과 이념을 공유하고 조직적으로 활동한 사람들이 아니었습니다.

1. 전율田律 : 지역사회 질서 유지 및 농사와 농지 관리, 토지세 징수 관련 규정.

2. 구원율廐垣律 : 가축의 사육, 관리 및 사용 관련 규정.

3. 금포율金布律 : 화폐 관련 규정.

4. 관시율關市律 : 관문과 시장 담당 관리의 직무 관련 규정.

5. 창률倉律 : 군용 양식과 사료 창고 관리 규정.

6. 공률工律 : 관영 수공업의 총체적 관리 규정.

7. 공인정工人程 : 관영 수공업 생산 기준량 관리 규정.

8. 균공均工 : 수공업 노동자 배치·관리 규정.

9. 요율徭律 : 노역 관련 규정.

10. 사공률司工律 : 토지, 수리, 건설 등 토목 사업에 대한 관리 규정.

11. 군작률軍爵律 : 군공과 공헌에 따른 서훈 관련 규정.

12. 치리율置吏律 : 관리 임용 관련 규정.

13. 제리율除吏律 : 관리 해임 관련 규정.

14. 효율效律 : 관청 물품과 재산 검사 관련 규정.

15. 전식률傳食律 : 파발에 대한 음식 공급 관련 규정.

16. 내사잡內史雜 : 내사(조정과 궁중 안의 일을 기록하는 관리) 직무 관련 규정.

17. 위잡尉雜 : 정위廷尉(형옥을 관장하는 신하)와 그 직무 관련 규정.

18. 행서行書 : 문서 전달에 관한 규정.

19. 속방屬邦 : 소수민족 담당 기관에 관한 규정.

20. 유사율遊士律 : 종횡가縱橫家*에 대한 규정.

21. 제제자율除弟子律 : 문인, 지식인 유치와 수용에 관한 규정.

22. 중로율中勞律 : 전반적인 병무 행정에 대한 규정.

23. 장률藏律 : 관청의 문서 관리와 물자 수집 및 보존에 관한 규정.

24. 공거사마엽률公車司馬獵律 : 왕실 호위대의 사냥과 훈련에 관한 규정.

25. 우양과牛羊課 : 소, 양 등 가축 사육과 관리에 대한 규정.

26. 전율傳律 : 성인 남자의 신분 등록 관련 규정.

27. 둔표율屯表律 : 변방 관리 관련 규정.

28. 포도율捕盜律 : 도적 체포 관련 규정.

29. 수율戌律 : 변방 수비병의 징집 관련 규정.

30. 제율劑律 : 재물·경제 관련 규정.

'진 30률'이라는 진의 법체계인데 아주 다양한 국가행정 영역을 다룬 것을 알 수 있습니다. 지식인 유치 문제, 관리 충원 문제, 정부조직 운영 문제, 토목 건설 문제 등 많은 영역을 포괄하지요. 요새 한국사회는 다문화가 대세인데 진의 법률을 보면 소수민족 관련 법도 있습니다.

저렇게 많은 법과 제도를 만들고 가다듬고 그것으로 사회를 구석구석 물샐 틈 없이 재구성하는 일을 상앙 혼자서 할 수는 없었을 것이고, 또 그것은 단시일 내에 가능하지도 않았을 겁니다. 진 효공의 죽음 이후 상앙은 실각했지만, 진의 정책 기조는 변함없이 법의 확충과 법에 따른 효율적이고 일원적인 국가행정 시스템 구축의 길을 나

---

* 전국 시대에 여러 제후들을 오가며 여러 나라를 종횡으로 합쳐야 한다는 합종책合縱策과 연횡책連衡策을 주장한 지식인들.

아갔고, 그것을 바로 묵자 무리가 해냈다는 것이죠.

그럼 이제, 애초에 묵가 무리는 왜 진에 갔고, 진에서 왜 법과 제도 정비에 매달렸는가? 묵가 무리가 진에 베팅한 이유를 말해야죠.

자, 분명 궁합이 맞는 여러 가지 요소가 있었던 것 같습니다. 묵자 철학 자체의 비귀족적 측면, 법 친화적인 면과 통일 지향적인 면, 극단적인 왕권 중심적으로 갈 수도(악용될 수도) 있는 경향 등. 그런데 우선 앞서 비공, 반전과 연관 지어 말씀드렸던 내용을 상기시켜드리고 싶네요.

인류 최초의 반전운동가 묵자, 그리고 그의 제자들. 묵자 무리는 수없이 약소국에 갔습니다. 가서 강대국들의 침입과 공격에 맞서 약소국 방어의 일선에 섰다가 무수히 희생되었습니다. 그러다 보니 아예 중원 열국이 통일되면 전쟁이 종식되지 않을까 하는 계산이 생기게 됩니다. 그리고 앞에서 말했던 것처럼 그들이 말하는 하느님 뜻과 겸애에 깔린 사고 단위, 사유 단위는 태생적으로 넓고 크다는 것. 하지만 이것들이 진묵이 나타난 원인의 전부는 아닙니다.

일단 여기서 가장 중요한 건 묵가가 하층민들을 대변하는 사람들이었지만 그들도 사士였다는 점입니다. 그래서, 묵자 무리가 사士여서 어쨌다는 것이냐, 선뜻 이해 안 되실 겁니다. 자, 차근차근 이야기하겠습니다.

묵자 무리는 분명 사士였습니다. 국가와 사회를 이끌 비전, 이념, 게다가 구체적인 정책까지도 보유한. 사실 다른 제자백가 사상가들도 마찬가지인데, 그들 모두 지식인으로서 공유하는 부분이 분명히 있었죠. 그들이 생각하기에 자신들은 취직, 등용이 되어야 하고, 극진한 대접을 받아야 합니다. 자신의 이상과 이념을 실현해줄 군주를 만나서 정치 현장에 등용되어야 하고 또 국가를 이끌고 만들어가는 담당자로서 대우를 받아야 합니다. 그것이 당시 지식인들, 사士의 공통된 생각입니다(그중에서도 맹자가 좀 많이 유난스러운 건 사실이지만요).

그런 그들이 자신을 단순히 피지배층으로 생각했을까요? 절대 아닙니다. 그들은 스스로를 왕과 같이하는 지배층으로 생각했습니다. 그들은 우선 왕의 존재를 분명히 인정했습니다. 그리고 자신을 등용하고 부와 명예를 안겨줄 수 있는 존재인 왕의 위치를 확고히 할 사상과 정치철학을 가지고 있었고요. 그러면서 국정을 이끄는 관료 내지 정치인으로서 자신들이 백성들과 구분되는 특권과 명예 등을 가지는 것을 당연하게 생각했죠. 이 점에선 묵자 무리도 예외가 아닙니다. 아무리 기원이 노동하는 하층민에 있고 그들의 의식을 대변한다고 해도 말이죠.

그렇다면 등용해주고 대접을 잘해주는 나라로 갈 수밖에 없습니다. 그들이 가진 겸애와 반전사상, 통일적 사고는 둘째 치고, 지식인으로서 묵자 무리가 진으로 향할 수밖에 없었던 이유가 따로 있었다는 거죠.

진나라, 사실 진융秦戎이라고 불리면서 중원의 열국들에게 오랑캐 취급을 받던 나라입니다. 그리고 야만적이고 미개한 풍속이 늦게까지 남아 있었고 중원의 문화 중심에서 먼 낙후된 나라였다는 인식이 요즘도 상식적으로 받아들여지고 있습니다. 이런 표준적인 인식에 바탕을 두고 계속 설명하겠습니다. 진과 묵자 무리가 어떻게 연관되는지에 대해서요.

진은 중원의 열국들에 비해 정말 시작이 미미해서인지 왕권에 위협이 되고 중앙 집권화에 방해가 될 기득권 귀족 세력이 미미했고, 왕의 힘이 굉장히 센 나라였습니다. 그리고 장시간 축적된 관념과 윤리, 문화나 관습 등에 따르는 관성이 없다 보니 새것으로 쉽사리 체제가 재편되고 바뀔 수 있는 여건이었습니다. 주변을 보면 서쪽엔 견융犬戎이라는 사납고 호전적인 세력, 또 동쪽엔 후에 삼진으로 갈라지는 강대국 진晉이 있어 적대적인 세력에 둘러싸인 채 힘으로 생존의 근거를 마련하고 자립하게 된 나라다 보니 실용과 실질을 추구하는 문화가 강했습니다. 이렇게 귀족 세력이 약하고 왕의 권력이 강하고, 강한 관성으로 개혁과 전면적인 사회 개편을 방해할 기존의 관습, 문화, 관념 체계가 없고, 게다가 실질과 실용을 추구하는 문화. 이런 요소들이 묵자 세력과 궁합이 맞았던 것 같습니다. 아니 정확히 말해 묵자 무리가 등용되는 데 이런 요소들이 유리하게 작용을 했습니다.

묵자 무리, 비록 스스로가 자신들을 사士, 지식인 내지 예비 관료로 여기는 자의식을 지니고, 이론적으로 자신 있게 무장하고 준비를 했어도 사실 출신은 귀족이 아니라 하층민입니다. 그렇기에 귀족의 힘과 목소리가 강하고 그들이 고수해온 관념과 관습이 강한 나라에서는 묵자 무리가 비집고 들어가 등용되기가 힘들었겠죠. 태생이 노나라이고 노나라에서 제자들을 모으고 가르쳤지만 괜히 노나라와 그 근처 나라에서 중용되지 못한 것이 아닙니다. 기득권 세력이 강하고 그들이 친 진입 장벽이 초라초라하지 않은 곳에서는 묵가 무리가 치직되기 쉽지 않았을 겁니다.

그런데 이런 울타리가 가장 낮은 나라가 어디냐, 바로 동방과 가장 대척점에 있던 진나라입니다. 귀족 세력이 강하지 않고 전래되는 문화의 힘 역시 강하지 않고, 또 한편으론 누적된 지식과 문화가 없으니 인재가 부족해 항상 문호를 활짝 열어놓곤 했던 나라, 그 문호는 묵자 무리에게도 열려 있었습니다. 또 앞서 순자가 언급한 대로 유가 무리가 거의 없다시피 했던 것도 무시할 수 없는 요소지요. 서로 으르렁대며 갈등하기 쉬운 경쟁자 집단이 없었던 거죠. 진은 항상 유가 세력 등용에 미온적이었습니다. 어쩌면 진에서 묵자 무리가 득세했기에 유가가 등용되지 못한 것일 수도 있지만요.

자, 다른 나라에선 취직이 녹록지 않은데 진나라는 당장 성과를 보여줄 능력만 있으면 누구든 받아들였습니다. 진입 장벽 없지, 묵자 무리가 자신하는 게 결과로써 말하고 당장 가려운 곳을 긁어주는 정치적 해결사 능력인데 그것을 진나라가 원하지, 사회를 다시 만들어 갈 여지도 많았고. 여러 가지로 진과 묵자 무리는 궁합이 맞았습니다. 그런 데다가 앞서 말한 비공과 반전이란 목표, 곧 전쟁 종식이란 궁극적인 목표에 진나라의 천하 통일이 답이 될 수 있다는 계산도 있었고. 이러니 묵자 무리는 많이도 진나라에 입사 지원하게 되었고 취직되어 대활약을 펼칩니다.

앞서 누누이 상앙의 원맨쇼만으로는 진이 그렇게 효율적 시스템을 갖춘 강성한 나라가 될 수 없다고 했는데, 상앙만큼이나 법에 의한 국가 힘의 극대화를 추구한 현장 정치인이 있었죠. 바로 오기鳴起. 본래 위衛나라 사람으로 노나라와 위魏나라에서 벼슬을 하다가 뜻을 꺾이고는 쫓기듯 초나라로 가서, 도왕悼王의 지원하에 상앙과 아주 비슷하게 국가를 정비합니다. 누구든 가리지 않고 공정하게 적용되는 법을 제정·집행, 낭비와 비효율을 초래하는 종래의 관행과 제도 폐지, 능력과 실적 중심의 인사 제도를 마련하면서 귀족층의 특권을 제한, 이런 정책을 펴면서 왕 중심의 중앙 집권 체제로 나라를 바꾸어가도록 시동을 걸었죠. 하지만 오기도 뒤를 봐주던 군주가 세상을 떠나자 상앙처럼 비참하게 죽고 맙니다.

그런데 두 나라는 너무도 비슷해 보이는 두 정치적 거물이 죽은 이후 상반된 행보를 보였단 말이죠. 한 나라는 정책 기조를 유지하면서 계속 국력을 극대화하고, 나머지 한 나라는 기존의 정책 기조를 포기하고 개혁 이전으로 퇴보합니다. 결국 후자인 초나라는 진나라에게 멸망당하고 마는데, 이런 차이를 만든 것이 단순히 상앙과 오기의 집권 기간 차이였을까요? 만약 초나라가 진나라처럼 묵가를 대접하며 활약케 했더라면 어땠을까요?

자, 묵자 무리는 정말 진에서 대활약을 합니다. 앞서 말씀드린 대로 법의 개혁과 정비, 특히 행정법과 제도 등 정치라기보단 행정이랄 수 있는 영역에서 여러 가지 시스템을 구축하고 그 시스템을 일선에서 돌리는 역할을 맡았습니다.

철저히 법대로 하는 정치와 행정은 특권층이 없거나 적어야 유리합니다. 법의 구속에 구애받지 않는 특권층의 존재는 법치의 크나큰 장애물이죠. 그런 특권층이 존재하면 제대로 법을 집행하기 전에 제대로 된 법 제정부터가 어렵습니다. 하지만 말씀드린 대로 진은 특권층의 힘이 미약합니다. 그리고 법에 예외적인 존재가 될 수도 있지만, 법의 예외자이면서도 강력한 보호자로서 눈을 부릅뜨고 밀어주고 지켜줄 수 있는 군주가 있는 나라였습니다. 특권층이 많아 법의 예외자가 아주 많은 상황보단 차라리 단 한 사람이 예외자가 되면서 또 강력한 보호자가 될 수 있는 상황이 법치 구현에 훨씬 유리했겠죠. 진나라가 그랬습니다.

그리고 상무적인 군국주의 국가 진나라에서 묵가의 군사적 노하우와 기술 등은 요긴하게 활용되었습니다.

먼저 진의 군대가 적국의 성과 거점을 공격해 무너뜨립니다. 그럼 그 성과 거점에 방어 전문 무사들인 진묵이 들어가서 방어합니다. 적의 거점과 성은 빼앗기도 힘들지만 빼앗은 후 안정되게 지키는 건 더 힘든 일. 그 지키는 일을 진묵이 맡고, 그렇게 진묵이 성과 거점을 방어하며 시간을 벌면, 진나라는 본진과 새로 취한 거점 사이를 메워가며 빼앗은 적국 영토를 완전히 자국 영토로 편입합니다. 이렇게 진이 천하를 통일하는 과정에서 진묵이 맡은 역할의 비중, 절대 무시 못할 것이었지요. 이렇게 진나라의 묵자들은 참 여러 가지로 알토란 같은 활약을 한 셈입니다.

그런데 왜 법가 아닌 묵자 무리가 법을 만들고 집행하고 가다듬었을까 하는 의문이 들 수 있습니다. 아니 처음부터 그런 의문이 드는 게 정상이고 애초에 제가 설명을 드렸어야 했죠.

그래서 지금 말씀드리겠습니다. 우선 법가 자체가 상앙, 한비자 등 명망가 몇 명이 각기 활약을 펼쳤을 뿐 유가나 묵가처럼 실체가 있는 조직된 학파가 아니었기에, 법을 만들고 집행하고 가다듬는 일을 지속적으로 할 수 있는 세력이 아니었고요(이 얘기는 뒤에 다시 하겠습니다). 그리고 이제 곧 〈친사〉 편부터 《묵자》 원문으로 들어가 묵자가 한 말들의 속살을 마주하게 될 텐데, 그러면 묵자가 얼마나 법을 많이 이야기하고 강조하는지 느끼실 수 있을 겁니다.

묵자는 상과 벌 이야기를 참 많이도 합니다. 상과 벌 하니 또 법가가 연상되시나요? 음……, 법가는 상과 벌을 같이 이야기해도 벌이 우선입니다. 이렇게 하지 않으면 가혹한 형벌이 기다린다는 것을 우선 알려주어 겁을 주는 것부터 시작하죠. 그러고 나서 시키는 대로 하면 상을 주기도 한다는 식으로 갑니다. 상은 벌에 비해 항상 가볍고, 벌은 상보다 가까이 있습니다. 그런데 묵자는 상과 벌을 같이 이야기하고 그 둘의 비중이 거의 같습니다.

묵자는 이익의 산출, 그냥 이익이 아니라 공유되고 분배되는 이익을 산출하는 이에겐 반드시 그만큼 상을 주라고 합니다. 반대로 타인의 이익, 공유되고 분배될 수 있는 이익을 해치고 파괴하는 자에겐 또 그만큼 벌을 주라고 이야기합니다.

어쩌면 응보 관념이랄 수도 있고요, 또 사람에게 겁만 주는 것이 아니라 인센티브로서 동기를 부여하려는 생각일 수도 있는데요. 앞서 말한 대로 묵가는 계산하는 이성을 가진 인간관을 전제합니다. 인간에게 선택의 여지가 주어지면 이익이 되는 것을 선택할 것이라 낙관하기에 그런 것 같은데, 항상 이익과 손해, 상과 벌을 함께 제시하면서 사람을 설득하고 움직이게 합니다. 법가식대로 '시키는 대로 해, 그렇지 않으면 재미없어, 하지만 때론 상도 줄 것이야'가 아니라, 이렇게 하는 것이 너에게 이익이고 상이 가고, 저렇게 하는 것이 너에겐 불이익, 곧 벌이 간다. 그런데 이렇게 하는 것이 너에게 이익이기도 하며 또 그것이 옳고, 겸애와 하느님의 뜻에 부합된다. 자 그러니 너에게 이익이 되고 옳기도 한 것을 따르렴. 그렇게 따르면 국가가 철저히 보상해준다. 묵가는 이렇게 설득합니다.

누누이 말씀드린 대로 묵자 철학에서 국가는 철저히 하느님 뜻의 대행자이구요, 그 하느님은 자신이 좋아하고 싫어하는 바가 명확합니다. 자신이 좋아하는 일을 사람이 하면 그만큼 복을 주고, 자신이 싫어하는 바를 사람이 하면 벌을 준다고 하는 하느님의 뜻을 묵자의 국가는 철저히 대행해야 합니다. 하느님의 뜻에 따라 움직이는 국가의 법이 사람들에게 상과 벌을 보장하고 구현해야 하는 거지요. 그러니 결국 묵자에게 법은, 하느님 뜻을 구현키 위한 국가 행정의 시작과 끝이라고 보시면 됩니다.

이렇게 애초에 묵가는 법과 가깝습니다. 유가처럼 이것이 옳으니 따라와라, 의무이니 해야 한다고 타이르고 가르치기만 해서는 안 된다고 봅니다. 이익으로 설득을 하고, 그 이익을 명확히 법에서 상으로 규정합니다. 반대로 공공의 이익을 해치는 자에겐 법에 명확히 처벌을 규정하고 페널티를 가해 사람들이 그리 가지 않도록 합니다. 이렇게 상과 벌을 명확히 규정한 법을 정치와 행정의 필수적인 수단으로 생각하기에 묵자는 무수히도 법을 만들어내고 가다듬었습니다. 그리고 실제 현장에서 사람들에게 법이 이런 이유로 만들어졌다, 또 법의 정확한 내용과 집행은 이렇게 된다며 알려주고 가르쳐주는 활동을 했다고 합니다. 그리고 또 법을 명확히 공정하게 집행했고요.

또한 항상 통치 권력의 일원화와 효율화를 고민하는 것이 묵가라고 했습니다. 묵자가 말하는 겸애는 그런 시스템에서 가능하고, 그런 시스템을 그들은 '상동'을 중심으로 말했는데요. 그들이 말하는 법치 역시 상동 이론으로 대변되는 묵가의 효율적, 일원적 정치 시스템과 같이 가는 것이었습니다. 더욱 효율적으로, 일원적으로 체제가 움직이려면 체계적인 법의 정비와 집행이 필수적이었겠죠.

마지막으로, 묵가는 말 잘하고 언변에 능하도록 힘썼다고 했는데, 법은 논리가 생명이고 법을 다루는 사람은 그 사회에서 누구보다도 말 잘하고 언변에 능한 경우가 많죠. 법정 공방 생각해보시면 이해가 빠를 겁니다.

그리하여 묵자들이 활약하는 와중에 진은 강해져만 갔습니다. 나머지 열국들이 도저히 감당할 수 없을 정도로.

그런데 결국 묵자 무리와 진나라의 유쾌한 동거는 통일 제국이 형성되고 나서 끝나고 말았습니다. 동거 기간 중에 진이 크게 팽창하고, 묵자 무리는 대접을 받으면서 정치 일선에서 활약했지만, 그들의 동거는 결국엔 파국으로 가고 말지요. 어찌된 영문일까요?

묵가는 어떻게 사라졌나

진과 묵자 무리의 결별, 아니 정확히 말해 진나라의 묵가 탄압과 대대적인 청소의 원인. 그것에 대해 말해보자면 우선 앞서 말씀드린 대로 통일 제국, 전제 왕권 국가와 묵자 무리는 애초에 물과 기름일 수밖에 없다는 것.

전국을 통일했습니다. 이제 통일 제국의 시대가 열렸습니다. 그런데 묵자 무리는 말씀드린 대로 무인 집단입니다. 진나라 조정에서도 칼을 차고 다녔으며, 제자들을 교육할 때 무예와 전법, 전술에 대해서 가르쳤고, 또 묵자 집단은 군법과 유사한 내부 규율과 법으로 집단 스스로를 단속하면서 규율 위반자를 조직의 법대로 다스렸습니다.

국가란 무엇입니까. 여러 가지 답을 낼 수 있는데 일단은 폭력을 독점하는 존재입니다. 경찰과 군대로 대표되는 막강한 폭력을 독점하는 존재라는 점을 국가를 설명하는 데 빼놓을 수 없겠죠. 그것이 국가의 본질인데, 전제 왕권 국가에서 민간의 무장 집단을 두고 볼 수 있었을까요? 통일 전엔 국가가 나름 그들을 필요로 했습니다. 그리고 어떤 나라가 그들을 위험한 집단으로 인식해 탄압하려 하더라도 그들은 다른 나라로 도망하면 그만이었습니다. 하지만 이제 전제 왕권의 통일 제국이 생긴 이상 이야기가 달라졌습니다. 이제 정말 국가가 용인할 수 없는 집단이 되었고, 또 그들에게는 도망칠 수 있는 외부 공간이 없어졌습니다.

게다가 제도권에 많이 편입되어 활약했다지만 그들이 하층민을 대변하는 자들이라는 점은 항상 변함이 없었습니다. 제도권에서 활약하기도 하고, 분열되어 서로 원조니 사이비니 갈등을 빚었어도 묵자 무리는 그 정체성을 벗어던지지 않았죠. 자, 이렇게 사적으로 무력을 보유한 데다가 하층민을 대변하는 집단. 통일 제국은 그들을 더더욱 두고 볼 수 없었을 것이고, 그리하여 이제 탄압에 나섭니다.

그리고 진시황의 행보를 말하지 않을 수 없습니다. 아방궁과 만리장성으로 대변되는 진시황의 백성 착취와 예산 낭비. 철저히 반묵反墨적인 행보를 그는 걸었습니다.

여기서 질문 하나 던져보겠습니다. 묵자 무리가 언제 진나라에 들어갔을까요? 진묵에 대해서 연구하신 이성규 선생님은 진 헌공獻公(서기전 424년~서기전 362년) 때를 기점으로 말씀하셨습니다.* 진은 본래 순장이 성행하던 나라였는데 진 헌공 때 순장이 법으로 금지되고

* 《중국고대제국성립사연구─진국 제민지배체제의 형성》, 일조각, 1985

이후 근절되다시피 합니다. 순장만 금지된 게 아니라, 헌공 때부터 진나라 지배층의 장례 문화 자체가 다른 중원 열국에 비해 아주 간소해졌다고 합니다. 그것을 근거로 묵가가 그때부터 진나라에 들어가 활약하기 시작했다고 보는 것입니다.

묵자는 하층민의 기본 생활 유지와 직결되는 분배 정의와 이익 공유를 항상 강조합니다. 그래서 지배층의 호화롭고 사치스러운 관습에 반대했습니다. 지배층이 낭비해대면 결국 하층민들에게 돌아가는 게 없으니까요. 그러한 묵자의 태도는 〈사과辭過〉 편, 〈절장節葬〉과 〈절용節用〉, 〈비악非樂〉 편 등에 잘 드러나죠. 그렇기에 진 헌공 시기 갑자기 순장 금지와 장례 간소화가 단행되고 이후 그것이 철저하게 관철된 것을 보니, 이때부터 진에서 묵자 무리가 등용되고 지속적으로 그들의 주장이 존중되었다고 보는 것이죠. 그런데 진시황(서기전 259년~서기전 210년)이 삐딱선을 탑니다.

통일되고 나니 이제 뭐 상관없다는 것인가요? 민력民力을 소모하고 재화를 낭비하는 무리수를 두기 시작합니다. 아방궁과 자신의 무덤을 초호화판으로 건설하고, 만리장성 같은 대대적 토목 공사를 벌이는 등 혈세를 낭비하고 착취를 일삼습니다. 이러니 묵자 무리가 말이죠, 제도권 묵가든 비제도권 묵가든 좌시하고만 있었을까요?

앞서 통일 제국 들어서 묵자 무리가 설 자리가 없어졌다고 했는데 통일되자마자 묵자 무리가 죄다 설 자리를 잃고 자취를 감추지는 않았을 것입니다. 제도권에서 일하던 일선 행정가들을 한꺼번에 없앨 수 있었을까요? 검증받고 신뢰받는 행정의 중추들을 당장에 섣불리 쓸어낼 수는 없었을 겁니다. 하지만 시황제의 철저히 반묵적인 행보는 어떤 참사를 불러오고, 묵자 무리에게 어떤 종지부를 찍게 한 것 같습니다.

분서갱유焚書坑儒라고 합니다. 하지만 '분서갱유'는 진시황의 정치적 실책과 폭정을 정확히 지적하는 말이 아닙니다. '분서焚書'(책을 불살라 버림)라고 하지만 왕실 도서관에 수집된 수많은 책이 고스란히 있었고요. 문화의 줄기가 되는 귀한 서적들이 소실된 데는 진의 수도 함양을 초토화시킨 항우의 잘못이 더 큽니다. 정말 함양을 하얗게 불태웠으니까요. 그리고 '갱유坑儒'(유학자를 구덩이에 묻음)라고 하는데 '갱묵坑墨'이 더 정확한 표현일 겁니다. 제도권 묵자들이 바른 말 하다가 무수히 죽어나갔으니(사실 묵가뿐만 아니라 동방 제나라 출신 방사方士*들도 꽤나 죽었는데 어쨌거나 유가는 별 피해 없었습니다).

이렇게 진에 의해 희생되었지만 진의 멸망에 대해서도 묵자 무리는 덤터기를 써야 했습니다. 망할 놈의 진나라, 결국 망할 만해서 망했다, 아니 망해야 했다. 그런데 진을 키운 데 지분이 큰 묵자 세력. 종국에는 심하게 탄압받았다지만 어쨌든 묵가는 진의 멸망과 함께 역사적 책임도 같이 짊어지게 되었습니다. 진 하면 지긋지긋하다, 묵자 무리도 그놈이 그놈이다. 묵자의 묵도 꺼내지 마라. 이렇게……

사실 묵가의 멸망을 이야기하는 데 이렇게 장황하고 잡다한 원인 분석, 그건 어쩌면 불필요한 것일 수도 있습니다. 애초에 그들은 너무도 예외적인 존재였고, 너무도 예외적인 존재가 사라진 건 전후 맥

* 방술方術이라 하여 신선이 되기 위한 방법과 수련에 몰두하던 사람들이 있었습니다. 불로장생을 염원하던 진시황이 이들에게 많은 관심을 보였는데, 그러다가 서복 같은 방사에게 사기도 당했죠. 그래서 진노한 진시황이 방사들을 많이 죽였습니다.

락과 원인 생각할 것도 없이 그냥 당연한 일이라고 볼 수도 있지요. 애초에 그런 집단이 생겨나고 자라난 것 자체가 신기한 일이었던 거죠. 하층민을 대변하는 묵자의 사상, 그리고 그 집단의 성격, 내부적으로 법이 있고 독립적인 사회처럼 조직적으로 구성되어 움직이고 거자라는 지도자가 왕에 가까운 권력을 행사하고 그 조직은 무시할 수 없는 무력과 전쟁 노하우까지 보유하고.

그 집단과 사상은 애초에 전국 시대라는 커다란 유동성의 시대, 기존의 질서가 완전히 와해된 혼란의 시대에서나 숨 쉴 수 있고 움직일 수 있었던, 지극히 예외적인 존재였으니, 사라진 게 별스런 일이 아니라 존재했던 것이 별스런 일이었던 겁니다. 그렇습니다. 정말 묵자는 예외적인 사상가였고 묵자 집단은 예외적인 존재였으며, 그렇게 예외적인 존재를 잉태해 출산한 것도 역시 지극히 예외적인 시대적 배경과 조건이었습니다. 그런 그들이 사라지고 절멸된 것, 2000년 넘게 누구의 관심도 받지 못한 것, 그것은 의아스러운 일이 아니라 어쩌면 군인들이 삽질하고 우리가 아침에 일어나 세수하는 일처럼 당연한 일일지 모릅니다.

하지만 그들이 정말 절멸되었을까요? 그런 것 같지는 않습니다. 제도권 내 묵자들 중 일부는 법가적 관료, 지식인으로 세탁해서 살아남았다는 말이 있습니다. 사상적 생명은 끊어졌어도 생물학적 생명은 이어갔다, 뭐 그런 거 같아요.

그런데 '진이 망했으니 진을 만든 법가들 역시 탄압받고 퇴출되지 않았나? 그럼 법가로 변신했어도 살아남을 수 없었을 텐데' 하고 생각할 수도 있습니다. 그러나 법과 법가 관료들이 진과 결부된다고 해서 한나라 때 초기부터 법가적 지식인과 관료에 대한 아주 나쁜 인식이 바로 생겨 굳어지고, 그들이 일괄 폐기 처분되고, 법가 사상에 대한 논의가 금기시되었을까요?

진의 멸망 후 법가적 관료와 지식인이 싹 청산된 것은 아닙니다. 진의 역사적 과오에 대한 두들겨 패기는 한나라(전한)가 생기면서 시작되고 줄곧 계속되었지만, 그렇다고 한漢 왕조가 열리자마자 진나라의 법과 법가적 지식인들, 엄밀히 말해 법 친화적 지식인들이 일괄 폐기 처분된 건 아닙니다. 통일 제국 한도 진나라의 법과 제도 시스템이 필요했고요(사실 한나라는 진이 만든 인프라를 상당 부분 날로 먹었죠).《염철론鹽鐵論》*이란 책만 봐도 알 수 있듯이 진나라의 법가적 지식인들은 한대漢代에도 여전히 살아남아 활동을 했습니다.

사실, 한 동아리로 묶여서 탄압받고 폐기 처분되려면 조직적 집단으로서 법가란 것이 실제로 존재했어야 하죠. 그런데 앞에서도 잠깐 얘기했지만 법가는 묵가나 유가와는 다릅니다. 최소한 춘추전국 시대에는 실체가 있는 집단으로서 움직이거나 인식되지 않았습니다.

오기吳起, 신불해申不害, 신도愼到, 상앙, 이사李斯, 한비자 등 법가 지식인 내지 사상가로 불리는 사람들은 묵가와 유가처럼 동일한 스승을 모시며 같은 학파로서 양성되거나, 서로 어떤 공감대 내지 연

---

* 전한前漢의 선제宣帝 때(서기전 74년~서기전 49년) 환관이 편찬한 책. 무제武帝 때(서기전 141년~서기전 87년) 비롯된, 소금·철·술 등을 정부가 거둬들여 공급을 조정하여 물가를 조절하는 정책의 존속 여부를 두고 전국 각지에서 천거된 지식인들이 조정에 모여 논의한 내용을 수록한 책. 참석자들 중 유학자들은 제도 폐지를 주장하고, 관리들은 법가적인 근거를 들어 제도 존속을 주장했습니다 (두산백과사전 참조)

대의식을 가진 사람들이 아니었구요, 또 당시 사람들이 보기에 한 동아리로 묶을 수 있는 사람들이 아니었습니다.

사실 오기는 증자曾子의 제자였고 한비자와 이사는 순자의 제자였습니다. 증자고 순자고 다 유가 쪽 사람이죠. 법가로 분류된 사상가 내지 정치가들은 그냥 여러 학파에서 나온 예외적 인물이거나 그저 탁월한 현장 정치가였을 뿐입니다. 이들이 법가라는 한 패밀리로 묶인 건 후대의 인식이 만든 산물일 뿐입니다. '우린 법가야, 법가 이상을 구현해보자'고 한 사상가 집단이 있었던 게 아니라, 후세 사람들이 보기에 비슷한 성향을 보인 사람들 누구누구를 묶어서 법가로 명명한 것이죠. 춘추전국 시대부터 한 초까지 '실체적 집단 내지 세력'으로 존재하지도 않았는데, 어떻게 한데 묶여 환영받거나 탄압당하거나 금기시되나요?

그건 한나라 때 궁중의 도서관 업무를 맡은 전문 학자 관료들과 지식인들이 제자백가 사상가의 저술과 유파를 자신들 나름의 기준대로 분류하고 범주화한 뒤의 이야기입니다. 이런 이런 사람들이 좀 비슷해 보이네, 법가라고 하자. 그럼 그들의 책이 법가 원전이 됩니다. 그런 인식이 표준화된 다음 사람들이 그것을 가지고 춘추전국 시대 사상사를 읽고 평가하고, 평가하고 나서 딱지를 붙이고 했던 거죠.

도가도 마찬가지라서, 같은 도가 사상가로 분류된 장자와 노자의 문제의식은 완전히 달랐고 서로가 서로를 알지도 못했을뿐더러, 정말 도가라는 집단이 묵가나 유가처럼 동일한 스승을 모시는 학파나 정치적 운동을 벌인 세력으로서 존재했던 것이 아니죠. 도가도 역시 선진 시대 문헌과 사상가들에 대한 한대 지식인의 분류에 의해 만들어진 것이고요, 명확히 '가家'로서 존재하고 인식되고 싸우고 배척받고 환영받고 한 건 묵자와 유가뿐입니다. 종횡가縱橫家니 명가名家니 도가니 법가니 하고 같은 제자백가諸子百家로 묶였다고 해도 다 같은 것이 아닙니다.

그리고 사실 정치적 운동을 벌인 조직체, 결사체는 묵가가 유일했습니다. 유가는 학파로서 존재했는데 아주 많은 분파로 쪼개져 있었으며 조직적으로 정치적 운동을 벌이지는 않았습니다.

자, 이렇게 법가가 실체로서 존재한 것이 아니기에 전한 시대에 들어서도 상당 시기 법가적 관료들은 활동을 했고, 법가적 관료로 변신 내지 위장한 제도권 묵자들은 일부라도 살아남을 수 있었죠. 아니 정확히 말하자면 제도권 묵자들은 그냥 법을 중시하고 법을 잘 운용하고 현장 정치에 능한 관료로서 활동했던 것이 아닐까 합니다. 법가라는 자의식을 가지거나, 난 이제 법가로 변신 내지 위장해야지 하고 의식적으로 생각한 것이 아니라는 거죠. 그렇기에 진이 멸망하고 진의 실책이 비판받던 시기에 묵자 무리는 배척당했어도, 법을 잘 다루는 현장 관료 내지 지식인들은 살아남은 겁니다. 법을 잘 알고 잘 다루고 잘 적용하는 현장의 관료 내지 예비 관료들, 그들이 묵자의 이상을 추구하지도 않는데 탄압할 이유가 있을까요?

더구나 한나라는 저렇게 춘추전국 시대 학문과 사상을 분류하고 유학을 국교화하여, 겉으로는 유가를 넘버원으로 내세우고 법가(자신들이 재구성한 겁니다, 엄밀히 말해)를 공격하면서도 실제로는 법에 의존하는, 말하자면 '외유내법外儒內法'이라는 기제로 제국을 운용했는데요. 그러니 법을 아는 인사들이 필요했겠죠. 자, 이렇게 제도권 내의 묵자 무리가 모두 절멸된 건 아니었습니다. 사실 묵자의 이상을 버렸기에 사상적 절멸이라고 해도 할 말은 없지만요.

그리고 비제도권 묵자들도 모두 절멸된 건 아닙니다. 아, 앉아서 개죽음을 당할 수는 없는 노릇 아닙니까. 그렇다면 어떻게 했을까요? 어떻게 살 방법을 찾았을까요? 바로 강호로 갔다고 합니다. 산으로, 강으로, 오지로 숨어버린 거죠. 그렇다고 활동 자체를 끊은 건 아닙니다. 애초에 묵가 무리 중 공인, 장인 말고 누가 많다고 했죠? 바로 무사들. 이 무사들이 정치 무대에서 사라진 뒤에도 민중의 억울함과 원한을 풀어주는 해결사로 활동을 했다네요. 무림, 무협의 세계가 이때부터 만들어진 거라는데……. 정작 강호江湖라는 말은《장자》에 처음으로 쓰였는데 강호의 세계를 연 건 묵자 무리. 그리고 묵자 무리가 협객으로 활동한 건 전국 시대 끝물. 그러니까 통일 제국이 완전히 열리기 전이지만 서의 눈앞으로 다가온 시점부터 눈에 띄기 시작했던 것 같습니다. 그건《한비자》를 비롯한 전국 시대 문헌들이 증명하죠. 그렇게 협객으로 활동하던 사람들이 있었는데 통일제국 시대가 열리면서 탄압이 본격화하니 더욱 숨은 채 활동하게 되었던 게 아닌가 싶습니다.

자, 이렇게 진나라와 묵가를 연관 지어 이야기해봤습니다. 왜 진이 강해지고 천하를 통일하게 되었는지, 왜 진에서 묵자 무리가 등용되었고 어떻게 활약을 했는지, 그리고 진과 진묵의 동거가 어떻게 끝나게 되었는지를 아주 장황하게 이야기했네요.

그런데 말입니다, 진과 묵자를 연관 짓는 건 정작 철학계 쪽에선 별로 하지 않고 역사학계에서 많이 연구되고 지적되었습니다. 특히 일본의 고대 중국사 학계에서 많이 다루어졌죠. 그리고 한국에서는 동양사학자인 이성규 선생님께서 《중국고대제국성립사연구—진국 제민지배체제의 형성(中國古代帝國成立史研究 : 奉國齊民 支配體制의 形成)》이란 책에 아주 상세히 다루셨습니다. 진에서 묵자 무리가 어떻게 활동, 활약했는지 궁금한 분은 참고하시길 바랍니다.

아, 그리고 《여씨춘추呂氏春秋》라는 책이 있습니다. 진의 재상 여불위와 그 식객들이 만든 문헌으로 전국 시대 여러 사상을 모아놓은 책인데요, 진나라에서 만들어져서 그런지 묵가 사상이 많이 담겨 있고, 또 묵가의 역사적 행적을 적지 않게 실어놓았습니다. 〈당염當染〉, 〈수시首時〉, 〈거사去私〉, 〈거유去宥〉, 〈중기重己〉, 〈절상節喪〉, 〈안사安死〉, 〈존사尊師〉, 〈하현下賢〉 등 적지 않은 편이 묵가와 연관되는데, 실제 여불위 문하에 적지 않은 진묵이 있었다고 합니다. 그리고 《묵자》 원문 뒷부분에 있는, 군사 관련 편인 〈영적사迎敵祠〉, 〈기치旗幟〉, 〈호령號令〉, 〈잡수雜守〉 네 편에는 진나라 특유의 관작, 녹봉, 형벌, 제도, 풍속에 속한 명칭이 나옵니다. 《여씨춘추》처럼 진묵의 존재를 보여주는 증거라 하겠습니다.

마지막으로 여담인데, 〈상동〉 편 얘기할 때 하려고 했습니다만 여기서 미리 이야기하겠습니다. 묵가 사상이 법가 사상과 친화성이 있는 것은 분명합니다. 통치 권력 그 자체를 중요시하고 공적 기구가 인민 한 사람 한 사람을 법과 제도로 일괄 지배 내지 관리하도록 하려고 합니다. 그런데 묵가는 통치 권력과 국가를 수단으로서 사고함니다. by 통치 권력. 하지만 법가는 통치 권력, 국가, 군주 그 자체가 지상 목표입니다. for 통치 권력.

국가의 힘이 세지고 군주의 힘이 강력해지고 통치 권력의 누수가 없고, 하는 것 자체가 법가 사상의 전부라고 할 수도 있습니다. 그러나 묵가는 저런 것들이 궁극적으로 인민 하나하나를 위해야 하고 인민들이 잘사는 세상을 만드는 데 쓰여야 한다는 것이죠. 사실 'by 통치 권력'의 논리가 'for 통치 권력'의 논리로 변질될 우려가 있지만, 애초에 문제의식은 상당히 다릅니다. 부분이 얼마나 전체를 위하게 하느냐가 법가라면 전체가 얼마나 부분을 위하게 하느냐가 묵가죠. 행여 뒤에 〈상동〉편을 볼 때 법가식의 전제군주 체제 확립을 위한 이론으로 오해하지 마시길. 그때 가서도 다시 얘기하겠지만요.*

* 법가와 묵가는 이렇게 전체와 부분을 양 축으로 놓고 사유를 합니다. 어느 것이 어느 것을 위해야 하는지가 다르고 그 차이가 아주 크지만, 거칠게 말해 '전체와 부분'이 두 사상의 키워드라 할 수 있죠. 한편 유가는 '명名과 실實'로 통쳐서 말할 수 있습니다. 현실의 인간들(實)이 자신에게 부여된 신분과 위상(名)에 부합하게 행동하고 덕을 쌓아야 한다는 것이죠. 말 그대로 명실상부하게. 이왕 이야기를 꺼냈으니 좀 더 하자면 유가는 귀에 초점을 둡니다. 경청의 철학, 자식 말 잘 들어주는 어머니와 같은 마음의 성인. 법가는 눈에 초점을 둡니다. 밑에 간신배나 인민들이 애먼 짓 못하게 철통같이 감시하려 하는 군주를 위한 철학. 묵가는 입에 초점을 둡니다. 커뮤니케이션, 논쟁과 주장 전개, 말 잘하기, 합의와 조정. 도가는 아마 코에 두지 않을까 싶네요. 앞선 세 학파처럼 딱 부러지게 어느 감각기관으로 상징된다고 못하겠지만 귀신같이 냄새를 맡아 자기 살 길을 찾는 그런. ^^

묵가 사상의 비조,
그 이름 자로여

《논어》라는 화단에 핀
색다른 꽃

위대한 사상가가 있습니다. 그가 조명받고 스승으로 대접을 받습니다. 그럼 사람들은 그 사상가의 스승을 찾아보고자 하고, 스승이 아니더라도 그 사상가에게 영향을 준 인물들을 탐색합니다.

묵자는 분명 위대한 사상가였고 동아시아 사상과 철학을 이야기할 때 빼놓을 수 없는 인물입니다. 허나 묵자를 이야기할 때 그의 스승이나 그에게 영향을 준 인물 내지 그 사상의 모태를 찾아보고자 하는 노력은 거의 없었습니다. 그만큼 묵자가 충분히 조명받지 못하고 비주류 중의 비주류로 대접받았음을 여실히 보여주는 일이죠.

하지만 묵자 여행을 해나가는 우리는 이 시점에서, 묵자의 스승 내지 그에게 영향을 준 인물, 묵자 사상의 형성에 지분이 있는 인물을 찾아볼 만하지 않습니까? 그런데 있습니다. 묵자 사상에 영향을 미치고 그의 사상이 만들어지는 과정을 이야기할 때 꼭 짚어봐야 할 인물이. 바로 《논어》에 등장하는 자로子路입니다. 공자의 제자, 자로. 본명 중유仲由.

묵자가 조명되지 못해서일까요? 자로도 조명되지 못했습니다. 아니 차라리 조명되지 않았으면 좋으련만 오해와 왜곡된 시선 안에 갇혀 있었습니다. 그저 성격이 급하고 거칠고 스승 공자의 말에 말대꾸나 해대는 철딱서니 없는 인물로 희화화되었습니다. 공자가 등장하는 만화나 영화에서 거의 《삼국지》의 장비와 유사한 캐릭터로 그려지는, 우스꽝스럽고 과격해 보이기만 하는 인물이죠.

그러나 자로는 단순히 스승에게 말대꾸를 한 것이 아니라 스승과 다른 독자적인 노선과 견해가 있었고, 그것은 설익지 못했더라도 분명 의미 있는 문제의식을 담고 있었으며, 어떤 정치공동체의 청사진을 만들 수 있는 튼실한 씨앗이었다고 저는 생각합니다. 절대 무시할 만한 인물이 아니고 오해의 늪에서 반드시 빼내 조명해야 할 인물로서, 묵자를 이야기하는 데 그를 빼놓고 가서는 안 된다고 봅니다.

자, 이제 자로 이야기를 좀 길게 할 텐데, 본격적으로 들어가기 전에 《논어論語》란 책과 《논어》에 등장하는 여러 제자들에 대해서 먼저 짚고 넘어가고 싶습니다.

첫째, 《논어》는 정치사상서입니다. 당시 공자를 비롯한 제자백가 사상가들은 거의 모두 정치사상가였고, 《논어》뿐 아니라 제자백가의 가르침을 담은 저술들은 다 정치사상서였습니다. 무질서의 시대에 질서를 부여하고 난亂의 시대를 치治로 이끌려는 방법과 수단, 이념을 이야기한 책들이죠. 그렇기에 정치적 맥락과 동떨어진 채 그 책들을 읽는 것은 좀 세게 말해 삽질에 불과합니다. 당대의 정치 현실이 그 사상가들과 그들의 언설과 저술을 만들었는데, 정치적 맥락을 배제하고 독해하면 그들에게 제대로 접근할 수 없고, 그들의 생생한 목소리와 절실한 문제의식을 알아볼 수 없습니다. 자연히 얻을 수 있는 것도 없지요.

《논어》 첫 구절을 볼까요. 많이들 아시는 내용입니다.

> 공자께서 말씀하시기를, 배우고 또 익히면 역시 기쁘지 아니한가.
>
> 벗이 있어 멀리서 찾아오면 역시 즐겁지 아니한가.
>
> 남이 알아주지 않아도 성내지 않으면 역시 군자가 아니겠는가.
>
> 子曰, 學而時習之, 不亦說乎
>
> 有朋自遠方來, 不亦樂乎
>
> 人不知而不慍, 不亦君子乎

공자의 가르침은 '학學'으로 시작합니다. 學은 배움을 말합니다. 하지만 단순히 study, learn이 아니라 정치 현장에 나가기 이전의 준비이고, 더 나아가 學은 정치 현장에서 바람직한 덕목을 실천하는 것, 그리고 정치공동체를 조화롭게 만들기 위한 모든 행동까지 포괄합니다.

그리고 그다음 구절에 바로 나오는, 나를 찾아와 기쁨을 주는 벗은 그냥 친구고 동무가 아니라 같은 이상을 가지고 같이 정치공동체를 꾸려가려는 학문적 도반 내지 정치적 동지라고 보시면 됩니다. 공자가 단순한 우정의 즐거움을 이야기했을까요? 단순한 우정의 즐거움은 누구도 말할 수 있습니다. 시정잡배나 건달도 이야기할 수 있습니다.

그다음에 남들이 나를 알아주지 않아도 서운해하지 않아야 진실로 군자다운 것이라고 공자는 말합니다. 남들이 나를 알아주고 안 알아주고의 문제는 정치 현장에 등용되느냐 마느냐의 문제이고, 등용되지 않아도 서운해하지 않는다는 것은 아직은 자신이 정치 현장에 나아가기에 제대로 준비되지 않았음을 인정하고 스스로를 점검해 더 공부하고 더 준비한다는 말이죠. 이렇게 정치적인 맥락에서 독해할 필요가 있습니다.

그런데 정치사상서라면 그 안에 있는 여러 가지 의견의 충돌과 논쟁 역시 정치적인 것이겠죠. 정치적 견해와 노선이 다르고 그래서 갈등하는 거죠. 실제 《논어》 안에서 제자들과 공자 사이의 의견 불일치, 내지 다소 긴장된 분위기가 깔린 문답을 보면, 스승 공자가 단지 공부가 덜 된 제자들을 일깨우고 일방적으로 가르치는 것이 아니라 서로간의 정치적 견해와 노선이 달라 벌어진 의견 충돌인 경우가 많습니다. 그 경우 공자가 이런 것이다 하고 가르쳐도 제자들은 쉽사리 동의하거나 설복되지 않습니다. 정치적 논쟁에서 쉽사리 백기 드는 사람 보셨습니까?

《논어》 〈양화陽貨〉 편에서 제자인 재아宰我는 삼년상의 필요성 유무에 대해 공자에게 문제를 제기하고, 그러면서 군자의 할 일과 의무에 대해 공자와 다른 생각을 개진하는데, 급기야는 공자의 관점과 다르게 군자에 대해 재정의합니다. 공자의 군자는 수양의 정도가 깊은 유덕자有德者인데, 재아는 덕의 유무와 상관없이 정치적 지위와 힘을 지닌 사람을 군자라고 하면서 군자가 삼년상을 하게 되면 심각한 국정 공백 현상을 초래한다고 했죠.* 이때 재아가 단순히 스승이 말하는 삼년상이 불필요하다고 생각해 문제를 제기했던 것일까요? 그렇다면 정치 지도자의 의무와 정치 지도자에 대한 정의까지 이야기를 확대해가며 열을 올려 공자와 다른 의견을 고집하진 않았을 겁니다.

또, 자공子貢이란 제자는 곡삭례告朔禮(매달 초하루 제후가 시조의 사당에 양을 바치며 올리는 제사) 의식에 희생양을 바치는 제도를 없애자고 하다가 공자에게 핀잔을 듣습니다(《논어》〈팔일八佾〉편).

"자공아, 너는 그 양을 아끼느냐? 나는 그 예를 아낀다."

이 이야기는 흔히, 이재에 밝은 자공이 별로 중요하지도 않은 의식에 양이 희생되는 것을 아까워해 관습을 폐지 내지 수정하려고 한 것이라고 독해되었는데요, 자공이 단지 양이 아까워서 공자와 다른 생각을 한 것일까요? 공자의 예 중심 정치 노선과 다른 정치 노선을 생각한 것이 아닐까요?

그리고 번지樊遲라는 제자는 공자에게 농사짓는 법을 여쭙다가 소인이라는 소리까지 듣습니다(《논어》〈자로〉편). 그런데 번지가 정말 공자에게 농사의 요령과 기술을 배우려고 한 것일까요? 인민에게 생산

---

* 사실 재정의했다기보다는 재아가 군자에 대한 종래의 관점을 지니고 있었던 것인데, 말씀드린 대로 원래 군자는 최상위 신분 계층을 가리키는 말로 유위자有位者(지위가 높은 사람)를 일컫는 개념이었지 유덕자를 지칭하는 개념이 아니었죠. 공자 사상의 혁명적인 부분이 군자를 기존의 인식과 다르게 재정의한 것인데, 재아는 기존의 군자 개념을 고수한 게 공자와 논쟁을 벌였고, 이것은 실로 중대한 도전이라고 볼 수 있는 일이었습니다.

기반을 마련해주어 생산과 병역의 저수지가 될 수 있는 인민의 수를 안정적으로 확보하고 국가의 생산력을 높이는 방법에 대해 번지가 관심이 많았던 게 아닐까요?

이렇게《논어》안에 있는 공자와 제자들의 문답을 찬찬히 뜯어보자면 정치적인 주제를 다룬 것이 많고, 또 그 안에서 서로 다른 정치관과 노선이 부딪히고 있음이 보입니다. 그리고 제자들은 공자의 말에 순순히 '예, 알았습니다' 하고 수긍한 것 같지도 않습니다.

《논어》하면 그저 공자의 이야기가 대부분일 거 같고, 공자의 색깔만 보일 거 같은데 제자들이 공자에게 반론도 하고 문제 제기도 합니다. 제자들은《논어》텍스트 공동체에서 절대 엑스트라나 단순한 조연 정도가 아니에요.《논어》를 읽으면 비중 있는 조연으로 등장하는 제자가 많습니다. 그리고 그 조연들의 색깔이 천차만별입니다. 제자들의 수만큼이나 다양하게요. 안연(안회), 증삼(증자), 유약有若, 염유冉有, 민자건閔子騫, 재아, 자공, 자로 등《논어》에 핀 꽃은 공자 하나가 아닙니다.《논어》를 제대로 읽으면 정말 색색의 꽃이《논어》란 꽃밭에 피어 있음을 알 수 있습니다.

그리고《논어》라는 화단에 핀 여러 꽃들은 단순히 공자와 달라 공자에게 눌리는 목소리들이 아니라, 공자 사후 등장하는 여러 가지 사상의 예고편이고 전주곡입니다. 자로는 묵자 커밍 순coming soon, 안연은 장자 coming soon, 자하는 순자 coming soon, 증자는 맹자 coming soon. 그렇기에 절대 무시하지 말고 주목하면서 신중히 읽어봐야죠. 덜 영글었다고 하더라도 제자백가라는 사상의 백화점이 만들어지는 데 씨앗이 되었으니까요.

정치적으로 연관 지어 독해하고 제자들의 목소리와 색도 주목해라. 행여 처음 듣는 이야기라고요? 사실 그럴 수밖에요. '정치적'이라고 하면 반도덕적, 비윤리적, 파렴치한 행태, 원칙과 룰 무시, 권모술수, 중상모략 등 보통의 대중인 우리가 멀리해야 할 것이라는 인상이 먼저 떠오르는 게 현실입니다. 또 제자백가 사상과 사상가들을 철학, 철학자라고 보기에 서양철학을 공부할 때 보는 프리즘을 가지고 접근하기 쉽고, 그러다 보니 《논어》를 포함해 선진 제자諸子(여러 학파 또는 사상가들)의 저술들을 정치적인 맥락에서 독해하는 것이 잘 되지 않을 수밖에요. 정치 하면 신물이 난다고 정치적 맥락의 독해를 꺼리거나, 서양철학처럼 윤리학, 형이상학, 인식론, 언어철학으로 쪼개보려고 하니 정치적인 접근이 쉽겠습니까? 게다가 스승의 권위를 그저 하늘 위에 두고 군사부일체의 문화에서 살아온 우리가 동아시아의 스승이자 성인인 공자의 가르침이 담긴 《논어》에서, 공자가 아닌 제자들의 목소리와 색에 주목하기 쉬웠을까요? 이래저래 우리는 《논어》를 제대로 읽기 어려웠던 겁니다. 그러다 보니 《논어》 꽃밭에서 공자 사후 등장한 여러 사상의 예고편들인 꽃을 보지 못해왔던 것이죠.

공자 학단의
야당 대표, 자로

자로 아니고도 사실 묵자와 연관 지어 생각해봐야 할 인물들이 《논어》에 꽤 등장하는데, 한번 자로를 중심으로 《논어》를 읽어보며 어떤 측면이 또 무엇이 묵자와 연관되고 묵자 사상의 형성과 관련되는지 보도록 합시다.

앞서 유가와 묵가를 같이 이야기할 때 공자 사상의 한계와 약점을 이야기했습니다. 정치를 도덕의 영역, 수양의 영역에 함몰시켰으며 이익의 분배와 다양한 국가행정 영역의 전문성에 소홀한 것 등을 이야기했죠. 정치공동체의 구성원이 될 수 있는 개인이 도덕적으로 거듭나고 그런 사람들끼리 이상적인 연대와 화합을 이루면 다 잘될 것처럼 공자는 이야기합니다. 교육과 문화의 수혜자 층은 주로 귀족과 제도권 안의 사람들일 텐데, 정말 그들이 도덕적으로 거듭나서 화합하면 정치공동체의 현실이 술술 잘 풀리겠다 싶어서 제자들이 모두 "스승님 말이 옳아요, 스승님 생각에 그저 따르겠습니다" 하고 고개 넙죽 숙이고 갔겠습니까. 실제 공자의 제자들 중 그 사상의 한계 내지 약점을 보고, 또 스승과 다른 생각을 가진 제자들이 있었죠. 그중 대표적인 인물이 자로이고요.

자로는 많은 사람들이 오해하고 무시했지만, 당대의 평가는 아주 좋았던 인물입니다. 의인이고 신의를 아는 거물로 받아들여졌고, 현장에서 정치 수행 능력을 인정받았던 사람입니다. 공자와 겨우 여덟 살 차이인 자로, 친구 먹어도 될 정도로 나이 차이도 많지 않았던 제자 자로는 공자 학단에서 다른 생각과 사상을 가진 정도가 아니라 나름의 지지자까지도 거느렸습니다.

우선 자로라는 인물의 출신이나 공자 학단에 입학하기 전의 모습, 그리고 입학하는 과정에 대해서 이야기해보자면, 일단 《순자》란 책에서 자로는 '비천한 사람〔鄙人〕'이라 소개되는데요, 출신이 가난하고 정치적 특권층 내지 귀족 신분과는 거리가 먼 사람이었던 모양입니다. 《설원說苑》이라는 중국의 고전 설화집에도 "나 자로가 옛날에 부모를 모실 때 늘 콩을 먹었지만 부모를 위해 백리 밖에서도 쌀을 구해 짊어지고 왔다"며 자로가 가난했던 소년 시절 이야기를 하는 장면이 나옵니다. 《사기》〈중니제자열전〉에는 자로가 공자의 제자가 되는 과정이 나오는데, 자로와 공자의 첫 만남 장면이 생생하게 묘사되어 있습니다.

자로는 성질이 고약하고 용맹한 힘을 숭상하며 심지가 강직했다. 머리에 쓰는 관에는 수탉의 꼬리를 꽂고, 수퇘지 가죽으로 만든 주머니를 허리에 차고 다녔으며, 공자를 업신여겨 난폭하게 굴었다. 그러나 공자가 예禮로 자로를 대하며 인도하자 나중에는 유자儒者의 옷으로 바꿔 입고 제자의 예를 갖춘 다음 제자 되기를 청했다.

아니 세상에, 처음 공자를 만났을 땐 공자를 두들겨 패기라도 하려고 들었던 모양이네요. 공자 관련 자료나 문헌을 보면 공자도 아주 체격이 큰, 요샛말로 한주먹 하게 생긴 사람인데 그런 공자를 업신여겨 패주려고 하다니. 자로도 어지간했나 봅니다. 공자가 그런 자로를 예로써 대우해주고 차근차근 자상하게 달래자 설복되어 스스로 제자가 되겠다고 공자 학단에 입문하게 된 것 같은데요. 근데 전 가끔, 짓궂지만 그런 생각도 해봅니다. 실제 공자와 자로가 1대1로 붙었는데 자로의 KO, 공자의 승리!! KO 당한 자로가 무릎 꿇고 "앞으로 형님으로 모시겠습니다!" 공자는 이에 한마디 "까불지 마!!!!"라고 응수. 낄낄.

형님이라……. 둘이 겨우 여덟 살 차이죠. 옛날에는 상놈들이나 나이 따진다고, 여덟 살이면 친구 먹을 수도 있는 나이 차인데요. 실제 공자와 자로는 스승과 제자라기보다는 형님과 아우, 어쩌면 친구 같기도 한, 생각과 노선의 차이는 있어도 삶의 동반자였지요.

비천한 출신, 무武를 숭상하고 용기만큼은 세상 누구도 부럽지 않았던, 전통문화나 질서의 외곽에 있었던 사나이. 이러한 자로가 공자의 제자가 되었는데, 비천한 출신이었지만 자로만의 자산으로 현실 정치에 등용되어 이름을 날리며 노나라와 그 옆 위나라에서 나름 거물로서 활동했지요. 정치 현장에서만은 공자보다 인정받은 셈이죠.

　일단 자로를 가장 가까이서 지켜보고 그와 함께한 시간이 가장 많은 스승 공자의 평가를 보죠. 그리고 공자와 자로가 주고받은 말들도 좀 볼까요.

공자께서 말씀하시기를, "도가 실행되지 않으니 뗏목을 타고 바다로 가고 싶구나. 나를 따를 사람은 아마도 자로겠지." 《논어》 공야장公冶長 편 6장
子曰: 道不行, 乘桴 浮于海. 從我者 其由與

계강자가 물었다. "자로는 정사에 종사하게 할 만합니까?" 공자께서 말씀하시기를, "자로는 과단성이 있으니 정사에 종사하는 데 아무 어려움이 없을 겁니다." 《논어》 옹야雍也 편 6장
季康子問, 仲由 可使從政也? 子曰: 由也果, 於從政何有

정사에는 자로와 염유다. 《논어》 선진先進 편 2장
政事, 冉有季路

분쟁 관련 소송이 있을 때 한쪽 말을 듣고서도 바로 양측 당사자 모두가 납득할 만한 판단을 명쾌히 내릴 수 있는 자가 자로다. 《논어》 안연편 12장
子曰: 片言可以折獄者, 其由也與

자로라면 가히 일국의 장수가 되어 군사를 총괄할 만하다.
《논어》 공야장편 7장

子曰: 由也, 千乘之國 可使治其賦也

해진 솜두루마기를 입고서 여우나 담비 털옷을 입은 자와 함께해도 자로
는 부끄러워하지 않을 사람이다. 《논어》자한子罕 편 26장

子曰: 衣敝縕袍, 與衣狐貉者, 立而不恥者, 其由也與

어째 자로 하면 원 펀치 쓰리 강냉이 식의 단순 무식한 무인의 모
습으로만 연상되고 스승에게 혼나는 장면이 떠오르는데, 《논어》전
편을 훑어보면 공자가 자로를 칭찬한 말이 많습니다. 현실 정치에서
수완을 인정했고 의리와 신의도 인정했으며 하층민이지만 부귀한 사
람들에게도 기죽지 않는 자긍심과 기백도 인정했는데요, 학문의 경
지에서 마지막 단계에 해당하는 입실入室을 하진 못했지만 대청에
올라왔다, 곧 승당昇堂의 경지에는 이르렀음을 인정하기도 했습니
다. 또 소송이나 분쟁이 있을 때 한쪽 말만 듣고도 한 큐에 명확하게
판단을 내릴 만큼 명석한 사람임도 인정했습니다.

갈수록 험악해져가는 시대, 전쟁 수요가 늘어나고 분쟁이 늘어나
고 씨족공동체에서 사람을 보호해주지 못하는 시대. 이제 슬슬 전국
시대로 접어들려는 찰나. 공자의 말만 봐도 자로는 당대에 이래저래
인기가 많을 법한 인물인 것 같은데요. 불과 여덟 살 차이지만 공자
는 전형적인 춘추시대 사람이고 자로는 전형적인 전국시대 인물. 사
마천의 《사기》보다 역사적으로 신빙성이 높은 《좌전左傳》이란 책에
는* 이런 이야기도 있습니다. 당시 어떤 작은 나라의 대부인 역繹이
라는 사람이 자기 영지를 가지고 노나라에 망명을 시도합니다. 그는

협상 대상자로 자로를 지목하고, 자로가 보증한다면 따로 맹서할 필요 없이 자신의 영지를 바치면서 귀순하겠다고 합니다. 그만큼 자로가 당대에 신의와 의리로 명성이 높았던 인물이라는 것인데, 그런 자로가 희화화되고 거칠기 만한 인물로 인식되는 건 상당히 좀 억울한 일이 아닌가 싶습니다.

《사기》〈중니제자열전〉에 이런 말이 나옵니다.

"자로가 내 제자가 된 뒤로 내 욕을 하는 사람이 없어졌다."

스승 공자가 한 말인데요. 이 말은 주로 이렇게 해석되었죠. 공자 욕했다가는 자로에게 맞아 죽을까 봐 무서워 욕하지 못했다고. 하지만 《좌전》을 봐도 그렇고 《논어》에 있는 자로에 대한 편린을 봐도 그렇고, 자로만큼 훌륭한 사람이 스승으로 섬기는 사람이니 공자는 대단한 인물이구나 하고 당대의 사람들이 생각한 게 아닌가 합니다.

이 자로라는 제자, 거칠기만 한 사람도 아니고 희화화되어 이해될

* 《사기》보다는 《좌전左傳》과 《국어國語》가 역사적 자료로 신빙성이 높다는 건 연구자들 사이에서 널리 공유되어 있는 인식입니다. 《사기》에 나오는 지록위마指鹿爲馬의 고사(진秦의 조고趙高가 2세 황제 앞에 사슴을 끌고 와서 말이라 했다는 이야기)나 형가荊軻의 고사(형가라는 자객이 연나라 태자 단의 식객이 되어 진이 침략한 땅을 되찾아주거나, 진왕을 죽여달라는 부탁을 받고 진왕을 찾아가 죽이려 했으나 실패했다는 이야기)만 봐도, 《사기》에 과장된 부분이 얼마나 많은지 알 수 있죠. 자객을 적국 진나라로 보내는데 국민들이 강가에 나와 대대적으로 환송한답니다. ㅎㅎ 암살을 위해 자객을 보낸다면 비밀리에 보내는 게 당연한데 말이죠. 아무리 봐도 사마천이 재미를 위해 상상력을 발휘해 과장한 것인데, 《사기》엔 그런 부분이 많습니다. 지록위마 고사를 보면, 설마 조고가 왕 앞에서 사슴보고 말이라고 했겠습니까? 조고의 횡포와 농단을 풍자하기 위해 민간에 돌아다니던 말을 사마천이 책에 편입하여 역사로 포장한 거죠. 예전에 코미디 프로그램 〈유머1번지〉에 나오던 김형곤식 정치 풍자는 시대의 반영이지만 그 코미디 자체가 역사적 사실은 아니지 않습니까? 《사기》에는 사마천이 무리수가 많습니다

사람도 아니지만, 실제 공자와 많이 부딪히고 삐거덕댄 것은 사실입니다. 혼나기도 하고 핀잔도 받고 저항하듯 공자 앞에서 나서기도 하고. 왜 그렇게 많이 공자와 부딪혔을까요? 단순히 성정이 거칠거나 그의 학문이 영글지 않아서? 그건 앞서 거듭 말씀드린 대로 정치적 노선 내지 입장 차이에서 비롯된 것입니다.

자, 이제 자로와 공자가 서로 주고받은 말들을 좀 볼까요? 어떻게 부딪히고 차이를 드러내는지 봅시다.

자로가 군자에 대해 스승 공자에게 묻습니다.

"선생님, 군자란 어떠한 사람입니까?"
"경敬으로써 자신을 닦는 사람이다."
자로가 말하길, "그것뿐입니까?"
공자가 말하길, "자신을 닦아 다른 사람(다른 정치인, 다른 역할 수행자_인용자)을 편안케 한다."
자로가 말하길, "그것뿐입니까?"
공자가 말하길, "자신을 닦아 백성들을 편안케 한다. 그런데 자신을 닦아 백성을 편안케 하는 것은 요임금과 순임금도 어려워했던 일이다."《논어》헌문憲問 편 45장

자로가 말하길, "위나라 임금이 선생님을 모시고 정치를 하면 선생님께서는 장차 무엇부터 하시겠습니까?"
공자가 말하길, "반드시 명칭을 바로잡겠다."(현실의 위정자들은 각자 신

분에 맞게 해야 할 역할이 있는데, 이 역할 수행을 제대로 하는지, 그것을 기준으로 해서 엄정하게 위정자들을 평가해 그들이 제대로 역할 수행을 하도록 독려하겠다_인용자)

자로가 말하길, "그런 거 해서 뭐합니까. 선생님께서는 너무도 우원하십니다. 그것을 바로잡아 뭐하시게요?"《논어》 자로편 3장

스승과 제자의 대화라고 하기엔 굉장히 격렬하죠. 〈자로〉 편 3장은 물론이거니와 〈헌문〉 편 45장도 상당히 격렬하고 두 사람 간에 어떤 힘겨루기까지 느껴집니다.

선생님께서 생각하시는 이상적인 군자란 무엇입니까? 군자란 어떻게 해야 합니까? 물었는데 공자는 처음엔 경敬의 자세로 자신을 다잡는 사람이라고 합니다. 그것에 자로는 그것뿐입니까, 그것뿐이어유? 그것뿐이다요? 묻고, 이에 다시 공자는 자신을 수양해서 다른 사람들(여기서 말하는 다른 사람은 주로 정치의 주체들을 말합니다. 지식인이나 관료들이겠죠) 정치 일선에 선 다른 이들을 존중하고 그들의 말을 경청해야 한다고 말했는데, 또 자로는 덤벼듭니다. 그것뿐입니까, 그것뿐이어유? 그것뿐이다요? 공자는 마지못해 백성들까지 편안하게 해야 한다며 범위를 늘려주는 듯하지만 다시 반격을 하죠. 그런 건 요순이란 과거 성인 군주도 힘들어하셨다, 곧 너 자신부터 수양해라. 그러고 나서 주변으로 범위를 넓혀 정치 일선에 선 다른 사람들과 화합하라. 이렇게 범위를 제한하고 묶어놓습니다.

이렇게 공자와 자로가 합을 겨루는데 공자의 대답이 재차 보채는 자로의 성에 찼을까 싶습니다. 자로가 생각하는 정치는 단순히 수양

과 수기, 도덕의 영역에 머무는 것이 아니라는 것을 대강 짐작할 수 있겠는데, 확실히 공자와는 달라 보이죠.

　그리고 두 번째 대화를 보면, 당시 노나라 옆 위나라의 정국이 상당히 어지러웠는데, 스승님께서 위나라에서 정치를 하면 무엇부터 하시겠냐고 자로가 묻습니다. 공자가 답하자 자로는 너무도 우원迂遠하다, 곧 우회적이다, 현실과 거리가 멀다, 그런 거 해봐야 뭐하겠냐고 반론을 합니다. 해당 편을 전부 인용하지는 않았지만, 이에 공자는 예를 모르는 '야野'한 인간이다, 거칠다, 조악하다며 자로를 크게 혼냅니다. 그리고 치자治者, 정치의 주체들이 각자 위상과 신분에 맞는 도덕성과 인격을 갖추는 것이 우선이고, 이것이 전제되지 않으면 어떻게 하더라도 정치공동체는 단단한 기반에서 굴러갈 수 없다고 따끔하게 훈계하는데, 자로가 생각하는 해법은 위나라의 어지러운 정국에 당장 손을 써서 엄정하게 잘잘못을 가리고, 응분의 처벌을 통해 질서를 바로잡는 것, 아니면 바로 힘으로써 질서를 잡는 것인 듯합니다.

　공자는 자로를 보고 이런 말도 했습니다.

　"왜 네(자로의) 비파를 내 문 앞에서 타느냐?"

　(子曰: 由之瑟, 奚爲於丘之門 〈선진〉편 14장)

　자로가 자신의 비파를 공자 문 앞에서 연주한다는 것은 단순히 제자 자로의 투정이나 퍼포먼스가 아닙니다. 공자의 생각과는 다른 자로 자신만의 의견을 다른 제자들에게 피력하고 설득했다는 얘기지요. 자로는 공자의 생각에 좀 비판적이었고, 역시 스승의 생각에 비판적인 제자들이 있었는데, 공자 학단에서 비판적이었던 제자들의 구심점 역할을 자로가 했다는 것으로 독해하는 것이 맞습니다. 이에 공자가 핀잔을 준 것이죠.

노나라의 공산불요가 반란을 일으키고 공자를 불렀을 때, 그리고 필힐이 반란을 일으켜 공자의 합류를 요청했을 때, 또 위나라의 실세이자 요부인 남자南子의 초청에 공자가 응하려 할 때, 절대 가선 안 된다, 응하지 말라고 자로는 강하게 쌍지팡이를 짚고 나서기도 했죠《(논어》〈양화〉편).

〈선진〉편 25장에서 공자가 제자들 각자에게 정치적 이상 내지 포부를 말하라고 했을 때 자로는 이렇게 자신의 포부를 말했습니다. 약소국이 밖으로는 강대국 사이에 끼어서 군사적으로 핍박을 받고 안으로는 가난하여도, 내가 그 나라를 맡아 다스리면 얼마 안 가 백성들이 용기를 가지고 사회적 공의에 맞는 인간이 되도록 만들 것이라고요. 그러니 대놓고 공자는 '신哂'으로 반응합니다. 신哂, 웃는다는 뜻을 가진 글자인데요. 보통 자로의 말에 공자가 살짝 웃었다고 번역되지만 리얼하게 번역하자면 비웃는다는 뜻에 가깝습니다. 넷상의 말로는 썩소라고 할까요? 실제로 다른 제자가 왜 자로의 말에 그렇게 웃으셨냐고 하니, 나라 다스리는 건 예로써 해야 하는데 그렇지 않아 웃었다고 대답합니다.

공자는 분명 자로의 생각에 동의하지 않은 것이고, 자기 사상의 핵심인 예로써 나라를 다스리려 하지 않아 틀렸다고 말하는 것을 보니 자로는 정말 공자와는 다른 노선에 서 있었나 봅니다. 위에서 위나라 정국과 관련된 대화에서도 공자는 자로에게 예를 모르는 사람이라고 했는데, 그 부분에서도 역시 양자의 노선 차이가 잘 드러나죠. 공자

하면 '예'니까요. 갱신된 '예'고 공자가 새롭게 정신을 불어넣은 '예'지만요. 예로써 나라를 다스리자, 정치 일선에 나설 지식인(정치인)의 수신과 수양이 우선이라는 공자. 이런 공자 노선에 반대하는 자로. 이 밖에도 공자와 자로는 여러 가지 측면에서 부딪힙니다.

　일단 자로가 가진 호방한 무인 기질이 그 자체에만 그치거나 아니면 그것이 주군-신하 관계의 단순한 충성과 의리로 국한되어선 안 되며, 어떤 커다란 규범 원리에 부합해야 하고 정의에 종속되어야 한다고 공자는 따끔하게 말해줍니다(〈헌문〉편 14장). 관중은 원래 주인과 의리를 지키지 않았으나 제나라를 크게 키워 중원 정치공동체와 바람직한 문화 전통을 지켰다. 한갓 한 사람과의 의리에 목을 매고 목숨을 던지는 건 쓸데없는 짓이라며 자로가 가진 무인 기질, 상무적인 기백과 기상을 공동체의 정의라는 더 큰 차원에 두고 재검토해보라 가르칩니다. 이에 자로는 다른 편과 달리 반발하지 않았는데, 묵자라는 사상가를 보면 자로가 스승의 가르침으로 훌륭히 자신을 보완한 것도 같습니다. 묵자는 의, 공의가 사상의 핵심이니까요.

　그리고 자로는 신을 믿었던 것 같습니다. 제단 앞에서 비는 기도를 말하고, 삶 뒤의 죽음에 대해 궁금해하고, 하층민들이 신봉하는 귀신의 존재를 믿었는데, 공자는 이런 자로와 반대되는 입장을 말하죠. 〈선진〉편 11장에선 삶도 모르는데 무슨 죽음을 말하느냐? 사람 섬기는 게 우선이지 무슨 귀신이냐? 하고 핀잔을 주었고, 〈술이述而〉편 34장에선 나는 나만의 기도 방식이 있다, 나의 기도는 신에게 비는 게 아니고 예를 행하는 것과 수신이 곧 나의 기도다. 공자 자신은 그런 자신만의 기도를 한 지 오래되었다고 그랬죠.

그런데 《묵자》를 보면요, 귀신에 대해 밝힌다는 〈명귀明鬼〉 편이 있는데, 여기서 귀신의 조화와 능력, 그들이 사람에게 상벌을 내리는 능력에 대해서 말하고 귀신을 부정하는 사람들을 비판하는데, 기도와 귀신을 말한 자로의 입장과 상당히 비슷해 보입니다.

그리고 자로는 동지와 동지애, 동지들과의 우정을 많이 이야기하고 그것에 대해 자긍심, 자부심을 드러냅니다. 공자도 이에 대해 인정합니다. 그는 자로를 '겸인兼人'이라고 하죠(〈선진〉 편 21장). 동지들과 무엇이든 나누고 함께할 수 있는 동지애를 가진 사람이라고 인정합니다. 그런데 그것을 긍정적으로 보았는지는 잘 모르겠습니다. 〈선진〉 편 21장에서 공자는 겸인인 자로를 보면서 '부형父兄이 있으면 아버지와 형을 우선 생각하라子曰: 有父兄在, 如之何其聞斯行之?'고 말합니다. 동지애보단 부형, 곧 네 피붙이와 너와 가까운 가족 관계가 우선임을 알라는 이야기죠. 어째 이건 어디서 많이 보던 장면 같기도 합니다.

일단 자로를 겸인이라고 했는데 '겸兼(아우를 겸)' 하면 누구지요? 바로 묵자입니다. 나누어 가지자, 공유하자고 그렇게도 무수히 이야기한 묵자. 근데 《논어》에서 이미 자로는 나누어 가짐, 공유에 대해 긍정하고 찬사를 보내고, 나는 공유를 잘한다, 그것을 즐거워한다며 자부하는 이야기를 합니다. 가령 〈공야장公冶長〉 편 26장에서는 이렇게 말하죠.

"수레와 말을 타고 가벼운 털옷을 입고 벗들과 함께 이울리다 그것들이 못쓰게 되어도 유감이 없기를 원합니다."

수레와 말 같은 귀중한 재산을 동지들과 함께 나누어 쓰다가 그것이 낡거나 없어지게 되어도 아까워하지 않겠다고 말하는 자로의 이야기. 겸애 냄새가 풀풀 납니다. 이에 공자는 대놓고 겸인이라고 인정하고, '그래도 이놈아 아버지와 형도 생각해야지' 합니다.

공자는 자로의 공유, 나누어 가짐에 대해 심하게 타박하진 않고 그냥 충고 좀 하고 마는데, 후에 맹자는 이 공유, 나누어 가짐의 정신을 핵심으로 해서 전국 시대를 들었다 놓았다 한 사상가 묵자를 심하게 공격합니다.

맹자는 묵자의 겸애 논리를 '무부無父' 곧 애비 없는, 부모 없는 놈들의 논리라고 폄하합니다. 묵자식 겸애의 논리가 기초하는 것은 혈연공동체와 무관한 인간들끼리의 상호 부조 내지 연대의 정신인데, 그것에 위험성이 있다고 맹자는 본 것이고, 그것이 친족 질서를 부정했다는 것이죠. 묵자의 겸애가 공자의 인仁을 허물 위험성이 있다고 맹자는 본 것입니다. 곧 친족공동체 안의 인간들을 전제하고 그 안에서 상호 친밀감에 바탕을 둔 仁이란 이상이 설 자리가 없게 만들 수 있는 파괴력, 그것이 겸애에 있다고 보아, 맹자는 부모 없는 놈들의 논리, 곧 친족공동체와 혈연애를 부정하는 사람들의 헛소리라고 폄하한 것입니다.

맹자만큼 신랄하게 공격하지는 않았지만 공자도 겸인 자로의 공유 정신이 자신의 노선과 다르고, 또 친족공동체의 정서에 기반을 둔 사회윤리 내지 정치철학인 仁과는 거리가 있음을 인식한 것입니다.《논어》첫 편에서 공자도 우정의 즐거움을 이야기하지 않느냐고 물을 수 있는데, 거기서 우정의 즐거움은 같은 정치적 이상을 지향하며 함께 공부하는 사람들 내지 정치적 비전을 공유하는 정치인들끼리의 우정과 화합이지, 정말 물질적으로 서로 도우며 내 것이 네 것이고 네 것이 내 것이고 하는 게 아니죠. 《논어》 첫 편에서 말하는 우정의 즐거움이 어느 정도 귀족들, 예비 정치인이나 지식인들 사이의 정신적인 교감과 교제에 관한 것이라면, 겸인 자로의 동지애에는 정말 동지라고 부를 수밖에 없는 하층민들 사이의 물질적인 상호 부조와 연대에 기초한 의리 관념이 투철하게 배어 있습니다.

또 다른 사례를 살펴볼까요. 앞서 자로가 한쪽 말만 듣고도 송사를 한 큐에 처리할 수 있는 능력을 가졌다고 공자가 인정했다고 했죠. 양쪽 당사자 말을 모두 들어보지 않고도 모두에게서 딴소리 나오지 않게끔 명확히 판결을 내릴 수 있는 사람, 자로. 이렇게 자로를 칭찬하면서도 공자는 내가 정치를 하면 그런 송사와 분쟁 자체가 없게 하겠노라고 말합니다(〈안연〉 편 13장). 곧 법을 공정하게 명쾌하게 적용하여 결론을 내리기 전에, 그런 분쟁 자체가 없는 사회, 곧 법 없이도 살 수 있는 사람들로 이루어진 공동체를 만들겠다는 것입니다. 제대로 법을 집행하고 공정하게 분쟁을 조정해 억울함이 없는 사회 만들기, 그것도 좋지만 그전에 사람들이 법 앞에 달려가고 호소하는 일이 없을 정도로 착한 사람들로 이루어진 사회 만들기. 후자가 유가의 입장이라면 전자는 묵가의 입장과 이어질 수 있습니다. 앞서 많이도 말씀드렸죠, 법과 친화적인 묵자 사상에 대해. 유가는 법 없이도 사는 사회를 만들기 위해 사람들이 법 대신 전통적인 도덕과 관습을 지키도록 하는 거고요

법을 제대로 만들고, 그것을 제대로 교육하고 집행하는 것, 공자를 비롯해 유가 노선은 이런 법치 논리에 단호하게 노NO라고 이야기하죠. 법으로 백성들을 이끌면 거기서 벗어나려고 하지 부끄러움이란 자율적 기제로 스스로를 다잡으려 하지 않는다, 하지만 예로써 이끌면 백성들 스스로가 격格, 곧 일정 수준 이상의 인격을 이루게 된다고 하며 법치를 단호히 거부했죠.

이렇게 참 여러 가지로 둘은 부딪힙니다.

현실의 정치에 참여해 인정받고 이름을 날린 자로와, 벼슬을 한 전적이 뚜렷이 확인되지 않고 자신의 말대로 대부의 뒤나 따르는(〈헌문〉 편) 어정쩡한 위치의 오피니언 리더 내지 국가의 어른 정도에 불과했던 공자.

상무적인 기상과 기개가 강한 협객의 면모가 두드러진 자로와, 무력 그 자체의 매력에 이끌리지 말고 더 큰 시야에 그것을 종속시켜놓고 보라고 하는 공자.

어떤 인격적인 신, 귀신을 믿는 자로와 그것들을 부정하지 않지만 거리를 두는,《논어》〈옹야雍也〉 편에 나오는 말대로 경이원지敬而遠之하는 공자. 공경하면서도 멀리하는.

법과 친화적인 자로와 법치와 거리를 두는 공자.

눈에 보이는 것들을 공유하는 동지애의 자로와, 정치인(지식인)들 사이의 정신적인 교감과 조화를 중시하는 공자.

그리고 도덕과 수양이 아닌 다른 방법의 정치를 생각한 자로와, 죽으나 사나 우선은 개개인의 수양과 각성이 우선이라고 생각한 공자.

공자와 자로 간에 직접 오간 대화 말고도 둘이 부딪히는 것을 볼 수 있는 장면이 있습니다. 《논어》에 은자隱者(출세를 거부하고 자연에 묻혀 숨어 사는 사람)들이 등장하는 부분인데요, 그런데 그들과 만나는 사람은 항상 자로입니다. 〈헌문憲問〉 편에서 스승과 떨어지게 된 자로가 성문지기에게 "공자란 사람을 봤나요?"라고 묻자, 성문지기가 "아~ 그 안 되는 것을 되게 하려는 사람 말인가요?" 하고 조롱하듯 이 되묻습니다. 그 밖에도 《논어》후반부에서 공자를 야유하고 또 안타까워하기도 하는 은자들을 모두 자로가 만납니다.

이런 은자들의 말이 《논어》에 수록된 것을, 도가 사상이 침투한 흔적이라고도 하고 위작된 것이라고도 하는데, 제가 보기엔 공자 학단 내부의 어떤 흔들림, 스승의 사상에 대한 회의, 정확히 말해 스승의 사상이 현실에서 실현될 수 있을까 하는 의심, 그런 것들을 보여주는 게 아닐지. 그리고 자로가 그런 상황마다 등장하는 건 그런 회의를 품은 사람 중 대표가 자로이기 때문이 아닐까 생각합니다.

자, 스승의 방법, 스승의 도가 틀렸다고 생각하면, 그럼 어떻게 해야 할까요?? 자신의 도로써 세상을 구제하고 평화를 가져오겠다고 낙관하며 산 공자. 그런데 회의를 품은 제자는 어떻게 했어야 할까요.

일단 이렇게 생각할 수 있죠. 세상을 구제하는 건 둘째 치고 나 자신이나 건사하자. 장자의 사상이 실제 그렇습니다. 세상을 구제하기 전에 내 앞가림이나 잘하자. 이 험한 세상에서 나 자신이 숨 쉴 수 있는 생존의 공간이나 확보해보자. 《장자》에 유독 안연顔淵(본명 안회)이 많이 등장하는데, 실제 많은 학자들이 장자와 공자 사이의 연결 끈으로 안연을 이야기합니다. 《논어》에서 안연은 소극적인 면이 많이 보이는 제자입니다. 너무 얌전한 청년이죠, 공자가 그것을 시큰둥

하게 여기고, 그에게 앉아만 있지 말고 나아가라며 제자의 소극적인 면을 꼬집기도 했죠. 이렇게 안연처럼 움직이지 않는 사람, 물러나는 사람이 생길 수 있습니다.

또 이렇게도 생각할 수 있습니다. 스승의 도가 틀렸다지만 세상은 여전히 구해야 한다, 그럼 스승의 도를 개량하고 바꿔서 다시 도전해보자. 바로 자로 같은 사람이죠. 자로는 실제 〈미자微子〉편에서 이렇게 말합니다. 은자와 만나고 나서 헤어진 후에요.

"자기 자신을 깨끗이 하려고 중요한 윤리를 어지럽히는구나. 군자가 벼슬함은 그 정의를 실행하기 위함이다. 도가 실행되지 못한다는 것은 이미 알고 있다."

도道가 실행되지 못할 것을 알고 있다고 합니다. 그 도는 아마 스승의 도겠죠? 스승의 도에 대한 회의가 있습니다. 그건 은자들과 같습니다. 하지만 자로는 그들을, 자신을 깨끗이 하려고 윤리를 버린 사람들이라고 생각합니다. 그리고 나는 죽으나 사나 정의를 실행하겠다고 다짐하죠. 어쨌든 세상을 구하고 인민들을 구해야 한다는 생각. 유가와 다른 방식으로 세상을 구하고 인민을 구하겠다고 나온 사상가 묵자는 이렇게 자로와 연결되지 않을까요? 죽으나 사나 묵자는 '구세'란 이상을 평생 등에 지고 간 사람 아닙니까?

자공, 명을 받지 못한
아주 좋은 그릇

그런데 묵자 사상의 씨앗을 《논어》에서 찾아볼 때 자로만 이야기해서는 안 됩니다. 앞서 공자 제자 중에 스승의 노선에 동의하지 않는 무리가 있었고 거기서 구심점 노릇을 했던 사람이 자로라고 했죠? 민자건, 안연, 증자, 자하子夏, 자유子游 등이 공자 제자 중 여당이라면 야당 편에 자로를 필두로 자공, 재아, 염유, 번지, 자장子張 등이 있는데, 묵자 사상과 연결고리가 되는 부분을 제대로 조명해보자면 나머지 제자들 이야기도 해야 합니다. 그러나 그 제자들 이야기를 다 하면 이야기가 너무 길어지니까, 자공 이야기만 좀 하겠습니다.

자공子貢은 상인으로 유명합니다. 장사 수완이 좋아 떼돈을 번 사람이죠. 그가 가진 재산이 있었기에 공자가 노나라에서 쫓겨나다시피 나온 뒤에도 여러 나라를 돌아다닐 수 있었고, 학단의 살림살이가 꾸려질 수 있었죠. 또 공자 사후에 그의 학문이 끊어지지 않고 체계화되어 이어질 수 있었던 데에도 자공의 덕이 컸습니다. 세상 모든 일이 그렇듯 돈 없이 되는 일이 거의 없는데 자공의 넉넉한 살림 덕분에 공자 사후에 공자 학문이 결집되어 이어질 수 있었습니다. 이렇게 공자 학단은 자공이 있었기에 여러 가지가 가능했다고 합니다. 자공은 국제 무대에서 분쟁을 조정하는 능수능란한 외교가로서 알려지기도 해서, 종횡가의 시조로 보는 사람도 있죠(원래 상인과 외교가는 접점이 상당히 있는 직업들이죠?^^).

상인, 말 그대로 현실 경제를 보는 시야가 있었던 사람. 그리고 뛰어난 외교가. 그렇다면 정말 말을 잘했겠죠? 《논어》에서도 보면, 자공은 달변가입니다. 그리고 가진 것을 움켜쥐기만 한 것이 아니라 널리 베푸는 것을 좋아하고, 스스로가 많은 사람의 존경을 받는 호인을 지향하며, 이것에 자긍심이 있었던 인물입니다. 자, 이렇게 현실 경제를 중시하고, 말 잘하고, 널리 베푸는 거 좋아하고, 묵자와 연관되는 것이 있어 보입니다.

묵자 무리는 공인으로서 자의식이 강했다고 했는데, 만들었으면 팔아야죠. 괜히 상공업, 상공인 하는 게 아닐 겁니다. 공인과 상인의 자의식은 접점이 클 수밖에 없습니다. 그리고 상인은 경계를 나누는 장벽이 낮아질수록, 갈 수 있는 범위가 넓어질수록 좋은 법인데, 묵자의 큰 사고 단위와 통일 지향적 경향이 상인의 자의식과 연관이 있을 것도 같습니다.

그리고 현실에 바탕을 둔 사람이라 그럴까요. 자공은 실질에 맞지 않는 예와 예식, 관습을 별로 마음에 안 들어한 것 같습니다. 본래 곡삭례는 제후가 매월 초 사당에서 시조에게 올리는 제사로, 매달 1일에 달이 시작함을 백성들에게 알리는 의미가 있기도 했는데, 당시에는 이미 유명무실해진 의식이었습니다. 그 의식에 희생양을 바치는 제도를 없애려고 하다가 공자에게 한소리 듣습니다(〈팔일〉 편). 무용해 보일지 모르는 예라 할지라도 그 예와 예 안에 든 정신은 이어가야 한다고 생각하는 공자와 자공의 생각이 달랐던 것이죠. 이건 정치적인 노선 차이로 해석 가능합니다. 예를 중심으로 한 통치냐, 실용과 실질에 기초한 통치냐.

그리고 자공은 언변에 능했습니다. 공자는 교언영색한 사람 중에 어진 이가 거의 없다(〈학이學而〉 편 3장)고 하며 말 잘하는 것, 말 많은 것을 경계하고 싫어했습니다. 자로와 자공이 말 많다, 말을 앞세운다 하는 이유로 스승 공자에게 혼나기도 했죠(〈선진〉 편 24장, 〈헌문〉 편 31장). 말씀드린 대로 묵자 무리는 말 잘하는 사람들이었고 그것을 중시했던 사람들입니다. 논리적으로 의견을 개진하고, 용어와 개념을 정확하게 정의하고, 이견들 사이에서 차이와 같음을 정확히 찾아내고, 하는 것에 많은 관심을 기울인 게 묵가였죠. 그러니 법도 많이 만들어낸 것이죠. 법이란 게 두리뭉실, 애매모호하면 아무 소용이 없죠. 논리적이어야 하고 개념 규정 명쾌하게 빈틈없이 해야죠. 그것이 법의 생명인데, 《묵자》 원문 읽어보면 이 사람들, 법을 만들 만하다는 생각이 듭니다. 정말 법을 만들고 운용할 자격이 있었던 사람들.

자로도 '말 잘하는 이'라고 공자가 지적했죠. 부정적인 맥락에서 언급하긴 했지만요. 그 말 잘하는 자로는 또 공교롭게 소송과 분쟁을 처리하는 데 수완이 탁월했고요.

자로 못지않게, 아니 그 이상으로 말 잘하는 제자가 바로 자공이었는데, 공자는 자공에게 이런 말도 했습니다. 먼저 실천하고 그 말을 쫓아야 한다고요(〈위정爲政〉편). 언행의 불일치를 우려해 그리 지적하기도 했겠지만 공자는 말 자체가 독립된 영역을 구축하는 것을 반대했기 때문이 아닐까 싶네요. 말 자체가 독립된 성을 구축하게 되면 정치한 이론이 되고 제도가 되고 법이 되고 그렇게 되겠는데, 공자에게 언어는 정치인과 지식인들 간에 상호 소통을 위한 것이어야 하고 그것은 주로 시로 표현되는 게 좋습니다. 또 공자에게 언어란 '예'라는 몸짓의 언어를 바탕으로 한 존중과 배려, 양보 등과 항상 같이 가는 선에서 논할 것이지, 그 자체가 독립된 이론과 제도, 법으로 발전되는 걸 원하지 않았던 것 같습니다. 말하기는 그냥 정치 행위의 일환이고 예와 같이 가는 것이야 한다고 생각했습니다.

하지만 자공은 말을 잘했고, 말하기 자체를 정말 즐겼던 사람입니다. 실제 그의 기지와 기가 막힌 비유, 그리고 스승을 어려워하지 않고 스스럼없이, 때론 날카롭게 던진 여러 질문들이 《논어》에 인상적으로 등장합니다. 〈자한子罕〉편을 보면 자공은 스승이 얼마나 벼슬길에 나아가고 싶어하는지 스승의 의중을 직접적으로 묻지 않고 이렇게 묻습니다.

"여기 아름다운 옥구슬이 있습니다. 궤짝에 넣어 숨겨두어야 할까요? 아니면 좋은 값을 구해서 팔아야 할까요?"

공자가 답하길,

"팔아야지, 팔아야 하고말고! 다만 나는 제값을 쳐줄 장사꾼을 기다리고 있단다."

자공의 기지와 말재주가 드러난 대표적인 장이죠. 공자는 별로 좋아하지 않은 말 잘하는 능력을 가진 자공 덕분에, 다행히 우리는 공자 사상에 대해서 많은 것을 알 수 있게 되었죠. 제자들이 모두가 안연처럼 얌전한 청년이었거나 스승을 어려워하기만 했다면, 또 자로처럼 세련되지 못하게 스승과 합을 겨루기만 했다면, 우린 공자에 대해 그의 사상에 대해 온전히 알기 어려웠을 겁니다. 우리가 공자를 이해하는 데에 말 잘하는 자공이 크게 공헌한 거지요.

　그리고 베푸는 것을 좋아하는 자공의 성향. 안 그래도 자공은 공자에게 널리 베풀고 대중을 모두 구제하는 것이 인仁이 아니냐고 여쭙기도 합니다(〈옹야〉편). 자신이 생각하는 仁, 궁극적인 정치의 지향이 그래야 한다는 것을 은근히 피력한 것이지요. 하지만 공자는 그에 반대했죠. 진정한 군자, 위정자의 자세와 자격 요건이 어때야 하느냐고 물은 자로에게 자신을 수양함이 알파요 오메가라고 했는데, 자공에게도 똑같이 답했습니다. 일단은 수신부터 하라고, 네 안에서 일군만큼 세상을 바꿀 수 있는 것이라고. 널리 베풀고 대중을 구제하는 건 요순도 힘들어했다면서 선을 그어놓습니다. 각자의 도덕적 자각과 완성이 우선이라는 것이죠.

　그리고 공자는 〈공야장〉편에서 자공을 그릇이라고 합니다. 허허, 군자는, 지식인은 그릇이 아니다, 그릇으로 쓰여서는 안 된다(〈위정〉편)고 하면서 제자를 그릇이라고 하다니. 자공이 섭섭했겠는데요. 비록 호련瑚璉이라는, 제사에서 중히 쓰이는 아주 좋은 그릇이라고 했지만 분명 공자는 자공을 그렇게 인식한 것 같습니다. 그릇인 자공은 자신과 구별되고, 자신의 핵심 사상과 다른 사상을 가진 제자라고요.

군자는 그릇이 되어선 안 된다, 그릇으로 쓰여선 안 된다고 한 말의 의미는, 전에도 이야기한 것 같은데 여러 각론을 다루는 행정 내지 전문가가 하는 기술로서 정치가 이루어져선 곤란하고, 정치는 포괄적인 방향을 제시하며 일관성 있게 국정을 이끌어가는 것이면 족하다는 의미입니다. 노나라의 강자(정치적 실세 중 하나)인 맹무백孟武伯이 공자에게 제자 누구가 인仁하냐고 묻자 공자는 "군사 쪽 행정은 능하나 仁하지는 않습니다"고 합니다. 또 제자 누구가 仁하냐고 물으니 "세무 관련된 행정은 능하나 仁하지는 않습니다" 합니다. 또 제자 누구가 仁하냐고 하니까 "외교는 능한데 仁하지 않습니다" 합니다(《공야장》편 7장). 전문 정치 영역에 특화된 제자들을 仁하다고 보지 않고 그들이 그릇일 뿐이라고 본 것 같아요.

그릇, 그것도 아주 좋은 그릇으로 공자에게 인식된 자공은 대놓고 그럽니다. 여러 가지 실무에 능한 것이 군자라고. 하지만 공자는 그것이 군자는 아니라고 그럽니다. 〈자한〉편에 나오는 장면입니다. 또 자공은 자신이 성인이라고 생각하는 스승 공자가 여러 가지 일에 박식한 사람이라 알고 있습니다. 하지만 공자는 자공에게 난 그런 사람이 아니라고 말합니다. 한 가지 일관된 삶의 자세와 방향을 가진[一以貫之] 사람이라고만 하죠. 〈위령공〉편에 나오는 장면입니다.

《묵자》첫 편이 〈친사〉편인데 "성인은 일을 함에 막히는 것이 없고 사물을 다룰 때 어긋남이 없다. 그렇기에 천하의 그릇이 될 수 있다"고 합니다. 첫 장부터 묵자는 대놓고 좋은 그릇을 지향한다 말하고, 공자는 그릇이 되어선 안 된다고 하면서 자공을 그릇이라고 합니다. 역시 자공도 뭔가 있는 거 같습니다.

그리고 공자는 대놓고 자공이 명命을 받지 못했다고 합니다(〈선진〉편). 명을 알아야 군자가 되고 명을 알지 못하거나 무시하면 소인小人이라고 공자는 못 박았는데, 자공이 명을 받지 못했다니. 정말 공자와는 뭔가 확실히 다르고 스승의 노선과 차별되는 점이 있었다는 것이죠. 자공이 받지 않았다는 명은 어쩔 수 없는 운명으로서의 命인 것 같고, 그것을 자공이 부정했나 봅니다. 묵자는 〈비명〉 편에서 命을 비판하고, 또 命을 핵심으로 하는 유가 사상을 아주 강도 높게 비판했습니다. 공자는 자공이 命을 받지 못했다고 말하면서 동시에 그 자공이 예측하면 썩 잘 들어맞았다고 합니다(〈선진〉 편). 자신의 이성과 계산으로 여러 가지 분야에 지식을 쌓고 척척 예상을 적중시키는 등 정말 대단한 수완을 보였나 봅니다.

진인사 대천명盡人事待天命이라고 아시죠? 사람이 자기 할 일 다 해놓고 겸허히 하늘의 명을 기다린다. 어떤 명이 떨어져도 그냥 수긍하고 인정한다는 겁니다. 때론 하늘의 명이 도덕 주체의 노력에 반해서 드러나기도 하는데, 그 가혹한 운명도 하늘의 명인 줄 알고 수긍해야 한다고 생각하는 것이 공자의 命에 대한 인식입니다. 하지만 그런 맥락의 命과 삶의 자세를 자공은 부정하고, 주관 능동성과 객관 이성을 발휘해 이러저러한 지식과 정보, 기술들을 많이 익히고 터득하고, 그래서 할 수 있다, 될 수 있다는 자신감이 있었던 것 같고, 실제 현실에서 재미를 많이 보았나 본데요. 스승에게 좋은 그릇이라는 평을 들은 자공은 어떤 긍정의 에너지가 넘치는 쓸모 있는 그릇이었나 봅니다.

묵자 역시 정치를 행정의 맥락에서 보고 여러 분야에서 전문적인 정치 기술과 제도 등을 이야기했죠? 도덕적 사명대로 살되 현실의 성공과 실패 역시 담담하게 받아들이는 공자식의 命을 부인하면서, 현실의 정치가는 인민들과 직결되는 여러 가지 분야에서 결과로써 말하는 해결사 역할을 해야 한다고 했던 사상가, 묵자. 그 묵자와 자공이 이렇게도 연결됩니다. 묵자도 자공처럼 자신감이 넘쳤습니다. 제대로 현실을 읽어 정책 대안을 세우면 문제를 해결해낼 수 있다는 낙관론을 펼친 사람이죠. 다소 비관적 운명론 냄새가 나는 공자와 다르게요.

그리고 자공에게 자로와 비슷한 면이 있는데, 무엇 무엇을 하지 말아야 한다는 소신 같은 것이 있는 듯합니다.

자로는 '빼앗지도 탐하지도 않으니 어찌 착하지 않으리오'라는 시 구절을 계속 외우고 다녔나 봅니다. 그것이 자로란 사람의 신조라 생각되는데, 그것에 대해 공자가 그것도 좋지만 그것으로 족하지 않다고 말합니다(〈자한〉 편 26장). 그런데 자공도 비슷한 말을 한 것 같습니다. 〈학이〉 편 15장에서인데요. 부자이면서도 교만하지 않고 가난하면서도 비굴하지 않은 삶의 자세가 좋은 것 아니냐고 공자에게 말합니다. 부자일 때 하지 말아야 할 것, 가난할 때 하지 말아야 할 것을 우선 말한 건데, 공자는 예를 즐기고 좋아하는 것이 최고라고 긍정적인 방향을 제시해주며 더 나아가라고 말해주죠.

그리고 자공이 다른 장에서 "저는 남이 저에게 가加하는 것을 바라지도 않고 저도 역시 남에게 가하지 않고자 합니다. 서로 폐 끼치지 말자, 피해 주는 일 없도록 하자, 이게 좋을 것 같습니다" 하고 자신의 지향점을 스승에게 말하니, 공자는 그래선 안 된다고 합니다. 넌 거기서 머물지 말고 더 나아가야 한다고요(《공야장》편 12장).

자로와 자공은 하지 말아야 할 것을 먼저 말하고 지켜야 할 최소한을 자신의 주관으로 말한 것 같은데, 앞서도 말했지만 묵자의 사상을 보면 일단 하지 말아야 할 최소한의 것, 지켜야 할 최소한의 것에 관한 이야기가 많습니다. 여러 사람이 모여 갑론을박해서 얻어진 합의에서 '지켜야 할 최소한'과 '하지 말아야 할 최소한'이란 것이 도출되기 쉽고, 그것이 묵자 사상에 강하게 반영된 것이라고 했는데요. 그런 측면도 있지만 전국 시대로 가면서 전쟁이 격해지고 만인에 대한 만인의 투쟁 상태로 접어들자 이런 것만은 제발 하지 말자, 이렇게 남을 공격하고 괴롭히지는 말자, 이런 것만은 지키자는 말과 주장은 설득력을 가지기 쉽고 또 여러 사람에게 절박할 수밖에 없었겠죠. 도덕과 仁, 자애로움, 관용과 존중, 다 좋지만 서로를 공격하지 말자, 강자가 약자를 겁탈하지 말자는, 배타적 행위부터 근절하고 보자는 주장은 전국 시대적 상황에서 최우선적으로 제기될 수밖에 없었을 겁니다. 전국 시대적 상황을 가장 잘 반영한 묵자의 사상, 게다가 여러 사람들의 의견 안에서 끌어낸 합의적 성격을 지닌 묵자 사상이 지켜야 할, 하지 말아야 할 최소한에 집착하는 건 어쩌면 당연한 일입니다.

자로와 자공 모두 그런 생각을 했던 것 같습니다. 타인에 대한 공격과 겁탈, 이것부터 하지 말아야 한다. 지켜야 할, 하지 말아야 할 최소한의 것부터 지키고 거기서 시작하자는 생각. 그래서 저는 두 제자의 이런 측면이 묵자와 연관된다고 봅니다.

그리고 공야장편 12장을 보면 자공은 공자에게서 천도天道와 성性에 대해 듣지 못한 것을 무척이나 아쉬워한 듯합니다. 그런 자공에게 공자는 하늘이 무슨 말을 하더냐고 합니다. 자공은 어떤 의지가 있는 하늘을 생각하고 하늘의 의지를 궁금해한 게 아닌지, 아니면 분명하고 뚜렷하게 드러나는 하늘의 원리와 이치에 대해 궁금해한 게 아닐지. 그리고 性에 대해 듣지 못한 것도 못내 아쉬워했다고 하는데 그 性은 글자에서 보이는 대로 인성론人性論의 性이죠. 보편적 맥락에서 인간 일반의 인성은 이렇다, 아님 저렇다고 주장하는 인성론에 자공은 관심이 많았던 게 아닐까요? 그런데 앞서도 이야기했죠. 어떤 의지를 가지는 하늘, 그 뜻이 사람들에게 분명하게 드러나고 설명되는 하늘은 묵자의 하늘이라고. 그리고 인성론 논의의 포문은 묵자가 제일 먼저 열었다고.

이렇게 자공도 묵자와 만만치 않게 연관이 됩니다. 하늘과 인성론, 각론으로서 전문화된 정치에 대한 관심, 널리 베풀고 하층민들까지 포괄해 모든 백성을 구해야 한다는 생각, 현실적인 경제를 중시하는 태도, 타율 도덕일지라도 당장 시급한, 하지 말아야 할 최소한의 것에 대한 고집, 공자의 命에 대한 거부, 실질과 맞지 않는 '예'를 폐지하려는 노력 등.

이런 자공과 자로의 생각이 영글어 묵자 사상이 잉태된 게 아닌가 싶은데요. 무사로서 거칠고 설익은 맛이 강했고, 하늘과 신을 이야기하지만 다소 미신적인 신에 얽매이는 모습을 보였던 자로, 개인 대 개인 주군 대 신하의 관계에 함몰된 의리가 아니라 공동체 전체의 정의를 우선해 사고하는 것이 아쉬웠던 자로, 이런 아쉬움과 약점이 있었던 자로가 세련된 자공의 장점들을 만나, 보완되고 숙성되어 이제 공자 사상과 겨룰 수 있는 사상이 된 게 아닐지. 자공이 지닌 박시제중博施濟衆(널리 베풀고 대중을 구제한다)의 이상, 그리고 세련된 말과 수사의 힘, 여러 분야에 두루 능한 다재다능의 정치와 행정 지향, 미신적인 하늘이 아니라 어떤 분명히 설명될 수 있는 하늘에 대한 관심과 인성론에 대한 관심 등이 자로의 용기와 열정, 발로 뛰는 현장 능력, 판단력, 의리와 신의, 동지애와 나눔의 정신 등과 조화되어 독립된 사상으로 무르익어간 게 아닐까요.

자, 지금까지 공자의 제자 자공과 자로, 이렇게 묵자와 연관, 또는 직결되는 요주의 인물들을 살펴보았습니다. 묵자 사상의 모태가 된 거물들의 이야기였지요. 이제 본격적으로《묵자》원문을 보기 시작할 텐데요. 원문이라고 해도 한자 원문 그대로 보는 게 아니라 한글로 번역된 것 중 중요한 부분을 발췌해서 볼 테니, 부담 없이 따라오시길 바랍니다.

12

묵 자 읽 기

묵자 사상의 예습편들

친사親士부터 사과辭過까지 전前6편

자, 이제 본격적으로 《묵자》 원문 읽기에 들어갑니다. 그렇다고 한자 원문을 보겠다는 건 아닙니다. 한글로 번역된 원문을 보면서 묵자의 목소리를 같이 들어보자는 것이지요. 김학주 선생님, 박재범 선생님, 박문현 선생님, 이운구 선생님 등이 번역하신 원문*을 바탕으로, 각 편에서 중요하다고 생각되는 부분을 조금 다듬어 옮겨 와서 보도록 하겠습니다.

　　《묵자》 원문은 〈친사〉 편부터 시작합니다. 그리고 〈수신〉, 〈소염〉, 〈법의〉, 〈칠환〉, 〈사과〉, 〈삼변〉으로 이어지다가 〈상현〉 편으로 들어가죠.

* 참고 문헌을 참조하세요.

흔히 묵자 하면 '묵자 10론'이라 해서 겸애, 상동, 상현을 포함해 총 열 가지 주제를 주로 거론하는데, 그 열 가지 주제를 본격적으로 말하기 전에 묵자는 먼저 일곱 가지 이야기를 합니다. 그 부분이 〈친사〉부터 〈삼변〉까지죠. 그런데 마지막 〈삼변〉 편은 앞의 여섯 가지 이야기와 형식이 다릅니다. 특정 주제를 다룬 논의라기보단 《묵자》 원문 후편의 〈귀의〉, 〈공맹〉, 〈경주〉, 〈노문〉 편처럼 대화 형식으로 되어 있는데, 아무래도 편집 시 착오로 앞에 오게 된 거 같고 내용도 얼마 되질 않습니다. 그래서 〈친사〉 편부터 여섯 번째 〈사과〉 편까지를 묶어서 먼저 보도록 하겠습니다. 《묵자》의 본론에 앞선 서론에 해당하는 이 여섯 편을 저는 '전前6편'이라고 명명하겠습니다.

이 전6편은 기존의 묵자 연구에서 비중 있게 다루어지지 않았습니다. 그러나 여기에는 나름 묵자 사상의 고갱이가 담겨 있고, 또 유기적으로 구성되어 한 가지 훌륭한 이야기가 되고요, 본격적으로 묵자 사상의 핵심에 들어가기 전의 충실한 개관 내지 소개, 오리엔테이션이 되어, 이 부분만 충실히 이해해도 묵자란 이런 사상가구나 느낄 수 있게 해줍니다. 이제 〈친사〉부터 여섯 번째 〈사과〉 편까지 한 장씩 본 다음에 여섯 구슬을 꿰어서 목걸이로 만드는 정리 작업을 해보겠습니다.

자, 먼저 〈친사〉 편 들어갑니다.

친사親士

親士. 士를 가까이하라.

지식인, 사상가들을 가까이하라는 것인데 어떤 지식인을 가까이하라는 것일까요? 뭐 어렵게 생각할 게 있겠습니까? 바로 묵자 사상을 가진 지식인을 말하는 거죠. '우리 묵자들의 말을 경청해보라'는 것이지요.

지금 이렇게 말하는 이가 묵자나 묵자의 제자들이라면 이들은 누구더러 들으라고 말하는 것일까요? 바로 각국의 왕입니다. 당대 제자백가 사상가들 대부분 정도와 비중의 차이는 있을지언정 왕을 염두에 두고 목소리를 냈는데, 어디까지나 그들을 등용해 그들의 이상을 실현하게 해줄 수 있는 주체는 왕이었으니, 당연히 왕이 자기 말을 들어주기를 바라며 왕의 마음을 설득하려 했겠죠. 〈친사〉 편도 바로 '왕이시여, 묵자 사상으로 무장한 지식인을 가까이하고 그들의 말을 국정에 반영하소서' 하는 이야기입니다. 〈친사〉 편은 이렇게 시작합니다.

> 국정을 잡고서 선비들을 가까이하지 않는다면 그 나라는 곧 망할 것이다. …… 어진 이를 소홀히 하며 선비들을 잊고도 나라를 보전할 수 있었던 자는 일찍이 없었다.
> 入國而不存其士, 則亡國矣
> …… 緩賢忘士, 而能以其國存者, 未曾有也

인재를 놓치지 말라는 말입니다. '어진 이' 하니 공자와 유가가 떠오르는 분도 계실 텐데 크게 신경 쓰지 마세요. 그보다는 인재, 능력 있는 지식인을 꼭 잡으라는 말입니다. 그리고 인재를 알아보지 못하고 쓰지를 못해 나라를 그르친 걸왕과 주왕이라는, 중국 역사 시대 초기 암군暗君(어리석은 임금)의 상징과도 같은 왕들을 상기시키며 "옛말에 이르기를 나라에 바치는 보물로는 어진 이를 추천하고 선비를 천거하는 것보다 더 좋은 게 없다"고 합니다. 단순히 역사적 인물을 상기시키는 데 그치지 않고 "장강과 황하는 한줄기 물에서 나온 것이 아니며, 수천 냥짜리 갖옷은 여우 한 마리의 흰 털가죽만으로 만들어지는 것이 아니다"라고 하며 거듭 현명한 지식인의 등용을 강조합니다.

현명한 지식인이란 어떤 지식인일까요? 나이 많은 사람? 벼슬을 오래 한 사람? 아니면 도덕적으로 수양의 경지가 무르익은 사람? 묵자는 다음과 같이 말하며 자신이 말하는 지식인에 대해서 뭔가 좀 알려주는 듯합니다.

> 비록 현명한 임금이라 하더라도 공이 없는 신하를 사랑하지 않으며, 비록 자애로운 아버지라 하더라도 쓸모없는 자식을 사랑하지 않는다. 따라서 그 책임을 견뎌내지 못하면서 벼슬자리에 앉아 있는 자는 그 지위에 있을 사람이 못 되며, 그 벼슬을 견뎌내지 못하면서 그 봉록을 받는다면 그 봉록을 받을 만한 사람이 못 되는 것이다.
>
> 故雖有賢君, 不愛無功之臣, 雖有慈父, 不愛無益之子
>
> 是故不勝其任而處其位, 非此位之人也, 不勝其爵而處其祿, 非此祿之主也

공이 있어야 하고 쓸모가 있어야 하고, 벼슬자리에 앉으면 그 자리를 감당할 만한 능력이 있어야 한다는 말인데, 결과로써 말할 수 있고 능력으로써 보여줄 수 있는 지식인을 등용해야 한다는 뜻 같습니다.

사실 상식적인 이야기지요. 능력 있는 인재 영입과 활용은 당연한 이야기입니다. 하지만 당대에는 그것이 당연하지 않았기에 이런 이야기를 했겠지요? 왕 주위에선 왕의 친족과 혈족들, 그리고 장시간 한 나라에서 요직을 차지해왔던 기득권 귀족들이 능력의 유무와는 관련 없이 국정을 맡고, 능력 있는 인사가 들어가기 어렵도록 울타리를 치고, 당시 상황이 그랬던 것 같아요. 그러니 지금 보면 너무도 상식적인 이야기를 이렇게 정색을 하면서 소리 높여 했던 것이죠. 실제 능력이 아닌 다른 요인으로 사람을 판단해서 요직에 앉히는 바람에

나라 살림을 키우기는커녕 피폐하게 만드는 일이 빈번했고, 유가 사상에는 그런 현실을 정당화시켜줄 여지가 상당했지만 묵자는 그래선 안 된다고 단호하게 주장합니다.

공자는 귀족들, 문화와 교육의 수혜를 입은 집권층을 인정하고 시작합니다. 자리에서 내려가라고 말하지 않고, 다만 그들이 거듭나고 수신해서 그들끼리 잘 조화를 이루어내라고 하죠. 기본적으로 종래의 궤도 안에 있던 인사들을 모두 인정하고 존중합니다. 하지만 묵자는 다르죠. 철저히 능력을 기준으로 등용하고, 또 한번 등용하면 철밥통을 안겨주는 것이 아니라 엄격히 능력과 실적으로 재평가하는 방식으로 인사 행정을 바꾸자고 합니다. 이것은 뒤에 〈상현〉 편에서 상세히 이야기되는데요, 〈친사〉 편에서 미리 운을 떼는 셈이죠.

그리고 묵가 지식인인 그들은 스스로 쓸모와 능력을 갖추었다고 자신합니다. 그러니 능력 있고 쓸모 있는 지식인이란 바로 묵자들이겠죠. 앞서 말한 대로 '친사'에서 士는 바로 묵가 지식인들입니다.

여기서 더 말씀드리고 싶은 것은 그들 스스로 士, 곧 지식인이라는 자의식이 생겼다는 것입니다. 비록 피지배층, 생산에 종사하는 천인 계층이나 성을 방어하는 하급 무인 계층에서 출발했고 그들을 대변한다고는 하지만, 스스로 갈고닦아서 자신들을 지식인으로서 자부할 정도로 성장하게 되었고, 지식인 중에서도 쓸모 있는 지식인이라는 자신감을 가지게 되었습니다. 이제 우리 목소리도 국정에 반영해달라, 우리도 지식인이니 어느 정도 대접을 받아야겠다는 생각을 하게 된 거죠.

이렇게 지식인이자 예비 관료로서 자의식을 가질 만큼 성장한 묵자 무리의 목소리가 담긴 〈친사〉 편을 보면, 전 항상 어떤 가슴 떨림 내지 설렘을 느끼곤 합니다. 시작부터 '친사'를 외치며 우리를 무시하지 말라, 우리도 대접을 해달라, 우리도 국정의 주체로 인정해달라고 외치는 사람들. 얼마나 대단합니까. 하층민, 천인 계층에서 출발했지만 준비하고 연대하고 뭉치고 조직되어서 설득력 있고 체계적인 사상을 펼치게 된 사람들이 말입니다.

자, 앞서 말씀드린 대로 〈친사〉 편의 요지는 뒤에 〈상현〉 편에서 다시 자세히 이야기되는데요, 〈상현〉 편에선 현명한 사람을 등용하라고 하면서 현명하고 아니고를 판단하는 기준에 대해서 말합니다. 그러면서 현명한 자는 이러이러한 대접을 받아야 한다고 분명히 밝힙니다. 그것은 묵자가 생각하는 정의 관념에 따라, 현명함으로써 성과(겸애와 직결되는 성과겠죠)를 일군 사람에게 그에 상응하는 상을 주어야 한다는 생각에서 나왔습니다. 또 그렇게 인센티브를 부여해서 적극적으로 유능한 사람들을 유치해 국정에서 능력을 발휘하게끔 하려는 의도도 있었습니다. 그렇지만 그런 이유 외에도 이제 선비로서, 지식인으로서 성장한 자신들이 확실한 대접을 받아야 한다는 생각이 분명히 반영된 것입니다.

자, 이제 〈친사〉 편 정리해볼까요, 간단, 간결, 간략하게요. 〈친사〉 편은 바로 묵자 무리가 외치는,

"왕이시여, 이제 지식인으로 성장한 우리 묵자 무리의 이야기 좀 들어보시오!"

가 되겠습니다.

수신修身

"내 이야기 좀 들어줘" 하고 누가 이야기합니다. 그것도 간곡하게. 그럼 귀를 기울이면서 이렇게 답할 수 있겠죠. "그래, 그럼 당신 하고 싶은 이야기가 뭐요?" 이에 묵자 무리는 대답합니다. "수신하세요" 라고.

수신이라면 반성하고 성찰하는 과정을 통해 내면의 오점 내지 얼룩을 제거하는 유가적인, 더 정확히 말해 성리학적인 수신을 떠올리는 분이 많을 텐데, 수신을 어렵게 생각하지 말고 그냥 쉽게 '어떤 변화'라고 생각합시다. 변하라는 것입니다. 국정을 맡을 사람은 변해야 한다는 겁니다. 그러면서 어떤 근본을 이야기합니다. 근본을 갖춰야 한다, 근본이 없으면 안 된다. 근본을 갖추는 방향으로 수신, 곧 변화하라는 것입니다.

군자는 전쟁을 하는 데 진법陣法이 있다 하지만, 용기를 근본으로 삼는다. 장례를 치를 때에 예의가 있다 하지만, 슬픔을 그 근본으로 삼는다. 선비에게는 학문이 있다 하지만, 실천을 근본으로 삼는다. 그러므로 그 근본이 안정되지 않은 사람은 지엽적인 결과를 풍성하게 하려고 해서는 안 된다.

君子戰雖有陳, 而勇爲本焉, 喪雖有禮, 而哀爲本焉, 士雖有學, 而行

爲本焉

是故置本不安, 無務豊末

근본이 견고하지 못한 자는 그 결말이 반드시 위태롭다.

本不固者末必幾

계속 근본 이야기를 합니다. 근본을 갖추어라, 근본을 견고히 하고 힘써 살펴라. 그렇다면 여기서 묵자의 이야기를 듣는 사람은 "당신이 말하는 근본이 뭐요, 어떻게 변해야 근본을 갖추게 되겠소?" 하고 되묻겠죠.

그러자 묵자는 '물들임'이라는 것을 이야기합니다. 실을 물감에 물들이는 것에 비유해 변화를 이야기하죠.

자, 노란 실은 노란 물감이 근본일 테고 빨간 실은 빨간 물감이 근본일 것입니다. 뭔가 외부의 색소에 흠뻑 자기를 빠뜨려서 그 색을 자기 근본으로 삼으라는 것인데, 물들임이라……. 그 이야기가 〈소염〉편입니다. 물들임을 말하면서 인간의 변화를 이야기하는.

이렇게 《묵자》 인문의 서론에 해당되는 전6편은 한 편 한 편이 연관되는 정도를 넘어서 한 흐름으로 이어지고, 6편 전체가 나름 밀도 있는 한 가지 이야기가 되는데요. 〈소염〉편, 그리고 다음 〈법의〉편에서 그런 연결성이 더욱 두드러지게 보이며 흥미를 더해줍니다. 이제 〈소염〉편으로 들어가겠습니다.

소염所染

"내 이야기 좀 들어봐요." "그래, 무슨 말이 하고 싶은데?" "왕께
선 수신을 통해 변화하세요." "그래 그럼 어떻게, 어떤 방향으로 변할
까?"

묵자는 이에 답해야겠죠. 어떻게 변할지, 어떤 방향으로 변할지.

묵자는 실을 물들이는 사람을 보고 감탄하며 말했다. "파란 물감에 물들
이면 파래지고 노란 물감에 물들이면 노래지니, 넣는 물감이 변하면 그
색깔도 변한다. 다섯 번 물통에 넣었다 보니 오색이 되었구나. 그러니 물
들이는 데에 신중하지 않을 수가 없구나."

子墨子言見染絲者而嘆曰, 染於蒼則蒼, 染於黃則黃
所入者變, 其色亦變, 五入必而已則爲五色矣

故染不可不愼也

원래 수공업자 출신들이 묵자 집단에 많이 포진해 있어서 그런가요. 밀 제조하는 과정을 이야기로 끌어오네요. 파란 물감에 물들이면 파래지고 노란 물감에 물들이면 노래진다. 그러니 물들이는 데 신중해야 한다. 결국 어떤 것에 물들이느냐가 중요하다고 말하는 것 같습니다.

그러면서 잘 물들였던 역사적 인물들의 사례를 듭니다. 역시 과거 역사의 군주들을 예로 드는데, 여기서도 철저히 왕을 염두에 두고 하는 이야기인 걸 알 수 있습니다. 자, 봅시다.

실을 물들이는 일만 그런 것이 아니라 나라를 운영함에도 물들임이 있다. 순임금은 허유와 백양에게 물들었고, 우임금은 고요와 백익에게 물들었고, 탕왕은 이윤과 중훼에게 물들었고, 무왕은 태공과 주공에게 물들었다. 이 임금들은 물든 것이 올바른 것이었으므로 천자가 되어 하늘과 땅을 뒤엎을 만한 공로와 명성을 이루었다. 그러니 천하의 어질고 의로우며 명예로운 사람을 손에 꼽으려면 반드시 이 네 임금을 말하곤 한다.

非獨染絲也, 國亦有染

舜染於許由伯陽, 禹染於(皋)陶伯益, 湯染於伊尹仲虺, 武王染於太公周公

此四王者, 所染當, 故王天下, 立爲天子, 功名蔽天地, 擧天下之仁義顯人, 必稱此四王者

허유, 백양, 고요, 백익, 이윤, 중훼, 태공과 주공은 모두 각 임금 시대의 명신들입니다. 올바른 신하들에게 물들어서, 순임금 우임금 탕왕 무왕, 이렇게 네 임금은 당대에 천하를 호령하고 역사에서 성군으로 칭송받는다는 겁니다. 그러고는 대조되는 사례로 물들임이 잘못되어 나라를 망치고 망신당한 군주들을 열거합니다.

하나라 걸왕은 간신과 추치에게 물들었고, 은나라 주왕은 숭후와 악래에게 물들었고, 주나라 여왕은 려공 장보와 영이종에게 물들었고, 유왕은 부공 이와 채공 곡에게 물들었다. 이들 네 임금은 물든 것이 올바르지 못했으므로 나라를 망치고 자신마저 죽게 했으며 천하의 죄인이 되었다. 그러니 천하에 의롭지 못하거나 치욕스러운 사람을 거론할 때마다 반드시 이 네 임금을 말하곤 한다.

夏桀染於干辛推哆, 殷紂染於崇侯惡來, 厲王染於厲公長父榮夷終, 幽王染於傅公夷蔡公穀

此四王者, 所染不當, 故國殘身死, 爲天下僇, 擧天下不義辱人, 必稱此四王者

간신에게 잘못 물들어서 나라를 망치고, 역사에서 두고두고 사람들의 조롱과 비난을 받는 왕들입니다.

이렇게 묵자는 자기주장을 말하고, 그에 근거를 제시하고, 친절하게 대조되는 사례까지 말하면서 설득을 하는데요. 듣는 이의 이해도 돕고, 또 선택지를 제시하고 계산해보라는 것이기도 하죠. 내 주장은 이렇다, 왜 그러냐면 이러저런 근거가 있기 때문이다, 여기에 그치지 않고 자신의 주장과 다른 선택 방향도 제시합니다. 서로 다른 선택지를 놓고 골라보라고 은연중에 권하면서, 올바른 선택지를 상대가 고를 것이라 낙관하죠. 여기선 당연히 잘 물들임, 올바르게 물들임을 받아들이게끔 설득합니다. 그 설득의 대상은 국가를 운영하는 군주고요.

자신을 잘 물들인 왕들은 허유와 고요, 백익, 이윤, 중훼와 같은 현명한 신하들에게 물들었고, 잘못 물들인 왕들은 현명하지 못한 신하들에게 물들어서 결국 나라를 망치고 말았습니다. 그렇다면 단순히 물들임을 말하는 것이 아니라 유능하고 현명한 사람을 알아보고 중용해 그 사람에게 물들라는 것인데요. 그럼 앞서 〈친사〉 편에서 이야기했던 현명한 사람을 등용해라, 그리고 뒤에 〈상현〉 편에서 이야기할 현자 중용과 중시에 대해서 다시 이야기하는 것일까요? 아니면 왕보단 현명한 신하가 우선이니 유가식의 군신공치君臣共治 내지 재상 중심의 정치를 주장하고자 함일까요? 그런 것 같기도 합니다. 군주들의 예를 더 나열한 뒤에, 묵자는 이렇게 말하거든요.

일반적으로 군주가 편안해지는 까닭은 무엇일까? 올바른 도리를 실행하기 때문이다. 올바른 도리를 실행하는 일은 올바르게 물드는 데에서 시작한다. 따라서 임금 노릇 잘하는 사람은 인재를 가려 쓰는 데 힘을 많이 쏟지만 관리를 다스리는 일에는 힘을 쏟지 않는다. 임금 노릇을 잘하지 못하는 사람은 몸과 정신이 피로하고 근심 걱정으로 수고스럽지만 나라는 더욱 위태로워지고 자신은 더욱 치욕스러워진다.

凡君之所以安者何也? 以其行理也, 行理性於染當

故善爲君者, 勞於論人, 而佚於治官, 不能爲君者, 傷形費神, 愁心勞
意, 然國逾危, 身逾辱

현명한 사람을 가려 뽑고 나서, 군주가 일일이 나서기보단 국정의
상당 부분을 현명한 인사들에게 맡기라고 말하는 것 같습니다. 그런
데 〈소염〉, 곧 물들임 편의 결론은 단순히 그렇게 귀결되지는 않습니
다. 신분, 귀천, 출신에 상관없이 능력만을 기준으로 하는 인사 행정,
신하와 관료들을 존중하며 왕이 독주하지 않는 정치, 이런 것들과 연
관되기도 하지만 결국 물들임을 통해서 하고 싶은 이야기는 따로 있
습니다.

국정에만 물들임이 있는 것이 아니라 선비들에게도 역시 물들임이 있다.
그의 벗들이 모두 인의를 좋아하고 순박하고 매사 삼가고 법을 두려워한
다면, 집안은 날로 흥성하고 자신은 날로 편안해지며 명성은 날로 영화
로워지고 벼슬자리에 있어도 그 도리에 맞게 일할 수 있게 된다.
非獨國有染也, 士亦有染
其友皆好仁義, 淳謹畏令, 則家日盆, 身日安, 名日榮, 處官得其理矣

왕이 물들어야 하는 대상인 현명한 지식인, 선비, 신하들도 역시
올바르게 물들어야 합니다. 정치 일선에 나서기 전에 그들 역시 잘
물들어서, 국정을 맡았을 때 손색없이 그 자리에서 맡은 일을 감당
할 수 있어야 합니다. 그들은 어디에 물드는가 하면 벗입니다. 현명
한 친구. 유가 같으면 배움의 대상이 스승이나 어버이라고 했을 텐데

묵자는 역시 혈연 질서 외곽에 있는, 또는 씨족 질서가 무너진 당대 상황을 직시한 사람이라 그런지 배움의 대상을 동지, 동무, 벗이라고 합니다.

그런데 왕은 신하들에게 물들고, 신하는 현명한 벗들에게 물들어 야 한다면, 현명한 벗들은 애초에 누구에게 물들었을까요? 그 물들 임의 과정과 대상은 무한 소급될 거 같지 않나요? A는 B에게 물들고 B는 C에게 물들고 C는 D에게 물들고······. 그렇다면 처음으로 물들 임이 비롯되는 그것은 무엇일까 궁금하지 않을 수 없습니다. 그게 바로 누구일까요? 그가 있었기에 그에게 물든 사람이 생겨나고, 그 물 든 사람에게 다시 물든 사람이 생겨나고 또 생겨나고, 그렇게 잘 물 든 사람들이 등용되어나가고, 군주는 그 사람에게 물들어서 국정을 잘 운영하고, 그렇게 되는데 처음에 물들임을 시작한 사람, 묵자가 처음에 비유한 대로 실을 물들이는 물감이 되는 대상은 누구일까요?

이제 이야기는 〈법의〉 편으로 이어집니다. 곧 〈소염〉 편에서 궁극 적으로 하고 싶은 이야기가 〈법의〉 편에 등장한다는 것입니다. 자, 이 제 〈법의〉 편으로 갑시다.

법의法義

의義를 본받자. 여기서 법法은 우리가 아는 law가 아니라 따른다, 본받는다는 뜻입니다. '법의法義'는 의를 본받자는 것이죠. 앞서 물들임을 이야기했는데 여기선 본받음을 이야기하네요. 뭐 그냥 같은 뜻, 같은 맥락이라고 보시면 됩니다.

그런데 의義는 뭘까요? 앞서 물들임의 연쇄를 거슬러 올라 최초에 물들임을 시작한 것, 그 물감은 무엇일까 하는 이야기를 했는데, 義가 그 물감일까요? 네, 그렇습니다. 결국 義란 것에 물들이자는 것입니다. 그런데 義는 무엇일까요? 찬찬히 《묵자》 원문을 읽으면서 알아봅시다.

천하에서 일에 종사하는 사람에게는 기준이 되는 법도가 없어서는 안 되니, 법도가 없으면서도 일을 성취한 사람은 없다. 장수나 재상이 될 선비라 하더라도 모두 법도를 따라야 하며, 갖가지 공인이 일을 하더라도 역시 모두 법도를 따라야 한다. 모든 공인은 곱자로 모서리를 반듯하게 하고, 그림쇠로 원을 만들며, 먹줄로 곧게 만들고, 추를 달아 수직을 맞추고, 수평자를 기준으로 수평을 맞춘다. 기술이 뛰어난 공인이든 기술이 없는 공인이든 모두가 이 다섯 가지 공구를 법도로 삼는다. …… 크게는 천하를 다스리고 그다음으로 큰 나라를 다스리는 데 법도가 없다면 이는 공인들이 하는 일만도 못한 것이다.

天下從事者, 不可以無法儀, 無法儀而其事能成者無有也

雖至士之爲將相者, 皆有法, 雖至百工從事者, 亦皆有法

百工爲方以矩, 爲圓以規, 直以繩, 正以縣

無巧工, 不巧工, 皆以此五者爲法 ……

今大者治天下, 其次治大國, 而無法所度, 此不若百工辯也

역시나 공인 출신들이 많은 집단의 대표 사상가답게 자신의 주장을 장인들의 작업 과정에 비유합니다. 치수를 재는 공구들이 있어야 정확한 모양으로, 정확한 크기로 좋은 완성품을 만들 수 있듯이, 국가 운영 역시 정확한 기준을 세워야 한다는 것입니다. 여기서도 정확한 기준, 표준을 중시하는 태도가 보이는데, 앞서 말씀드린 진나라가 또 연상되죠? 표준이 되는 도량형을 전 중국에 통일한 진나라. 묵자의 영향을 많이 받은 순자 역시 자신의 주장을 펼 때 장인이 물건을 생산하는 데에 많이 비유하는데요, 순자도 어떤 명확한 기준을 말합니다. 순자에게 그건 그 나름의 예, 의가 되는데, 자 여기선 묵자 이야기를 해야겠죠.

정치에 종사할 때, 국정을 다스릴 때 명확한 기준이 있어야 하는데, 그 기준이 과연 무엇인지 이야기합니다.

그렇다면 무엇으로 천하와 나라를 다스리는 법도를 삼으면 좋을까? 만약 모든 사람이 자기 부모를 본받는다면 어떻게 될까? 천하에 부모 노릇을 하는 자는 많지만 어진 자는 적다. 만약 저마다 자신의 부모를 본받는다면 이것은 어질지 않음을 본받는 것이다. 어질지 않음을 본받는 것은 법도로 삼을 수 없다.

然則奚以爲治法而可? 當皆法其父母奚若? 天下之爲父母者衆, 而仁者寡, 若皆法其父母, 此法不仁也

法不仁不可以爲法

누누이 말씀드린 대로, 혈연과 씨족의 칸막이와 울타리가 해체되고 그 울타리로써 보호받지 못하던 인민의 생존 환경을 묵자는 직시하고 있습니다. 자, 계속 보죠.

만약 모든 사람이 자기 스승을 본받는다면 어떻게 될까? 천하에 스승 노릇 하는 사람은 많지만 어진 사람은 드물다. …… 만약 모든 사람이 자신들의 임금을 본받는다면 어떻게 될까? 천하에 임금 노릇 하는 자는 많지만 어진 사람은 적다. …… 그러므로 부모와 스승과 임금은 나라를 다스리는 법도로 삼을 수 없다.

그렇다면 무엇으로 나라를 다스리는 법도를 삼아야 하는가? 내 생각에 하늘을 법도로 삼는 것보다 더 좋은 것은 없다.

當皆法其學奚若? 天下之爲學者衆, 而仁者寡, ……

法不仁不可以爲法

當皆法其君奚若? 天下之爲君者衆, 而仁者寡, ……

故父母學君三者, 莫可以爲治法

然則奚以爲治法而可? 故曰莫若法天

친족 집단 내의 어른도, 그리고 스승도, 왕도 어진 사람이 적다고 합니다. 여기서 현실의 인간을 묵자가 어떻게 보는지 알 수 있습니다. 곧 묵자의 인간관이 보이죠. 이렇게 묵자는 현실의 인간을 부정적으로 봅니다.

한편 그와 대척점에 있는 공자와 맹자는 그렇지 않죠. 인간은 어느 정도 도덕 감정과 이성을 타고나고, 그것은 일차적으로 친족 집단 내에서 발현되고 훈련받으며 성장하게 되는데, 그것을 동심원적으로 계속 확대해나가자고 합니다. 그리고 그 도덕 감정과 이성을 잘 닦은 사람을 보고 계속 배우라고 합니다. 그 이야긴 누구든 스승이 될 수 있다는 뜻이기도 하죠. 누구든 도덕 감정과 이성만 잘 닦으면요. 단순히 학문을 전수해주는 사람뿐 아니라 부모를 포함해서 친족 집단 내의 어른도, 조정의 관료도, 궁극적으로 왕도 모두 스승이 될 수 있고 또 되어야 하는 게 유가입니다. 그래서 유가의 통치 행위는 가르침의 연장선상에 있습니다. 사람은 스승 될 만한 사람을 보고 배우고, 또 자신이 스승 될 만한 사람이 되어야 하고, 그런 사람이 되면 통치를 하라는, 이렇게 유가의 논리는 '인치人治'로 귀결되지요.

이와 다르게 묵자는 친족 집단 내의 어른, 스승, 왕에게 순종하는 군사부일체를 정면 부정하지요. 수양된 사람, 그리고 수양된 사람의 도덕과 몸가짐, 마음가짐에서 국정 운영의 기준을 찾지 않습니다. 묵자는 그 기준을 바로 하늘에서 찾자고 하네요.

자, 앞서 말한 물들임은 묵자의 인간관과 인성론을 구성하는 핵심이죠. 공자와 맹자는 인간의 타고난 도덕 감정을 주목하기에 인간 안의 것을 중시합니다만 반대편의 묵자는 인간 밖의 것에 주목하고 인간 밖의 기준에 인간을 물들이자고 합니다. 자, 인간 밖의 것을 찾아보자. 그것을 기준으로 해서 세상을 다스리고 국정을 운영하자. 그 기준이 하늘이라고 합니다.

하늘, 하느님은 묵자 사상의 중심이자 알파요 오메가니 그가 말하는 하늘, 하느님이 뭔지 장황하더라도 들어보지 않을 수 없습니다. 자, 봅시다.

하늘의 운행은 광대하면서도 사사로움이 없고, 그 베푸는 은혜는 두터우면서도 공덕으로 내세우지 않으며, …… 그러므로 과거의 성왕聖王께서는 이것을 법도로 삼았던 것이다.

하늘을 법도로 삼았다면 자신의 행동과 모든 행위를 반드시 하늘을 기준으로 삼아 행해야 한다. 하늘이 바라는 것이면 하고 하늘이 바라지 않는 것이면 그만둔다.

그렇다면 하늘은 무엇을 바라고 무엇을 싫어하는가? 하늘은 사람들이 서로 사랑하며 서로 이롭게 하는 것을 원하지, 사람들이 서로 미워하며 해치는 것은 바라지 않는다.

天之行廣而無私, 其施厚而不德, 其明久而不衰, 故聖王法之
旣以天爲法, 動作有爲必度於天, 天之所欲則爲之, 天所不欲則止
然而天何欲何惡者也? 天必欲人之相愛相利, 而不欲人之相惡相賊也

공자, 맹자, 노자, 장자, 상앙, 순자, 한비자 모두 하늘, 天을 자신의 사상 안에서 배제하지 않고요, 그 사상 안에서 天이 차지하는 비중은 다를지언정 그들의 사상을 이해하는 데 놓치지 말고 봐야 할 것이지만, 그들은 숨겨놓고 잘 이야기하지 않습니다. 그들이 말하는 도, 예, 인, 법과 연관되는데 말이죠.

하지만 묵자는 天에 대해서 친절하게 알려줍니다. 뭘 좋아하고 싫어하는지, 마치 어떤 인격을 가진 존재처럼 이야기하는데, 그래서 전 묵자의 天, 하늘을 '하느님'이라고 번역하는 게 좋다고 생각합니다. 하느님이 원하는 게 있고 싫어하는 게 있으니 그분의 뜻대로, 그분의 뜻을 기준 삼아 국정을 운영하라! 결국 〈법의〉 편에서 말하고자 하는 것은 그것이고요, 이것은 사실 묵자 사상 전반에 일관된 이야기죠.

사람들을 두루 사랑하고, 사람들끼리 서로 사랑하고 이롭게 하길 바라는 하느님, 그 하느님 앞에서 인간과 그 인간이 사는 땅은 어떤 것일까요?

자, 정말 중요한 구절이니 꼭 기억해두시길 바랍니다.

크고 작은 나라를 막론하고 모두 하늘의 고을이며, 나이가 많고 적고 귀하고 천하고를 막론하고 모두 하늘의 신하다.

今天下無大小國, 皆天之邑也

人無幼長貴賤, 皆天之臣也

나라가 강하고 약하고 크고 작고를 떠나 모두 하느님의 나라이고 고을이며, 나이가 많고 적고 신분이 귀하고 천하고 지위가 높고 낮고를 막론하고 모두 하느님의 신하다. 현실에선 나라별로 약육강식의 질서가 있고, 역시 사람들끼리는 귀천과 사회적 자원의 소유 여부에 따라 엄연히 불평등한 질서가 있지만, 하느님이 보기엔 다들 똑같은 존재이고 그 하느님의 시야에선 모든 차별의 울타리가 지워집니다. 모두가 하느님의 나라고 하느님의 신하이니 하느님은 당연히 서로가 서로를 이롭게 하길 바라고, 서로 약탈하고 핍박하고 해치지 않기를 바랄 것입니다. 하지만 당대의 현실은 그렇지가 않았죠.

자, 묵자는 여기서 하느님의 뜻을 말합니다. 하느님이 뭘 좋아하고 싫어하는지 말하면서요. 그 하느님의 뜻이 바로 묵자가 말하는 義이고, 공동체 모두가 준수하고 통치 권력이 구현해야 할 공의公義입니다. 앞서 '법法'이 '본받다, 따르다'는 의미가 있다고 했죠. 하느님을 본받자는 법천法天이 곧 법의法義입니다. 하느님 뜻이 바로 의로움이니까요. 이렇게 하느님 뜻인 義에 따라 국정을 운영하고 천하를 다스리자고 묵자는 말합니다.

그런데 여기서 묵자는 한발 더 나아갑니다. 하느님이 좋아하고 싫어하는 것을 명확히 말할 뿐 아니라, 하느님이 원하는 것을 정치공동체의 인간들이 행하면 하느님이 복을 주고 하느님이 원하지 않는 것을 행하면 벌을 준다고 말합니다. 이런 하느님의 뜻을 대행하는 기구와 수단으로 묵자는 국가를 생각합니다. 그래서 왕에게 하느님의 뜻대로 나라를 다스리라고 하면서, 하느님의 뜻대로 나라를 다스려 흥하고 성군으로 칭찬받았던 왕들과 반대로 하느님의 뜻을 어기고 따르지 않아 망하고 두고두고 비난받는 암군들을 상기시킵니다.

자 이제까지 본 〈친사〉, 〈수신〉, 〈소염〉, 〈법의〉 편을 모두 묶어서 정리해볼까요?

> 묵자 "친사, 현명한 지식인을 가까이하세요. 그런데 내가 현명한 지식인이니 내 이야기 좀 들어보실래요?"
>
> 왕(통치 권력) "그렇소? 한번 이야기해보시구려."
>
> 묵자 "수신하세요. 수신을 통해 어떤 근본을 갖추어 그 근본을 견고히 한 사람으로 변화하세요."
>
> 왕(통치 권력) "수신은 어떻게 하오? 어떤 근본을 갖추는 방향으로 수신해야 하오?"
>
> 묵자 "소염, 물들이세요. 잘 물들여야 합니다. 특히 좋은 대상에 물들어야 합니다."
>
> 왕(통치 권력) "무엇에 물들어야 하오?"
>
> 묵자 "법의! 의로움이란 하느님의 뜻입니다."

이렇게 묵자의 말을 듣고 수긍해서, 군주가 하느님의 뜻에 따르는 정치를 하겠다고 마음먹었다고 생각해봅시다. 다르게 표현해서 통치 체제와 권력, 시스템이 하느님의 뜻을 대행하는 체제로 거듭나게 되었다고 생각해봐요. 그렇게 재편된 상태에서 우선 급하게 해야 할 정치적 과제와 항상 염두에 두어야 할 정치적 임무가 있을 겁니다. 묵자는 〈칠환〉, 〈사과〉 편에서 어떤 부정적, 병리적 현상을 열거하고 우선 그것들을 잡고 치유하라고 합니다. 사실 묵자의 겸애는 긍정적인 positive 정책을 구상하고 실천하는 것보단 우선 부정적인negative 현상을 바로잡으려는 측면이 강한데요. 묵자 사상을 전반적으로 개관하고 소개, 설명하는 전6편에서 이미 그러한 측면이 보입니다.

칠환七患

일곱 가지 환란입니다. 나라를 망하게 하는 것들, 방치해두면 나라를 무너뜨리는 일곱 가지 환란과 재앙을 열거하면서 묵자는 국방, 외교, 경제, 내정, 군주, 신하, 식량 등 국정을 구성하는 여러 분야에서 흔히 볼 수 있는 당대의 병리 현상을 다루는데요. 환란이라고 하는 걸 보니 묵자가 보기에 이들 병리 현상은 당대에 거의 재앙 수준이었나 봅니다.

여기서 묵자답게 국정과 정치를 쪼개고 나누어서 접근하는 태도가 보이는데, 그것보다 중요한 건 병리 현상과 모순에 먼저 주목하고 거론한다는 것이겠죠. 그것이 겸애, 의, 하느님의 뜻과 직결되는데, 묵자 사상의 특징이 그렇습니다. 그건 계속 말씀을 드릴 테고, 자 이제 〈칠환〉 편에서 묵자가 말하는, 우선적으로 해결해야 하고 항상 염두에 두어야 할 일곱 가지 환란을 살펴볼까요?

1. 성곽과 해자를 지킬 수 없는데도 엉뚱하게 궁궐만을 치장하는 것이 첫 번째 환란이라고 합니다. 안이한 국방 태세에 엉뚱한 데다 예산을 낭비하는 모습이죠. 해자는 성곽 둘레에 파놓는 도랑이나 연못으로, 국방의 필수 인프라입니다.

2. 외교를 잘해두지 않아 적이 침입해도 도와줄 나라가 없어 고립되는 것이 두 번째 환란이라고 합니다.

3. 백성들의 힘을 생산적인 일에 쓰지 않고, 그나마 생산한 것을 무능한 자에게 상을 주거나 손님을 접대하는 데 탕진하는 등 엉뚱한 곳에 써버리는 일이 세 번째 환란이라고 합니다.

4. 왕은 함부로 국법을 전횡하고 신하들을 존중하지 않는데, 신하들은 충언을 올릴 생각은 않고 복지부동하며 아래에서 패거리를 짓기만 하는 내정의 문란을 네 번째 환란이라고 말합니다.

5. 군주가 스스로를 과신하고 나라의 국방력을 과대평가하면서 적국의 침략을 경계하지도 준비하지도 않는 것을 다섯 번째 환란이라고 합니다.

6. 무능하고 충성스럽지 않은 사람을 왕이 신임하고, 반면에 충성스럽고 유능한 사람을 왕이 등용하지 않는 인사상의 난맥상을 여섯 번째 환란이라고 합니다.

7. 식량은 모자라고, 대신들은 무능하고, 국가의 상과 벌 모두가 백성들을 움직이지 못하는 상황을 일곱 번째 환란이라고 합니다.

일곱 가지 중 세 가지가 국방과 관련되는데, 묵자 집단이 방어 전문 무인으로 활약했던 점이 여기서도 잘 드러나죠. 그리고 약소국의 입장이 드러납니다. 앞서 말한 묵자 사상의 비조 자로가 생각나기도 하고요.

자, 이렇게 국정 문란의 일곱 가지 양태 내지 국정 문란이 야기할 수 있는 일곱 가지 재앙을 이야기하면서 국방을 강조하고 나서, 묵자는 〈칠환〉 편의 대부분을 식량에 대해서 논합니다. 7환이라고 하지만 2환이라고 해도 과언이 아닐 정도로 국방 그리고 식량 문제에 주력하는데요. 어떻게 나라를 지킬 것이며 백성들이 굶주리지 않게 할 것인지를 거듭 이야기합니다. "약소국이 밖으로는 강대국 사이에 끼어 군사적으로 핍박을 받고 안으로는 가난하여도 내가 그 나라를 맡으면 충분히 잘 다스릴 자신이 있다"고 포부를 밝힌 자로가 생각나지 않을 수 없네요. 자, 각설하고 묵자가 한 이야기를 직접 들어봅시다.

오곡이란 인민의 생존이 달린 것으로서 이것을 가지고 임금은 백성들을 먹여 기른다. 그러므로 인민의 생존이 달린 것을 잃게 되면 임금은 기를 것이 없게 되며, 인민이 먹을 게 없으면 그들을 부릴 수가 없게 된다. 그러므로 먹을 것을 위해 힘쓰지 않을 수 없고, 땅을 힘들여 경작하지 않을 수 없으며, 쓰는 물건에 대해서는 절약하지 않을 수 없다.

凡五穀者, 民之所仰也, 君之所以爲養也

故民無仰則君無養, 民無食則不可事

故食不可不務也, 地不可不力也, 用不可不節也

이렇게 식량이 중요하다고 강조합니다. 백성들을 먹여 살리는 문제, 정말 중요하죠. 백성은 밥을 하늘로 삼는다지 않습니까. 그런데 문제는 백성들이 하늘로 삼는 식량의 확보와 비축이 잘 되지 않는다는 것. 그것이 당대의 큰 문제로 백성들을 비참하게 만들다 못해 죽어나게 만들었는데, 그 문제의 원인이 뭐였을까요?

묵자는 단적으로 낭비, 절약하지 않음을 원인으로 말합니다. 일반 백성의 낭비가 아니라 지배층의 낭비를 원인으로 들면서 비판하죠.

> 분에 넘치는 상을 공도 없는 자에게 내리고, 나라의 창고를 텅 비게 하면서까지 수레와 말과 갖옷을 갖추고, 부리는 일꾼들을 괴롭히면서 궁궐을 치장하고 오락을 즐기며, 죽으면 관을 두텁게 장만하고 많은 수의와 침구를 마련한다. 살아서는 누각과 정자를 짓더니, 죽어서도 무덤을 꾸민다.
> 以其極賞, 以賜無功, 虛其府庫, 以備車馬衣裘奇怪, 苦其役徒, 以治宮室觀樂, 死又厚爲棺槨, 多爲衣裘, 生時治臺榭, 死又脩墳墓

이런 지배층의 행태가 백성들이 애써 일군 것을 낭비하고, 결국 백성들을 기아에 허덕이게 한다는 것이죠. 뒤에 묵자는 〈절장〉과 〈절용〉, 〈비악〉 세 편이나 할애해서 지배층의 낭비를 집중 성토하는데, 〈칠환〉 편에서 이미 이 문제를 거론하고 거듭 경고합니다. 나라를 망하게 하고 인민들을 생존의 위기에 빠뜨리는 낭비 문제에 위정자는 집중하고 우선하라고요.

서로가 서로를 사랑하고 이롭게 하기를 원하고, 해치고 공격하고 핍박하는 것을 원하지 않는 것이 바로 하느님의 뜻, 공동체의 공의가 되어야 할 하느님의 뜻인데, 그런 하느님이 보시기에 당대에 가장 급선무로 해결해야 할 일은 무엇이었을까요? 바로 백성들을 괴롭히는 지배층의 낭비, 낭비의 다른 이름인 백성들에 대한 착취, 그것이 아니었을까요? 그러니 그것을 그만두어라 근절하라는 것, 그것이 겸애의 시작이니, 하느님의 뜻에 물든 왕, 통치 권력, 통치 시스템은 항상 그 문제에 집중하고 그것부터 해결하러 나서라는 것이죠.

사과辭過

사과 하니 apple을 떠올리는 분도 있을 것 같은데, 과過 곧 지나침에 대해 사辭한다, 곧 논한다는 뜻입니다. 한편 사辭는 물리친다는 뜻도 있는데 그렇게 보면 지나침을 물리치거나 배격해야 한다는 뜻으로도 해석되죠. 그렇게 봐도 좋습니다.

여기서 말하는 지나침은 바로 앞서 〈칠환〉 편에서 거론된 지배층의 사치와 낭비입니다. 〈사과〉 편에서는 사치와 낭비의 행태를 비판하고, 그 낭비와 사치가 불러일으키는 폐해로서 국가의 혼란과 하층민들이 겪는 생존의 위협에 대해서 논합니다.

옛날에 집을 지을 줄 몰랐을 때에 백성들은 언덕에 굴을 파고 살았으므로 지하에서 나오는 습기가 백성들의 몸을 해쳤다. 그래서 성왕聖王께서 집을 짓도록 했는데 집을 짓는 데에는 다음과 같은 법도가 있었다. 집의 높이는 습기를 피하기에 충분할 정도로 했으며, 주위의 벽은 바람과 추위를 막기에 충분한 정도로 했으며, 지붕은 눈과 서리, 비와 이슬을 막기에 충분한 정도로 했으며, 담의 높이는 남녀의 예의를 지키기에 충분한 정도로 했다. 이런 정도에 그쳤으니……

古之民, 未知爲宮室時, 就陵阜而居, 穴而處, 下潤濕傷民, 故聖王作爲宮室

爲宮室之法, 曰:室高足以辟潤濕, 邊足以圉風寒, 上足以待雪霜雨露, 宮牆之高, 足以別男女之禮, 謹此則止……

성왕이 집을 짓게 한 것은 삶을 편리하게 하기 위한 것이었을 뿐, 보고 즐기기 위한 것이 아니었다. 의복이나 허리띠와 신을 만든 것도 몸을 편리하게 하기 위한 것이었지, 기괴한 꾸밈을 위한 것이 아니었다. 그러므로 성왕은 먼저 자신이 절제하고 백성들을 교화하여 천하 인민을 다스릴 수 있었고, 인민이 쓸 재물을 확보할 수 있었던 것이다.

是故聖王作爲宮室, 便於生, 不以爲觀樂也, 作爲衣服帶履, 便於身, 不以爲辟怪也, 故節於身, 誨於民, 是以天下之民可得而治, 財用可得而足

〈사과〉 편에서는 발명가 겸 제작자로서 성인을 말합니다. 그 성인은 백성들의 삶에 필수인 주거 시설과 의복, 음식을 조리하는 법, 수레와 배 등을 만들어냈다고 합니다. 그런데 어디까지나 실용적인 목적에서 만든 것이었고, 그 실용적인 목적이 충족되면 거기서 그쳤다고 합니다.

무슨 말이냐, 옷은 따뜻하면 그만이고 음식은 배부르면 그만이고 집은 살기 그럭저럭 편하면 그만이고 수레와 배는 튼튼하고 편리하면 그만. 모든 사람이 그렇게 만들어서 쓰면 되는데, 그건 성군이 하느님의 뜻대로 통치하던 시절의 이야기일 뿐이고, 현재의 왕들이 통치하는 지금은 그렇지 않다는 것입니다. 성인 군주 시절엔 필요가 충족되면 거기서 그쳐 절제했고, 그러다 보니 재물이 독점 내지 집중되지 않아 저절로 분배되어 많은 사람들이 쓸 수 있었습니다.

하지만 현재 왕들의 시대, 그러니까 묵자가 활동하던 시기엔 이야기가 달랐습니다. 생존의 필요 이상으로 넘치게 추구하고 절제하지 못하는 사람들이 있었다는 것이죠. 바로 지배층과 귀족들이었습니다. 지배층이 호화롭게 궁궐을 짓고, 다 먹지도 못할 산해진미를 탐하고, 튼튼하고 편리하기만 하면 될 수레와 배를 화려하게 꾸미고, 차림새 역시 추울 때 따뜻하고 더울 때 시원하기만 하면 되는데 갖은 치장을 다한다는 것이지요. 지배층이 사치와 낭비를 하는 데 재물을 쏟아붓느라 백성들이 생존을 위해 반드시 있어야 할 것들은 모자라게 된다는 것입니다.

백성들이 생존하는 데 반드시 있어야 할 것들은 이미 앞에서 열거했습니다. 옷과 음식, 그리고 주거 시설과 수레와 배. 귀족뿐만 아니라 하층민들까지 모두가 그것을 누려야 하는데, 이런 것들을 지배층이 지나치게 소유하려고 하고 쓸데없이 꾸미려 하다 보니 결과적으로 귀족들만의 소비를 위해 물질, 자원의 독점과 쏠림이 일어나고, 백성들은 충분한 음식과 옷, 집과 수레와 배 없이 겨우 연명하게 되다는 것이죠. 곧 백성이 보장받아야 할 생활의 기초를 보장받지 못하게 되었다는 겁니다.

누구든 집에서 편히 쉬어야 하고, 누군 입이고 누군 주둥이일 수 없으며, 누구든 계절에 맞는 옷을 입어야 합니다. 다 같은 하느님의 자식이고 신하이니 말입니다. 하지만 귀족들의 낭비와 사치가 도를 지나쳐 결국 모든 이들이 누려야 할 자기 몫을 누리지 못하니 이는 큰 문제고, 이런 재앙에 가까운 병리 현상을 바로잡는 것이 하느님의 뜻이며, 하느님의 뜻에 물든 위정자가 곧바로 해야 할 일이라는 겁니다.

사실 〈칠환〉 편, 그리고 그런 재앙을 만든 낭비에 대해서 논하는 지금의 〈사과〉 편 모두 〈법의〉 편의 부연 설명일 수 있습니다. 하느님의 뜻, 하느님의 의를 본받자. 그 의란 무엇인가? 바로 재앙에 가까운 국가 사회의 병리와 문란함, 그것을 불러일으키는 낭비와 사치, 재화와 이익의 독점, 그것을 바로잡는 것이다. 그것이 하느님의 뜻이고 의이니 그것을 따르자.

결국 이것이 모든 사람이 누려야 할, 최대 다수의 기본적인 욕구 충족을 꿈꾼 묵자 사상의 핵심입니다. 최대 다수의 기본적인 생활 보장, 그것을 강력히 원하는 하느님의 뜻, 그것을 대행해야 하는 통치 권력, 그리고 이런 하느님의 뜻을 대행하는 정치의 시작은 낭비와 독점 문제에 우선 집중하는 것.

재밌는 건, 여기에 여자까지 이야기합니다. 인간 살림살이를 구성하는 요소 내지 누구나 누려야 할 몫으로요. 흠, 요새 같은 성평등 시대엔 상상도 못 할 이야기지만 주거 시설과 의복, 음식, 수레와 배 외에 여자까지 인간의 살림살이를 구성하는 필수 요소라고 묵자는 말합니다.

옛날에 최고의 성인들도 첩을 두기는 했으나 그것으로써 행실을 그르치지는 않았다. 그러므로 백성들이 원망하는 일이 없었다. 궁중에 갇혀 있는 여인들이 없었으므로 세상에는 홀아비가 없었다. 안으로는 갇혀 있는 여인들이 없고 밖으로는 홀아비가 없었기 때문에 천하에 인민이 많아졌다.

雖上世至聖, 必蓄私不以傷行, 故民無怨, 宮無拘女, 故天下無寡夫
內無拘女, 外無寡夫, 故天下之民衆

요새 같으면 정말 돌 맞을 소리지만 묵자는 여자도 모두가 가져야 할, 누려야 할 몫으로 생각했나 봅니다. 당시엔 남자만 사람인 세상이었죠. 그런데 여자는 배나 수레, 옷처럼 과거의 성인 군주가 인민을 위해 만들어낸 것이 아니죠. 다만 지금의 왕들 시대와 다르게 과거의 성군 시대에는 지배층이 여자를 독과점하지 않아서, 모든 남자가 가정을 꾸릴 수 있었다는 것입니다.

그리고 〈사과〉 편에서는 묵가의 성인상聖人像을 볼 수도 있습니다. 묵가의 호적수인 유가의 성인상은 두 가지로 나누어 볼 수 있습니다. 주공처럼 문물을 정비하고 만들어낸 제작자로서의 성인, 이건 묵가도 인정하죠. 둘째, 공자처럼 인격 수양의 극단까지 간 성인, 곧 도덕자로서 완성된 사람. 유학자별로 사상의 스펙트럼에 따라 순자는 전자, 맹자와 성리학자들은 후자, 조선의 실학파는 전자를 강조하는데, 어쨌든 유가의 성인은 이렇게 두 가지 의미가 있습니다.

그런데 묵자는 우선 제작자로서의 성인은 인정하고(예악 관습은 제작해낸 유가의 성인과 달리 주로 물질적인 것을 만들어낸), 거기다 현실 정치에서 열심히 일궈내 나누는 지도자로서 성인을 말합니다. 묵자는 후자의, 사람들이 고르게 가질 수 있도록 나누고 분배하는 위정자로서의 성인상에 큰 비중을 둡니다.

여기서 묵자가 그렇게 강조하는 이익이 뭔지 좀 알 것 같습니다. 이익을 늘려라, 백성들의 이익에 부합해야 한다, 이롭지 않으면 의로운 것이 아니다, 이익과 동떨어진 윤리와 도덕은 있을 수 없다는 그들이 강조하는 이익은 단순히 재화 총량이 아니라 분배되고 공유되는 이익, 그러한 조건에 한정된 이익일 뿐입니다. 빵을 아무리 크게 키워도 소용이 없습니다. 각자 먹고사는 데 부족함이 없을 정도로 빵이 돌아가고 굶는 사람이 없어야지, 빵 자체를 키우는 건 묵자의 관심사가 아닙니다. 분배되고 공유되는 이익의 최대화, 그것이 묵자의 중심생각입니다.

자, 〈사과〉 편은 단순히 사치와 낭비 문제에 집중하는 게 아닙니다. 인간이면 누구든 누려야 할 몫이 있다. 인민들 각자가 가져야 할, 인민들 하나하나에게 보장되어야 할 살림살이, 생존의 필수 요소가 있다. 그것을 모두가 가지도록 해야 한다!! 이런 생각이 이 편에서 잘 드러나지요.

자, 이제 〈친사〉 편부터 〈사과〉 편까지 정리 좀 해볼까요.

1. 친사 "내 말 좀 들어보세요."
2. 수신 "왕께서 변화하세요(통치 권력과 시스템이 바뀌어야 해요)."

3. 소염 "실이 물감에 물들어서 새 실이 되듯이 어떤 외부의 기준대로 변해봅시다."

4. 법의 "그 기준은 바로 하느님의 뜻, 그 하느님의 뜻인 義를 본받아 변해야 합니다."

5. 칠환, 사과 "당대의 모순과 병리적 현상, 그것을 불러오는 원인, 그것들을 바로잡는 게 가장 급한데요. 그것이 하느님의 뜻으로 정치를 할 때 가장 빨리 손봐야 할 일이며 항상 염두에 두고 씨름해야 할 국정 과제입니다."

통치 시스템의 정점인 왕을 중심에 두고 하는 사고는 〈상동〉 편으로 직결되고, 능력 중심의 인재 등용은 〈상현〉 편으로 직결되고, 하느님의 뜻과 겸애에 대해서도 어느 정도 알려주고, 그리고 인성론과 인간관도 이야기하고, 낭비와 독점에 대해서도 논하는데 그것은 뒤에 〈절장〉, 〈절용〉, 〈비악〉 편으로 바로 연결되죠. 이렇게 묵자 사상의 핵심을 예습시켜주는 것이 이들 전6편입니다.

하지만 그간 이 여섯 편은 비중 있게 조명되지 않았죠. 사실 묵자 사상 자체가 비주류 중의 비주류라 뭐가 더 조명되고 덜 조명받았는지 따지는 거 자체가 우습지만요. 그런데 단순히 조명받지 않은 정도가 아니라 전6편은 위작의 혐의도 적지 않게 받았고요, 특히 〈친사〉와 〈수신〉 편은 제목이 유가적 용어라서 많이 의심받았습니다. 그런데 묵자가 나중에 독립해서 따로 사상을 만들었을지언정 유가의 학문을 배웠고 거기서 영향을 받은 게 사실인데, 편명에서 유가 냄새가 난다고 위작이라니. 외려 그 편들이 묵자의 초기 사상을 말해주는 것일 수도 있는데 말입니다. 그래서 그동안 잘 조명되지 않았던 전6편을 나름 충실히 소개해보았습니다.

이제 본격적으로 〈상현〉편에 들어갈 텐데요, 전6편과 〈상현〉편 사이에 〈삼변三辯〉편이 있습니다. 이 편은 음악이란 나라를 다스리는 일과 상관이 없는 것이니 별 신경 쓰지 말라는 이야기입니다. 그런데 전6편과 달리, 어떤 사람과 묵자가 대화하는 형식으로 되어 있는 것으로 보아 뒤에 〈노문〉, 〈귀의〉, 〈경주〉편 등과 함께 있어야 할 것이 편집 과정에서 잘못되어 앞으로 온 게 아닌가 싶고, 무엇보다 전6편과 같이 놓고 봤을 때 연관되는 바가 적습니다. 내용도 짧고 크게 주목해야 할 내용도 없어 보이고요. 그래서 〈삼변〉편은 그냥 넘어가고 바로 〈상현〉편으로 들어가겠습니다. 현명한 이를 숭상해야 한다, 현명한 이를 국정의 주인공으로 만들어야 한다고 말하는 내용이죠. 자, 수고하셨습니다.

墨子

13

묵 자 읽 기

계급 타파와 사회 개혁을 위한 외침

상현尚賢 편

상현尙賢. 여기서 상尙은 숭상 내지 존경, 이른바 잘 대접하고 모시는 것입니다. 현賢은 현명한 이, 유능한 이를 말하죠. 현명하고 유능한 이를 등용해 잘 모시고 대접해야 한다는 것이 〈상현〉 편의 요지구요. 묵자는 이를 국정의 근본이라고 봅니다.

그런데 현명한 이를 등용해서 국정을 운영한다는 게 말처럼 언제나 잘 되는 일이 아니죠. 백성과 온 나라의 이익을 도모하는 현명한 사람보다, 군주의 비위를 잘 맞추거나 지배 집단의 이익을 우선시하는 이들이 국정을 좌지우지하기 십상입니다. 그로 인해 여러 가지 국정의 난맥상이 생기고, 그 난맥상에서 백성들 삶의 기초는 항상 위협받고, 백성들의 삶이 위태로워지면 정권 역시 약해지고. 그렇다면 답은 현명한 이든은 저극 등용해서 국정을 해나가는 것인 겁니다.

묵자는 말합니다. 어떤 사람이 현명한 이인지, 현명한 이들이 등용되는 것을 막는 게 뭔지, 그리고 현명한 이들을 썼을 때 어떻게 국정이 개선되고 나라 살림살이와 인민들의 삶이 나아질 것인지, 그리고 현명한 이들을 어떻게 대접해서 이들을 적극적으로 끌어들이고 또 어떻게 해서 사람들이 현명한 인사가 되도록 동기 부여를 할지 등등에 대해서요. 자, 이제 들어갑니다, 상현에 대해서.

지금 국가의 정치를 맡은 왕, 공, 대인들은 모두 국가가 부유해지기를 바라고, 인민의 수가 많아지며 법질서가 바로 서고 행정이 잘 운영되기를 바란다. 그러나 도리어 국가는 부유하지 못하고 가난하며, 인민의 수는 많아지기는커녕 줄어들고, 형률과 행정은 바로 서지 않고 어지러워지고 있으니 이는 본래 바라는 바는 잃고, 꺼리는 것을 얻는 셈이다. 그 까닭은 무엇인가? …… 그것은 국가의 정치를 맡은 왕, 공, 대인들이 현명한 사람들을 존중하고 능력 있는 사람들을 임용하여 정치를 하도록 하지 못했기 때문이다. 상현 상上편

今者王公大人, 爲政於國家者, 皆欲國家之富, 人民之衆, 刑政之治, 然而不得富而得貧, 不得衆而得寡, 不得治而得亂, 則是本失其所欲, 得其所惡, 是其故何也? …… 是在王公大人爲政於國家者, 不能以尙賢事能爲政也

묵자의 이상인 겸애를 실현하는 데는 왕의 의사가 전적으로 중요하죠. 당시 봉건 사회에서 겸애를 실현하도록 정치 시스템을 일신, 재편하려면 권력자가 이에 동의하고 힘을 실어 추진해야 하니까요.

묵자 사상은 하층민들의 염원에서 출발했고 하층민들을 위한 것이지만 현실에서 받아들여지기 위해선 왕을 설득해야 합니다. 그러니 권력자들 앞에서, 우리 주장을 받아들이면 국가가 부유해지고 생산에 종사할 백성의 수가 늘어나고 법과 행정의 질서가 확고해질 것이라고 밑밥을 깝니다. 이런 주장은 〈상현〉편 말고 다른 부분에서도 계속 나옵니다. 우리 의견을 받아들이면 국가가 부유해지고 사회의 잠재력을 끌어낼 수 있고 국력이 강해지고 생산에 종사하는 백성들 수가 많아지고 왕에게 충성하는 신하와 관료의 수가 많아질 것이라고.

물론 당대의 사상가와 유세객들 중에 묵자만 그런 것이 아닙니다. 하지만 묵자의 말은 단순한 설득의 언사 내지 공수표가 아니라, 충분히 그런 성과를 끌어내기 위해 고민해서 만들어진 제도적 장치로 뒷받침되는데요. 여기선 우선 설득을 위한 수사를 놓치지 말고 주목해 보십시다.

> 나라에 현명하고 능력 있는 선비가 많으면 그 나라의 정치는 중후해지고, 현명하고 능력 있는 선비가 적으면 그 나라의 정치는 천박해진다. 따라서 국정을 맡은 사람이 힘쓸 일은 현명한 사람들이 많아지게 하는 것이다. 상현 상편
> 是故國有賢良之士衆, 則國家之治厚, 賢良之士寡, 則國家之治薄
> 故大人之務, 將在於衆賢而已

이렇게 현자를 등용하는 것이 중요한데 당대의 현실은 그렇지 않았습니다.

그런데 여기서 말하는 현자는 어떤 사람일까요? 단순히 어질다, 능력 있는 지식인이다 하는 데 그치지 말고 더 구체적으로 알아봅시다. 일단 유가가 말하는 이상적인 인간처럼 어떤 도덕의 범위 안에 갇힌 존재가 아닙니다. 단순히 도덕적으로 잘 수양되어서 친족 집단 내에서 효도하고 공손하고, 또 친족 집단 밖에서 내 이익만을 탐하지 않고 타인을 존중하고 배려하며 이익에 관해 양보할 줄 아는 인사가 아니라, 말 그대로 능력 있는, 정치와 행정의 영역에서 결과를 이끌어내는 능력을 갖춘 사람을 말합니다.

구체적으로 현명한 이의 덕목과 능력을 살펴보면, 첫째로 현자는 옳은 일을 한 자에게 상을 주거나 격려하고, 그른 일을 한 자에겐 응분의 벌을 주어 국가 질서를 잡을 수 있는 사람입니다. 둘째, 힘이 있을 때는 힘써 타인을 돕고, 재산이 있는 경우 부지런히 나눌 줄 알며, 지혜가 있거나 지식이 있을 경우 타인을 가르칠 수 있는 자입니다〔爲賢之道將奈何? 曰:有力者疾以助人, 有財者勉以分人, 有道者勸以教人 상현 하편〕. 이제껏 말한 분배되고 공유되는 사회적 자원과 이익을 늘릴 수 있는 사람이죠. 셋째, 말솜씨가 탁월하고 논리에 밝은 사람, 곧 사회구성원들 사이에서 합의를 잘 이끌어내고, 정책과 국가 방침을 잘 홍보하며 사람들을 잘 설득하고 잘 이해시킬 수 있는 사람입니다. 마지막으로 전문적인 업무 능력이 있어 분야별 국가 행정을 효율적으로 처리하는 사람입니다.〔厚乎德行, 辯乎言談, 博乎道術者乎! 此固國家之珍, 而社稷之佐也 상현 상편〕

더 구체적으로 묵자는 이렇게도 이야기하네요.

현명한 자가 나라를 다스릴 때는 이와 같이 한다. 일찍 조정에 나아가 늦게 물러나며 옥사獄事를 살피고 정사를 처리한다. 그래서 국가는 다스려지고 형법이 바로 집행된다. 현명한 사람이 관청의 우두머리일 때는 다음과 같이 한다. 밤늦게 자고 아침 일찍 일어나 관문과 시장, 그리고 산림과 못이나 다리에서 얻어지는 이익을 거둬들여서 관청의 창고를 가득 차게 한다. 그래서 관청은 충실해지고 재물은 흩어지지 않는다. 현명한 사람이 고을을 다스릴 때는 다음과 같이 한다. 아침 일찍 나와 늦게 들어가며 밭 갈고 씨 뿌리며 농사지어 곡식을 거둔다. 그래서 곡식이 풍부해지고 백성들은 먹을 것이 넉넉해진다. 그러므로 국가가 다스려지며 형법이 바로잡히고 관청이 충실해지며 만백성이 부유해지게 된다.*

상현 중中편

賢者之治國也, 蚤朝晏退, 聽獄治政, 是以國家治而刑法正

賢者之長官也, 夜寢夙興, 收斂關市, 山林, 澤粱之利, 以實官府, 是以官府實而財不散

賢者之治邑也, 蚤出莫入, 耕稼, 樹藝, 聚菽粟, 是以菽粟多而民足乎食

故國家治則刑法正, 官府實則萬民富

와, 정말 대단하네요. 중앙 정부에서, 또 지방 행정기관에서 법질서를 바로잡고 생산 관리를 총괄해서 국가의 이익을 늘려 백성들이 누릴 수 있는 이익을 늘리는 것, 다 현명한 자가 하는 일입니다. 그러

---

* 앞서 순자가 칭찬하고 탄복했던 진나라 상황이 떠오르지 않나요? 이렇게 진은 묵가 무리에게 많이 믿은 나라입니다.

면 배고픈 자들이 밥을 먹지 못하는 경우가 없고, 추위에 떠는 자들이 옷 입지 못하는 경우가 없고, 피곤한 자들이 쉬지 못하는 경우가 없어지며 사회 혼란이 잡히지 않는 경우가 없게 된다고 말합니다. 현명한 이들이 묵자가 말하는 백성들의 세 가지 고통을 없애는 결과를 일구어낸다는 거죠.

이렇게 묵자가 말하는, 정치 일선에 등용되어야 하는 현명한 이는 정치공동체 안의 질서를 잡고 국가와 백성의 부를 충실하게 하며 결과적으로 백성들 각자가 지닐 몫을 모두 챙겨주는 사람, 곧 겸애를 현실에서 구현해내는 사람입니다. 이런 것들을 묵자는 의義라고 뭉뚱그려 이야기하고, 義가 바로 현자의 덕목이며 정치인, 공무원, 관료, 관리의 자격 요건이 되어야 한다고 봤습니다.

곧 현자는 통치 권력의 수장인 왕의 가려운 곳도 긁어주면서 백성도 위하는 사람인데, 단순히 수양된 인격을 갖춘 도덕자가 아니라 실무자로서 현실에서 문제를 해결할 수 있는 능력이 있어 왕과 백성들에게 실질적인 이익을 줄 수 있는 사람이고, 여러 행정 영역에서 청렴하게 일하며 공정성과 전문성을 발휘하여 좋은 관료가 될 사람, 이게 바로 묵가가 본 현자입니다.

이런 사람들이 신분의 벽에 가로막히지 않고 적극적으로 등용되어서 활약해야 하는데, 문제는 국정의 운영자, 정치인, 관료들이 이런 현명함과는 거리가 멀었다는 것이죠. 왕들은 현명한 이를 알아보지 않고, 현명함을 묻지 않은 채 혈연적으로 가까운 이, 조상 잘 만나서 한자리 계속 해온 귀족들을 쓰는 것이 문제라고 묵자는 지적합니다.

지금의 왕, 공, 대인들이 소나 양을 갖고 있는데 직접 잡을 수 없다면 반드시 솜씨 좋은 백정을 찾을 것이다. 옷감을 갖고 있는데 직접 옷을 지을 수가 없다면 반드시 훌륭한 재단사를 찾을 것이다. …… 왕, 공, 대인들에게 병든 말이 있는데 치료할 줄 모른다면 반드시 훌륭한 수의사를 찾을 것이다. 활이 있는데 활줄을 손볼 수가 없다면 반드시 훌륭한 기술자를 찾을 것이다. 이런 때에는 골육지친이나 아무런 공적이 없이 부귀해진 사람이나 얼굴이 아름다운 사람이 있다고 해도 그들에게 일을 시키지 않을 것이다. 그것은 무엇 때문인가? 자신들의 물건들만 망쳐질까 우려하기 때문이다. ……

그러나 국가의 문제에 이르러서는 그렇지 않다. 왕, 공, 대인들은 골육의 친분이 있는 사람이나 아무런 공적 없이 부귀해진 사람들이나 얼굴이 아름다운 사람들을 등용한다. 그러니 왕, 공, 대인들이 자기 나라를 아끼는 것이 고장 난 활이나 병든 말이나 옷감이나 소나 양 같은 물건을 아끼는 것만도 못하지 않은가? 나는 이러한 사실을 통해서 천하의 위정자들이 모두 작은 일에는 밝지만 큰일에는 밝지 못하다는 것을 알았다. 이것을 비유해 말하자면 마치 벙어리를 사신으로 기용하고 귀머거리를 악사로 삼는 것과 같다. 상현 下편

今王公大人, 有一牛羊之財, 不能殺, 必索良宰, 有一衣裳之財不能制, 必索良工, ……

王公大人, 有一罷馬不能治, 必索良醫, 有一危弓不能張, 必索良工

當王公大人之於此也, 雖有骨肉之親, 無故富貴, 面目美好者, 實知其不能也, 必不使

是何故? 恐其敗財也 ……

逮至其國家則不然，王公大人骨肉之親，無故富貴，面目美好者，則擧
之，則王公大人之親其國家也，不若親其一危弓罷馬衣裳牛羊之財與？
我以此知天下之士君子，皆明於小而不明於大也
此譬猶瘖者而使爲行人，聾者而使爲樂師

묵자는 당대의 잘못된 인사 행정을 신랄하게 비난합니다. 무능한
인사들이 왕의 친인척이라는 이유로, 아니면 귀족이고 기득권층이라
서 그저 한자리씩 차지하고 국정을 좌지우지했나 봅니다. 혈연과 신
분의 폐쇄적 울타리에 갇혀 정치가 어지러워지니 울타리를 허물어
현명한 이들을 등용해보자는 묵자의 이야기는 어쩌면 아주 상식적인
이야기입니다. 혈연과 신분에 상관없이 능력에 맞게 사람을 골라 쓰
자는 것. 너무도 당연한 이야기지만 종래의 귀족들, 그리고 왕의 가
족과 친척들이 정치를 지배하던 시대에는 관철되기 쉬운 일이 아니
었겠죠.

그리고 능력을 기준으로 등용하고, 공이 없으면 쓰지 말아야 한다
는 것은 단순히 실천하기 어려울 뿐만 아니라 기존의 질서를 뒤흔들
수도 있는 주장입니다. 실제 기득권층에게는 아주 위험한 이야기겠
죠. 왕은 입장이 다를 수 있지만(국력의 극대화를 원한다면요), 대다수
귀족과 기득권자들에겐 아주 체제 전복적인 논리였을 겁니다.

여기서 잠깐 유가 이야기를 해야겠습니다. 또 유가 이야기냐고도
하실 수 있지만, 철저히 능력을 기준으로 사람을 쓰자는 묵자의 '상
현'은 유가 사상과 상당히 배치되는 이야기이기 때문입니다. 앞서 말
했던 것처럼 신분 질서 높은 곳에 있는 사람들이 위기를 맞이한 지

금, 그들이 어떻게 역할을 잘 수행하도록 거듭나게 할 것인가를 공자는 고민했고, 종래의 표준적 역할 수행 방식을 재검토했습니다. 위기의 시대니 이제 왕은 기존의 왕 노릇 방식을 좀 수정해서 하고, 신하도 좀 수정해서 하자고. 그것이 유가의 사상입니다. 이른바 개신된 군자, 거듭난 지배층을 말하는 사상. 유가는 '위'에 있는 사람들을 인정합니다. 인정하고 나서 시작하는 거지요.

하지만 묵가는 다릅니다. 하층민도 위쪽 그 자리에 들어가겠다는 것입니다. 물론 거저 들어가겠다는 게 아니라 시대가 당면한 문제를 해결할 능력을 가지고 말입니다. 그 능력을 기준으로 해서 아주 역할과 지위를 바꿔보자고까지 이야기하는 겁니다. 도덕과 예의가 아닌 실무적인 능력, 여론과 의견을 모으고 사람들을 설득할 수 있는 언어 능력, 국가의 질서를 잡고 인민들에게 돌아갈 부를 확충하는 능력. 이런 새로운 기준을 가지고 새롭게 신분 질서를 재구성하자고 합니다.

지배와 피지배, 왕과 왕 밑의 관료, 왕 이하 지방 정치 단위를 관할하는 수장들, 이런 틀과 신분 질서 자체는 부정하지 않습니다. 하지만 다른 기준으로 해서 사람들을 그 틀 안에서 재배치하자는 것이고 또 그런 재배치는 항상, 수시로 이루어져야 한다는 것이죠. 능력 있으면 언제든 위로, 그리고 능력이 없으면 언제든 아래로. 그리고 그 재배치되어 새롭게 구성된 상위에 하층민들이, 묵자의 속내에 입각해 말하자면 묵자 무리 자신들이 들어가야 한다, 내지 들어갈 자신이 있다는 거구요.

관직에 있다고 해서 항상 귀함이 보장되는 것이 아니고 천한 백성이라도 죽을 때까지 천한 것이 아니다. 능력 있으면 쓰고 없으면 쓰지 마라. 분명히 지배와 피지배, 사회적 자원을 많이 가진 자와 가지지 못한 자로 양분되는 질서 자체는 인정하지만, 다른 기준으로 사람을 재배치하고 또 그렇게 사람을 재배치하는 갱신의 과정이 항상 있어야 한다는 것입니다.

이렇게 묵자의 '상현' 논리는 기존의 질서를 부정합니다. 통치 권력의 정점인 왕은 인정할지라도 왕을 제외한 기득권을 인정하지 않습니다(때론 왕도 능력에 구속받아야 한다고 말하지만 대체로 왕만은 기득권을 인정합니다). 의義와 겸애를 구현할 능력 없으면 다 옷 벗고 내려와라, 그런 능력을 갖춘 사람이 올라가야 한다, 그리고 그 능력을 우리가 갖춘 것 같으니 우리가 그 자리 접수하겠다, 이겁니다.

이렇게 상현은 기존의 질서를 위협하는 전복적인 논리로 비칠 수 있는 사상이었습니다. 그래서 기득권을 쥔 귀족들과 그들의 이해관계를 대변하는 데 쓰일 여지가 많은 사상을 익힌 사람들에게서 많은 공격을 받았죠. 대표적으로 유가의 거두 맹자와 순자가 있겠습니다. 그들은 묵가 사상을, 정치공동체 운영의 기초를 부정하는 위험한 사상으로 폄하했죠. 하지만 당시의 시대 상황에선 묵자의 상현 사상이 통치 권력을 쥔 왕의 수요에 더 맞지 않았을까요? 좀 다르게 질문을 던져보자면, 유가와 비교해서 어느 쪽이 더 왕의 구미에 맞았을까요?

도덕만으로 나라 살림을 꾸려갈 수 없습니다. 그리고 종래의 귀족과 인척들은 언제든 왕과 권력 경쟁을 할 수 있고, 그들의 사적인 인적 네트워크는 국력의 극대화와 효율적인 행정 시스템 구축에 방해가 되는 것입니다. 그렇다면 기존의 귀족과 인척을 대신해서, 정확히 말해 왕 아래에서 사적으로 라인과 파벌을 만들 우려가 없으면서 실무적인 능력을 갖춘 인사가 필요했을 텐데 묵자의 '상현'은 왕들의 구미에 맞을 수밖에 없었을 것입니다.

묵자는 현명한 사람들을 유치하기 위해서는 인센티브를 주어야 한다고도 말합니다. 일단 그에게 재량을 발휘할 수 있는 권한과 위세, 권위를 주어야 하고, 그의 능력과 그가 일궈낸 결과에 걸맞은 사회적 지위와 신분, 경제적 보상도 줘야 한다고 합니다. 그래야 백성들에게 그들의 통치 행위가 제대로 먹힐 수 있을뿐더러, 현명한 사람들이 자신을 제대로 알아주고 대접해주는 왕의 곁으로 모일 것이며, 또 사람들이 저마다 능력을 갖춘 현자가 되기 위해 준비하고 노력한다는 것이죠.

묵자는 '상현'을 설득하기 위해 과거의 성인 군주들 이야기를 끌어옵니다. 한번 들어볼까요?

옛날에 성왕들은 현명한 사람을 숭상하고 유능한 사람을 등용했다. 아버지나 형제라고 해서 감싸지 않았고, 부귀한 사람들에게 치우치지도 않았으며, 아첨하는 낯빛을 띤 사람들을 총애하지도 않았다. 현명한 사람이라면 등용하여 높은 자리에 올려주고, 부유하고 귀하게 하면서 관청의 우두머리로 삼았다. 못난 사람이라면 벼슬길을 막아, 가난하고 천하게 하면서 허드렛일을 하게 만들었다. 상현 중편

故古者聖王甚尊尙賢而任使能, 不黨父兄, 不偏貴富, 不嬖顏色

賢者擧而上之, 富而貴之, 以爲官長, 不肖者抑而廢之, 貧而賤之, 以爲徒役

옛날 순임금은 역산에서 밭을 갈고 황하 가에서 질그릇을 굽고 뇌택에서 고기잡이를 하고 있었다. 요임금이 그를 복택의 북쪽 기슭에서 발견하여 천거해서 천자로 삼고, 천하의 정치를 맡겨 천하의 인민을 다스리게 했다. 이윤은 유신씨 딸의 종복으로서 요리사 일을 하다가 탕왕의 눈에 띄어 재상이 되었고, 천하의 정치를 맡아 천하의 인민을 다스렸다. 부열은 베옷을 입고 새끼줄로 허리띠를 매고 부암에서 품팔이로 담 쌓는 일을 하다가 무정武丁에게 등용되어, 삼공의 자리에 올라 천하의 정치를 맡아서 천하의 인민을 다스렸다. 상현 중편

古者舜耕歷山, 陶河瀨, 漁雷澤, 堯得之服澤之陽, 擧以爲天子, 與接天下之政, 治天下之民

伊摯有莘氏女之私臣, 親爲庖人, 湯得之, 擧以爲己相, 與接天下之政, 治天下之民

傳說被褐帶索, 庸築乎傅巖, 武丁得之, 擧以爲三公, 與接天下之政, 治天下之民

묵자는 신분의 귀천을 가리지 않고 능력 중심의 인사 등용으로 이상적인 질서를 일궈냈던 성인 군주들의 이야기를 합니다. 정말 저런 일이 있었는지는 모르지만, 분명한 것은 오늘날의 군주들이 저렇게 해야 한다는 뜻이겠죠. 그리하면 저 군주들처럼 하늘의 상을 받아 천하를 호령하고, 두고두고 이상적인 군주로 칭송을 받는다는 것입니다. 그리고 다른 부분에서는 상현의 원리와 상반되는 원리로 정치를 해서 나라를 망치고 자신까지 망친 암군들의 사례도 열거합니다. 여기서 그 원문까지 끌어와 소개하진 않겠습니다.

마지막으로, 성인 군주가 실천했던 상현의 정치 원리는 하느님의 뜻에 따른 것이었다고 묵자는 말합니다.

> 옛날의 성왕들은 신중하게 현명한 사람을 숭상하고 능력 있는 사람을 써서 정치를 했는데, 그것은 하늘에서 법도를 가져온 일이었다. 하늘은 빈부, 귀천, 자신과 멀고 가까움, 친하고 소원함을 가리지 않고, 현명한 사람은 드러내 숭상하고 못난 자들은 억눌러 몰아낸다. 상현 중편
> 故古聖王以審以尙賢使能爲政, 而取法於天
> 雖天亦不辯貧富貴賤遠邇親疏, 賢者擧而尙之, 不肖者抑而廢之

현명한 인사를 중용하는 것은 곧 하느님의 뜻이다, 오늘날의 군주도 하느님의 뜻대로 현명한 인사를 중시하라는 것이죠. 하느님의 뜻은 백성들의 뜻, 민지民志이자 묵지墨志의 다른 이름입니다.

상현은 민지이고 묵지입니다. 상현은 단지 능력 있는 사람을 중용하자는 것이 아니라 하층민, 더 정확히 말해 묵자들에게 정치에 참여하고 발언할 수 있는 기회 내지 권리를 달라는 것입니다. 하층민 출신이지만 이제 준비하고 공부해서 지식인으로서 자격을 갖춘 자신들이 합당한 대우를 받으며 능력을 펼쳐야겠다는 뜻이죠.

자, 묵자는 현명한 사람을 뽑아야 한다고 말할 뿐 아니라 어떤 사람이 현명한 사람인지 구체적으로 밝히고, 그들을 등용하는 방식까지 일러줍니다. 거기에 덧붙여 묵자는 능력을 기준으로 하는 인사의 재배치는 항상 이루어져야 한다고 말합니다. 보시다시피 〈상현〉 편

에서는 인사를 재배치해 통치 조직을 갱신해야 한다고 강조할 뿐 구체적으로 어떻게 갱신과 재배치를 할 것인지는 말하지 않았죠. 하지만 실제 그들이 만든 법과 제도를 보면 인사 관리와 조직 관리에 관해 충실한 매뉴얼들을 만들어냈습니다. 그건 앞서 진나라의 묵가를 이야기할 때 제시한 진나라 법률에 잘 드러나지요.

이렇게 묵자가 제시한 인사 등용론은 당시에 큰 영향력을 발휘했습니다. 왕이 어떻게 신하들을 다룰 것인가 고민한 법가 사상에도 적지 않게 영향을 미쳤고, 묵자적 문제의식에 따라 만들어진 제도와 매뉴얼들을 대폭 수용한 진나라는 무섭게 성장했구요. 지금까지 〈상현〉 편을 봤습니다. 이제 〈상동〉 편으로 가겠습니다.

14

묵 자 읽 기

겸애 실현을 위한 조직론

상동尙同 편

태초에 질서가 없었을 때

군주란 신하와 백성의 뜻을 하나로 묶는 자다. 경經 상上편

君, 臣萌通約也

　묵자의 이상인 겸애는 철저히 국가와 통치 권력, 공적 기구를 통해 실현해야 합니다. 묵자는 〈상현〉 편에서 그것의 실현을 위한 체제와 시스템 구축, 정비 이전에 그것을 현실에서 담당할 사람들이 누가 되어야 하는지를 논했습니다. 단순히 어진 사람이나 왕 주변의 인척과 귀족이 아니라, 묵자가 생각하는 의義를 행할 능력 있는 사람이 등용되어 국정을 이끌고 행정을 담당해야 한다고 했습니다. 이제 그 사람들로 이루어진 정치 체제가 어떻게 구성되고 돌아가야 하는지를 본격적으로 이야기합니다. 그것이 비로 〈상동〉 편입니다.

상동尙同. 동同을 숭상한다, 높이 산다는 것이죠. 동同, 같음을 정점까지 밀고 나간다, 같게 하는 것을 최대화한다는 것이고, 통일시킨다는 의미도 있죠.

피지배층과 지배층의 뜻을 통일하여 하나로, 또 통일된 뜻을 일원적인 종적 정치구조로, 그리고 그 일원적 정치구조를 가지고 하나 된 천하를 만들어 끌어가자는 것입니다. 계속 하나, 하나가 나오는데 그 하나들은 同을 정점까지 밀고 나가서 만들어내는 것입니다.

이렇게 하나를 강조하는 〈상동〉 편, 하나로 뜻을 모으고 합의하자는 얘기도 놓치지 말아야 하고, 또 합의된 것을 일원적이고 수직적인 공적 구조로 실현하자는 것도 꼭 기억하셔야 합니다만, 그것을 하나 된 천하에 펼치자는 데에도 주목하셔야 합니다. 앞서도 여러 번 말한 묵자의 커다란 사고 단위, 통일 지향적, 통일 친화적 사유가 이 〈상동〉 편에서 가장 잘 드러납니다.

묵가는 분명 모든 사람이 하느님의 신하라며 모든 사람을 동등하게 보는 데서 출발합니다. 기존의 신분 구조와 지배 구조를 일단 보류한 채 사유를 해나가지만, 앞서 말씀드렸듯이 종적 질서 자체를 부정하지는 않습니다. 묵가는 자신들의 기준인 겸애와 현명함, 의를 기준 삼아 종적 질서와 신분 구조를 다시 만들어내면서, 국가와 사회 안에 내재된 종적 질서의 높은 기울기를 재승인한 채 나아갑니다. 천자-제후-향장-리장-민, 이런 지배 구조와 계급 틀 사이에 살짝살짝 연필로 괄호 ( )를 쳐놓았다가 재배치 후 괄호들을 지우개로 지우고 계층과 계급, 신분 질서를 다시 승인합니다. 물론 〈상현〉 편에서 말씀드렸다시피 괄호를 연필로 쓰고 지우며 괄호 안에 들어갈 사람을 바꾸는 과정은 항상 있어야 한다 하고요.

적지 않은 사람들이 〈상동〉 편을 왕, 그것도 천자 중심의 전제 권력과 연관 지어 이야기했습니다. 그리고 폭압적인 진 제국의 탄생과도 연결해서 봤고요. 제가 보기엔 천하 인민의 의견 수렴이 우선이고, 그다음으로 효율적이고 일원된 정치권력과 행정 체계를 세우자는 이야기지, 왕이 혼자서 자의적으로 독재하고 인민과 국가를 끌고 가려는 시스템 구축을 위한 이야기는 아닌 것 같은데, 적지 않게 그렇게 여겨져왔습니다. 그래서 상동은 묵자 사상에 깔려 있는 평등 중시 관점, 그리고 겸애와 모순되는 것이 아닌가 하는 의심과 주장이 있었습니다. 그러다 보니 어떤 학자들은 묵자 사상 안에 불일치와 모순이 있다고 이야기하고, 나아가 묵자 사상이 정합적으로 해석되고 설명되지 않는 서툴고 영글지 못한 사상이라고 평가하기도 했습니다. 그리고 불일치와 모순된 면은 묵자 사상이 문화와 학문에서 거리가 좀 있었던 하층민들의 생각에서 기원한 탓이라고 이야기한 연구자들도 있었고요.

상동이 정말 전제 정치를 위한 것일까요? 그리고 정말 상동이 겸애와 부딪히고 모순되는 것일까요? 일단 묵자가 말하는 상동이라는 것을 차근차근 알아보고 나서 생각합시다. 정말 그런지.

〈상동〉 편에서 묵자는 어떤 사유 실험을 합니다. 상황을 가정하고 사유하는 거지요.

묵사가 말했나. 시금 인민이 지음 생겨나 지도자가 없었던 옛날로 돌아갔다고 생각해보자. 아마 다음과 같이 될 것이다. 천하의 사람들이 모두 주장하는 의義가 달라, 한 사람이 있으면 한 가지 義가 있고 열 사람이 있으면 열 가지 義가 있고 백 사람이 있으면 백 가지 義가 있게 되니, 사람들의 수가 불어날수록 이른바 義도 비례해서 늘어나게 된다. 그래서 사람들은 각자 자기 義는 옳다고 여기고 남의 義는 그르다고 하며 서로를 비난하게 된다. 안으로는 부모 자식 간이나 형제들까지 서로 원수가 되어 모두 헤어져버리려는 마음을 갖게 되니 서로 화합 공생할 수 없다. 남는 힘이 있다고 하더라도 버려두고 서로 돕지 않을 것이며, 좋은 도道를 숨겨두고 서로 가르쳐주지 않을 것이며, 재물이 남아돌아도 서로 나누어주지 않을 것이다. 천하가 어지러워져 마치 새나 짐승들의 세상과 같이 될 것이다. …… 천하가 어지러운 것은 천하의 義를 같게 만들 지도자가 인민에게 없어서다. 그래서 천하에서 가장 현명하고 능력 있고 성스러우며 지혜롭고 말 잘하는 사람을 골라서 천자로 세워, 천하의 義를 하나로 만드는 일에 종사하게 해야 한다. 상동 중中편

子墨子曰:方今之時, 復古之民始生, 未有正長之時, 蓋其語曰:「天下之人異義」

是以一人一義, 十人十義, 百人百義, 其人數玆衆, 其所謂義者亦玆衆

是以人是其義, 而非人之義, 故相交非也

內之父子兄弟作怨讎, 皆有離散之心, 不能相和合

至乎舍餘力不以相勞, 隱匿良道, 不以相教, 腐朽餘財, 不以相分, 天下之亂也, 至如禽獸然也, 無君臣上下長幼之節, 父子兄弟之禮, 是以天下亂焉

明乎民之無正長, 以一同天下之義, 而天下亂也, 是故選擇天下

賢良聖知辯慧之人, 立以爲天子, 使從事乎一同天下之義

천자는 골라서 세운 사람이다. 무엇무엇을 잘할 수 있는 사람을 골라 뽑아서 앉힌 사람이라고 한 것을 기억하시고요. 자 이제 본격적으로 〈상동〉편 설명 들어갑니다.

〈상동〉은 상 중 하, 세 편으로 구성되어 있는데 세 편 모두 통치 권력이나 우두머리, 군주가 없을 때의 상황을 전제하고 논의를 시작합니다. 위에서 보았듯이 상황이 아주 부정적으로 묘사되지요? 무법천지, 아수라장, 아비규환입니다. 물불 안 가리고 서로를 해치고 심지어 부자지간과 형제끼리도 반목하고 원수가 되고. 정말 아찔한 상황입니다.

그런데 왜 왕이 없었을 때, 법질서와 국가 행정이 서지 못했을 때의 원시적인 상황을 가정하고 이야기할까요? 묵자가 살았던 시대가 왕이 없거나 원시적인 문명 이전의 생활을 하던 때가 아니었을 텐데, 왜 태곳적 이야기를 꺼내어 논의를 시작했을까요?

묘사한 상황을 잘 봅시다. 상당히 세밀하게 또 생생하게 상황을 묘사한 것 같지 않나요? 옛날의 일이 아니라 눈앞에서 벌어지는 작금의 일을 말하는 것 같습니다. 그리고 부자간에도 형제간에도 원수가 된다고 합니다. 거기서 왠지 혈연 중심의 씨족공동체가 무너진 당대의 상황이 연상됩니다. 묵자의 상황 묘사를 더 봅시다. 힘 있고 지식 있고 재물이 있는 자가 그것을 나누려고 하지 않고 움켜쥔 채 독점하려고 한답니다. 묵자가 계속 지적하는 당대 사회의 모순인 사회적 자원과 이익 독점, 그런 당대의 병리 현상이 연상되는데요. 정말 묵자가 말하는 이 상황이 과거 아주 오래전의 문제 상황일까요?

제가 보기엔 당대의 상황입니다. 전국戰國 시대, 전쟁이 일상화하고 힘과 이익, 무력, 사회적 자원을 독점한 세력이 그것들을 가지지 못한 사람들을 억압하고 겁탈하던 시대, 그리고 씨족 집단, 친족공동체가 와해되고 그 안에서도 계층 분화와 힘겨루기가 자주 일어나던 시대. 이러한 당대의 참혹상을 이야기한 것이죠.

그리고 각자가 모두 자신만의 義를 주장한다는데요, 사람 수에 비례해서 義가 늘어나고 그것이 갈등을 일으키고 아주 파괴적 경쟁으로 치닫게 한다는데, 〈상동〉 하편에서는 직접적으로, 사람들이 자기만의 이익을 위하다 보니 타인의 義와 배타적인 관계에 있는 자신만의 義를 주장하게 된다고 했습니다〔若苟百姓爲人 是一人一義 十人十義 百人百義 千人千義〕. 결국 義는 윤리나 도덕과 관련된 의로움이 아니라 자신의 이익 주장, 그것도 배타적 이익 주장과 관련되는 것 같은데, 전국 시대는 이익을 둘러싼 갈등이 전면화해서 난리도 아닌 시대였죠. 역시나 묵자가 부대꼈던 전국 시대적 상황에 대한 서술 같습니다.

그런데 인용된 글 안에서는 무질서한 전국 시대적 상황을 종식할 대안도 제시됩니다. 대안은 통치 권력 다시 만들기입니다. 이 대안을 따르지 않을 경우 지금의 혼란과 무질서는 종식되지 못할 것이라고 경고하면서 설득이 시작됩니다.*

앞서 묵자는 공자가 죽은 지 얼마 안 되는 시기에 활동했던 사람이라고 했습니다. 그런데 그가 살았던 시대는 공자가 살았던 춘추 시대 말미와 완전히 다르고, 그는 철저히 전국 시대를 배경으로 자신의 사상을 만들었다고 했습니다. 〈상동〉 편에 나오는, 사유 실험을 가장한 당대 현실의 묘사는 정말 묵자가 철저히 전국 시대적 문제의식을 안고 씨름한 인물임을 잘 보여줍니다.

살벌한 갈등 상황뿐 아니라, 인간 하나하나를 균질적인 또는 보편적인 존재로 보는 시각도 전국 시대적 상황과 문제의식을 보여주는 것입니다. 춘추 시대처럼 씨족 집단이 공고하고 그 안에서 질서 역시 공고하던 시절, 사람들 하나하나는 각자가 자신만의 義를 주장하는 동질적인 단위가 아니었습니다. 각자가 주장하는 義란 것이 제가 말씀드린 대로 이익 주장이든 아니면 자신이 원하는 사회의 모습과 관련된 신념 내지 사상이든 간에,** 씨족공동체의 울타리 안에서 한 사람 한 사람은 씨족 질서라는 칸막이 안에 있었고, 씨족의 힘과 세력과 조상과 가족 관계 등을 기준으로 파악되고 이해되었지, 각자가 자기만의 무언가를 가지고 주장하고 싸우는 독립되고 동질한 단위로서

* 이건 대학자 순자도 마찬가지입니다. 자신이 생각하는 대안인 '예禮'를 따르지 않을 경우 혼란과 무질서가 온다, 내지 그것이 종식되지 않을 것이라고 하면서 자신의 주장을 폅니다. 물론 禮가 지니는 효용과 쓸모, 禮를 써야 타당함을 여러 측면과 각도에서 부연 설명합니다만. 묵자도 마찬가지입니다. 혼란과 무질서에 대한 겁주기만으로 설득력을 높일 수는 없었겠죠. 하지만 자신들이 제시하는 대안을 채택하지 않을 경우에 일어날, 아니면 지속될 혼란과 무질서를 강조하고, 경고하고, 그것으로 자신들의 정치적 대안에 설득력을 부여하려는 것은 두 학자 모두 똑같습니다.
** 실제 위 인용문은 여러 사상가들이 뛰쳐나와 내 이야기 좀 들어보라고 떠들어대던 당시 사상계의 모습을 말한 것일 수도 있습니다. 각자가 주장하는 義가 이익 주장이 아니라 말 그대로 윤리와 규범, 옳음, 정당함이라고 보면 그렇게 생각할 수도 있죠. 그렇다고 해도 역시나 전형적인 전국 시대적 모습입니다. 백가가 다투어 소리 내던 상황이 전국 시대의 모습이죠, 뭐.《묵자》는 읽어볼수록 전국 시대의 전형적인 풍경이 눈에 선하게 드러나는 고전입니다.

이해되지는 않았을 것입니다. 앞서 언급한 대로 전국 시대가 되었으니 맹자의 성선론, 순자의 성악론처럼 일반의 인간이 이렇다, 보통의 인간은 이런 성향을 가진다는 의견들이 나와 경쟁하게 된 것이죠. 이에 묵자는 자기 이익을 내세우는 존재로서 보편적, 일반적 인간을 말한 것이고요.

그리고 묵자는 보편적인 인간론을 이야기하는 데 그치지 않고 각자가 주장하는 것을 일단은 義라고 인정하고, 그것이 갈등을 불러일으킬지언정 모든 사람을 각자 義를 주장할 수 있는 존재, 더 정확히 말해 어떤 대등한 지분을 소유하는 존재로 인정하는 데까지 이릅니다.

역시나 모든 인간을 하느님의 신하라고 전제하고, 또 애초에 하층민으로서 자의식을 가진 사상가여서 그런지, 사람을 단순히 동질적인 단위로 파악하는 데 그치지 않고 동일한 몫을 가진 존재로 보는 데까지 이르렀는데, 사실 각자의 이익 주장이라는 義를 더 정확히 보면 노동한 자가 누리고 가져야 할 몫과 관련됩니다. '나 일했는데 내 몫은 어디 있지?' '왜 내 몫은 안 주는 거야?' 내지 '난 이런 능력 있으니 이런 몫을 받는 그런 일 해야겠어. 그런데 왜 안 시켜줘?'라는 불만. 그리고 어떤 일과 직위가 있고 그 직위의 담당자가 있다면 그 담당자가 가져야 할 몫은 어느 정도가 적당할까 하는 문제에 대한 의견과 그 의견들의 다름. 그 다름에서 비롯된 갈등들. 이런 것들을 생각하시면 묵자가 말하는 義와 義를 둘러싼 전면적인 투쟁과 갈등이 쉽게 이해되실 겁니다.

일했는데도 아무것도 챙기지 못하는 상황의 모순됨에 대한 인식, 그리고 누가 어떤 일을 맡고 일에 따라 누릴 몫을 어떻게 정하느냐에 대한 의견과 이견. 좀 다르게 표현하자면 어떻게, 어떤 기준으로 사회 안에서 사람들에게 역할과 위치를 재배분하느냐의 문제, 그리고 위치와 역할 각각에 맞는 몫은 어느 정도가 되어야 적당할까에 대한 사고(기존의 질서에선 전통 귀족, 기득권층이 이런 논의를 막았고 또 사회적 자원을 많이 누리는 요직을 그들이 그냥 무한정 독차지하고 있었지요). 이런 것들이 묵자란 사상가가 상현, 상동을 대안으로 마련하게 한 문제의식인데요. 자, 다시 사유 실험 안의 인간들 이야기로 돌아갑시다.

가족들끼리도 원망하고 해치고 헤어지는, 친족 집단의 울타리가 모두 무너진 상황의 인간들을 묵자가 관찰합니다. 그런데 그 인간들의 행동 양상은 지극히 부정적입니다. 각자의 義를 주장하는 것 자체가 나쁜 것이 아니라, 그로 인해 집단생활에서 갈등이 크게 불거지는 것이 문제입니다. 거기서 묵자는 통치 권력, 군주, 명확하고 제대로 자리 잡힌 법질서를 사고해내죠. 인간들이 보이는 부정적인 현상을 말할 뿐만 아니라 그것들을 해결할 수 있는 답을 생각해내는데, 그것이 바로 통치 권력, 군주, 법질서와 공적 기구입니다.

그런데 묵자가 살았던 당시에 왕이 없었고 일탈 행위를 제재할 법 규범이 없었으며 통치 시스템이 없었을까요? 아니죠. 분명히 있었죠. 하지만 그것들은 묵자가 생각하는 바람직한, 완성도 높은 시스템이 아니었다는 데 문제가 있죠. 당대의 공적 기구와 통치 권력으로는 극단적으로까지 진행되는 전국 시대적 병리 현상을 치유할 수 없다는 데에 묵자의 문제의식이 있었다는 거죠.

여기서 위의 원문이 열거하는 당대의 문제 상황을 깔끔하게 정리해보면,

1. 문제 상황은 많은 사람들의 이익 주장에서 비롯된 것. 그런데 그 사람들은 각자 지분이 대등한 존재입니다.

2. 문제 상황은 씨족 질서와 친족 집단의 울타리가 무너진 상황의 다툼과 갈등이란 것.

3. 그리고 이런 문제는 이익과 사회적 자원의 독점, 독점한 자들의 횡포로 대표되는데 결국 가진 자, 강자가 행하는 못 가진 자, 약자에 대한 핍박과 착취가 당대의 주요 모순이 됩니다.

그렇다면 이런 문제 상황과 모순을 어떻게 치유했어야 했을까요? 먼저 1번 문제, 이익 주장에서 갈등이 비롯되어 극단으로 치닫게 되었으니 유가처럼 이익 주장을 자제하고 도덕을 닦자?? 묵자는 인간의 욕구, 욕망을 분명히 긍정하고 그것을 채울 이익을 부정하지 않는다고 했습니다. 욕망에서 비롯된 이익 주장에서 문제가 불거져 심각해졌다 하더라도 욕망을 나름 질서 있게, 합당하게 채울 방법을 고민하지, 그것을 억누르려 하지 않았습니다.

그리고 2번 문제, 씨족공동체가 무너지고 그 안에서 갈등이 빚어졌다는 것이 문제의 전부가 아니고, 이제 인민들이 기존의 환경에서 보호받고 일할 수 없게 되었다는 것이 중요합니다. 그렇다면 새롭게 생산 기반을 마련하고 새로운 질서로 보호해야겠죠. 유가처럼 친족 집단을 어떻게든 부여잡자거나 친족 집단 내에서 발현되고 키워지던 정서와 감정을 유지하고 확대해나가자고 답을 찾지 않습니다. 이제 친족 집단의 울타리 밖으로 튀어나와 균질적인 단위로 변한 사람들은 모두 단일하고 동등한 단위로서 인정하고, 권리와 의무를 부여하면서, 국가권력과 국가 행정이 직접 다스리고 보호해야 한다고 묵자는 보았습니다. 그건 법가 역시 마찬가지였습니다. 하지만 법가, 정확히 말해 후세에 법가라고 분류된 법 친화적, 변법 노선 지식인과 정치가들은 묵자처럼 각 개인을 뭔가 대등한 지분을 가진 존재로 보지 않았습니다. 그렇기에 그들은 사회를 재구성하고 통치 권력을 다시 만드는 데 인민의 의견을 받아들인다는 생각은 조금도 하지 않았습니다.

3번 강자의 약자 핍박 문제. 가진 자가 못 가진 자를 겁탈합니다. 대외적으로는 강대국이 끝없이 약소국을 침략 병합하고, 대내적으로는 통치 계층이 생산에 종사하는 피지배층을 착취하고 그들이 생산한 것을 빼앗아 독점하는 상태. 그렇다면 새롭게 묵자가 구상하는 질서, 군주, 법, 행정은 그것을 중단시킬 수 있어야 합니다. 이 문제를 고민하면서 묵자는 하느님을 말했죠. 하느님의 시각으로 세상을 보고 인민들을 보고, 그리고 하느님의 뜻을 대행할 권력자와 통치 권력을 생각합니다. 그런데 세상 모든 인민과 지역을 굽어 살피는 하느님처럼 그 하느님의 의지를 대행할 시스템과 군주는 이왕이면 더 넓은 지역, 더 많은 인민을 관할하는 게 좋습니다. 넓을수록, 많을수록 좋죠. 그렇기에 당대에 유명무실했고 실제 역사에서 중원의 여러 정치 공동체들을 제대로 통치한 적이 있었나 의심스러운 주나라식의 천자가 아닌, 명실상부한 힘을 가지고서 일관되고 명확한 질서를 전 중국에 구현해낼 천자를 묵자는 생각하게 됩니다. 이러면서 통일의 청사진과 밑그림을 그리기 시작합니다.

자, 이렇게 당대의 문제 상황에서 묵자는 답들을 생각하게 됩니다.

이익을 부정하지 말고, 많은 사람들이 동의할 수 있는 정의로운 틀에서 그것을 보장해주자. 義를 주장하는 사람들의 입을 막을 것이 아니라 그 사람들에게 멍석을 깔아주며 각자의 생각을 말하게 한 다음, 그것을 바탕으로 합의된 커다란 義를 만들어내고, 그렇게 해서 나온 공동체의 義, 공의公義를 통해 義를 말하는 개인들 각자의 이익을 보장해보자고 합니다. 각자가 서로를 해치지 않고 이익을 침탈하지 않으면서 상호간의 이익(義)을 보장하는 공동체 다스림의 큰 기준인 공의公義, 그것을 생각하게 되었다는 것이죠.

그리고 씨족 질서와 친족 집단의 관습과 문화, 논리는 모두 잊고 전면적으로 모든 사람을 동질하게 파악해서 관리하고 지배하고 때론 보호하는 통치 원리와 질서를 만들어내자고 묵자는 주장하는데, 그것은 바로 앞에서 말한 대로 사람들의 이익 추구를 보장하는 것이어야 하고요.

또 이런 질서는 될 수 있으면 넓은 지역, 그리고 많은 인민에게 적용되는 것이 좋습니다. 그러다 보니 열국을 모두 포괄하는 천자를 생각하게 됩니다. 천자는 위에서 말한 공의로써 더욱 넓은 지역을 효율적으로 다스릴수록 좋습니다. 아주 온 천하를 통일하면 더 좋구요.

자, 지금까지 문제 상황을 치유하기 위해서 통치 권력과 군주, 법 체계 등이 우선 무엇을 먼저 하고, 그것들이 무엇을 담보하고 보장할 수 있어야 하는가를 이야기했는데요. 거기서 그치지 않고 그 해답을 실현할 통치 권력과 군주, 법을 어떻게 만들어낼 것인가 하는 문제 역시 묵자는 고민했던 것 같습니다. 기존의 왕과 왕이 거느리는 국가 권력이 저런 방향으로 가야 한다고 말하는 데서 그치지 않고, 어떻게 저런 것들을 해낼 정부와 국가권력을 구성할 것이며, 어떻게 그 국가 권력의 정당성을 합의로써 끌어낼 것인가를 고민했고 거기에 답을 내놓았다는 것이죠.

　잠시 뒤에 그 이야기를 집중적으로 할 텐데요, 묵자 역시 다른 제자백가 사상가들처럼 왕의 존재를 지우지 않고 또 수직적 질서를 당연히 전제하고 사고했지만, 진실로 다른 사상가들과 비교해서 혁명적인 부분이 있습니다. 단순히 백성이 귀하다, 민심이 천심이라고 허풍 섞인 수사를 말한 것이 아니라, 인민들 각자가 대등한 몫을 지닌 존재니 정치권력을 만들고 재편하는 데 그들의 의사와 의견을 반드시 수렴해야 함을 묵자는 역설했고, 통치자는 항상 하늘에 구속받아야 한다고 했습니다. 잠깐 쉬었다가 합시다.

하나로, 일원적으로,
통일로

묵자가 보기에 인민들은 각자가 대등한 존재입니다. 노동하는 존재로서 자기 몫과 이익을 주장하고 그것을 달라 요구할 수 있는 존재이기 때문에요. 그런데 각자가 자신의 의義를 주장하다 보면 갈등이 첨예해지고 혼란이 극심해진다고 했습니다. 하지만 義라는 말을 쓰는 걸 보면 알 수 있듯이 묵자는 각자의 그것을 나쁘거나 버려야 할 것으로만 보지 않습니다. 그리고 각자가 자신만의 義를 가졌다는 것을 엄연히 인정하지요.

그렇다면 혼란은 어떻게 종식해야 할까요? '시키는 대로 해, 내 말 듣지 않으면 벌 받을 각오해라.' '군주인 나는 천명을 받았으니 천명을 받은 내가 알아서 한다. 그저 따라오기만 해!!' 이렇게 통치 권력이 대등한 지분을 가진 인민의 의사를 무시한 채 통치권의 정당성을 강변하면서 사람들을 끌고 간다면?

묵자가 보기에 왕과 통치 권력은 말이죠, 대등한 지분을 가지고 자기 몫을 주장할 자격이 있는 노동 인민에게 분배되고 공유되는 이익을 늘려주기만 하면 그만인 것이 아닙니다. 그뿐만 아니라, 애초에 대등한 지분을 가지고 자기 몫을 주장할 수 있는 인민의 의지와 뜻에 따라야 하고 구속되어야 한다는 것이 묵자의 생각입니다.

그렇다고 '민심이 천심이다' 하는 유가식 논리로 가진 않습니다. 하늘이 백성을 통해 보고 듣고, 민심이 천심이니, 군주 된 이는 백성의 어버이로서 민심을 잘 살펴서 정치를 해야 한다는 신소리를 묵자는 하지 않습니다. 사실 민심이 천심이라고 할 때 민심은 누가 판단하고 또 누가 대변할까요? 어디까지나 지식인과 관료입니다. 그들은 민본民本을 말하지만, 그것이 백성을 위한 뜨거운 애정에서 나온 말일까요? 그런 사람도 있겠지만, 대개 민본 정치 운운하는 주장은 귀족이자 관료, 지주이자 지식인인 사람들의 이익을 해칠 수 있는 군주의 자의적 통치를 막기 위한 프로파간다였습니다. 지주이며 관료이며 지식인이기도 했던, 유가 이론으로 자신을 무장하고 포장했던 이들의 정치적 기득권을 위한 구호 내지 주장이었을 뿐이죠. 앞서 말한 맹자의 성선론도 이것을 뒷받침하는 거구요, 아주 강력히. '인간은 선하다, 하지만 그 선한 도덕 감정과 이성을 잘 키우고 발현할 수 있는 사람은 지식인들이고, 또 그들이 관료가 되고 지주도 되어 민심을 대변하고 민심의 향방을 결정한다. 그러니 왕은 그들의 말을 잘 들어야 한다.' 공자라면 이런 생각이 너무 나간 것이라고도 할 수 있지만 맹자라면, 그리고 맹자 노선을 따른 동아시아 유교 지식인 내지 사대부 귀족이라면 이건 양보할 수 없는 생각입니다.

자, 다시 묵자로 돌아옵시다. 묵자는 시대의 모순과 참혹상을 묘사하고, 대안으로 통치 권력과 군주를 이야기합니다. 그 왕과 통치 권력은 지금의 모순된 상황을 개선해야 합니다. 그런데 그 모순을 개선하기 위해서, 그 전에 해야 할 일이 있습니다. 정확히 말해서 병리 현상을 치유할 국가 행정의 주체와 구조가 다시 만들어져야 한다고 묵자는 보았죠. 다시 원문 보겠습니다.

천하가 어지러운 것은 천하의 義를 같게 만들 지도자가 인민에게 없어서다. 그래서 천하에서 가장 현명하고 능력 있고 성스러우며 지혜롭고 말 잘하는 사람을 골라서 천자로 세워, 천하의 義를 하나로 만드는 일에 종사하게 해야 한다. 상동 중편

그냥 군주가 있고 통치 시스템이 있어야 한다는 것이 아니라 천하의 義, 그러니까 백성들의 뜻을 통일시킬 수 있는 현명하고 능력 있는 지도자가 선택받아 나와야 하고, 거기서 통치가 시작되어야 한다는 것이죠. 묵자가 왕의 존재를 죽이지 않고 인정했다고 해서 그저 있는 왕에게 이런저런 방향으로 정치하라고 훈수한 것이 아닙니다. 왕은 분명히 현명해야 하고 인민들의 의사를 수렴할 수 있는 능력이 있어야 합니다. 그것이 왕이 갖춰야 할 자격 요건이죠.

자, 앞서 말했듯이 사람들 모두가 義를 주장하는 대등한 지분의 주체입니다. 그렇다면 그들의 뜻과 상관없이 통치자가 들어서서 군림하고 권력을 행사하는 것이 가능할까요? 정말 당대의 백성들 하나하

나가 동등한 주체로서 인정받지는 않았을지라도 묵자는 그것을 전제하고 주장을 폅니다. 그리고 묵자는 항상 위정자에게 확실한 능력을 요구합니다.

그렇다면 묵자가 생각하는 군주란 이런 사람이어야 할 것 같습니다. 주체 하나하나의 의사를 수렴하고, 수렴된 것에서 합의를 이끌어내 합의된 것을 실현할 시스템을 만들고, 그런 의견 수렴과 시스템 구성의 과정을 총괄하며, 그렇게 해서 만들어진 시스템을 돌릴 수 있는 사람. 그런 사람을 선택해서 앉히자고 해야 묵자의 사상에 들어맞겠죠. 저런 것들을 할 수 있는 능력 있는 인사를 뽑아 왕으로 앉히자. 그것이 우선입니다. 그래서 천하의 현명한 사람 중 저런 것들을 할 수 있는 자를 선택하여 세워서 천자로 삼아야 한다고 합니다. 천하의 현명한 이 중에 가한 이를 골라 천자로 세운다是故選天下之賢可者, 立以爲天子(《상동》 상편)!!

어떤 과정과 절차로 군주를 선출할지는 말하지 않았습니다만 자질과 능력이 군주의 자격 요건이고, 어쨌거나 선출되어야 함을 말했습니다. 이건 상당히 혁명적인 사고죠. 현대 민주주의 정치 이론처럼 주권이 인민에게 있다, 선거와 투표로 정치의 수장을 뽑자고는 하지 않았지만요. 사실 요임금이 순임금에게, 순임금이 우임금에게, 군주 자리를 아들에게 세습하지 않고 현명한 신하를 선택해 물려주었다는 선양禪讓 신화는 묵가가 만들어낸 것입니다. 유가가 아니라 묵가가 선양 신화와 이념의 원조죠. 선양 신화와 이념 뒤엔 저런 묵자의 생각이 있습니다. 능력이 우선이란 생각이.

자, 이제 선출된 천자가 능력 발휘하는 것을 봅시다.《묵사》 원문을 통해서요.

천자가 이미 섰으나 그의 귀와 눈만 가지고는 보고 듣는 데 한계가 있어 혼자서는 천하의 의義를 하나로 모을 수 없었다. 그러므로 천하에서 현명하고 능력 있고 성스럽고 지혜롭고 말 잘하는 사람을 골라, 그들을 삼공三公의 자리에 앉혀 함께 천하의 義를 하나로 하는 데 종사케 했다. 천자와 삼공을 세웠으나 천하는 넓고 커서 산 속과 먼 고장에 있는 백성들의 義를 통일할 수 없었다. 그러므로 천하를 여럿으로 나누어 제후국에 왕을 두고 그 나라의 義를 하나로 모으는 일에 종사하게 했다. 제후국의 왕들이 이미 섰으나 그들의 귀와 눈이 실제로 듣고 보는 데에 한계가 있으므로 그 나라의 義를 하나로 할 수 없었다. 그러므로 그 나라의 현명한 사람들을 골라서 공, 경, 대부 자리에 앉히고 멀리는 향, 리에 이르기까지 우두머리를 두어 함께 나라의 義를 하나로 하는 일에 종사케 했다.

상동 중편

天子旣以立矣, 以爲唯其耳目之請, 不能獨一同天下之義, 是故選擇天下贊閱賢良聖知辯慧之人, 置以爲三公, 與從事乎一同天下之義

天子三公旣已立矣, 以爲天下博大, 山林遠土之民, 不可得而一也, 是故靡分天下, 設以爲萬諸侯國君, 使從事乎一同其國之義

國君旣已立矣, 又以爲唯其耳目之請, 不能一同其國之義, 是故擇其國之賢者, 置以爲左右將軍大夫, 以遠至乎鄕里之長, 與從事乎一同其國之義

모든 우두머리가 그렇게 해서 갖추어졌다. 이에 천자가 천하 백성들에게 다스리는 명령을 내리기를, "선善이나 불선不善을 들으면 모두 위에 고

하라."……

한 리里에서 어진 자가 그 리의 장이 되는데, 그 리장은 리의 백성들에게 다스리는 명령을 내리기를, "선善이나 불선不善을 들으면 반드시 그 향장에게 고하라."……

한 향鄕에서 어진 자가 그 향의 장이 되는데, 그 향장은 향의 백성들에게 다스리는 명령을 내리기를, "선善이나 불선不善을 들으면 반드시 임금에게 고하라."……

한 나라에서 어진 자가 그 나라의 군주가 되는데, 그 군주가 다스리는 명령을 내리기를, "선善이나 불선不善을 들으면 반드시 천자에게 고하라." 상동 상편

正長旣已具

天子發政於天下之百姓, 言曰:「聞善而不善, 皆以告其上 ……

是故里長者, 里之仁人也

里長發政里之百姓, 言曰:「聞善而不善, 必以告其鄕長 ……

鄕長者, 鄕之仁人也

鄕長發政鄕之百姓, 言曰:「聞善而不善者, 必以告國君 ……

國君者, 國之仁人也

國君發政國之百姓, 言曰:「聞善而不善, 必以告天子 ……

이렇게 샅샅이 의견을 모읍니다. 천자 밑에 삼공과 제후, 그 밑에 공, 경, 대부, 그 밑에 향장과 리장. 이렇게 사람을 두어 온 천하의 의견을 수렴합니다.

민서 전사가 의견을 수렴한다고 크게 선포합니다. 그런 디음 회일

선 정치 단위의 수장인 리장이 리 내에서 직접 의견을 모아 향장에게 전달합니다. 그리고 향장은 모든 리의 의견을 모아 만들어진 향 내의 의견을 제후에게 전달하고, 제후는 각 향에서 모인 의견을 가지고 다시 천자에 갑니다.

그런데 무엇에 집중해서 사람들의 의견을 수렴하느냐 하면 단순히 좋은 것과 나쁜 것입니다. 위 원문에서도 보이죠, 선善이나 불선不善이라고 하지 않습니까? 단순해 보일 수도 있는데, 좋은 것은 인민이 생각하기에 국가가 보장해줘야 하는 최소한의 것이고, 인간이 생존을 영위하는 데 꼭 있어야 할 것이라 보면 됩니다. 앞서 〈사과〉 편에서 말한 인간 삶의 필수 요소 다섯 가지, 더 줄여서 입을 것, 먹을 것, 쉴 수 있는 공간과 여건, 이렇게 세 가지. 그리고 나쁜 것은 하지 말아야 할 최소한의 것, 약자를 핍박하고 착취하고 타인을 해치고 타인의 것을 빼앗고 공공의 이익을 훼손하는 것이겠죠.

밑에서부터 굉장히 많은 사람들의 의견을 수렴해서 하나로 모읍니다. 그럼 어떻게 될까요? 일단 논의의 대상은 좁을 수밖에 없습니다. 여러 가지 안건과 주제, 분야를 가지고 천하의 의견을 일일이 모으기는 힘들고, 합의된 결론을 끌어내기도 어려울 것입니다. 좁혀서 논의해야겠죠. 그리고 그 좁혀서 논의한 것도 어떤 최소한의 무엇무엇은 지키자는 식으로 귀결되기 쉬울 겁니다. 정치공동체가 이것만은 보장해주도록 하자, 그리고 이러이러한 병리 현상만은 없게 하자. 묵자는 실제로 그렇게 생각한 것 같습니다.

이렇게 최대한 많은 사람들을 참여시켜 여론을 수렴해 뜻을 모읍니다. 그 뜻에 많은 사람들이 합의했는데, 이제 그 뜻을 누가 중심에

서서 실행하느냐? 바로 천자입니다. 의견 합의의 중심에 선 인물이 다시 합의된 것의 실행에 중심을 섭니다. 천자는 의사를 수렴해온 방향의 반대 방향대로 그것을 실행합니다. 아래에서 위로 쭉 모여 합의되어 올라오면, 역방향이지만 같은 통로로 인민들의 하나 된 뜻을 정치와 행정으로 내려보내 전 중국을 다스립니다.

각자 자신만의 義를 주장하면서 핏대 올렸던 사람들이 있습니다. 그들은 의견 수렴 잘하는 능력자를 뽑아 천자로 앉힙니다. 그리고 그들의 義가 수렴되어서 공의公義가 만들어집니다. 다른 이름으로 천지天志, 하늘의 뜻이겠죠. 항상 말씀드린 대로 천지는 민지民志니까요. 그런 다음에 천자는 그 공의를 정치의 형태로 강력하게 또 효율적으로, 전 인민과 인민이 사는 지역 단위에 내려보냅니다. 이렇게 공의를 실행하는 천자가 있고, 천자를 도와 공의의 정치를 펴는 제후와 향장, 리장이 있으며, 그 아래에 인민이 있는데, 그 아래의 인민들은 어떻게 해야 할까요? 피지배층인 인민들은 지배층을 존중하고 그들의 통치에 따라 움직여야 합니다. 단순히 지배층이 위정자고 왕이고 지역의 수장이라서가 아니라 백성들의 義 하나하나를 모아 구성된 공의를 실행하는, 하느님 뜻의 대행자이고 대행자의 수족이니까요. 또 애초에 공의를 수행하기에 적합하다고 선택되어 그 자리에 앉은 사람이구요.

천자와 제후국의 왕들과 인민들의 우두머리가 세워지면, 천자는 정책을 발표하고 가르침을 베풀며 다음과 같이 말한다. "무릇 선을 보고 들으면 반드시 윗사람에게 고하고, 불선을 보고 들어도 역시 반드시 윗사람에게 고하라(정치 체제가 해줬으면 하는 것을 윗사람에게 보고하라. 정치 체제가 반드시 잡아줬으면 하는 부정적인 것이 있으면 역시 이야기하라_인용자)."
상동 중편

天子諸侯之君, 民之正長, 旣已定矣

天子爲發政施敎曰:「凡聞見善者, 必以告其上, 聞見不善者, 亦必以告其上 ……

리장은 천자의 정책을 따라서 그 리의 뜻을 하나로 모아야 한다. 리장이 리의 뜻을 하나로 모은 뒤에는 그 리의 온 인민을 거느리고 향장을 받들고 화합하며 다음과 같이 말한다. "리의 온 인민은 모두 향장을 받들고 함께 화합하여 감히 아랫사람들과 사사로이 작당을 해서는 안 된다. 향장이 옳다고 하는 것은 반드시 따라서 옳다고 하고, 향장이 그르다고 하는 것은 반드시 그르다고 해야 한다. 너의 선하지 않은 말을 버리고 향장의 선한 말을 배워라. 선하지 않은 행실을 버리고 향장의 선한 행실을 배워라. 향장은 본래 향에서 가장 현명한 사람이다(현명해서 그 자리에 앉은 사람이다_인용자). 온 향의 사람들이 향장을 본받는다면 그 향이 어찌 다스려지지 않을 수 있겠는가." 향장이 그 향을 다스릴 수 있는 것은 무엇 때문인가? 그것은 오직 그가 향의 뜻을 하나로 모을 수 있기 때문이다. 이렇게 함으로써 그 향은 다스려지는 것이다. 상동 중편

是故里長順天子政, 而一同其里之義

里長旣同其里之義, 率其之里之萬民, 以尙同乎鄕長, 曰:「凡里之萬民, 皆尙同乎鄕長, 而不敢下比

鄕長之所是, 必亦是之, 鄕長之所非, 必亦非之

去而不善言, 學鄉長之善言, 去而不善行, 學鄉長之善行

鄉長固鄉之賢者也, 舉鄉人以法鄉長, 夫鄉何說而不治哉?」

察鄉長之所以治鄉者, 何故之以也? 曰:唯以其能一同其鄉之義, 是以

鄉治

향장은 자신의 향을 다스리고 그 향을 잘 다스린 다음에는 그 향의 온 인민을 거느리고 나라의 왕을 받들며 다음과 같이 말한다. "…… 왕이란 본래 그 나라에서 가장 현명한 사람이다(현명해서 그 자리에 앉은 사람이다_인용자). 온 나라 사람들이 왕을 본받는다면 그 나라가 어찌 다스려지지 않을 수 있겠는가." 상동 중편

鄉長治其鄉, 而鄉旣已治矣, 有率其鄉萬民, 以尙同乎國君, 曰:「……

國君固國之賢者也, 舉國人以法國君, 夫國何說而不治哉?」

왕은 온 인민을 거느리고 천자를 받들어 화합하며 다음과 같이 말한다. "나라의 만백성은 위로는 천자를 숭상하고 함께 화합하며, 아래로는 감히 아랫사람들과 사사로이 무리 지어 작당해서는 안 된다. 천자가 옳다고 하는 것은 반드시 옳다고 하고, 천자가 그르다고 하는 것은 반드시 그르다고 한다." 상동 중편

國君治其國, 而國旣已治矣, 有率其國之萬民, 以尙同乎天子, 曰:「凡國之萬民, 上同乎天子, 而不敢下比

天子之所是, 必亦是之, 天子之所非, 必亦非之……

자, 현명하고 능력 있는 사람들이 각자 자리에 들어서고, 인민들의

의사가 모여 수렴되고, 합의된 정치공동체의 원칙이 생기고, 그 원칙을 위해 통치 체제가 굴러갑니다. 그리고 그것에 인민들은 철저히 따라야 합니다. 정치공동체의 원칙, 묵자가 말하는 그 공의, 천지란 게 어디 갑자기 땅에서 솟거나 하늘에서 떨어진 것도 아니고 결국 인민들의 뜻이 모여 만들어진 것이니, 그것을 실현하는 대행자들의 통치에 인민들이 잘 따라야 한다는 것입니다.

그리고 의사를 수렴하는 과정이든 수렴된 의사를 모아 행정을 집행하는 과정이든 효율적으로 이루어져야 하고, 특히 위에서 행정을 집행하는 과정은 더욱 효율적으로 움직여야 합니다. 어떻게 수렴된 누구의 뜻인데요. 정치와 행정을 효율적으로 집행하기 위해서, 의견을 수렴하는 과정에서 움직인 종적 구조는 다시 작동하죠. 방향만 달리해서요. 모으고 합의할 땐 위로, 행정으로 실행할 때는 아래로 작동합니다.

천자

↑ ↑

제후

↑ ↑

향장

↑ ↑

리장

↑ ↑

인민

인민들의 의견을 모아 공동체의 공의를 만들어냅니다. 공의를 만들 때 활용된 통로는 고스란히 다시 활용됩니다. 아래 방향으로 쭉~ 공의를 실현키 위한 정치와 행정이 내려갑니다.

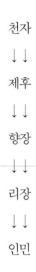

자, 여기서 천자나 제후는 어떤 존재라고요? 단순히 천명을 받은 사람? 아버지를 잘 두어서 임금 자리를 물려받아 자의적으로 정치를 하는 자? 앞서 말했듯이 인민의 의견을 잘 수렴할 현명한 사람이라 선택된 사람입니다. 이 장 첫머리에 쓴 대로 신하와 백성을 통약通約 하는 자, 그들 사이에 큰 합의와 약속을 끌어내는 데 능하여 선택되어 자리에 오른 자입니다. 그는 신하와 백성의 뜻이 모여서 만들어진 대원칙으로 정치를 해야 합니다. 당대에 현실성이 없었을지라도 묵자는 그렇게 이야기했습니다.

그리고 저런 의견 수렴 과정은 정치권력이 만들어질 때만 작동하는 게 아닙니다. 만들어진 정치권력이 합의된 의사대로 정치를 하고, 그리고 다시 또 밑으로부터 의견이 수렴되어 올라가고, 다시 또 그걸 가지고 위에서 아래로 정치를 내려보내고 해야죠. 한번 합의되었으면 그것으로 끝이고 다신 딴소리 하면 안 된다는 식의 일회성 의견 모으기가 되어선 안 되겠고, 묵자는 그런 걸 주장하지 않았습니다. 끊임없이 밑에서 위로 의견을 제시하라 강조하고 위에선 그것을 수용해야 한다 말했죠.

자, 천하 사람들의 뜻을 모을 현명한 이를 뽑아 천자로 만들고, 그 천자는 다시 밑에 삼공을 두고, 다시 또 밑에 각 나라를 관할할 제후를 두고, 제후는 자신을 도울 공, 경, 대부를 두고, 또 그 아래 지방을 관할할 향장과 리장을 두고, 이렇게 종적인 행정 구조가 만들어져 밑으로부터 의사를 수렴해 공의를 만들어내고, 그 공의에 향장과 리장, 제후, 천자는 항상 구속을 받습니다. 밑에서 모인 의사를 위로 전달해야 하고 또 그것을 실천해야 하니, 자의대로 국정을 운영하거나 지방 정치를 함부로 쥐락펴락할 수 없습니다. 그렇게 밑으로부터 모인 의사에 지배층과 위정자 모두가 구속됩니다.

그런데 묵자는 이에 그치지 않습니다.

천자가 천하를 다스릴 수 있는 것은 무엇 때문인가? 오직 천하의 의義를 하나로 모을 수 있기 때문이다. 그래서 천하가 다스려졌던 것이다. 그러나 온 인민이 천자를 받들고 화합하면서도, 천자가 하늘을 받들고 화합하지 못하면 하늘의 재앙이 끊이지 않을 것이다. …… 그러므로 옛날의 성왕들은 하늘과 귀신이 바라는 것은 이루고 하늘과 귀신이 미워하는 것은 피함으로써 천하의 재앙을 없애려 했다. …… 그러므로 위로는 하늘과 귀신이 그가 군주 노릇하는 일을 돕고, 아래로는 만백성이 그가 군주 노릇하는 일을 도왔던 것이다. 상동 중편

察天子之所以治天下者, 何故之以也? 曰：唯以其能一同天下之義, 是以天下治

夫旣尙同乎天子, 而未上同乎天者, 則天菑將猶未止也

…… 故古者聖王, 明天鬼之所欲, 而避天鬼之所憎, 以求興天下之利, 除天下之害 …… 是故上者天鬼有厚乎其爲正長也, 下者萬民有便利乎其爲政長也

천자는 아래로 민의에 구속되는데 위로는 하늘에 구속됩니다. 리장은 향장을 따르고, 향장은 다시 위의 제후를 따르고, 제후는 다시 위의 천자를 따르고, 천자는 또 위의 하늘에 따라야 하는데요. 하늘은 역시 민의를 대변하는 것이죠. 인민의 염원과 의지가 빚어낸 하늘이니까요. 이렇게 천자는 아래로도 위로도 인민의 뜻에 구속됩니다.

옛날에 상제와 귀신이 나라와 도읍을 건설하고 우두머리를 세웠던 것은, 그들에게 높은 작위와 많은 녹봉을 주어 부귀를 누리며 질펀하게 즐기라고 한 것이 아니었다. 하늘이 군주를 세운 목적은 군주가 온 인민을 유익하게 하고 재해를 없애주며, 가난함을 부유함으로 바꾸고 적은 (인구) 수를 많아지게 하고, 위태로운 것을 없애 평안하게 하며, 어지러운 것을 다스리게 하려 함이었다. 옛날 성왕들의 정치는 이와 같았다. 하지만 지금 왕, 공, 대인들의 정치는 이와 반대다. 상동 중편

古者上帝鬼神之建設國都, 立正長也, 非高其爵, 厚其祿, 富貴佚而錯
之也, 將以爲萬民興利除害, 富貧衆寡, 安危治亂也

故古者聖王之爲若此

今王公大人之爲刑政則反此

다시 한 번 강조하죠? 천자는 하느님의 뜻, 천지로 대변되는 백성들의 뜻을 위한 대행자로서 역할을 해야 한다고요.

대행자로서 천자와 천자 밑의 위정자와 행정인들은, 묵자가 "상동의 정치에서는 천하의 나라들을 다스리는 것이 한 집안을 다스리는 것과 같고, 천하의 온 인민을 부리는 것이 한 남자를 부리는 것과 같다治天下之國 若治一家 使天下之民 若使一夫"(《상동》 하편)고 했듯이, 조직된 시스템으로써 효율적으로 일사불란하게 온 천하에 행정을 펴야 합니다. 그 행정은 상과 벌 두 가지 수단을 중심으로 운영됩니다. 일원적·효율적인 상동의 행정 시스템이 상과 벌을 프로그램으로 해서 움직이는 거죠.

앞서도 얘기했지만, 법가에서 상은 줄 수도 있고 안 줄 수도 있고, 또 상이 그 사람의 업적과 성과에 꼭 비례하지도 않습니다. 상은 어디까지나, 어떻게 사람을 왕의 의지대로 움직여서 국력의 신장을 꾀할 것인가 하는 데 좌우되는 것입니다. 벌 역시 마찬가지입니다. 여기서 어떤 정의 관념이나, 인민 자체를 배려하는 사고방식은 보기 어렵습니다.

하지만 묵자는 철저히 일한 만큼, 공동체에 공헌한 만큼 보상을 주어야 한다고 합니다. 상을 주는 목적은 국력 극대화와 왕의 의지 관철을 위한 것이 아니라 하느님의 뜻을 실현키 위해서죠. 이렇게 상 자체를 긍정하고 그 상이 백성들을 고루 잘살게 한다고 봅니다. 그리고 정의 관념에 철저합니다. 한 만큼 주는 것이고 노력한 만큼 보답하는 것이며, 벌 역시 잘못한 것에 비례해서 주는 것입니다.

상동을 간단히 정리하면,

백성들의 뜻을 모으자.
그리고 그것을 바탕으로 공의를 만들어내자.
모은 뜻, 그 대원칙을 철저히 일원적으로 정비한 군주 중심의 통치 권력과 시스템으로 효율적으로, 빈틈없이, 온 천하에 집행하자.
하나로!!!!

여기서 묵자가 생각하는 왕 내지 군주, 천자는, 비유를 하자면 이런 거 같습니다. 열 명이든 스무 명이든 각자가 대등한 자본금을 출자하여 조합을 만든다고 생각합시다. 대등한 자본금을 출자했으니 조합원 각자가 대등한 지분을 가졌고, 모두 대등한 지분을 가진 상태에서 조합원들이 조합장을 선출합니다. 그런 상황에서 선출된 조합장이 조합원을 무시하며 조합을 경영할 수 있을까요? 조합원 중 소수라도 배제할 수 없고, 단 한 사람도 희생시키거나 소외시킬 수는 없습니다.
묵자가 말하는 군주와 천자는 그런 게 아닌가 싶습니다. 대등한 지분을 가진 조합원이 조합장을 선출하고, 조합장은 조합원의 의사대로 조합을 이끌고, 조합에서 발생한 이익을 조합원 모두에게 나누어

줍니다. 이익 산출에 기여한 만큼이요. 일부 조합원이라도 배당을 안 준다든가 무시하고 갈 수는 없죠. 조합이니까요.

그리고 앞서 상동 정치체제의 정치인들은 말 잘하는 사람이어야 한다고 했는데, 단순히 말을 잘한다기보다는 조합원들의 의사를 잘 알아듣고 그 안에서 큰 합의를 이끌어내 그것을 경영에 반영하는, 커뮤니케이션에 능한 인사라고 보면 되겠습니다. 커뮤니케이션 잘하는 조합장은 한국의 재벌 회장들처럼 막 독재적 경영을 할 수 있는 존재가 아니겠죠.

이렇게 묵자는 조합장 같은 군주를 생각한 것 같은데, 전제 군주를 위한 이론과 사상을 기획했다고 평가한다면 묵자로서는 상당히 억울한 일일 것 같네요.

그렇지만 일원화와 효율화, 중앙 집권화를 기획하며 가다듬은 묵자의 정치사상, 그것은 어쨌거나 전제 왕권과 군주 독재를 위한 유용한 틀로 활용될 여지가 적지 않았던 것 같습니다. 실제 진나라에서는 그렇게 변형된 감도 있고요. 하지만 애초에 묵가가 그것을 생각하고 그런 목적을 위해 상동을 만든 것은 절대 아닙니다. 처음부터 선출을 말하지 않았습니까?

이제 〈상동〉 편을 정리하면서 세 가지 이야기를 더 하고 싶습니다. 우선 지금까지 이야기한 〈상동〉과 바로 전편인 〈상현〉, 이 두 편은 단순히 그들의 머릿속에만 있었던 이론, 사상이 아니라는 것. 무슨 말이냐면 그것을 주장하고, 그것을 해보자고 설득하기 전에 나름 현실에서 굴려보고 실험해봤다는 것이지요. 묵가는 실제 상현과 상동의 원리로 집단을 조직하고 운영했습니다. 나름 충분히 현실에서 실험해 봤으니 그것이 국가 정치의 장에서도 실현될 수 있다고 생각한 거죠.

묵자 무리, 여러 하층민들이 모였습니다. 하층민들이 그들의 뜻을 모으고 그것을 실현키 위한 내부 법과 규칙을 만들어내고, 이런 합의를 이끌어내고 그것을 집행할 능력 있는 사람을 뽑아 거자로 임명하고, 거자는 다시 자신을 도울 현명한 아랫사람을 임명합니다. 그리고 묵자 집단은 거자를 중심으로, 묵가 집단의 합의된 대원칙에 따라 일사불란하게 운영됩니다. 집단이 공유할 이익을 늘린 자에게 거자는 상을 주고, 집단의 질서를 위협하거나 공유될 이익을 해친 자에게 거자는 벌을 줍니다. 거자는 이렇게 상과 벌에서 나오는 강한 힘을 바탕으로, 강한 조직력과 결속력을 가진 집단으로 묵자 집단을 이끌었습니다. 또 거자는 자신의 자리를 아들에게 세습시키지 않고 능력 있는 인사에게 물려줍니다. 그러면서 큰 정치 이상으로서 선양 신화가 만들어지게 되었고, 유가는 그걸 차용했지요.

이렇게 상동과 상현은 묵자 집단을 실제 움직이는 원리였고 수백 년간 그들이 결사체로서 대활약할 수 있게 한 원동력이기도 했습니다. 그랬기에 국가가 겸애를 실현하는 데 수단으로, 방법으로 쓰이기를 바랐던 것이죠. 현실화될 수 있다고 낙관했던 겁니다. 그것이 옳다고도 생각했지만요.

두 번째로 상현과 상동이 문헌 자료에 설화로 등장하는 빈도수에 관련된 이야기인데요. 묵자의 사상과 주장은 앞서 말씀드린 대로 크게 10론으로 개괄할 수 있고, 상동과 상현은 그 10론에 포함됩니다. 그리고 상동과 상현을 포함한 10론의 주장은 이야기화, 극화되어 여기저기 문헌에 설화로 등장했습니다. 그런데 상동과 상현은 10론의 다른 내용에 비해 설화로 등장하는 경우가 적다고 합니다.

아사노 유이치 선생의 설명에 따르면, 〈상동〉과 〈상현〉 편이 어떤 이야기의 형태로 문헌에 실린 경우가 비교적 적은 까닭은, 당시 역사적 상황에서 상동과 상현이 저항을 가장 덜 받은 주장이었기에 극화, 이야기화되지 않은 것입니다.* 비록 상현이 기존의 신분 질서를 뒤흔들 여지도 있고, 상동의 경우 군주를 선출한다거나 군주가 백성들 의사에 구속되어야 함을 말하지만, 어쨌거나 현명한 인사의 발탁과 등용, 정치 시스템의 일원화, 중앙 집권화는 당대에 어느 나라든 피할 수 없는 과제였습니다. 그렇기에 상현과 상동이 다른 제자백가 사상가들이나 당대의 군주들과 부딪힐 여지가 적었고, 오히려 상당히 당대의 수요에 충실히 응하는 사상이었던 게 아닌가 싶어요. 부딪히고 심각한 논쟁거리가 되었다면 설화의 소재가 되기 쉬웠겠지만, 무리 없이 수용되었다면 어떤 이야기의 소재가 되기엔 좀 심심하죠.

세 번째로 묵자의 상동 말인데요, 상동의 원리를 통해 인민의 의사를 모으고 지도자를 선출해야 한다고 그들이 주장했고 그것을 그들의 텍스트에 분명히 남겨두었는데, 이것은 현대 중국 공산당이 중국 공민들의 민의를 수렴하고 지도자를 선출하는 원리로 활용되고 있습니다.

자, 이것으로 〈상동〉 편 마치겠습니다. 수고하셨습니다.

---

* 아사노 유이치 지음, 김성배 옮김, 《한 권으로 읽는 제자백가》(2004), 천지인, 166~167쪽.

墨子

15

묵 자 읽 기

이것이 겸애다

겸애兼愛 편

별別과 겸兼,
별에서 겸으로

무릇 천하에 환란과 찬탈, 원망, 한이 일어나는 것은 서로가 사랑하지 않기 때문이다. 이런 까닭에 인자仁者는 그것이 그르다고 하는 것이다. 그것이 그르다면 어떻게 해야 바꿀 수 있겠는가? 묵자께서 말씀하시기를, 모두 서로를 사랑하고 서로 이롭게 하는 방법으로써 바꾼다. 겸애 중中편

「…… 凡天下禍篡怨恨, 其所以起者, 以不相愛生也, 是以仁者非之」
旣以非之, 何以易之? 子墨子言曰:「以兼相愛, 交相利之法易之」

공자는 원망으로 인해 불협화음을 내는 공동체를, 잘 조화된 음악과 같은 화합의 공동체로 바꾸려고 했습니다. 그것이 바로 공자의 인仁입니다. 공자의 사상을 간단히 개괄하자면 원망(怨)에서 화합(和)으로이 전환, 원(怨) → 화(和)죠.

그렇다면 묵자의 사상을 공자처럼 간단히 개괄하자면 어찌 되느냐, 바로 각자 따로(別)에서 모두 아우름(兼)으로의 전환, 별別 → 겸兼입니다. 별別이라는 모습으로 극단적 이익 투쟁이 전개되는 공동체를, 서로 이익을 공유하고 호혜적으로 이익을 주고받는 겸兼의 공동체로 바꾸려 하는 것. 이것이 묵자의 겸애입니다.

겸애는 묵자 하면 흔히들 떠올리는 묵자 사상의 핵심, 묵자의 트레이드마크죠. 그런데 〈겸애〉 편을 읽다 보면 상당히 심심하고 좀 싱겁게 느껴질 수 있습니다. 부처의 자비, 예수의 사랑, 공자의 인仁에 버금갈 어떤 우주적 사랑, 추상적이고 관념적이면서 숭고한, 정신적인 것을 연상한 분도 있을 텐데, 읽다 보면 겸애는 그런 것들과는 상당히 거리가 멀고, 구체적이고 현실적이지만 딱딱하기 그지없고 좀 밍숭맹숭한 느낌을 줍니다. '겨우 이 정도인가? 이거밖에 안 돼?' 하는 느낌이 들기가 쉽습니다. 그런데 겸애는 세련되고 유려한 말로 설명되진 않았어도 오늘날 우리에게 시사하는 바, 또는 경종을 울리는 바가 많습니다. 말씀드렸듯이 애초에 겸애는 피눈물 어린 인민들의 의지가 투영되어 만들어진 것입니다. 그래서인지 여전히 보통 사람들이 너무도 살기 힘든 오늘날의 시대에도 경청해볼 만한 가치가 상당히 있습니다. 묵자는 자신이 산 시대의 배경과 맥락에서 절실하고 절박한 것을 '겸애'에 담아내 그것으로 당대의 인민들을 구하고자 했는데, 그가 말하는 겸애는 오늘날의 현실에서도 꽤나 쓸모 있고 오늘날의 현실을 재검토하는 데 아주 좋은 덕목이라고 생각합니다. 그러니 밍숭맹숭해 보여도 잘 따라오셨으면 좋겠습니다. 그리고 알고 보면 그다지 밍숭맹숭하지도 않습니다. ^^

자, 어찌 되었든 이런 말들은 서론에 불과할 뿐이고 직접 묵자의 말을 들어봐야겠죠. 이제 〈겸애〉 편으로 들어갑니다. 〈겸애〉 상上편은 다음과 같이 시작하네요.

성인은 천하를 다스리는 것을 일로 삼는 자다. 그런데 반드시 난亂이 일어나는 원인을 알아야 바로 다스릴 수 있다. 난이 일어나는 원인을 알지 못하면 잘 다스릴 수가 없다. 이를 비유하자면 마치 의원이 사람의 병을 고치는 일과 같다. 반드시 병이 생기는 까닭을 알아야 바로 고칠 수 있다. 병이 생기는 까닭을 알지 못하면 잘 고칠 수가 없다. 난을 다스리는 일만이 어찌 유독 그렇지 않겠는가? 반드시 난이 일어나는 원인을 알아야 바로 다스릴 수 있다. 난이 일어나는 원인을 알지 못하면 잘 다스릴 수가 없다. 성인은 천하를 다스리는 것을 일로 삼는 자다. 난이 일어나는 원인을 반드시 살펴야 한다. 겸애 상上편

聖人以治天下爲事者也, 必知亂之所自起, 焉能治之

不知亂之所自起, 則不能治

譬之如醫之攻人之疾者然, 必知疾之所自起, 焉能攻之, 不知疾之所自起, 則弗能攻

治亂者何獨不然? 必知亂之所自起, 焉能治之

不知亂之斯自起, 則弗能治

聖人以治天下爲事者也, 不可不察亂之所自起

성인은 천하를 다스리는 것을 일로 삼는 자, 그렇기에 우선 공동체의 어지러움을 다스려야 하고, 그렇기에 그 어지러움이 일어나는 원

인을 잘 파악, 아니 반드시 파악해야 한다는 것입니다.

겸애란 두루 사랑하라는 것인데, 사랑을 말하기 전에 먼저 '난亂'을 이야기하네요. 앞서도 누누이 이야기했듯이 묵자는 우선 당대의 모순과 부조리, 병리 현상에 주목합니다. 묵자 사상과 묵가 운동에 대해 역사적으로 접근했고 상세한 문헌적 고증을 통해 설명했던 일본의 학자 와타나베 다카시渡邊卓는 그것을 패세敗世 정신이라고 하죠. 와타나베는 묵자 무리가 묵가 운동의 시작부터 끝까지 항상 도처에서 발생한 난亂을 주목하고 또 증오했으며, 이 난의 원인을 규명하고 그것을 막을 방책을 세우는 데 주력했다고 하면서 그것을 패세 정신이라고 명명했는데요. 겸애란 것의 시작, 그리고 겸애의 본질도 그것과 동떨어지지 않습니다. 혼란과 부조리, 모순, 병리 현상, 그것의 치유와 개선, 근절, 거기서 겸애는 시작하죠. 모순과 병리 현상의 치유와 근절, 그것이 겸애의 시작이자 본질입니다.

묵자는 병리 현상의 원인을 잘 살펴야 한다고 강조하면서 스스로 그 원인을 콕 집어 이야기합니다.

난亂이 어디에서 일어나는지 살펴보면 서로가 사랑하지 않는 데서 일어난다. 신하나 자식이 군주나 부모를 사랑하지 않는 것이 이른바 亂이다. 자식이 자기만 사랑하고 부모를 사랑하지 않으면, 부모를 헐어가지고 자기 이득을 취한다. 아우가 자기만 사랑하고 형을 사랑하지 않으면, 형을 헐어가지고 자기 이득을 취한다. 신하가 자기만 사랑하고 군주를 사랑하지 않으면, 군주를 헐어가지고 자기 이득을 취한다. 이것이 이른바 亂이다. 겸애 상편

當察亂何自起? 起不相愛

臣子之不孝君父, 所謂亂也

子自愛不愛父, 故虧父而自利, 弟自愛不愛兄, 故虧兄而自利, 臣自愛
不愛君, 故虧君而自利, 此所謂亂也

세상의 어지러움, 난亂의 원인을 말하네요. 亂은 서로 사랑하지 않는 데서 일어난다고 합니다. 군주를 섬겨야 할 신하가, 부모를 모셔야 할 자식이 자신의 이익에만 몰두해서 군주를 위하지 않고 부모를 위하지 않고 도리어 공격까지 하는 것이 亂이라고 합니다. 亂의 원인을 말할 뿐 아니라 그 구체적 양상까지 들어 亂이란 게 뭔지 밝혀줍니다.

사실 당시에 난亂이란 단순한 혼란과 무질서가 아니라 이렇게 수직적인 질서에서 밑에 있는 자가 위에 있는 자를 거스르고 기존의 질서에 반항하는 것, 거기서 비롯된 혼란과 무질서를 일컫는 말입니다. 원래 亂이란 그런 겁니다. 쉽게 말해 하극상 같은 것이지요. 자식이 부모를 섬기고 신하가 군주를 모셔야 하는데 그러기는커녕 공격까지 한답니다. 이렇게 본래 의미의 亂에 충실한 사례들을 열거하고, 그 원인이 자신의 이익에만 눈이 어두워 상대를 사랑하지 않는 데에 있다고 합니다. 이런 병리 현상을 묵자는 별別, 별애別愛라고 했습니다.

별別, 나누고 분별하는 것입니다. 너와 나, 나와 타인을 나누고, 또 나의 이익과 나 아닌 자의 이익을 배타적으로 갈라서 세상을 보는 시각, 내지 그런 시각을 가진 자가 꾀하는 극단적 이기적 행동이 別 내지 별애別愛입니다. 묵자가 말하는 亂은 이런 別, 별애에서 온다고 했습니다. 곧 別이 亂의 원인이라는 것인데, 그냥 別은 亂과 같은 것으로 봐도 좋습니다. 그것이 당대의 지배적 현상이라는 것인데 묵자는 別이 불러일으키는 亂의 사례와 양상에 대해서 더 부연해서 설명합니다. 別이 亂과 같은 것이니 그냥 別의 사례, 別의 양상이라고 봐도 좋습니다.

> 부모가 자식에게 자애롭지 않고 형이 아우에게 자애롭지 않으며 군주가 신하에게 자애롭지 않은 것도 역시 천하의 亂이다. 부모가 자기만을 사랑하고 자식을 사랑하지 않으면 자식을 헐어가지고 자기 이득을 취한다. 형이 자기만을 사랑하고 아우를 사랑하지 않으면 아우를 헐어가지고 자기 이득을 취한다. 군주가 자기만을 사랑하고 신하를 사랑하지 않으면 신하를 헐어가지고 자기 이득을 취한다. 이것들은 어떻게 된 일인가? 모두 서로를 사랑하지 않은 까닭이다. 겸애 상편
>
> 雖父之不慈子, 兄之不慈弟, 君之不慈臣, 此亦天下之所謂亂也
>
> 父自愛也不愛子, 故虧子而自利, 兄自愛也不愛弟, 故虧弟而自利, 君
>
> 自愛也不愛臣, 故虧臣而自利, 是何也?
>
> 皆起不相愛

위에서 아래를 핍박하고 공격하는 것도 역시 亂, 곧 세상의 어지러움이라고 분명히 말하고 있습니다. 원래 亂의 뜻은 아래에서 위를 공격하는 것이고, 당대의 다른 문헌에서도 주로 그런 뜻으로 다뤄지는데, 묵자는 위에서 아래를 공격하는 것도 亂이라고 합니다. 亂의 범위를 넓혀 재정의한 것이죠. 그리고 이어서 묵자는 대등한 힘과 지위를 가진 주체들 간에 서로를 공격하는 것도 亂이라고 합니다. 국國의

수장인 제후끼리, 가家의 수장인 대부끼리 서로 싸우는데 그것들도 모두 亂이고, 그것의 원인은 서로 사랑하지 않음이라고요.

자 이렇게 위에서 아래로 아래에서 위로, 세로로 치고받고 가로로 물어뜯고, 이것들을 모두 亂의 범주로 이야기하면서 역시나 묵자답게 특정 계층의 현실에 집중하네요. 그것은 다음 원문에 잘 드러납니다.

> 천하의 사람들이 모두 서로 사랑하지 않으면 강한 자는 반드시 약한 자를 위협하고, 부유한 자는 반드시 가난한 자를 업신여기고, 고귀한 자는 반드시 천한 자를 무시하고, 영리한 자는 반드시 어리석은 자를 속인다.
>
> 겸애 중편
>
> 天下之人皆不相愛, 強必執弱, 富必侮貧, 貴必敖賤, 詐必欺愚

난의 양상과 사례를 열거하고 나서, 역시나 묵자답게 힘과 사회적 자원, 정치적 지위를 가지지 못한 사람들이 겪는 피해와 수탈, 억압에 초점을 맞추죠? 각자가 모두 이익 다툼을 벌이는 정글 상태에선 힘없는 자, 하위 계층이 가장 큰 피해를 입을 수밖에 없을 겁니다. 묵자는 〈겸애〉 하下편에서도 피지배층이 받는 침탈과 착취에 대해 말합니다.

> 어진 사람의 일은 반드시 천하의 이익을 만들어내고 천하의 폐해를 없애는 것이다. 그러면 지금 천하의 폐해 가운데에서 가장 큰 것이 무엇인가? 큰 나라가 작은 나라를 공격하는 것, 큰 집안이 작은 집안을 어지럽히는 것, 강한 자가 약한 자를 위협하는 것, 다수가 소수를 괴롭히는 것,

영리한 자가 어리석은 자를 속이는 것, 귀한 사람이 천한 사람을 깔보는 것, 이것이 천하의 폐해다. 겸애 하下편

「仁人之事者, 必務求興天下之利, 除天下之害」

然當今之時, 天下之害孰爲大? 曰:「若大國之攻小國也, 大家之亂小家也, 强之劫弱, 衆之暴寡, 詐之謀愚, 貴之敖賤, 此天下之害也 ……

여기서는 묵자가 난亂이라고 하지 않고 폐해, 원문 그대로 말하자면 해害라고 합니다. 害라고 하니 좀 더 구체적으로 와 닿는 것도 같네요. 〈겸애〉 중中편에서도 害를 중점적으로 다룹니다.

묵자께서 말씀하시기를, "어진 이가 일삼아야 할 것은 반드시 천하의 이익을 일으키고 천하의 폐해를 제거하는 것이다." 그렇다면 천하의 이익은 무엇이고 천하의 폐해는 무엇인가? 묵자께서 말씀하시기를, "지금 나라와 나라가 서로 공격하고, 집안과 집안*이 서로 빼앗고, 사람과 사람이 서로 해치며, 군주와 신하가 은혜롭고 충직하지 않고, 부모와 자식이 자애롭고 효성스럽지 않고, 형과 아우가 조화롭지 않으면 이것이 천

---

* 집, 집안, 가家. 이것은 단순히 가정 내지 집, 가족이 거주하는 물질적, 심리적 공간이 아니라 많은 사람들로 이루어진 정치적 단위의 하나입니다. 그 가家의 수장은 대부大夫고요. '수신제가치국평천하修身齊家治國平天下'라고 할 때 '제가齊家'는 단순히 집안 단속 잘하라는 뜻이 아니라, 수신修身(자신을 잘 닦음)한 후 자신이 속한 정치 단위부터 바로잡고 그것을 바탕으로 나라를 다스리고 천하를 경륜하라는 것입니다. 家를 '집'이나 '집안'으로 번역한 것을 볼 때는 그것을 정치적 단위 개념으로 읽으실 수 있어야 합니다. 家에는 수장이 있고 그 수장은 家 내에서 세금을 걷고 군사를 모으기도 하고 가신家臣이라는 신하도 거느리는데, '집안'이라고 번역되었다 해서 어찌 무시할 수 있는 비정치적 영역이겠습니까.

하의 폐해다." 겸애 중편

子墨子言曰:「仁人之所以爲事者, 必興天下之利, 除去天下之害, 以此
爲事者也」

然則天下之利何也? 天下之害何也? 子墨子言曰:「今若國之與國之相
攻, 家之與家之相簒, 人之與人之相賊, 君臣不惠忠, 父子不慈孝, 兄
弟不和調, 此則天下之害也」

　천하의 이익과 폐해가 무엇인지 묻고는 이익보다 폐해를 먼저 이
야기합니다. 폐해의 양상과 그 원인을 들고 나서, 그 해결책을 이야
기하고 그것이 바로 천하의 이익이라고 합니다. 묵자가 주장을 전개
하는 방식은 늘 그렇지요.

　결국 묵자가 말하는 亂을 다스리는 일, 害를 제거하는 일은 평화롭
지 않은 세상에서 약자가 겪는 핍박, 억압, 착취의 상태를 벗어나게
하는 일입니다. 나라와 나라, 집안과 집안, 사람과 사람, 군주와 신하,
부모와 자식, 형과 아우가 다툴 때 손해를 보는 쪽은 약한 편이니까
요. 여기서 묵자는 사랑을 말합니다. 사랑을 통해 亂이나 害, 곧 어지
러운 상태와 해로운 상황에서 벗어나자는 것입니다. 배타적 이익 추
구에 몰두하지 말고 서로가 서로를 사랑하는 겸애兼愛를 하라는 것
입니다.

　사랑 하니 또 정신적이고 관념적인 것이 떠오를 수 있는데 거듭 이
야기했듯이 묵자에게 사랑은 철저히 물적 토대, 이익과 연관된 것입
니다. 서로 이익을 인정하면 사랑이고 바람직한 것이고, 상호간의 이
익을 배제하고 배타적인 이익을 추구하면 사랑하지 않음이고 그릇된

것이죠. 서로를 사랑하지 않아서 저런 아비규환의 세상이 만들어졌다는 것은, 타인의 이익을 침해하고 강탈하는 것을 서슴지 않으면서 자신의 이익만을 추구해서 세상이 어지럽다는 말입니다.

결국 묵자의 주장은 사람들 각자가 배타적, 파괴적으로 이익을 추구하는 행태에서 벗어나 호혜적으로 이익을 공유하는 방향으로 가자는 것입니다. 그것은 각자가 상대를 대등한 이익 향유의 주체로 보고, 어떤 합의된 질서의 틀에서 조화롭게 이익을 추구하는 상태로 가자는 말이죠. 그런데 모두가 모두를 사랑해야 한다며 모두에게 변화할 것을 얘기하지만, 사실 묵자의 속내는 힘을 가진 자들의 변화를 바라는 것이죠. 묵자가 정말 원하는 것은, 지배층이 하층민 역시 이익을 누리고 향유해야 하는 주체로 인정하는 것, 결국 통치 권력이 백성들도 이익 향유의 주체임을 보장하는 쪽으로 변하는 것입니다. 그것이 바로 겸애 실현이지요.

만약 천하가 두루 서로 사랑하여 타인을 사랑하기를 제 몸을 사랑하듯 한다면 어찌 불효한 자가 있겠는가? 아버지와 형과 군주 보기를 자기 자신과 같이 한다면 어찌 불효한 짓을 하겠는가? 아우와 자식과 신하 보기를 자기 자신과 같이 한다면 어찌 자애롭지 않게 하겠는가? 그러면 불효와 자애롭지 않음은 없어질 것이다. 어찌 도적이 있겠는가? 남의 집 보기를 제 집과 같이 하는데 누가 훔치겠는가? 남의 몸 보기를 제 몸과 같이 하는데 누가 해치겠는가? 그러므로 도적이 없어질 것이다. 어찌 남의 집안을 어지럽히는 대부와 남의 나라를 공격하는 제후가 있겠는가? 남의 집안 보기를 제 집안과 같이 한다면 누가 어지럽힐 것인가? 남의 나라 보기를 제 나라와 같이 한다면 누가 공격하겠는가? …… 만약 세상 모든 사람이 서로 사랑한다면 나라와 나라는 서로 공격하지 않을 것이며, 집안과 집안은 서로 어지럽히지 않을 것이며, 도적은 없어지고, 군주와 신하와 아버지와 자식은 모두 효성스럽고 자애로울 것이다. 이렇게 되면 천하가 다스려질 것이다. 겸애 상편

若使天下兼相愛, 愛人若愛其身, 猶有不孝者乎? 視父兄與君若其身, 惡施不孝? 猶有不慈者乎? 視弟子與臣若其身, 惡施不慈? 故不孝不慈亡有, 猶有盜賊乎? 視人之室若其室, 誰竊? 視人身若其身, 誰賊? 故盜賊亡有

猶有大夫之相亂家, 諸侯之相攻國者乎? 視人家若其家, 誰亂? 視人國若其國, 誰攻? 故大夫之相亂家, 諸侯之相攻國者亡有

若使天下兼相愛, 國與國不相攻, 家與家不相亂, 盜賊無有, 君臣父子皆能孝慈, 若此則天下治

　좀 장황해 보이지만 위로 아래로, 그리고 옆으로 타인을 자신처럼 생각하자는 것이며, 그런 방법으로 서로가 서로를 만인이 만인을 사랑하자는 것입니다.

　이렇게 묵자가 말하는 겸애를 계속 보셨는데 잘 이해되시나요? 아니 그보다 뭔가 확실히 와 닿으시나요? 묵자는 추상적이거나 뜬구름 잡는 식의 발언 잘 안 하고 어렵고 현학적인 말 잘 안 쓰지만, 위의 글은 독자에게 뭔가 확실히 와 닿는 말은 아닌 것 같습니다. 타인을 자신처럼 생각하고 보아라, 타인을 자신처럼 사랑하라는 것이 어떤 인식의 전환을 말하는 것인지, 어떤 행동이 변화를 말하는 것인지, 그

리고 타인을 자신처럼 생각하고 사랑하는 것이 가능한 일인지, 어떻게 해야 타인을 자신처럼 사랑하고 생각하는 것인지 잘 와 닿지 않는 것 같습니다.

행여 묵자는 모든 사람이 나 아닌 타인 모두를 자기처럼 생각하고 사랑하는 인간으로 거듭나라고 한 것일까요? 정신적으로 높은 경지에 이르러 모든 사람을 사랑하는 사람이 되라는 것일까요?? 몇몇 사람이야 그렇게 될 수도 있지만, 몇몇 사람이 그렇게 변한다고 해도 세상이 다 살기 좋아지고 혹독한 현실이 달라질 것 같진 않죠?

묵자가 말하는 겸애의 정확하고 구체적인 의미는 무엇인가? 앞서 묵자는 철저히 이익을 고려한 사유를 한다고 했고, 인간을 계산하는 존재로 본다고 했습니다. 그리고 당대 현실에서 지배층에게 인정받지는 못했지만, 묵자는 모든 사람이 자기 지분을 가진 대등한 단위라고 했습니다. 누군 입이고 누군 주둥이가 아니라는 거죠. 그것은 '모두가 하느님의 신하다'라는 말로 표현됩니다. 그리고 항상 문제는 힘과 사회적 자원을 독점한 세력의 약자 핍박이라고 했습니다.

타인을 자신처럼 생각하고 자신처럼 사랑하라는 것은 정말 모든 사람이 그러라는 것이 아닙니다. 묵자가 불가능한 것을 왕에게 가서 유세하고 사람들을 상대로 설득했을까요? 아무리 종교적 열정과 구세를 위한 숭고한 정신을 품었더라도 말입니다.

제가 생각하는 '타인을 자신처럼 보라'는 말은 타인도 자신처럼 똑같이 이익을 향유하는 주체, 곧 가져야 할 몫이 있는 주체로 인정하라는 것입니다. 그런데 그것이 단순히 인식의 전환에서 그쳐선 안 되고, 모든 사람이 각자 가져야 할 몫이 있는 주체니 함부로 타인의 것을 빼앗고 타인을 착취하고 핍박하는 행위를 그치고, 그런 행위들을 법질서와 행정력으로 규제하는 데까지 나아가야 합니다. 또 거기에 더해서 타인과 공유할 수 있는 이익을 늘리는 데 힘써야 합니다. 그리고 그런 사람이 합당한 상을 받도록 법과 제도가 보장해야 합니다. 타인과 자신에게 돌아갈 몫이 커지게 해서 모두에게 이롭게 했으니까요.

이렇게 행동의 전환이 있어야 하고, 그것은 어떤 공적인 법과 행정력으로 대변되는 질서 틀 안에서 규정되고 보장되어야 합니다. 그리고 그러한 공적인 질서 틀은 각자가 그것을 준수할 경우, 전체를 구성하는 구체적인 개개인, 한 사람 한 사람 모두에게 돌아갈 이익이 그렇지 않을 경우보다 커지도록 설계되어야 합니다. 그래야 사람들이 그 틀에 따를 테니까요.

또 묵자는 모든 개인의 기초적인 생활을 보장하도록 질서 틀이 합리적으로 설계되기만 한다면 모든 이가 설득될 것이라고 낙관했습니다. 인간은 계산하는 존재, 저울질을 해서 자신에게 이익이 되는 방향으로 움직이는 존재니까요. 그 질서 틀, 겸애를 구현하기 위한 국가 운영의 틀은 다른 말로 의義입니다. 그 義는 이로움을 주는 것이고 또 그 義를 통해야만 인민들이 이로움을 얻을 수 있습니다.

자, 그럼 이쯤에서 묵자 사상의 전체상을 보고, 거기서 겸애가 정확히 어떻게 위치 지어져 있는지 한번 보고 갑시다. 그래야 겸애가 더 확실히 이해될 수 있으니.

묵자의 이상은 정확히 순천順天하는 겸군兼君에 의한 의정義政입니다. 하느님의 뜻에 따르는, 겸애하는 군주에 의한 의로운 정치. 그것이 묵자의 이상입니다. 이렇게 한마디로 시원스럽게 정리할 수 있는데요. 현재의 군주는 별군別君으로서 역천逆天, 곧 하느님의 뜻을 거스르면서 역정力政, 곧 독점적 이익을 추구하는 폭력의 정치를 하는데, 그러지 말고 순천하는 겸군이 되어서 의로운 정치를 하자는 것이죠.

좀 다르게 말하자면 의로운 정치라는 것은 결국 겸군兼君에 달려 있다는 것입니다. 곧 하느님의 뜻에 따르는 겸군이 있어야만 의로운 정치가 가능하다는 것이죠. 근데 군君이라고 해서 꼭 군주 한 개인을 말하는 것이 아닙니다. 누누이 말했듯 군주로 대변되는 공적 기구죠.

군주가 좋아하면,
이루어진다

자, 여태껏 해온 이야기를 정리하면서 겸애에 대한 묵자의 말을 더 들어봅시다. 이 장의 서두에서 얘기한 대로 공자는 어떻게 원怨에서 화和의 세계로 갈 것인가를 고민합니다. 반면 묵자는 어떻게 별別에서 겸兼의 세계로 갈 것인가를 고민합니다. 각자가 처한 신분적 위치, 당대 사회역사적 배경에 따라 다른 사유를 한 것인데, 원망에서 화합의 공동체로 가려는 것이 공자가 말하는 인仁이고, 각자 따로 가는 세상에서 모두 함께 아우르는 세상으로 가려는 것이 묵자의 겸애죠. 묵자는 別을 먼저 지적하고 그 대안으로 兼을 말합니다. 그리고 別과 兼이라는 선택지를 내놓고 설득하죠.

잡시 두 가지 예를 들어보자. 어기 두 선비가 있다. 한 선비는 변別은 주장하고, 다른 한 선비는 겸兼을 주장한다. 別을 주장하는 선비가 말하길, "내가 어찌 친구의 몸 위하기를 내 몸 위하는 것 같이 하고, 친구의 어버이 위하기를 내 어버이 위하는 것과 같이 할 수 있겠는가?" 그래서 물러나 그 친구를 보면 굶더라도 먹여주지 않고, 춥더라도 입혀주지 않으며, 아프더라도 돌봐주지 않고, 죽더라도 장사 지내주지 않는다. 別을 주장하는 선비의 말은 이와 같고 행동도 이와 같다. 겸애 하편

姑嘗兩而進之

誰以爲二士, 使其一士者執別, 使其一士者執兼

是故別士之言曰:「吾豈能爲吾友之身, 若爲吾身, 爲吾友之親, 若爲吾親」

是故退睹其友, 飢卽不食, 寒卽不衣, 疾病不侍養, 死喪不葬埋

別士之言若此, 行若此

兼을 주장하는 선비의 말은 그렇지 않고 행동 역시 그렇지 않다. 그는 말하기를, "내가 듣건대 천하에 높은 선비가 된 사람은 반드시 친구의 몸 위하기를 제 몸 위하는 것과 같이 하고, 친구 어버이 위하기를 제 어버이 위하는 것과 같이 하는데 그러한 뒤에야 천하의 높은 선비가 될 수 있다." 그래서 물러나 그 친구를 보면 굶으면 먹이고, 추우면 옷을 입히며, 병을 앓으면 돌봐주고, 죽으면 장사 지내준다. 兼을 주장하는 선비의 말이 이와 같고 그 행동이 이와 같다. 두 선비의 경우, 이렇게 말이 서로 어긋나고 행동도 서로 반대된다. 겸애 하편

兼士之言不然, 行亦不然

曰:「吾聞爲高士于天下者, 必爲其友之身, 若爲其身, 爲其友之親, 若

爲其親, 然后可以爲高士于天下」

是故退睹其友, 飢則食之, 寒則衣之, 疾病侍養之, 死喪葬埋之, 兼士
之言若此, 行若此

若之二士者, 言相非, 而行相反與

　이렇게 가정하고 나서, 물어봅니다. 당신이 생사를 기약할 수 없
는 전쟁터에 나가게 된다면, 또는 어떤 먼 적국에 사신으로 가게 되
어 사실상 돌아오기 힘들다면 어떤 선비에게 자신의 부모와 처자식
을 맡기겠느냐고요. 묵자는 모든 사람이 兼을 주장하는 선비를 선택
할 것이라고 말합니다. 어리석은 사람들, 겸애를 비난하는 사람들까
지 모두가 兼이 주는 이익을 알기에 兼하는 선비를 택할 것이라고 합
니다.

　여기서 묵자는 더 나아가 兼하는 군주와 別하는 군주를 선택지로
제시합니다. 兼하는 군주는 만백성의 몸을 먼저 생각하고 난 다음에
자기 몸을 생각한답니다. 그래서 백성들이 굶주리면 먹여주고, 헐벗
으면 입혀주고, 병이 나면 보살펴주고, 사람이 죽으면 잘 장사 지내
준다고 합니다. 別하는 군주는 백성들이 굶주리고 헐벗고 병들어 죽
어서 제대로 장사 지낼 사람이 없어도 무관심합니다. 자, 두 군주가
있다고 할 때 사람들은 어떤 군주를 선택할까요? 兼하는 군주를 선
택할 것입니다. 인간은 계산할 줄 아는 존재이기에, 어떤 군주의 정
치 체제가 더 자신에게 이익이 될지 잘 알 테니까요.

　이렇게 묵자는 사람들더러, 당신들 스스로에게 더 이익이 되는 兼
으로 가자고 합니다. 그리고 인식도 전환하자고 합니다. 別로써 세상

을 보지 말고 兼으로써 세상과 인간을 보자고. 또 행동도 바꿔야죠. 別의 행태에서 兼의 행태로. 그래야 모두에게 이득이 되니. 자, 이렇게 거듭나야 하고, 그렇게 거듭날 것을 묵자는 낙관합니다.

그런데 여기서 중요한 것은 힘을 가진 자, 지배층이 인식을 바꾸고 兼을 위한 공적 질서 틀을 만들려고 해야 한다는 것이죠. 하늘이 원하는 겸애의 정치인 의정義政은 어디까지나 겸군에 의해서 가능한 일이니, 군주로 대변되는 공적 기구와 그 공적 기구의 구성원들이 兼해져야죠. 아니면 兼할 수 있는 인사를 대대적으로 공적 기구에 편입하든가. 바로 묵자들.

앞서 兼과 別을 놓고서 이익, 특히 결과적 이익으로 사람들을 설득했는데, 군주를 설득하는 것도 마찬가지입니다. 兼이 하느님의 뜻에 맞아 옳기도 하지만 이렇게 저렇게 하면 군주 자신, 지배층 자신에게도 이익이 될 것이다. 결과로서 훨씬 큰 이익이 돌아와 당신 나라가 안정되고 당신의 지배가 영속되며 나라의 힘이 커질 것이라고 군주를 설득합니다. 別의 논리로 이루어지는 현재의 국정과 兼의 정치로 만들어질 수 있는 국정 개선, 힘의 증대를 옵션으로 제시하고 이익으로써 설득을 하는 거죠.

이렇게 묵자가 군주를 설득하는 방식은 비현실적인 담론 내지 설득을 위한 설득이 아니었습니다. 백성들은 어쨌거나 생산에 종사하고 병력의 자원이 될 존재이니, 백성의 이익과 사유 재산 보장, 그리고 노동의욕 고취는 어느 나라에서든 필요한 일이었습니다. 특히나 때론 홀로 위에서 국가의 힘 극대화, 국가의 생산량 최대화를 생각해야만 하는 군주 입장에선 무능하고 밥만 축내고 왕권에 위협이 될 수도 있는 귀족과 관료들보단 차라리 생산과 병역에 종사할 인민들이 더 소중한 존재였을 수 있죠.

자 이렇게 나 아닌 다른 사람을, 그리고 하층민 모두를 이익 주체로 생각하고 어느 정도 그들의 이익을 보장하자, 무엇보다도 왕이. 그리고 왕은 그렇게 각자가 이익을 가져갈 수 있도록 통치 시스템을 재편하고 갱신 내지 개혁하라. 그러면 왕도 역시 원하는 바를 이룰 것이다. 이런 겁니다, 묵자의 주장은요.

그러므로 천하를 다스리는 것을 일로 삼는 성인이 어찌 미움을 금하고 사랑을 권하지 않겠는가? 그러므로 온 천하가 서로 사랑하면 곧 천하가 다스려지게 되고, 서로 미워하면 천하가 어지러워지는 것이다. 묵자께서 남을 사랑하기를 권하지 않을 수 없다고 한 것은 바로 이 때문이다.
겸애 상편 마지막 단락

故聖人以治天下爲事者, 惡得不禁惡而勸愛? 故天下兼相愛則治, 交相惡則亂, 故子墨子曰:「不可以不勸愛人」者, 此也

지금 천하의 위정자들이 진실로 천하의 부를 바라고 가난한 것을 싫어하며, 천하가 다스려지는 것을 바라고 어지러워지는 것을 싫어한다면, 마땅히 두루 아울러 서로 사랑하고 서로 이롭게 해야 한다. 이것이 성왕의 법도요 천하를 다스리는 도리이니 힘써 실행하지 않으면 안 되는 것이다. 겸애 중편 마지막 단락

今天下之君子, 忠實欲天下之富, 而惡其貧, 欲天下之治, 而惡其亂, 當兼相愛, 交相利, 此聖王之法, 天下之治道也, 不可不務爲也.

자 이렇게 겸애를 하면 왕이 원하는 것을 얻을 수 있다고 설득합니다. 군주를 향한 묵자의 설명을 더 보겠습니다.

오늘날 천하의 선비와 군자들은 말하기를, "서로 아우르며 사랑하는 것은 훌륭한 일이지만 천하에서 가장 어려운 일이다." 묵자께서 말씀하시길, "천하의 선비와 군자들은 특히 겸애의 이익을 알지 못하고 그 까닭을 분별하지 못한다. 지금 성을 공격하고 들판에서 싸울 때 자기 몸을 죽이면서 명성을 쌓는 것은 천하의 백성들이 모두 어렵게 생각하는 일이다. 그러나 그렇게 어려운 일도 군주가 좋아하면 백성들은 기꺼이 할 수 있다. 하물며 서로 아우르며 사랑하고 서로를 이롭게 하는 일이야 다를 바가 있겠는가?" 겸애 중편

然而今天下之士君子曰:「然

乃若兼則善矣, 雖然, 天下之難物于故也」

子墨子言曰:「天下之士君子, 特不識其利, 辯其故也

今若夫攻城野戰, 殺身爲名, 此天下百姓之所皆難也, 苟君說之, 則士衆能爲之, 況於兼相愛, 交相利, 則與此異 ……

왕이 좋아하면 된다고 합니다. 왕이 좋아한다는 건 단순히 좋아하는 것이 아니겠죠. 왕이 겸애를 좋아한다면 겸애하는 자에게 그냥 "좋다" 하고 마는 게 아니라, 그에게 높은 벼슬자리나 상을 주면서 겸애를 독려할 것입니다. 극단적으로 병사가 목숨까지 걸면서 싸우는 것도 그저 왕이 좋아해서 그러는 것이 아니라 국가가 자신에게 줄 보상 때문이겠죠. 자, 여기서 묵자는 겸애의 정치, 겸애의 행정을 하는

중요한 수단을 말합니다. 상으로써 동기 부여를 하라는 것이죠. 그리고 벌 역시 같이 가지고 갑니다. 다시 묵자의 말을 들어봅시다.

> 진실로 군주가 그것을 좋아하면 백성들은 기꺼이 그렇게 할 수 있다. …… 타인을 사랑하는 사람은 **타인도** 역시 따라서 그를 사랑하게 되며, 타인을 이롭게 하는 사람은 **타인도** 역시 따라서 그를 이롭게 할 것이다. 타인을 미워하는 사람은 **타인도** 역시 따라서 그를 미워할 것이며, 타인을 해치는 사람은 **타인도** 역시 따라서 그를 해치게 될 것이다. 여기에 무슨 어려움이 있겠는가? 군주가 이 도리를 정치에 실행하지 않고 사대부들이 행하지 않을 뿐이다. 겸애 중편
>
> 若苟君說之, 則衆能爲之
> …… 夫愛人者, 人亦從而愛之, 利人者, 人亦從而利之, 惡人者, 人亦從而惡之, 害人者, 人亦從而害之
> 此何難之有焉, 特君不以爲政, 而士不以爲行故也

내가 타인을 이롭게 하면 타인 역시 나를 이롭게 해줄 것이고 내가 타인을 미워하면 타인 역시 나를 미워할 것이다. 묵자가 생각하는 정치공동체의 모습은 이런 것 같습니다.

그런데 타인을 사랑하거나 미워하고 타인에게 이익을 주거나 해를 끼치는 행위 주체에게, 그를 따라서 사랑과 이익을 주거나 미워하고 해치거나 하는 '타인'은 누구일까요? 위의 원문을 잘 보세요. 고딕체로 표시한 타인과 그렇지 않은 타인이 같은 사람일까요? 나의 사랑과 미움, 이익과 손해를 받는 타인과 그것에 응분한 사랑, 미움, 이익,

손해를 나에게 주는 타인이 같은 사람이냐는 겁니다. 더 정확히 말해 그들이 정치공동체에서 같은 지위 내지 신분에 있는 사람일까요?

굵은 글자로 표시되고 조사 '도'가 붙은 사람. 어떤 사람이 타인에게 이익과 사랑을 주든 손해와 미움을 주든 반드시 그에 상응하는 사랑과 미움, 이익과 손해를 준다고 하는 타인은 좀 예외적 존재 같습니다. 더구나 해침에 응분해서 준다는 해침은 형벌 같고, 형벌이라면 독점된 합법적 폭력이죠. 독점된 합법적 폭력을 행사하는 사람은 누구일까요? 바로 군주, 왕이죠. 위에서 묵자는 그냥 타인이라고 하니 이해가 빠르게 되질 않지만 문맥상 그 사람은 왕입니다.

어떤 사람이 타인에게 사랑과 이로움을 주면, 그 사람에게 왕이 사랑과 이익을 줍니다. 어떻게? 상의 형태로요. 어떤 사람이 타인에게 미움과 해침을 주면, 그 사람에게 왕과 국가는 미움과 해침을 줍니다. 어떻게? 벌로 주겠죠. 하지만 왕 한 사람이 그 일을 다 하나하나 처리하는 것이 아니라, 왕은 상과 벌을 공정하게 주는 시스템을 위에서 돌릴 뿐이고 결국 왕이 거느리는 통치 체제가 각 사람에게 상과 벌을 주는 거죠.

묵자는 이렇게 왕 또는 통치 권력이 겸애에 뜻을 두고 상과 벌을 제대로 시행키만 하면 겸애가 수월하게 현실화될 수 있다고 보았습니다. 다만 위정자들이 그렇게 하지 않을 뿐이라는 거죠. 특권적 지위에 안주해 사치와 향락에 몰두하고, 현명한 이를 알아볼 눈이 없어 친인척들이나 귀족들에게 휘둘리고, 그런 상태에서 인민의 뜻을 수렴하지 못하고, 그러다 보니 안 하게 되고 못하게 되는 것. 자, 이제 위의 원문을 이렇게 고쳐서 읽어봅시다. 그럼 묵자가 말하는 겸애의

정치, 겸애의 중심 주체, 겸애를 구현하는 수단이 뭔지 훤히 보일 겁니다. ^^

진실로 군주가 그것을 좋아하면 백성들은 기꺼이 그렇게 할 수 있다. …… 타인을 사랑하는 사람은 **왕과 국가도** 역시 그를 사랑하며, 타인을 이롭게 하는 사람은 **왕과 국가도** 역시 그를 이롭게 할 것이다. 타인을 미워하는 사람은 **왕과 국가도** 역시 그를 미워할 것이며, 타인을 해치는 사람은 **왕과 국가도** 역시 그를 해칠 것이다. 여기에 무슨 어려움이 있겠는가? 군주가 이 도리를 정치에 실행하지 않고 사대부들이 행하지 않을 뿐이다.

자, 이렇게 보통 사람에게 그가 한 행위와 초래한 결과에 알맞게 주는 사랑과 이익, 미움과 해침이 무엇인지(바로 상과 벌), 그리고 그것을 누가 줄 것인지(바로 왕과 국가) 살펴봤는데, 이제 겸애란 게 무엇이고 어떻게 겸애를 하자는 건지 이해되시지요?

지금까지 얘기했듯이 겸애의 중심 주체는 군주로 대변되는, 공적인 국가 기구이고 겸애를 구현하는 주된, 필수적 수단은 상벌입니다. 그러나 그렇다고 해서 보통 사람이 겸애의 행위 주체가 안 되는 건 아닙니다. 정치권력이 서기 전에, 어떤 대원칙으로 정치공동체가 돌아가야 할지 따지는 의견 수렴의 무대가 있습니다. 그 무대에 나와서 의견을 내놓는 것은 모든 인민들에게 주어진 권리로서, 그 인민들의 합의가 있어야 겸애를 실현할 정치권력이 만들어질 수 있죠. 그 수렴과 합의의 과정에서 인민이 자신의 의견을 주장하는 것도 겸애의 과정에서 빼놓을 수 없는 것이고, 그렇게 해서 올바른 대원칙을 실행할 공동체가 생기면 의견을 내놓은 인민들 모두가 그 공동체에 합류해 자신이 맡은 분야에서 부지런히 일하면 되는 겁니다. 농업, 수공업 같은 생산 노동이나 관료 업무, 지식인의 저술과 교육, 군인들이 제공하는 국방 서비스 등등, 각자 맡은 분야에서 열심히 일해서 결과를 만들어내면 되지요. 그가 속한 공동체가 제대로 된 원칙으로 굴러가는 공동체이기만 하면, 인민 각자가 만들어낸 유무형의 것들이 구성원에게 공정하게 분배되어 서로 공유할 수 있으니까요. 그게 겸애고 겸애를 위해선 생산된 유무형의 것들이 전제가 되어야 하는데 그것을 누가 만들겠습니까? 일해야 뭔가 만들어지고, 그래야 나누고 서로 주고받으며 재분배할 수 있지 않겠습니까? 이런 의미에서 보통의 인민도 겸애의 행위 주체이고 겸애 실천에서 소외되지 않습니다. 그들의 행위가 없으면 공동체 성립과 운영의 대원칙도 없고, 겸애를 위해 쓸 생산물도 없으니까요.

유가의 인仁은 분명 행위 주체가 지식인과 정치인, 지배층에 국한됩니다. 군자의 덕德은 바람이고 소인의 덕은 풀君子之德 風 小人之德 草(《논어》〈안연〉편)이라고, 인민들은 그저 바람을 맞아 누웠다 일어났다 하는 풀처럼, 지식인 지배층이 펼치는 정치의 객체일 뿐이고 교화의 대상일 뿐이죠. 그들은 仁의 행위 주체가 아니고 仁을 행하는 지배층에 그저 따라만 가면 되는 존재들일 뿐입니다. 仁을 행하는 사람이 군자이니, 곧 仁은 군자다움이고, 그것은 귀족다움, 귀족들만의 고상함에서 크게 벗어나지를 않습니다. 어떻게 하면 제대로 귀족다울 수 있을까, 제대로 고상할 수 있을까를 고민한 게 유가의 사상이죠. 그 사상에서 보통 사람들은 절대 어짊의 주체가 될 수 없습니다. 하지만 묵자 철학에선 겸애의 행위 주체로서 누구도 소외되지 않습니다. 분명 국가기구, 군주와 통치 권력이 중심에 서 있는 건 사실이지만요.

자, 앞선 장의 〈상동〉과 〈상현〉 편까지 포괄해서 크게 한번 봅시다. 겸애의 정치와 행정, 업무를 담당할 현명할 이들을 뽑자. 구슬이 서 말이라도 꿰어야 보배니 현명한 이들을 묶어낼 정치 시스템과 공적 기구를 조직, 구성하고 운영할 원리가 있어야 하고, 그 공적 기구의 목적이 분명히 서야 한다. 그래서 상동이 필요하다. 상동으로써 민의를 수렴하고, 그 수렴한 경로의 역방향으로 일원적·효율적으로 의로운 정치를 아래로 내려보자. 이렇게 해서 겸애를 수행하는데 그 겸애란 게 뭔지 살펴보자면, 천하는 현재 무질서와 파괴로 얼룩져 있고 상호간에 주고받는 해로움으로 가득 차 있는데 특히나 그 혼란의 와중에 피지배층은 지옥과 같은 환경에서 살고 있다. 이런 지옥과 같은 환경은 배타적인 자기 이익 챙기기에서 비롯된다. 그렇다면 서로 자기 이익만을 꾀해서 상대를 해치고 핍박하는 별別의 상태를 겸兼의 상태로 전환해야 한다. 兼은 서로가 상대를 대등한 이익 향유의 주체로 인정하는 데서 시작하는데, 특히나 왕과 지배층이 兼을 선택해서 서로가 서로를 이롭게 하는 정치를 해야 한다. 그러면 백성들도 좋지만, 백성들이 만들어내는 부를 늘릴 수 있고 국가 안정도 얻을 수 있으니 왕에게도 좋은 일이다. 겸애의 정치란 공동체의 이익을 늘리는 자에게는 상을 주고 공동체를 해롭게 하는 자에게는 벌을 주는 것이다. 따라서 겸애의 중심 주체는 분명 정치권력과 국가다. 그러나 보통 인민들도 겸애를 만들고 실천하는 데서 소외되지 않는다.

정리하는 것도 일이고 따라오시는 것도 일인데, 〈상현〉 편부터 〈상동〉, 〈겸애〉 편까지 머릿속에서 잘 정리하셨나요? 하층민들의 생존권 보장을 위해 나온 묵자의 겸애, 그것이 왜 좋은지 왕을 설득하며 겸애의 정치를 하는 방법까지 가르쳐줍니다. 바로 상과 벌이죠. 상현과 상동도 크게 보아 겸애의 정치를 위한 수단 내지 방법이죠. 현명한 이는 상과 벌을 잘 집행할 수 있는 인사를 말하죠. 또 왜 상을 주고 벌을 주는지 백성들을 잘 설득할 수 있는 사람이며, 또 상과 벌을 이렇게 하면 좋겠다고 의견을 내는 자들의 말들을 잘 수렴하고 모을 수 있는 자입니다. 현명한 이가 하는 의견 수렴은 상동의 구조에서 진행되고요. 상동의 구조에서 수렴되고 통일된 의견은 다시 수렴의 통로를 따라 내려가면서 집행되고, 그 역시 상과 벌의 형태로.

자, 숨 가쁘실 텐데요. 그렇지만 조금만 더 가봅시다. 이제 두 가지만 더 설명하고 이 편을 끝내겠습니다.

묵자는 〈겸애〉 편에도, 자신이 보기에 겸애의 정치, 의로운 정치를 펼쳤다는 성인 군주들의 사례를 끌어옵니다. 우임금이 물길을 뚫어 백성을 이롭게 했다거나, 주 문왕의 치세에 큰 나라가 작은 나라를 멸시하지 않았고, 또 홀아비와 과부, 자식 없는 늙은이, 형제 없는 자, 부모 없는 고아가 무시당하지 않으며 부양을 받아 잘 살았다는 이야기를 합니다. 천하를 호령했고 두고두고 칭송받는 군주들이 겸애의 정치를 했다고 하면 역시나 설득력이 높아지죠. 그래서 성왕들의 사례를 언급합니다. 하지만 그게 성왕의 사례를 언급하는 이유의 전부는 아닙니다. 당대에 겸애가 실현 불가능한 것이 아닌가 하는 의심과 공격이 많았고, 그 공격에 대응하기 위해 성왕의 사례를 끌어온 것이기도 합니다. 과거에 성왕들이 수차례 겸애의 정치를 실행했음을 상기시키며, 절대 어렵거나 불가능한 일이 아니라고 이야기한 거죠.

마지막으로 묵자가 말하는 겸애에 대해서 《묵자》 원문을 근거로 조금만 더 부연 설명하자면 고아, 과부, 홀아비, 형제 없는 자, 이런 의지할 데 없는 사람을 보호해야 한다고 말했습니다. 그들도 겸애를 향유하는 데서 소외되어선 안 된다는 것이죠.

> 이리하여 처자가 없는 늙은이도 부양받아 그 수명을 누리고, 부모 없는 어리고 약한 고아도 의지할 데가 있어 장성할 수 있다. 겸애 하편
> 是以老而無妻子者, 有所侍養以終其壽, 幼弱孤童之無父母者, 有所放依以長其身

겸애의 정치공동체라면, 그리고 그 공동체의 수장이라면 처지가 어려운 사람들도 제 몫을 누리도록 의무적으로 보호해야 하는 거죠. 핍박받고 착취당하는 현상의 근절, 공유되는 호혜적 이익의 확대, 거기에 사회적 약자들에게 권리를 보장하는 일, 그것이 바로 겸애 정치, 묵자가 말하는 의로운 정치입니다. 그들도 하느님의 신하이고 자식이고 누려야 한 몫이 있는 사람이기에 공동체에서 외면하지 말고

반드시 돌봐야 한다는 거지요.

자, 〈겸애〉 편은 이것으로 마치겠습니다. 수고 많으셨습니다.

16

구체적인 겸애, 반전

비공非攻 편

겸애라는 거대한 산을 넘으셨습니다. 이제 막바지의 〈천지天志〉 편과 〈비명非命〉 편을 제외하면 그렇게 큰 산은 없습니다. 조금 가벼운 마음으로 따라오시면 되겠습니다.

그런데 겸애라는 산을 정말 완전히 넘어왔는지는 모르겠습니다. 겸애는 〈겸애〉 상·중·하, 이 세 편으로 모두 이야기된 게 아니라 다른 편에서도 조금씩 덧붙여서 설명되는 것이고, 이제부터 볼 〈비공〉과 〈절장〉, 〈절용〉, 〈비악〉 편 모두 〈겸애〉 편과 직결된다고 생각합니다. 그것을 다 봐야 '겸애'라는 집이 완성된다고 할까요. 제 생각엔 그렇습니다. 어쩌면 겸애라는 산에 큰 봉우리로 비공, 절장, 절용, 비악 등이 있지 않나 싶습니다. 비공·절장·절용·비악, 모두 겸애를 위한 것이고 겸애를 적용하는 일이며 겸애의 구체적인 모습들이죠.

묵자에 관한 눈에 보이는 이미지로는 '비공非攻'이 먼저 떠오를 것
도 같네요. 안성기, 유덕화 주연의 영화 〈묵공 墨攻〉을 보셨다면 말이
죠. 영화의 원작이 되는 만화와 소설도 있죠. 그리고 중국에 전해 내
려오는 설화에도 가장 많이 등장하는 게 〈비공〉 편입니다. 실제로 묵
자들이 주력하여 현실에서 이루어내려고 한 것이 비공이고, 또 묵가
집단이 많은 주목을 받은 것도 비공 덕분이지요. 그 결과 많은 제자
들이 희생되었고요.

자, 〈비공〉 편에 들어가기 전에 묵자의 일화 한 편 보실까요?《묵
자》〈공수公輸〉 편에 나오는 일화인데요. 남방의 강국 초나라가 송나
라를 대대적으로 공격할 것이라는 정보를 입수한 묵자는, 노나라에
서 초나라로 가서 혜왕을 만나 전쟁을 하지 말 것을 설득합니다. 부
유하고도 물산이 넘치는 초나라가 가난한 송나라를 치는 것은 화려
한 자기 수레를 버려두고 이웃의 낡은 수레를 훔치고, 자신의 좋은
음식과 고기를 버려두고 이웃의 겨와 지게미를 훔치는 것과 같이 의
롭지 못한 일이고 또 이롭지도 못한 일이라면서 설득하지요. 그러자
초 혜왕은 무기 제작자 공수반公輸盤이 운제雲梯라는 신무기를 만들
었기에 송나라를 공격해서 취할 자신이 있다고 맞받아칩니다. 그러
자 묵자가 공수반을 만나지요. 그리고 모의 전쟁을 벌입니다. 당시
상황을 실감 나게 이해하기 위해 원문을 가져와보겠습니다.

묵자는 허리띠를 끌러 성의 모양을 만들고 나뭇조각으로 성을 방어하는
장치를 만들었다. 공수반이 여러 차례 성을 공격하는 기계를 바꾸어 공
격했으나 묵자는 그때마다 이를 막아냈다. 공수반이 성을 공격하는 기계

를 다 써먹었으나 묵자의 수비에는 여유가 있었다. 결국 공수반이 굴복했다. 그러나 그는 말했다.

"나는 선생을 막아낼 방법을 알지만 말하지 않겠습니다."

묵자도 역시 말했다.

"나도 선생이 나를 막아낼 방법을 알지만 말하지 않습니다."

초 혜왕이 그 까닭을 물으니 묵자가 말했다.

"공수반 선생의 뜻은 다만 저를 죽이려는 것입니다. 저를 죽이면 송나라에는 성을 지킬 수 있는 사람이 없을 터이니 공격할 수 있을 것이라고 생각하는 것입니다. 그러나 저의 제자 금골리 등 300명이나 되는 묵가 조직원들이 이미 저의 수비 기계를 가지고서 송나라 성 위에서 초나라 군대를 기다리고 있습니다. 비록 저를 죽인다 하더라도 그것을 없앨 수는 없습니다."

초 혜왕은 대답했다.

"좋습니다. 나는 송나라를 공격하지 않겠습니다." 공수편

子墨子解帶爲城, 以牒爲械

公輸盤九設攻城之機變, 子墨子九距之

公輸盤之攻械盡, 子墨子之守圉有餘

公輸盤詘, 而曰:「吾知所以距子矣, 吾不言」

子墨子亦曰:「吾知子之所以距我. 吾不言」

楚王問其故, 子墨子曰:「公輸子之意, 不過欲殺臣

殺臣, 宋莫能守, 可攻也

然臣之弟子禽滑釐等三百人, 已持臣守圉之器, 在宋城上, 而待楚寇矣

雖殺臣, 不能絶也」

楚王曰:「善哉. 吳請無攻宋矣」

참혹한 전쟁을 막기 위한 묵자의 헌신적이고 열정적인 노력과 묵가 집단의 조직력, 그리고 군사 전문가로서 묵자의 내공이 잘 보이죠. 어쩌면 인류 최초의 모의 전쟁, 전쟁 시뮬레이션(war game)에 대한 생생한 묘사가 아닌가 싶은데 정말 대단하죠. 수비 기계를 만들었다는 데서 기술자로서의 면모 역시 잘 보이고요.

자, 이렇게 묵자는 전쟁을 반대하는 비공 운동에 열심이었습니다. 인류 최초의 반전운동가, 단순히 신념을 말한 데 그친 것이 아니라 목숨까지 바쳐가며 강대국들의 공격에 맞서 약소국을 위해 방어 전쟁을 치러낸 사람. 오늘날까지 이어지는, 묵자란 사람의 강렬한 인상과 그가 주는 울림은 상당 부분 헌신적인 반전 활동과 전적에서 비롯될 겁니다.

그런데 묵자는 왜 그렇게 목숨까지 걸면서 약소국을 지키려 하고, 이 나라 저 나라 몸으로 부대끼며 침략 전쟁을 막고 다녔을까요? 그건 전쟁이 불의不義하고 또 불리不利하기 때문입니다. 그것도 극단적으로 의롭지 못하고 이롭지 못한 것이기 때문이지요.

묵자는 이익을 중심으로 사고합니다. 하지만 옳음, 정당함, 정의와 분리된 이익이 아니죠. 의義와 리利는 항상 같이 가는 것이고, 묵자에게 그것들은 새의 좌우 양쪽 날개 같은 겁니다. 의는 이로워야 한다, 또 의로워야 진정 이로울 수 있다. 義, 利也!! 그런데 전쟁은 극단적으로 불의하고도 불리합니다. 그러니 막아야 하고 줄여야 하고, 천하가 전쟁이 없는 상황으로 가야 하는 거죠.

먼저 전쟁의 불리함에 대해 이야기해볼까요? 우선 묵자는 식량과 물자를 소모하고 낭비한다는 이유로 전쟁을 비판했죠. 그것이 민생의 파탄을 가져오니까요. 사실 묵자의 주장을 빌리지 않더라도 전쟁과 전쟁 준비에 따르는 국가적 물자 낭비, 인력 낭비는 이루 다 말할 수 없고 따로 길게 설명할 필요도 없죠. 묵자 아니더라도 상식 있는 사람들이 무수히 지적해왔던 일이고요. 군대를 육성하고 군사력과 국방력을 증강하려는 국가의 움직임이 사회의 잠재력을 끌어내고, 과학 기술 등 그 사회의 생산력과 시스템이 발달하도록 이끄는 측면이 있다는 것은 분명 부정할 수 없습니다. 그렇지만 어찌 되었든 전쟁은 낭비, 그것도 극단적인 낭비를 불러오죠. 생산에 종사할 사람들이 군사 일을 하느라 생산 노동을 제대로 못하고, 또 전쟁에 나가 죽거나 다쳐 제대로 생활을 영위할 수 없게 되고요. 또 애써 일군 생산물들이 사회구성원에게 고루 분배되지 못하고 군수 물자로 쓰이면서 분배가 왜곡되고. 전쟁을 벌이거나 항시적으로 전쟁 준비를 하면 여러 가지로 불필요한 소모가 커집니다.

전쟁의 불리함과 불의함을 통렬하게 지적하는 묵자의 말을 직접 들어볼까요.

지금 군사를 일으키려 한다면, 겨울에 하자니 추위가 두렵고 여름에 하자니 더위가 두렵다. 그렇기 때문에 겨울이나 여름에는 군사를 일으킬 수가 없는 것이다. 봄에 일으키면 백성들이 밭 갈고 씨 뿌리는 농사일을 망치게 되고, 가을에 일으키면 백성들의 추수를 망치게 된다. …… 지금

한 계절을 망치기라도 하면 백성들이 굶주리고 헐벗게 되어, 동사하고 아사하는 자가 얼마나 많을지 이루 헤아릴 수 없다. 비공 중中편

今師徒唯母興起, 冬行恐寒, 夏行恐暑, 此不可以冬夏爲者也

春則廢民耕稼樹藝, 秋則廢民穫斂 ……

今唯母廢一時, 則百姓饑寒凍餒而死者, 不可勝數

지금 시험 삼아 군대가 동원되었을 경우를 생각해보자. 화살, 깃발, 장막과 갑옷, 방패, 큰 방패, 칼집 등 전쟁터에 가지고 나갔다가 부서지고 썩어서 되가지고 돌아오지 못할 것이 얼마나 많을지 이루 헤아릴 수 없다. …… 또 가는 길이 멀어 양식의 운반이 끊겨 보급이 안 되는 바람에 백성이 죽는 경우도 얼마나 많을지 이루 헤아릴 수 없다. 또 사는 곳이 불안하고 밥을 제때에 먹지 못해 굶주림과 배부름이 조절되지 않아, 길에서 병들어 죽는 백성이 얼마나 많을지 이루 헤아릴 수 없다. …… 국가가 전쟁을 함으로써 인민의 재산을 빼앗고 인민의 이익을 망치는 경우가 이처럼 무척이나 많다. 비공 중편

今嘗計軍出, 竹箭羽旄幄幕, 甲盾撥劫, 往而靡弊腑冷不反者, 不可勝數

…… 與其涂道之脩遠, 糧食輟絶而不繼, 百姓死者, 不可勝數也

與其居處之不安, 食飯之不時, 肌飽之不節, 百姓之道疾病而死者, 不可勝數

…… 國家發政, 奪民之用, 廢民之利, 若此甚衆

가정해보자면서 전쟁이 일어났을 때의 낭비와 그 낭비로 인해 백성들이 겪게 되는 참혹한 삶을 말하는데, 이것도 〈상동〉 편에서처럼

당대의 현실에 대한 묘사이자 고발이죠. 특히 인민들이 겪는 참상에 대한 고발입니다. 전국戰國, 밥만 먹고 눈만 뜨면 전쟁하는 시대의 현실이 이랬습니다. 나라의 지배층, 군주가 자신들의 백성과 타국 백성들이 죽어나는 건 생각지 않고 자신의 이익에만 몰두해 침략 전쟁을 일삼았습니다. 그러다 보니 안으로는 국력이 피폐해지고 밖으로는 원한이 맺히고, 견제하는 주변국들의 침략도 초래해서 자칫하면 나라가 망하게 됩니다. 이렇게 결과적으로 조금도 이득이 되지 않는 게 전쟁입니다. 그런데도 자신의 이익이 된다고 생각해 전쟁을 일삼는 어리석은 군주와 지배층이 있고, 이들로 인해 백성들은 짐승만도 못한 삶을 이어갔죠. 이렇게 극단적으로 불리함을 가져오는 것이 전쟁입니다.

그리고 전쟁은 불리할 뿐만 아니라 불의하기까지 합니다. 결과적으로 백성들의 삶에 극히 이롭지 못한 것이기에 불의한 것이기도 하지만, 그 자체가 불의하다고 묵자는 전쟁을 비판합니다.

하늘의 백성을 시켜서 하늘의 고을을 공격하고 하늘의 백성들을 찔러 죽인다. 비공 하下편

夫取天之人, 以攻天之邑, 此刺殺天民

묵자는 전쟁을 단적으로, 하느님의 사람들을 끌어다가 하느님의 고장을 파괴하고 같은 하느님의 사람들을 학살하는 행위라고 했습니다. 그러니 이보다 더 불의할 수 있겠습니까?

모두가 하느님 앞에서 평등한 존재, 기본적으로 묵자는 천하 열국

과 만민을 그렇게 본다고 했죠. 사람 사는 모든 정치공동체가 하느님의 고을이고 고장입니다. 그리고 그 사람들은 하느님의 신하고요. 그러니 묵자가 보기에 전쟁은 하느님의 고을이 무수히 파괴되고, 다 같은 하느님의 자식*끼리 서로를 죽이고 핍박하는 불의한 일이었습니다. 정말 하느님의 시각에선 가장 불의한 일이고, 그 무엇보다 먼저 없애고 줄여야 할 병리 현상이겠죠. 그런데도 극단적인 불의가 멈출 줄 모르는 전국 시대를 묵자는 이렇게 개탄했습니다.

남의 개나 닭이나 돼지를 훔친 자의 잘못은 남의 과수원에서 복숭아나 자두를 훔친 것보다 더 심하다. 이것은 무슨 까닭인가? 남을 해친 정도가 더 크기 때문이다. 남을 해친 정도가 클수록 그 어질지 못함도 더 심하고 그 죄도 더욱 크다. …… 죄 없는 사람을 죽이고, 그의 옷을 빼앗고, 그의 창이나 칼을 훔친 자의 잘못은 남의 마구간에 들어가 말이나 소를 훔친 것보다 더 심하다. 이것은 무슨 까닭인가? 남을 해친 정도가 더 크기 때문이다. 남을 해친 정도가 더 크면 어질지 못함도 더 심하고 죄도 더욱 크다. 이와 같은 죄에 대해서 천하의 군자들은 모두 알고 비난하면서 불의하다고 말한다. 그런데 지금 더 큰 불의를 저지르며 남의 나라를 침공하는 것을 보고서는 불의라고 할 줄 모르고, 그를 좇아 칭송하면서

---

* 《묵자》 원문에 정확히 사람을 '하느님의 자식'이라고 표현한 부분은 없습니다. 하느님의 신하, 하느님의 백성이라고 했지요. 그런데 하늘이 부모처럼 인간을 먹여주고 키워준다, 부모처럼 두루 사랑한다고 말했고 또 하늘에 보답하지 않는 행위를 부모의 은혜에 보답하지 않는 것이라고 비유했기에, 묵자가 사람을 하느님의 자식으로 보았다고 말해도 큰 무리는 없다고 생각합니다.

의義라고 말한다. 비공 상上편

至攘人犬豕雞豚, 其不義又甚入人園圃竊桃李

是何故也? 以虧人愈多, 其不仁玆甚, 罪益厚 ……

至殺不辜人, 扡其衣裘, 取戈劍者, 其不義又甚入人欄廐取人馬牛

此何故也? 以其虧人愈多

苟虧人愈多, 其不仁玆甚矣, 罪益厚

當此, 天下之君子皆知而非之, 謂之不義

今至大爲不義攻國, 則弗知非, 從而譽之, 謂之義

　전쟁을 통해 무수히 사람을 죽이고 타인을 해치고 타인의 것을 파괴하는데, 천하의 군자들 그러니까 지배자들은 그것이 잘못된 것인 줄 모른다고 합니다. 기가 막히죠. 남의 농장이나 과수원에서 과일과 채소, 돼지나 소를 훔치면 잘못된 것이라 하고, 무고한 사람을 해치고 죽이면 불의한 일이라고 비난하면서도, 전쟁을 통해 수백, 수천 배로 사람을 해치고 죽이고 타인의 소유물을 침탈하는 일은 불의라고 인식하지 않는 것……. 그냥 할 말이 없죠.

　한 사람을 죽이면 그것을 불의라고, 반드시 한 번 죽을 죄가 있다 한다. 만약 이 논조로 나간다면 열 사람을 죽일 경우 불의가 열 배가 되고 반드시 열 번 죽을 죄가 있다고 할 수 있다. 백 사람을 죽이면 불의가 백 배가 되고 반드시 백 번 죽을 죄가 생겨나는 것이다. 이런 죄에 대해 천하의 군자들은 모두 알고 비난하며 불의라고 말한다. 그러나 더 큰 불의를 저지르며 남의 나라를 공격하는 데 대해서는 잘못된 것인 줄 모르고, 그를

좇아 칭송하면서 의롭다고 말한다. 비공 상편

殺一人, 謂之不義, 必有一死罪矣

若以此說往, 殺十人十重不義, 必有十死罪矣

殺百人, 百重不義, 必有百死罪矣

當此, 天下之君子皆知而非之, 謂之不義

今至大爲不義攻國, 則弗知非, 從而譽之, 謂之義

역시나 할 말이 없습니다. 그런데 이런 당대의 현실과 인식, 오늘날에는 볼 수 없는 일인지 모르겠습니다. 의롭지 못한 침략 전쟁, 약소국 핍박, 그로 인해 항상 생존의 위기에 신음하는 보통 사람들. 오늘날은 찾아볼 수 없는 현상일까요? 팔레스타인만 봐도 묵자의 저 이야기가 딴 세상의 이야기가 아닌 것 같고, 묵자의 분노와 개탄에 공감할 수 있을 것 같습니다.

이렇게 전쟁의 불의함을 모르는 것, 그것은 검은 것과 흰 것, 단맛과 쓴맛도 구분하지 못하는 것처럼 어리석은 일이라고 묵자는 말합니다. "조금 검은 것을 보고서는 검다고 하다가 많이 검은 것을 보면 희다고 하고, 조금 쓴 것을 맛보고는 쓰다고 하다가 많이 쓴 것을 맛보고는 달다고 하는 사람이 있다면 우리는 그를 정상적인 사람으로 인정하지 않을 것이다."〔今有人於此, 小見黑曰黑, 多見黑曰白, 則必以此人爲不知白黑之辯矣, 少嘗苦曰苦, 多嘗苦曰甘, 則必以此人爲不知甘苦之辯矣 비공 상편〕 그런데 당대의 지배자들이 그렇게 어리석었습니다. 전쟁의 불의함, 그리고 불리함을 제대로 파악하지 못한 사람들이었죠.

전쟁…….

피지배층, 부유하지 않고 고귀하지 않은 보통 사람들의 삶을 옥죄는 것으로 여러 가지가 있을 수 있습니다만 정말 전쟁만큼 삶의 조건과 환경을 철저히 파괴하고 인간을 짐승만도 못하게 만드는 것이 없죠. 전쟁에서 승자와 패자가 어디 있겠습니까? 지배층 일부를 제외하곤 모두 패자일 뿐이고, 패자들은 인간 이하의 삶을 살 수밖에 없고. 그것이 전쟁이죠. 이것은 인류 역사에서 무수히 확인된 일이고, 전쟁의 본질은 그럴 수밖에 없습니다. 그러니 애초에 하층민들의 피눈물과 염원에서 출발한 묵자의 사상은 전쟁 반대에 초점을 둘 수밖에 없었을 것입니다. 별別이라는 부정적인 통치 행위를 겸兼으로 바꾸려고 했던 묵자에게 인간의 병리 현상 중 가장 극단적인 것은 전쟁과 침략 행위였고, 가장 중요하고 시급한 과제는 반전, 비공일 수밖에 없었습니다.

불리와 불의의 극치인 전쟁, 그 전쟁을 반대하는 사상과 운동은 누구에게나 공감을 얻겠지만 특히나 우리 한국인들에게는, 아니 남북의 모든 사람에게는 더욱 와 닿을 것 같습니다. 많은 사람들이 한국전쟁이 준 극단적인 상처를 떨치지 못한 채 살고 있고, 우리는 항상 전쟁의 위험을 등에 지고 가면서, 국방력 강화와 안보를 이유로 나랏돈을 낭비하며 분배의 불균형을 겪고, 억압적 체제를 만들고, 남북 대치 중이란 이유로 사회를 건강케 하기 위해 주목하고 가다듬어야 할 부분들을 방치하고, 그런 것들을 말하는 목소리를 찍어 누르고, 정치의식 성장을 방해하고, 뭐 이루 말할 수가 없을 겁니다. 한국전쟁과 분단 상황이 만들어낸 여러 가지 부조리와 모순들이 말이죠.

이제 남과 북이 서로가 서로를 이해하는 공감대를 쌓아가고 오해와 불신의 늪에서 각자가 조금씩 빠져나오면서 군사력 경쟁을 접고, 군축을 통해 상호 신뢰에 힘을 실어주며 통일의 길을 모색해야 하는데, 참 꿈만 같은 이야기죠. 분단 이후 대부분의 시간 동안 저런 변화의 모습은 상상키 힘들었고 비현실적이기만 했습니다. 그렇다면 국방과 전쟁 준비를 위한 소모와 낭비, 억압적 체제 유지, 기득권층의 국민 기만은 계속될 수밖에 없겠죠. 그래서 묵자의 반전사상과 그가 실천한 반전운동이 주는 울림은 클 수밖에 없는데요. 결국 남북이 대립적이고 적대적인 공생 관계에서 평화적 공존의 관계로, 또 거기에 그치지 않고 궁극적으로 통일로 가야지 않겠습니까? 그것을 바탕으로 중국과 일본과도 평화적 신뢰 관계를 구축해나가면서 동아시아가 상호 신뢰와 평화의 땅이 되도록 해야 하고요.

정말 전쟁 없는 세상이 올 수 있을까요? 같은 하느님의 자식인지는 몰라도 천 년 넘게 같은 역사공동체로 살아온 혈육들끼리 서로 반목하지 않고 해치지 않는 세상 말입니다. 해방 후 우리를 짓눌러온 고통스러운 현실은 내일도 앞으로도 이어질 것 같은데, 그래서 더욱 묵자의 말을 경청해보자고 말하고 싶네요.

묵 자 읽 기

구체적인 겸애 2

절용節用, 절장節葬, 비악非樂 편

절용 節用

앞 장에서는 겸애의 세상을 만들기 위해서 가장 시급히 해결해야 할 과제인 '비공'에 대해서 살펴봤습니다. 그리고 비공만큼 급하지는 않을지도 모르지만 겸애의 천하를 만들기 위해서는 필수인 과제가 더 있습니다. 백성들에게 분배될 이익과 재화를 까먹어버리는 병리 현상들, 생산을 방해하고 그나마 생산된 것들을 쓸데없이 소모하는 지배층의 부당행위 근절 문제. 이제 묵자는 지배층의 사치와 초호화 장례 문제, 음악 탐닉 문화에 초점을 두고 주장을 펼칩니다. 자 하나씩 차근차근 살펴봅시다.

먼저 절용입니다. 節用. 쓰임을 줄이라는 말입니다.
누구의 쓰임을 줄이라는 말일까요?

하층민들은 알아서 절약하고 아끼며 삽니다. 문제는 위정자들의 과소비입니다. 이들이 과소비를 하고 사치하기 때문에 결국 이익의 분배가 제대로 이루어지지 않고, 인민들은 항상 먹고살기 어렵고, 그러다 보니 사회구성원의 재생산과 인구 증가도 이루어지지 않는다, 곧 국가 힘이 증대하지 않는다고 묵자는 주장합니다. 그래서 묵자는 궁실, 음식과 옷, 장례 의식과 배와 수레, 무기 제작과 소비 등 다방면에서 귀족과 지배층의 사치를 비판합니다.

그런데 저런 것들을 단순히 소비하지 마라, 만들어내지 말라고는 안 합니다. 그저 생존에 필요할 정도로만, 곧 생존에 필수적인 욕구를 충족할 만큼만 소비하라는 것이죠. 그래야 순차적으로 백성들에게 분배될 것이 많아지고, 궁극적으로 인민의 이익이 커지며 따라서 국가의 힘도 커지게 된다는 것입니다. 자, 묵자의 말을 직접 들어보겠습니다.

> 성인이 한 나라의 정치를 하면 그 나라의 이익을 배로 늘릴 수 있다. 그
> 것을 천하로 확대하여 정치를 하면 천하의 부를 배로 늘릴 수 있다. 부를
> 배로 늘린다는 것은 밖에서 땅을 빼앗아 늘리는 것이 아니다. 그 나라의
> 사정에 따라 쓸데없는 소비를 없애 두 배로 부를 늘리는 것이다. 성왕이
> 정치를 하면 명령을 내려 사업을 일으키며 백성들을 부리고 재물을 사용
> 하는 데에 쓸모가 없는 일은 결코 하지 않았다. 그러므로 재물의 사용에
> 낭비가 없고 백성들은 수고롭지 않으니 백성들에게 돌아오는 이익이 많
> 았다. 절용 상上편
> 聖人爲政一國, 一國可倍也, 大之爲政天下, 天下可倍也

其倍之, 非外取地也, 因其國家, 去其無用之費, 足以倍之
聖王爲政, 其發令興事, 使民用財也, 無不加用而爲者
是故用財不費, 民德不勞, 其興利多矣

앞서 말씀드린 대로 묵자는 나라의 힘이 국경 밖으로 뻗어나가는 걸 별로 좋아하지 않습니다. 법가나 병가식으로 밖으로 전쟁을 벌여서, 밖에서 빼앗아 와 축적하는 게 아니라, 안에서 이익을 늘리자고 합니다. 쓸데없는 소비를 없애고, 사업과 소비를 쓸모 있게만 일으켜야지요. 그리고 과거의 성인 군주들이 그렇게 했다고 덧붙이네요. 그러다 보니 백성들에게 돌아갈 이익이 많아졌다는 겁니다. 그러니 과거 성왕이 정치하던 시대처럼 오늘날에도 실용성을 기준으로, 곧 백성들의 생활에 실제로 이익이 되느냐 마느냐를 기준으로 생산과 소비를 해서 백성들에게 돌아갈 이익을 늘리자는 것입니다.

좋습니다. 백성들에게 돌아갈 이익이 많아지는 것, 그것이 바로 나라의 부이고 이익이라는 것 같습니다. 그런데 묵자의 국부 늘리는 방법이 결과적으로 국가의 총생산력 증가 내지 총생산량의 증가를 위한 것 같지는 않지요. 국가의 전체 생산력과 생산량에 초점을 두기보단 '쓸데없이 새는 것을 없애서 백성들에게 분배될 것이 많아지게 하자' 내지 '분배 정의가 실현될 토대를 만들자'는 거죠. 정말 자신의 말대로 하면 한 개인, 한 집, 한 기업처럼 한 몸과 같은 국가의 재산이 증대된다든가 한 국가의 생산력이 두 배가 된다는 말 같지는 않습니다. 국가의 생산력이 두 배가 되고 생산량이 갑절이 되고, 그 생산량을 단순히 국민 수로 나누어서 국민 한 명당 생산량이 얼마나 늘었나를 따지는 건 묵자에게 무의미하죠. 실제 인민들에게 돌아갈, 눈에 보이는 구체적 이익이 우선이고 인민 하나하나에게 돌아갈 필수적인 재화의 확보가 중요하지, 막연한 전체의 이익 내지 국가 전체의 생산량과 생산력 늘리기, 그런 것에 묵자는 관심이 없습니다.

국가의 생산력이 크게 증가되어 정말 생산량이 갑절로 늘었다고 해도 국민 한 명 한 명에게 돌아가는 것이 늘지 않는다면, 정치공동체 구성원 대다수의 생활이 개선되지 않는다면 무슨 소용이 있을까요? 묵자가 그것을 정말 국부의 증대로 보았을까요? '국익'이라는 주술, '선진국 진입'이란 말이 대변하는 성장 만능의 신학에 빠져 허우적대는 우리라면 모를까, 묵자가 말하는 국부의 증가는 인민 한 사람 한 사람의 살림살이가 나아지는 것일 뿐입니다. 그것에 기초해 왕이 바라는 진정한 국부가 이루어진다고 봤고요.

아, 그런데 당시 지배층은 사치가 심해서 인민들에게 돌아갈 것이 별로 없었나 봅니다. 여러 가지 재화들을 위에서 독점적으로 소유하고 소비했는데, 그것이 백성을 가난하게 하고 나라를 약하게 했나 봅니다.

여기서 묵자는 또 성왕 이야기를 꺼냅니다. 자신이 생각하는 정치를 폈던 성인 군주를 환기시키며 자기주장의 강력한 근거로 삼는 거죠. 자주 그래왔던 대로요. 자, 묵자는 성왕의 정치와 오늘날 현실 군주들의 정치를 대조합니다. 그렇다면 성인 군주들이 구체적으로 어떻게 실용성과 유익을 기준으로 생산과 소비를 했는지 살펴볼까요? 묵자는 다음과 같이 말합니다.

그들이 옷을 지어 입은 것은 무엇 때문이었나? 겨울에 추위를 막고 여름에 더위를 막기 위해서였다. 무릇 옷을 만드는 원리는 겨울에는 따스해지도록 하고 여름에는 시원해지게 하는 것이다. 화려하기만 하고 이익을 주지 못하는 것은 버린다. 그들이 집을 지은 것은 무엇 때문인가? 겨울에 바람과 추위를 막고 여름에 더위와 비를 막기 위해서였다. …… 화려하기만 하고 이익을 주지 못하는 것은 버린다. 절용 상편

其爲衣裘何? 以爲冬以圉寒, 夏以圉暑

凡爲衣裳之道, 冬加溫, 夏加淸者則止, 不加者去之

其爲宮室何? 以爲冬以圉風寒, 夏以圉暑雨, …… 不加者去之

그들이 배와 수레를 만든 것은 무엇 때문이었나? …… 사방으로 통하는 편리를 도모하기 위해서였다. 무릇 배와 수레를 만드는 원리는 가볍고 편리함을 더하는 데 있다. 화려하기만 하고 이익을 주지 못하는 것은 버린다. 무릇 물건을 만듦에 그 쓸모가 없는 일은 결코 하지 않았다. 그러므로 재물의 사용에 낭비가 없고, 백성들은 수고롭지 않았으며, 백성들에게 늘어나는 이익은 컸다. 절용 상편

其爲舟車何? …… 以通四方之利

凡爲舟車之道, 加輕以利者則止, 不加者去之

凡其爲此物也, 無不加用而爲者, 是故用財不費, 民德不勞, 其興利多矣

성왕 시대에는 물자 생산과 소비를 그 필요에 따라 딱 적절한 만큼만 했답니다. 필요 이상의 물건을 생산하도록 군주가 시키지도 않고 스스로 소비하지도 않았고, 그래서 결과적으로 재화의 낭비가 없었

고 인민들이 쓸데없는 생산에 종사하지도 않았으며, 인민들에게 돌아갈 재화의 양이 많았다고 하네요. 만일 그들이 실용적인 필요 이상의 집과 옷, 수레와 배, 무기 등을 소비하려고 했으면 백성들은 필요 이상의 생산에 종사해야 하고, 그러면서도 백성들 자신에게 돌아갈 재화는 없는 이중고에 시달렸겠죠. 그런데 성왕 시대에는 지배층부터 모두가 필요를 충족하는 정도에서 만족한 채 소비하고 절약했기에 그런 일이 없었다고 합니다. 자, 묵자는 〈절용〉 중中편에서 성왕 시대의 소비에 대해서 더 이야기해줍니다.

옛날 성왕들은 먹고 마시는 법을 정하여 말하기를, "배고픔을 채우고, 기운을 돋우며, 팔다리를 강하게 하고, 귀와 눈을 밝게 하는 정도에서 그친다. 다섯 가지 맛과 향기의 조화를 다 갖추려 하지 않고, 먼 나라의 진귀하고 특이한 음식을 찾지 않는다." 절용 중中편
古者聖王制爲飲食之法曰:「足以充虛繼氣, 强股肱, 耳目聰明, 則止 不極五味之調, 芬香之和, 不致遠國珍怪異物」

옛날 요임금이 천하를 다스릴 때에는 남쪽으로는 교지에 닿고 북쪽으로는 유도에 이르며 동쪽으로는 해가 뜨는 곳, 서쪽으로는 해가 지는 곳에 이르도록 복종하지 않는 곳이 없었다. 그는 아낌이 지극해 먹을 때에는 두 가지 곡식을 한꺼번에 먹지 않았고, 고깃국과 고기반찬을 같이 먹지 않았다. 질그릇에 밥을 담고 국을 담았다. 절용 중편
古者堯治天下, 南撫交趾, 北降幽都, 東西至日所出入, 莫不賓服 逮至其厚愛. 黍稷不二, 羹胾不重, 飯於土塯, 啜於土形

성인 군주들은 진수성찬을 탐하지 않았고, 요임금은 천하를 호령했는데도 정말 절제하고 절약했다고 합니다. 이렇게 지배층이 낭비하지 않으니 백성들에게 분배될 몫이 확보되었겠죠.

그런데 묵자는 〈절용〉 편에서 총각, 처녀들의 결혼에 대해서도 이야기합니다. 좀 뜬금없어요. 충청도 말로 귀꿈맞게요. 지배층의 절약 여부와 처녀 총각들의 결혼이 어떻게 연관되는 걸까요? 이것은 인구 증가에 관한 논의입니다. 묵자는 귀족들의 낭비적 행태를 강도 높게 비판하다가 갑자기 인구 늘리는 문제로 넘어갑니다. 과거 성왕들 시대에는 남자가 스무 살이 되면 꼭 장가를 들고, 여자는 나이 열다섯이 되면 꼭 시집을 갔는데, 성왕의 시대가 아닌 현재에는 그렇게 일괄적으로 일찍 짝을 찾아 결혼하지 못하여 인구가 늘지 않는다고 합니다. 다들 일찍이 짝을 찾아 자식들 많이 나아 길러서 인구가 늘면 좋으련만, 지배층이 지나치게 사치해서 백성들에게 돌아가는 것이 없고 또 전쟁이 잦다 보니 백성들이 짝을 찾고 자식을 낳아 기르기가 너무 어려워졌다는 겁니다. 만약 지배층이 스스로 절제하여 필요한 만큼만 소비해서 백성들에게 돌아갈 것이 많아지고 삶의 기초가 안정된다면, 백성들이 모두 제때 짝을 찾아 자식을 낳고, 그러면 인구가 증가해 국가가 튼튼해지는 선순환이 일어날 수 있는데 안타깝게도 묵자가 산 시대에는 지배층의 이익 독점 ⇒ 백성들의 생존 불안 ⇒ 가정 꾸리기와 자식 생산, 부양의 부실화 ⇒ 인구 줄어듦, 이런 악순환이 벌어졌던 것 같습니다.

지금도 묵자의 진단을 들으면 섬뜩하죠. 88만원 세대, 비정규직으로 일하면서 가정 꾸리기를 포기하는 젊은이들, 생활고에 늦어만 가는 결혼 나이, 막대한 가계 대출, 그로 인해 은행 배에만 기름이 끼고. 갈수록 심해지는 양극화, 더 직시해서 말하자면 계급 간의 극심한 자산 격차. 이런 대한민국 사회에서, 결혼해서 애 잘 낳고 키우는 사회구성원의 재생산이 잘 이루어진다면 그게 신기한 일일 것입니다. 부가 불평등하게 분배되고, 부동산 문제라는 한국적 현실로 인해 자산이 비생산 계층에게 기형적으로 몰려 있고, 생산 계층은 일을 해도 재산 축적이 쉽지 않으며 가계 대출 갚느라 허리가 휘어야 하고, 애초에 인건비와 노동자 처우가 엉망이어서 한 사람 한 사람이 생존하는 데 필요한 만큼의 몫이 노동자에게 잘 돌아가지 않는, 그런 환경에서, 사회구성원이 잘 재생산되는 건강한 사회?? 기껏 비정규직으로 일하면서 턱없이 높은 주거 비용에 교육 비용 감수하며 자식을 키웠는데 다시 그 자식에게 가난이 대물림되고, 그 자식 역시 비정규직으로 살아야 하고, 그것이 틀로 굳어진 사회라면 외려 각자가 재생산을 포기해서 소극적으로나마 저항의 의사를 표시하는 게 더 정상적인 모습일지도 모르겠습니다.

〈절용〉 편에서 묵자가 분명히 이야기하네요. 이익의 독점적 소유와 지배는 결국 사회구성원의 재생산과 직결되는 문제라고요. 출산율 최악의 한국 사회를 볼 때, 우리는 위정자와 재벌들에게 묵자의 말 좀 들어보라 해야 하지 않을까요?

절장節葬

당시에 지배층이 장례 기간을 지나치게 길게 잡고, 장례를 위해 너무 많은 비용을 들이는 것이 문제였나 봅니다. 그런데 장례를 이야기하면 떠오르는 집단이 있습니다. 바로 유가. 사실 장례에 대한 묵자의 문제 제기는 유가에 대한 공격일 수밖에 없습니다. 잠깐 유가 이야기 좀 할까요?

유가 무리는 큰 초상집만을 쫓아다니는데, 자식들을 모두 거느리고 가서 음식을 실컷 먹는다. 몇 집 초상만 치르고 나면 충분히 살아갈 수 있게 된다. …… 부잣집에 초상이 나면 곧 크게 기뻐하면서 말하기를 "이것이 바로 입고 먹는 근원이다" 비유非儒 하편

大喪是隨, 子姓皆從得厭飮食, 畢治數喪, 足以五矣…… 富人有喪, 乃大說喜曰:「此衣食之端也」

공자가 제나라로 가서 경공을 만났다. 경공이 기뻐하여 그를 이계尼鷄 땅에 봉하려고 안자晏子에게 알렸다. 제나라 재상 안자가 말하길, "안 됩니다. 도대체 유자라 하는 자는 오만하고 제 마음대로 하는 자들이라 아랫사람을 가르치게 할 수 없습니다. 음악을 좋아하여 사람의 마음을 음탕하게 하므로 백성들을 다스릴 수 없습니다. 또한 운명이라는 것을 내세워 모든 일을 게을리하기 때문에 직분을 다할 수 없습니다. 또 삼년 상이란 긴 상례를 주장하여 한 번 상을 당하면 오랜 슬픔 때문에 백성들 을 따뜻하게 보살필 수 없으며, ……"비유 하편

孔某之齊見景公, 景公說, 欲封之以尼谿, 以告晏子

晏子曰:「不可

夫儒浩居而自順者也, 不可以敎下

好樂而淫人, 不可使親治

立命而怠事, 不可使守職

宗喪循哀, 不可使慈民, ……

유가를 좀 심하게 비난한 것 같지만 사실 장례와 유가는 떼려야 뗄 수 없는 것이었습니다. 요새 무슨무슨 상조회사 광고를 TV에서 보신 적이 있을 겁니다. 상조회사는 도우미를 고용해서 사람들의 장례를 돕죠. 이런저런 장례 절차를 진행해주고 그 대가로 수고비를 받습니다. 유가의 기원을 말해보자면 애초에 그들은 오늘날 상조회사 같은 예식 집단입니다. 더 올라가 보면 은나라 때의 무당인 정인貞人들과

도 연관되는, 갖가지 종교 의식 내지 장례, 제사 의식을 수행하던 집단이 유가이고, 그런 의식의 절차와 규칙 등이 그들이 말하는 예禮의 기원이죠.

하지만 그들은 변화했습니다. 단순히 장례나 기우제, 산신제 같은 제사나 의식을 도우며 먹고사는 데 만족하지 않고 정치에 참여하길 원했습니다. 어쨌거나 고대의 문화와 관습을 보존, 전수해오던 집단으로서 문자를 알았고, 귀족 사회에서 통용되던 매너와 고상하다고 여겨지는 교제 양식을 알았으며, 과거 성인 군주에 대한 기억을 가진 그들은, 예를 단순한 의식과 관습이 아니라 인간을 사랑하고 상대를 존중하고 배려하는 윤리 도덕으로 가다듬고서, 그런 예와 예의 정신으로 나라를 다스리자고 하며 그런 예를 공부한 자신들을 국정 운영의 주체로 인정해달라고 목소리를 높였죠.

그러나 그들의 근본은 어디까지나 예식 수행 집단이었습니다. 그런 그들이 정치 현장에 등용되지 못하면 어찌해야 할까요? 그냥 손가락 빨고 살아야 하나요? 배운 게 도둑질이라고 어디서든 제사와 상례 같은 의식을 치르는 곳에 가서 일을 도우며 먹고살아야죠. 공자가 소인유小人儒에 머물지 말고 군자유君子儒가 되어라, 그것을 목표로 해야 한다고 분명히 말한 것도, 저런 예식 도우미로 먹고사는 유자들이 그때까지 있었기 때문이죠. 하지만 공자의 생각이 어떠했든, 애초에 기원이 예식 수행 집단인데 그것이 쉽사리 변했겠습니까?

사실 공자부터도 완전히 변했는지 모르겠습니다. 공자의 일상을 묘사한 문헌이 있는데요, 바로 《논어》10편 〈향당鄕黨〉입니다. 공자의 일상 중 중요한 모습을 포착해 묘사한 《논어》 〈향당〉 편을 보면 상당 부분이 상례 때 공자의 모습과 관련이 있습니다.

기존의 관행에서 완전히 벗어나지 못한 유가의 입장에서는 어찌되었든 제사와 상례가 길고 요란 벅적하면 좋은 거지요. 친족 집단 내에서 자연히 생기고 주입되고 길러지는 감정에 그들은 주목했다고 앞서도 말했는데, 그것이 대표적으로 효와 제弟지요. 그것을 잘 키워 사회와 세상으로 확대해나가자고 하는 것이 그들이니, 친족 집단 내에서 결속을 다지는 의식이나 행사 등에 더욱 목을 매게 마련이었습니다. 그런 의식을 통해 효와 제가 발현되고 길러진다고 봤으니까요. 그래서 그들의 사상 측면에서 보든 그들의 기원이나 직업에서 보든 유가는 장례를 중요하게 생각할 수밖에 없었습니다.

그런데 거기에 묵자가 정면으로 공격하고 나온 겁니다. 유가는 길고 후하게 벌어지는 상례와 제사를 선호하지만, 묵자는 짧고 소박하게 해야 한다고 말합니다. 기간도 짧게 하고 비용도 최대한 줄이고. 왜냐, 보통 인민들이야 제사와 상례를 후하게 해봐야 얼마나 하겠습니까? 문제는 지배층이 지나치게 길게 하면서 재물을 퍼붓는다는 거죠. 그리고 그것은 국정 공백과 민생 파탄으로 직결되고요.

자, 당시 묵자가 생각한, 길고 후한 장례에 따른 낭비와 국정의 공백 현상 한번 살펴보겠습니다.

오늘날 성대한 장례와 상례를 주장하는 사람들의 말을 따라 국정을 이끈다고 생각해보자. 이러한 상황에서 왕, 공, 대인들 가운데 상을 당한 사람이 생기면 그는 관을 겹겹이 짓고, 매장할 때는 반드시 깊고 크게 파며, 죽은 이에게 입히는 옷과 이불도 반드시 많게 하고 그것에 새기는 무늬와 수도 반드시 화려하게 할 것이며 …… 천자나 제후가 죽으면 순장을 당하는 자가 많게는 수백 명, 적어도 수십 명은 되어야 한다고 한다. 장군이나 대부의 경우도 순장자가 수십 명, 적어도 수명은 되어야 한다고 한다. 절장節葬 편

然則姑嘗稽之, 今雖毋法執厚葬久喪者言, 以爲事乎國家

此存乎王公大人有喪者, 曰棺槨必重, 葬埋必厚, 衣衾必多, 文繡必繁, ……

曰天子殺殉, 衆者數百, 寡者數十

將軍大夫殺殉, 衆者數十, 寡者數人

재화만 낭비될 뿐 아니라 사람까지 낭비됩니다. 앞서 묵가와 진의 관계를 이야기할 때 진나라가 가장 빨리 그리고 가장 확실히 순장을 근절했다고 했죠. 묵자는 저렇게 순장에 부정적이었습니다. 낭비만 일어나는 게 아니라 국정의 공백도 따릅니다. 지배층이 후하고 긴 장례에 빠져 있으면,

상을 치르는 법은 어떤가? 곡은 때도 없이 소리 내어 흐느껴야 하며, 거친 삼베옷과 거친 삼베띠를 머리와 허리에 두르고, 눈물을 흘리며 움막에 거처하면서, …… 배가 고파도 먹지 않고 굶어야 하며, 얇은 옷을 입어 일부러 추위를 겪어야 한다. 그렇게 해서 얼굴이 앙상히 야위고 안색은 검게, 귀와 눈은 분명하게 듣고 볼 수 없게 되어야 하며, 손발은 힘을 쓰지 못하여 아무 일도 할 수 없게 되어야 한다. 그리고 높은 선비가 상을 치르는 동안은 반드시 부축해주어야만 일어설 수 있고, 지팡이를 짚

어야만 걸어다닐 수 있다. 이런 식으로 3년을 지내야 한다. 절장편

處喪之法, 將奈何哉? 曰:哭泣不秩聲翁, 縗絰垂涕, 處倚廬, …… 又
相率强不食而爲飢, 不衣而爲寒, 使面目陷䫌, 顏色黧黑, 耳目不聰明,
手足不勁强, 不可用也

又曰上士之操喪也, 必扶而能起, 杖而能行, 以此共三年

만약 왕, 공, 대인들에게 이러한 방식을 따르도록 한다면, 틀림없이 일찍
조회에 나가고 늦게 퇴근하면서 옥사를 듣고 정사를 다스릴 수 없을 것이
다. 사대부들에게 이렇게 하도록 한다면, 틀림없이 여러 관청의 일들
이 다스려지지 못하고 초지와 목장을 개간할 수 없어 창고를 채우지 못
하게 될 것이다. 농부들에게 이렇게 하도록 한다면, 틀림없이 일찍 밭에
나가 밤늦게 들어오면서 밭 갈고 씨 뿌리지 못할 것이다. 각종 공인들에
게 이렇게 하도록 한다면, 틀림없이 수레와 배를 수리하거나 기물들을
만들지 못할 것이다. 절장편

若法若言, 行若道, 使王公大人行此, 則必不能蚤朝晏退, 治伍官六府,
辟草木, 實倉稟, 使農夫行此, 則必不能蚤出夜入, 耕稼樹藝, 使百工
行此, 則必不能修舟車爲器皿矣

오랫동안 상례에 몰두해 있다면 누가 국정을 돌볼까요? 보통 백성
들도 오랫동안 상례에 빠져 있으면 세대로 생산에 종사할 수 없겠지
만, 인민들은 목구멍이 포도청이라 그렇게 하라고 해도 못하죠. 문제
는 지배층이고 그것을 부추기는 유가 무리입니다. 묵자는 낭비와 국
정 공백을 지적하는 데서 그치지 않고, 더 큰 틀에서 왜 절장을 해야

하는가 주장합니다.

어진 사람이 천하를 위하여 헤아리는 것도 이와 같다. 천하가 가난하면
부유하게 하는 일을 하고, 인민의 수가 적으면 많아지도록 하고, 인민들
이 어지러우면 질서를 잡는 일을 해야 한다. 그 일에 힘을 다하고 재물을
다하며 지혜를 다해야 하며, 그러한 뒤에야 일을 이룰 수 있다. 절장편
雖仁者之爲天下度, 亦猶此也
曰:「天下貧則從事乎富之, 人民寡則從事乎衆之, 衆而亂則從事乎治之」
當其於此, 亦有力不足, 財不贍, 智不智, 然後已矣

인자仁者가 해야 할 일, 통치자가 해야 할 일을 말합니다. 나라를
부유하게 하고 백성의 수가 많아지게 하고 질서가 잡히게 하는 것이
그것인데, 거창한 장례를 치르느라 그렇게 못하고 있으니 사치스러
운 장례를 근절하자는 거죠. 그래야 백성이 많아지고 부유해지며 질
서가 잡힌다는 것입니다. 그리고 묵자는 국방의 문제도 제시합니다.
장례로 인해 재화 낭비와 국정 공백이 생기면 나라 역시 지킬 수 없
다고 하면서요. 그런 다음 묵자는 으레 하던 대로, 과거의 성왕들은
장례를 절제했다고 주장합니다. 이 정도면 왕이 설득될 만한가요?
왕이 설득돼야 시행이 될 텐데요.
  이렇게 장례 문제만 가지고 한 편을 이야기한 것으로 보아, 묵자가
보기에 당시 지배층의 낭비가 가장 집중된 데가 장례였나 봅니다. 이
것은 또 유가를 공격할 수 있는 좋은 무기도 되고요. 〈절장〉 편에서
재밌는 본문 하나 소개해드리고 이 편을 마치겠습니다.

옛 3대 성왕들이 세상을 떠난 후로 천하에는 명확한 의리가 없어졌다. 후세의 군자들 가운데 어떤 사람은 성대한 장례와 긴 상례가 인仁이요, 의義요, 효자가 할 일이라고 생각한다. 또 어떤 사람은 성대한 장례와 긴 상례가 仁도, 義도, 효자가 할 일도 아니라고 생각한다. 두 부류의 사람들은 말하는 것도 서로 다르고 행동하는 것도 서로 어긋나는데, 그들 모두 스스로가 위로 요임금, 순임금, 우임금, 탕왕, 문왕, 무왕의 도를 근본으로 삼았다고 한다. 그러나 그들은 말도 다르고 행동도 다르다. 그래서 후세의 군자들은 어느 것이 옳은지 이해하지 못한다. 절장편

今逮至昔者三代聖王旣沒, 天下失義, 後世之君子, 或以厚葬久喪以爲仁也, 義也, 孝子之事也, 或以厚葬久喪, 以爲非仁義 非孝子之事也 曰二子者, 言則相非, 行卽相反, 皆曰:「吾上祖述堯舜禹湯文武之道者也」 而言卽相非, 行卽相反, 於此乎後之君子, 皆疑惑乎二子者言也

누구와 누구의 갈등이고 논쟁이고 의견 차이일까요. 양대 현학, 유가와 묵가를 이야기한 것이겠죠. 그들 둘은 인仁과 의義를 이야기하는 점이 같고, 또 각자가 성왕들을 사상과 학설의 근거로 내미는 점도 같네요. 둘이 첨예하게 부딪혔다. 그리고 각자가 생각하는 仁과 義가 다르다. 또 둘 다 과거 역사와 역사의 왕들을 자기네 사상과 학설의 근거로 내밀지만, 같은 역사적 인물에 대해서도 다른 상을 가지고 있다. 그들은 모두 자신들이 현재 주장하는 가치 기준을 중심으로 과거를 재구성한 것입니다. 그러니 같은 인물을 이야기해도 관점이 다를 수밖에 없는 거고요. 위에 인용한 부분은 〈절장〉 편의 논의 흐름에서 큰 비중을 차지하지는 않지만, 한번 음미해볼 만한 재밌는 내용

같습니다.

그런데 묵자는 바로 뒤이어 이렇게 말합니다.

만일 양쪽의 말에서 옳고 그름을 가릴 수 없다면, 이 문제를 나라와 만민을 다스리는 정치와 관련해 생각해보자. 먼저 성대한 장례와 긴 상례가 다음의 세 가지 이익에 부합하는지 살펴보자. …… 성대한 장례와 긴 상례가 확실히 가난한 자를 부유하게 하고, 인구를 늘리며, 혼란을 다스릴 수 있다면 그것은 仁이요, 義요, 효자가 해야 할 일이니, 인민을 위해 정치하는 사람은 이를 권장하지 않을 수 없다. …… 그러나 성대한 장례와 긴 상례가 가난한 자를 부유하게 하지 못하고, 인구의 수를 늘리지도 못하고, 위태로운 것을 바로잡고 혼란을 다스리지 못한다면 분명 仁도, 義도, 효자가 해야 할 일도 아닌 것으로서 정치하는 사람은 이를 반드시 막아야 한다. 어진 자는 천하에 해로운 일을 없애고, 그 문제점을 드러내 백성들로 하여금 비난하게 하며, 영원히 하지 못하게 해야 한다. 절장편

若苟疑惑乎之二子者言, 然則姑嘗傳而爲政乎國家萬民而觀之計厚葬久喪, 奚當此三利者? …… 厚葬久喪, 實可以富貧衆寡, 定危治亂乎, 此仁也, 義也, 孝子之事也, 爲人謀者, 不可不勸也

…… 厚葬久喪, 實不可以富貧衆寡, 定危理亂乎, 此非仁非義非孝子之事也, 爲人謀者不可不沮也

仁者將求除之天下, 措廢而使人非之, 終身勿爲

가난한 자를 부유하게, 백성들이 많아지게, 위태로운 것을 바로잡고 혼란을 다스리고, 여기서도 묵자 정치사상의 핵심과 기초를 드러

내며, 자신들이 생각하는 진정한 仁과 義의 기준이 무엇인지 잘 밝혀놓았습니다. 또 겸애가 무엇인지도 말했고요. 게다가 묵자들이 보기에 잘못된 정치사상인 유가의 학설에 대해 직접 날을 세우고 활을 겨냥하는 모습을 보였습니다. 제대로 붙어보겠다는 거죠.

유가와 묵가. 흥행에 성공해 천하에 가득 차서, 더 많은 사람을 설득하고 왕에게 발탁되고자 치열하게 경쟁을 벌인 양대 현학. 두 학파가 힘을 겨루고 경쟁하는 모습이 담긴 〈절장〉 편에서도 비공, 절용과 같이 겸애를 위해 반드시 해야 할 급선무를 왕과 국가에 제시했습니다.

낭비를 집중 성토하는 〈절용〉〈절장〉 편의 문제의식을 가지고 우리나라를 한번 돌아볼까요. 많이들 아시다시피 천문학적인 돈을 쏟아부은 4대강 공사는 과연 대한민국 국민들의 삶에 이익이 되고 보탬이 되었는지 의문이지요. 그 돈이면 정말, 국민의 복지와 삶의 질 개선에 도움이 되는 사업을 많이 할 수 있었을 텐데요. 국민에게 미친 긍정적인 영향이 미미하거나 없다, 아니 여러 학자와 전문가들이 말하는 대로 오히려 환경에 악영향을 끼쳤다면 왜 대한민국 시민사회는 애초에 그것을 막지 못했는지 반성도 좀 해야 할 것 같고, 사실 저부터도 부끄럽고 창피한데요. 이 기회에 토건공화국 대한민국이 어떻게 돌아가고 토건족과 유착해 사회를 움직이는 기생충 같은 집단이 누구인지도 직시해보는 것도 좋겠죠. 반성과 비판, 책임자 문책과 처벌을 제대로 하면서 이제 낭비적이고 소모적인 행정과 정책을 근절해야 한다는 국민적 인식이 생긴다면, 그렇게 쏟아부은 돈이 아깝지 않을 수도 있을 텐데요. 묵자가 당장 지금의 한국에 살았으면 4대

446

강 사업을 가장 크게 개탄하고 극렬하게 반대했을 것입니다. 왜냐면 국민 삶을 개선하기는커녕 삶을 더 팍팍하게 만드는 너무 심한 과소비, 낭비 사업이었으니까요.

그리고 평창 올림픽 유치, 인천 아시안게임 유치, 이런 대형 스포츠대회와 이벤트 유치도 묵자라면 심하게 반대했을 겁니다. 경기장과 부대시설 건설하는 데만도 막대한 예산이 투입되고, 또 대회가 끝난 뒤에도 유지비로 막대한 돈이 계속 들어가니까요. 국제스포츠대회 유치와 국민들 먹고사는 게 무슨 상관이 있나요? 올림픽도 했고 월드컵도 했고 이제 나라 꼴도 어느 정도 번듯하고 국제사회에서 인정도 받는 시점에, 스포츠 이벤트를 통한 국가 이미지 제고, 국가와 도시 홍보, 국력 과시, 이런 것 해서 뭐하게요? 안 그래도 먹고살기 힘든 국민들 참기름처럼 쥐어짜서 토건족과 재벌 같은 특정 집단에게 이익 몰아주는 일 이제 좀 그만하자고요. 낭비와 소모로 민생 경제에 부담 주고, 복지 재원도 축내고, 말뿐인 국익 타령은 이제 제발 그만하죠.

스포츠, 체육, 그 자체가 나쁜 것은 아닙니다. 저도 스포츠 좋아해요. 야구 관련 책도 썼고요. 근데 이건 아닙니다. 스포츠와 체육이 좋다고 대형 스포츠 이벤트에 항상 목을 매선 안 되죠. 그런 쪽에 돈 쏟아붓느니 생활체육 관련 인프라 확충에나 예산 투입하죠. 주민들이 직접 땀 흘려 운동하면서 즐기고 건강을 도모할 수 있게요. 토건족 배만 불리고 부동산 투기꾼들 주머니만 채워주는 무분별한 국제스포츠대회 유치는 이제 그만.

비악非樂

〈비악〉편에서는 음악을 문제 삼는데요, 음악 자체를 문제 삼는 것이 아니라 지배층의 음악 소비를 비판하는 것입니다. 역시나 지배층의 지나친 음악 소비 때문에 아래로 분배될 재화의 낭비와 소모가 너무 심하고, 이것이 민생 파탄을 불러온다는 거죠.

앞서 절장이란 주장은 유가 비판과 직결된다고 했는데 비악도 마찬가지입니다. 음악 비판도 유가 비판과 직결됩니다. 여러 가지 관혼상제 의식에 음악이 연주되지 않을 수 없는 노릇이고, 그러한 의식과 문화를 배워 전수하는 유가 집단에게 음악은 너무도 중요한 것이었죠. 유자들은 실제로 음악을 열심히 가르치고 배웠고요. 음악을 통해 심성을 도야하고, 또 음악과 같이 잘 조화된 세상을 만들려고 한 사람들이 유가였습니다. 거기에 대해 묵자가 공격을 합니다. 음악으로 인한 과소비와 낭비, 더 이상 안 된다고요. 역시나 묵가는 유가와 부딪힐 수밖에 없는 운명인가 봅니다.

그런데 〈비악〉편은 단순히 음악에 탐닉한 지배층이 불러오는 폐해뿐 아니라 묵자 사상의 중요한 부분까지 말해줍니다. 묵자의 인간관이죠. 앞서 묵자의 인간관과 인성론 이야기할 때 언급한 것이지만 중요한 내용이니 다시 보기로 합시다. 자, 갑니다.

묵자께서 말씀하시길, 어진 사람이 맡은 일은 천하의 이익을 일으키고 천하의 해로움을 없애고자 힘쓰는 일이다. 이것을 천하의 법도로 삼아서 사람들에게 이익이 되면 행하고, 사람들에게 이익이 되지 않으면 그만둔다. 또한 어진 사람이 천하에 헤아리는 것은 그의 눈에 아름다운 것, 귀에 즐거운 것, 입에 단 것이나 몸에 편안한 것을 위함이 아니다. 이런 것들은 인민의 먹을 것과 재물을 축내고 빼앗기 때문에 어진 사람은 추구하지 않는다. 비악非樂 상편

子墨子言曰:「仁者之事者, 必務求興天下之利, 除天下之害, 將以爲法乎天下, 利人乎, 卽爲, 不利人乎, 卽止

且夫仁者之爲天下度也, 非爲其目之所美, 耳之所樂, 口之所甘, 身體之所安, 以此虧奪民衣食之財, 仁者弗爲也」

묵자가 여기서 말하고자 하는 요지는요, 국정을 운영하는 사람들이 자신들의 향락을 위해 백성들에게 분배될 재화를 소모하는 일은 절대 하지 말아야 한다는 것입니다. 그런데 당시 지도자들은 자신들의 향락을 위해 자주 과소비를 벌였고 그 중심에 음악이 있었나 봅니다. 앞서 말한 장례도 있었지만 귀족층이 음악을 즐기면서 먹고 노는

것이 정말 문제였나 봐요. 노세 노세 젊어서 놀아~~♪♪

그러므로 음악을 비난하는 이유는 큰 종이나 북, 거문고와 비파, 생황과
같은 악기의 소리가 즐겁지 않다고 여겨서가 아니다. …… 위로 거슬러
볼 때 성왕들의 처사와 부합되지 않고 아래로 헤아려 볼 때 인민의 이익
과 부합되지 않는다. 그러므로 묵자께서 말씀하시기를, 음악을 즐기는
것은 잘못이다. 비악 상편

是故子墨子之所以非樂者, 非以大鍾鳴鼓, 琴瑟竿笙之聲, 以爲不樂也,
…… 然上考之不中聖王之事, 下度之不中萬民之利

是故子墨子曰:「爲樂非也」

음악 자체가 아니라 음악에 탐닉하는 것이 잘못이라는 겁니다. 재
화가 잘못 사용되게 하니까요. 그러면서 수레와 배 같은 공공재 이야
기를 합니다.

옛 성왕들은 일찍이 많은 세금을 인민들로부터 거둬 배와 수레를 만들
었다. 다 만들고 난 다음에 말하기를, "나는 이것을 어디다 쓸까?" 그리
고 다시 말하길 "배는 물에서 쓰고 수레는 땅에서 쓴다. 그러면 군자들
은 그 발을 쉬게 할 수 있고, 소인들은 두 어깨를 쉬게 할 수 있다." 그러
므로 만민은 그에게 재물을 내어주면서도 감히 원망스럽고 한스럽게 여
기지 않았다. 이는 어째서인가? 그것이 도리어 인민의 이익에 부합되었
기 때문이다. 악기도 이와 같이 인민의 이익에 부합된다면 나는 감히 비
난하지 않을 것이다. 비악 상편

古者聖王亦嘗厚措斂乎萬民, 以爲舟車, 旣以成矣, 曰:「吾將惡許用
之?」曰:「舟用之水, 車用之陸, 君子息其足焉, 小人休其肩背焉」
故萬民出財, 齎而予之, 不敢以爲慼恨者, 何也? 以其反中民之利也
然則樂器反中民之利亦若此, 卽我弗敢非也

　수레와 배는 누가 독점해서 소비하는 것이 아니며 백성의 이익을
해치는 것이 아니라 생각했습니다. 수레가 있으면 지위가 높은 사람
은 굳이 걷지 않아도 되고, 지위가 낮은 사람은 상전이 탈 가마를 어
깨에 지지 않아도 되니 모두에게 이익이 됩니다. 또 수레와 배는 물
자의 유통을 원활하게 해주고 국방 관련해서 쓰이기도 하죠. 이렇게
모두에게 혜택이 돌아가는 공공재나 사회기반시설이면 이야기가 다
르지만 음악은 그렇지가 않았나 봅니다. 당시에는 소수만이 음악을
즐길 수 있었고, 지배층이 음악과 향락에 빠지면서 국정을 소홀히 했
고, 그리고 악단을 유지하고 악기를 만드는 데 소비되는 비용이 너무
컸던 것 같습니다. 정말 여러 사람이 즐기고 여러 사람들 이익에 부
합하는 것이라면 큰 비용이 들어도 집행하고 유지해야겠지만 당시
지배층이 음악을 즐기는 행태는 전혀 그렇지 못했고 병리 현상 그 자
체였으며, 겸애의 정치를 위해선 바로잡아야 할 문제를 일으키고 있
었습니다.
　일단 음악에 정신이 팔려 생산 활동에 종사하지 못하는 문제가 있
었나 봅니다. 일하지 않으면 먹지도 말라. 묵자는 누구든 일해야 하
고, 노동이 인간의 본질이라고 보았습니다. 일에는 농사와 수공업 같
은 육체노동 말고도 정신노동까지 포함됩니다. 관료들의 행정, 지식

인의 교육과 강의 같은 것도 묵자가 말하는 노동의 범주에 속합니다. 그런데 정신노동을 하는 지배층과 육체노동을 하는 하층민이 음악으로 인해 생산에 종사하지 않는다면 어떻게 되겠습니까? 묵자가 봤을 때는 그건 그냥 인간이길 포기한 것입니다.

> 오늘날 사람은 진실로 날짐승과 길짐승, 큰 사슴과 노루, 날아다니는 새, 파충류 등과 다르다. 오늘날의 날짐승과 길짐승, 큰 사슴과 노루, 날아다니는 새, 파충류 등은 자신의 날개와 털에 의지해서 사람의 의복처럼 체온을 유지하고, 자신의 굽과 손톱으로 사람의 발처럼 이동하며, 물과 풀을 자신의 음식으로 삼는다. 그러므로 비록 수컷이 곡식을 갈거나 채소를 심지 않고, 암컷 역시 실과 베를 짜지 않더라도 입고 먹을 거리가 원래 이미 갖추어져 있다. 오늘날 사람들은 이와 다르다. 스스로 힘써 일하는 자는 살고, 힘써 일하지 않는 자는 살지 못한다. 비악 상편
>
> 今人固與禽獸麋鹿蜚鳥貞蟲異者也
>
> 今之禽獸麋鹿蜚鳥貞蟲, 因其羽毛以爲衣裘, 因其蹄蚤以爲絝屨, 困其水草以爲飮食
>
> 故唯使雄不耕稼樹藝, 雌亦不紡積織紝, 衣食之財固已具矣
>
> 今人與此異者也, 賴其力者生, 不賴其力者不生

앞서 5장에서 본 글인데 다시 한 번 인용해봤습니다. 인간은 노동하는 존재라는 겁니다. 노동하지 않으면 살 수 없고, 사실 살 가치도 없다고 보는 것 같아요. 그런데 음악에 빠져 일하지 않고, 또 타인이 일하지 못하게 만든다면 그는 인간이길 포기한 것이고 인간으로서

살 가치가 없는, 인간 아닌 존재가 되는 거죠.

위정자들이 정사를 다스리는 데 힘쓰지 아니하면 법질서와 행정이 어지
러워지며, 천인賤人들이 생업에 종사하지 않으면 쓸 재물이 부족해진
다. 지금 천하의 선비와 군자들이 그렇지 않다고 여긴다면 잠시 천하의
사람들 각자에게 부과된 직분을 헤아려보고 음악의 해악을 따져보기로
하자.
왕, 공, 대인들은 일찍 조정에 나가고 늦게 퇴근하면서 옥사를 다스리고
정사를 처리하는 것이 부과된 직분이다. …… 지금 왕, 공, 대인들이 음
악을 좋아해 음악 듣기만을 일삼는다면 일찍 조정에 나가고 늦게 퇴근하
면서 옥사를 다스리고 정사를 처리하지 못할 것이다. 그러므로 국가는
어지러워지고 사직은 위태로워진다. 지금 관리로 있는 사람들이 음악을
좋아해 음악 듣기만을 일삼는다면 …… 나라의 창고와 곳간은 부실해진
다. 비악 상편
君子不强聽治, 卽刑政亂, 賤人不强從事, 卽財用不足
今天下之士君子, 以吾言不然, 然卽姑嘗數天下分事, 而觀樂之害
王公大人, 蚤朝晏退, 聽獄治政, 此其分事也, 士君子竭股肱之力, 亶
其思慮之智, 內治官府, 外收斂關市山林澤梁之利, 以實倉廩府庫, 此
其分事也

묵자가 보기에 지배층과 관리들이 음악에 탐닉하면 이렇게 국정과
행정이 제대로 돌아가지 않는 문제가 생깁니다. 그리고 하층민은 하
층민대로 지배층이 음악에 탐닉하는 문제로 인해 생산에 종사하질

못하게 됩니다.

오늘날 왕, 공, 대인들이 높은 누각과 정자 위에서 큰 종을 보면 그 큰 종은 엎어놓은 솥처럼 보일 뿐, 그것을 치지 않으면 아무런 즐거움도 얻을 수 없다. 그래서 반드시 치라고 한다. 그 종을 치는 것을 노인과 어린애는 할 수 없다. 그들은 눈과 귀가 밝지 않고, 팔다리가 강하지 않으며, 소리가 조화롭지 않고, 음정을 맞추지 못하기 때문이다. …… 그러나 장정들에게 이런 일을 시키는 것은 마땅히 그들이 해야 할 일인 밭 갈고, 나무 심고, 채소 가꾸는 시간을 빼앗아 낭비하게 하는 것이다. 여자들에게 이런 일을 시키는 것은 여자들이 해야 할 일인 실 잣고 베 짜는 일을 못하게 하는 것이다. 오늘날 왕, 공, 대인들이 음악을 즐기느라 인민들이 먹고 입을 재물을 빼앗고 축내는 일이 이처럼 많도다. 비악 상편

今王公大人, 唯毋處高臺厚榭之上而視之, 鍾猶是延鼎也, 弗撞擊將何樂得焉哉? 其說將必撞擊之, 惟勿撞擊, 將必不使老與遲者, 老與遲者耳目不聰明, 股肱不畢强, 聲不和調, 明不轉朴, 將必使當年, 因其耳目之聰明, 股肱之畢强, 聲之和調, 明之轉朴 ……

使丈夫爲之, 廢丈夫耕稼樹藝之時, 使婦人爲之, 廢婦人紡績織絍之事
今王公大人, 唯毋爲樂, 虧奪民衣食之財, 以拊樂如此多也

자신들이 먹고살기 위해 필요한 것들을 생산해야 할 인민들을 불러 엉뚱한 일을 시킨다고 합니다. 생산할 사람을 불러놓고 엉뚱한 일 시키니 인민들이 먹고사는 데 쓰일 생산물이 적어지게 됩니다. 그러니 인민의 것을 빼앗는 꼴이지요. 게다가 전문 악단을 경영하는 데

드는 비용 역시 낭비라고 합니다.

　　옛날 제나라 강공은 음악과 춤을 흥성하게 하면서 예인들은 거친 옷을
입어서는 안 되고 거친 음식을 먹어서도 안 된다고 했다. 먹고 마시는 것
이 훌륭하지 않으면 눈빛과 얼굴이 볼만하지 않게 되고, 의복이 아름답
지 않으면 신체와 거동이 볼만하지 않게 된다는 것이었다. 그래서 음식
은 반드시 좋은 곡식과 고기였고, 옷은 반드시 무늬와 수를 놓은 것이어
야 했다. 이들은 입고 먹을 재물을 버는 일에 종사하지 않고 남에게 빌붙
어서 먹고사는 자들이었다. 그러므로 묵자께서 말씀하시길, 지금 왕, 공,
대인들이 음악을 즐기느라 인민들이 입고 먹을 재물을 축내고 빼앗는 일
이 이처럼 많다. 그러므로 음악에 빠지는 것은 그릇된 일이다. 비악 상편
昔者齊康公興樂萬, 萬人不可衣短褐, 不可食糠糟
日食飮不美, 面目顏色不足視也, 衣服不美, 身體從容醜羸, 不足觀也
是以食必粱肉, 衣必文繡, 此掌不從事乎衣食之財, 而掌食乎人者也
是故子墨子曰:「今王公大人, 惟毋爲樂, 虧奪民衣食之財, 以拊樂如此
多也」
是故子墨子曰:「爲樂非也!」

　　당장 일해야 할 사람들을 불러 음악 시키지, 전문 악단 경영하고
유지하느라 막대한 비용이 소모되지, 이렇게 묵자가 보기에는 음악
의 폐해가 많았나 봅니다. 왕과 대신들이 국정 운영에 불성실하게 하
지, 먹고 입을 것 생산할 인민들 일 못하게 하지, 전문 예인들 호의호
식하게 해줘야 하지, 여기에다가 악기가 어디 하늘에서 떨어지는 것

이냐면서 묵자는 악기 자체를 만드는 데에도 비용 소모가 심하다고 비판합니다.

> 지금 왕, 공, 대인들은 국가를 위한답시고 그저 악기를 만들어 연주하게 한다. 빗물을 푸거나 흙을 긁어모아서 만드는 것이 아니다. 반드시 만민에게 세금을 거둬야만 큰 종이나 북이나 거문고와 비파, 생황 같은 악기가 소리를 낼 수 있다. 비악 상편
>
> 今王公大人, 雖無造爲樂器, 以爲事乎國家, 非直掊潦水拆壤坦而爲之也, 將必厚措斂乎萬民, 以爲大鍾鳴鼓琴瑟竽笙之聲

단적으로 말하네요, 흙 파서 악기 만드는 것 아니라고. 정말 요새도 악기가 비싸죠. 서민들은 어디, 비싼 악기 살 엄두나 냅니까? 그런데 백성들에게 세금을 뜯어내 가지고 권력자들이나 즐길 악기를 만들어서야 되겠느냐고 비판합니다.

묵자는 이처럼 귀족들이 음악에 빠지는 것이 초래하는 문제를 조목조목 꼬집었는데, 이 편에서 가장 울림을 주는 부분이 바로 묵자의 인간관을 말해주는 부분입니다. 여기서 음악에 빠져 사는 귀족들의 행태가 궁극적으로 왜 잘못된 것인가를 말해주는데요. 이른바 묵자가 진단하는 인민의 삼환三患.

> 인민에게 세 가지 환난이 있다. 굶주린 자가 먹지 못하고, 헐벗은 자가 입지 못하며, 일해서 힘든 자가 쉬지 못하나니, 이 세 가지가 인민의 큰 환난이다. 사정이 이런데 큰 종을 두드리고 북을 치며 거문고와 비파를

뜯으며 생황을 불면서 방패나 도끼를 들고 춤을 춘다면, 인민들이 입고 먹을 재물이 어떻게 얻어질 수 있겠는가? 나는 반드시 얻어질 수 없다고 생각한다. 비악 상편

民有三患, 饑者不得食, 寒者不得衣, 勞者不得息, 三者民之巨患也

然卽當爲之撞巨鐘, 擊鳴鼓, 彈琴瑟, 吹竽笙, 而揚干戚, 民衣食之財

將安可得乎? 卽我以爲未必然也

입어야 하고 먹어야 하고 쉬어야 하는 존재, 그러한 욕구와 욕망을 가진 존재로서 인간을 이야기합니다. 그러니 채워줘야죠. 더구나 이들은 일하는 사람들이기에 그런 욕망과 욕구를 채워줄 수 있는 것들은 분명히 이들이 누려야 할 몫이고, 이들이 가진 지분입니다. 몫을 가진 존재, 채워져야 할 욕망을 가진 존재라는 점에서 모두가 대등하고, 하느님이 원하는 것은 이들의 욕구가 채워져서 모든 인민이 공평하게 생존을 영위하는 것이죠. 그런 하느님의 뜻을 대행하는 통치 권력은 저 세 가지 인민의 욕구를 반드시 채우려고 항상 노력해야 하고요. 그것이 겸애입니다. 하지만 음악으로 인한 낭비와 과소비가 모든 사람이 누려야 할 기본적 생활 보장에 방해가 되니, 음악에 탐닉하는 귀족들의 행태를 고쳐야 한다는 것입니다. 그래야 겸애의 정치를 할 수 있으니.

〈비공〉, 〈절용〉과 〈절장〉에 이어 〈비악〉 편까지 살펴봤습니다. 묵자가 원하는 정치공동체의 이상인 겸애를 실현키 위해 반드시 해결해야 할 과제들이었는데요. 전쟁하지 말아야 하고 귀족들의 사치스러

운 행태 전반을 되돌아보고 고쳐야 한다, 특히 그 사치스러운 행태와 과소비의 중심이 되는 장례 문화와 음악 탐닉 문화를 고쳐야 한다는 것. 그것이 바로 천하의 해악을 줄이는 어진 자가 할 일이고, 그 일을 해내는 것이 하느님이 가장 바라시는 바입니다. 그래야 백성들이 충분히 먹고 충분히 입고 충분히 쉬는 세상이 올 수 있기에.

배고픈 자 먹지 못하고, 헐벗은 자 입지 못하고, 일한 자 쉬지 못한다. 죽어라 일해도 생활에 필요한 기본적인 것을 누리지 못한다. 그것이 묵자가 생각한 당대 사회의 모순이고 고질병이었나 본데요. 지금의 한국 사회에서도 노동하는 사람들이 얼마나 자기 몫을 누리는지 모르겠습니다. 최소한 비정규직 노동자들에게는 해당 사항 없는 이야기가 아닐까요. 비단 비정규직 노동자들뿐 아니라 그 밖에 많은 정규직 노동자들도 할 말이 많을 것 같은데, 여기서 더 생각의 범위를 넓혀봅시다.

단순히 먹을 것, 입을 것, 쉴 수 있는 여건, 아니면 정당한 보수, 이런 것들을 뛰어넘어서 대한민국 국민이고 시민으로서 누려야 할 최소한의 것들과 이것을 보장해주는 정치공동체. 이렇게 생각의 범위를 넓혀보면 여러 가지 이야기를 더 할 수 있을 것 같습니다.

국민이라면 누려야 할 최소한의 것, 국가가 보장해줘야 할 최소한의 것이 무엇무엇 있을까 한번 생각해봅시다. 일단 사회적 안전망의 문제, 안심하고 아이를 키우고 안심하고 병원에 가며 안심하고 늙어갈 수 있도록 하는 복지 문제를 제기할 수 있겠죠. 그리고 오염되지 않은 자연환경 내지 심신을 안정케 하는 녹지 조성도 이야기할 수 있겠고, 또 군인들의 월급 현실화도 이야기할 수 있겠으며, 최저 임금 문제도 있습니다. 또 지방의 문화시설 확충도 말할 수 있겠죠. 묵자는 일한 자가 쉬는 것도 중요하다고 했는데 휴식과 재충전을 위한 충분한 시간도 국민들이 누려야 하고 정치공동체가 보장해줘야 한다고 할 수 있을 겁니다. 그렇다면 살인적인 세계 최장 노동 시간도 공론화할 수 있겠고요. 또 운동 좋아하거나 운동을 통해 건강과 삶의 즐거움을 누리면서 병원비 한 푼이라도 아끼고 가족들에게 폐 안 끼치고 싶은 사람들은 국가가 이러저러한 생활체육 시설을 만들고 이용할 수 있게 해줘야 한다 주장할 수 있을 것입니다. 그리고 장애인 복지 관련해서도 주장할 것이 많을 테고요. 장애인들도 사회구성원으로서 분명히 누려야 할 것이 현재보다 훨씬 많지 않습니까?

우리가 사회구성원으로서 의무를 다하고, 노동할 의사가 있고, 또 노동을 하는데, 그럼 분명 뭔가 보장을 받아야 하고 당당히 누릴 몫이 있는 존재일 것입니다. 또 헌법에는 국가가 반드시 보장해줘야 할 것들이 분명히 명시되어 있습니다. 다소 추상적이지만요. 국가가 보장해줘야 할 것을 명시한 헌법과 현실의 격차가 있다면 그 격차를 메우자고, 공화국의 시민인 우리는 주장할 수 있습니다. 자, 현재도 국가가 보장해주는 것이 있지만 이에 무조건 만족할 이유는 없을 것이며, 더 많은 것을 보장해달라고 요구하고 또 국가가 보장해야 할 것들에 대해 국민적으로 크게 합의를 할 수도 있겠죠. 그럼 우리가 더 많은 복지 혜택을 누릴 수도 있고 더 나은 삶의 질을 누릴 수도 있고 잘 짜인 사회안전망 안에서 노동하며 가족들을 부양할 수 있지 않겠습니까?

묵자가 말하는 겸애는 인간, 특히 노동 인민이 보장받아야 할 최소한의 몫을 전제하고 시작합니다. 묵자가 생각했던 당대 인민들이 누려야 할 몫이 있고, 우리 현실에서도 우리가 누려야 할 최소한의 몫이 있을 겁니다. 그럼 이제 그것을 생각해봐야죠. 공동체 안의 여러 사람들이 모여 공론의 장에서 능동적으로 의견을 주고받으면서 크게 합의도 하고, 국가의 주인으로서 적극적으로 요구도 하고요. 묵자가 말하는 겸애, 묵자 사상의 핵심에 대해서 이야기하다 보면 그런 방향으로 귀결될 수밖에 없지 않나 싶습니다.

1. 우리가 항상 보장받아야 할 최소한의 몫은 무엇일까?
2. 우리는 현재 정치권력과 공적 기구에 의해 우리의 정당한 몫을 보장받고 있는가?
3. 우리가 보장받아야 할 몫을 보장받지 못하게 하는 고질적인 정치·사회적 문제는 무엇일까?

이런 물음을 던져보며 공론의 장에서 의견을 주고받는 것, 《묵자》를 읽으면서 우리는 그런 쪽으로 문제의식의 물꼬를 터야 하지 않을까요?

분명 현재 우리 대한민국에서 사는 사람들이 배고픈데 먹지 못하고 추운데 입지 못하는, 묵자 시대 인민들이 겪었던 절대적 빈곤 내지 참혹한 환경에 놓여 있는 건 아닙니다. 시대마다 환경마다 인민들이 누려야 할 최소한의 몫은 같을 수가 없을 것 같고요, 또 인민들이 누려야 할 몫을 누리지 못하게 만드는 고질적 문제도 시대와 국가마다 다르겠죠. 그러니 묵자의 겸애, 묵자의 의로운 정치는 시대와 사회, 국가마다 좀 다르게 만들어내고 구현해야 할 것이 아닌가 싶습니다. 핵심에 깔린 정신은 같을지라도요. 어제의 겸애와 오늘의 겸애가 다르고, 오늘의 겸애와 내일의 겸애는 또 달라야겠죠. 언제든 우리는 우리 인민들의 삶을 조금이라도 개선해야 하고, 더욱 많은 사람이 소외받지 않으며 다른 정치공동체 구성원과 함께 최소한의 삶의 질을 누려야 하니까요.

다음은 〈비명〉 편과 〈천지〉 편으로 이어집니다. 길고 긴 묵자 여행이 이제 종착역을 향해 갑니다. 이제 얼마 안 남았으니 벗들께서는 모두 기운 내시길.^^ 자, 수고하셨습니다.

18

묵 자 읽 기

기존의 질서 부정과 하느님

비명非命 편

명命에 반대한다

〈비명〉편 시작하겠습니다. 그리고 〈비명〉편에 이어 〈천지〉편으로 갈 것입니다. 《묵자》원문에 〈비명〉편과 〈천지〉편이 나란히 붙어 있지는 않습니다만, 저는 두 편이 같이 간다고 봅니다.

자, '비명非命'에 대해서 이야기해봅시다. 명命을 비판한다, 命을 부정한다, 뭐 그런 뜻입니다. 그런데 命이 무엇일까요? 그리고 왜 命에 반대한다는 걸까요?

자, 命은 어떤 사회 질서, 통치 규범과 통치 사상의 핵심적 근거가 되는 것입니다. 특히 기존의 통치 질서와 규범, 기존 지배층의 입장을 뒷받침하는 것들의 근거지요. 그런데 命, 그것에 대해 묵자는 아니다, 그르다고 주장합니다. 기존 통치 질서의 기초 내지 근거가 되는 命이 그르다고 했으니 그것이 왜 그르다는 건지 밝히고, 또 그것을 대신할 대안을 말해야겠죠. 그리고 命을 대신할 것은 묵자 자신이 생각하는 새로운 통치 규범과 통치 사상의 근거가 될 것입니다.

묵자가 주장하는, 命을 대신할 것은 바로 천지天志, 하느님의 뜻입니다. 천지를 기초로 해서, 천지에서 연역해서 새로운 통치 규범과 통치 사상, 사회 질서를 만들어내자는 게 묵자의 생각이고요. 그 새로운 통치 규범과 사상, 질서는 겸애, 상동, 상현, 절용, 절장, 비악 등이죠. 다 앞에서 설명한 것입니다. 이제 그것들이 무엇을 근거로 어떤 토대에서 연역된 것인지 설명하려 하노니, 그것이 천지이고, 그 하느님의 뜻은 命을 부정하는 데서 나왔다는 겁니다. 그래서 이제 命이 뭔지, 묵자가 왜 命이 그르다고 했는지 설명하면서, 〈비명〉 편으로 시작해서 〈천지〉로 가려고 합니다. 이제 본론 들어갑니다.

자, 命이란 상당히 정치적인 것이고, 정치 질서와 규범 등의 뿌리 내지 토대가 되는 것이라고 했습니다. 그렇다면 기존의 지배층과 귀족들의 입장을 변호하고 뒷받침하는 것일 테고요, 그렇기에 그들이 강력하게 부여잡고 있었겠죠. 아직 잘 와 닿지 않으실 수도 있는데요, 차근차근 가봅시다.

여러분, 命 하면 우선 어떤 것이 떠오르시나요? '명령命令' 할 때의 명? 그것은 엄연히 위계가 나뉜 수직적인 관계를 전제하는 것이죠. 모두의 의사가 아닌 상층에 있는 소수의 의사대로 돌아가는 조직과 단체에서 자주 볼 수 있는 것입니다. 또 '사명使命'이나 '소명召命'이 떠오를 수 있죠. 스스로 자각하거나 사회와 주위 환경이 부여한, 자신이 갈 길. 아니면 '운명運命'이 떠오르시나요? 순응하면 데려가고 반항하면 끌고 가는 잔인한 운명은 우리가 어찌해볼 수 없는 외부적 조건과 결과를 의미하는 것 같은데요. 자, 우리가 논하고자 하는 命엔 이런 의미들이 모두 들어 있습니다.

그런데 이런 命에 대해 묵자는 삐딱하게 생각을 합니다. 소수의 의사대로 국가와 사회가 끌려가는 것이 싫었을 수도 있고, 명령을 내리는 그 소수가 자신의 특권을 하늘이 내린 사명 어쩌고저쩌고 정당화할 수도 있는데 그것이 싫었을 수도 있지요. 또 命을 운명의 맥락에서 보면 인간의 주체적 노력 의지를 꺾을 수도 있습니다. 게다가 그런 의미의 命은 개개 인간의 무능과 게으름을 변명하는 좋은 핑곗거리가될 수 있으니 그 점이 싫었을 수 있습니다. 제가 보기엔 이런 측면들 모두가 묵자에게 부정적으로 인식된 것 같습니다. 소수의 특권을 정당화하고, 비겁한 변명의 소재가 되며, 비관적 순응적으로 현실을 인식케 하는 命의 그 모든 면이 부당하게 여겨지지 않았나 싶습니다.

일단 命이란 글자의 기원을 좀 거슬러 가보죠.

命. 신당에서 신의 뜻을 묻고 들은 데에서 기원한 문자라고 합니다. 신의 소리를 아무나 들을 수 없으니 그 일을 하는 당사자는 귀족, 특히나 왕일 가능성이 많고, 무당이라도 해도 왕의 의사를 대변하는 특권 계층의 고급 지식인일 가능성이 많겠죠? 소수만 들을 수 있는 신의 목소리, 그것은 소수의 이해관계를 대변할 수밖에 없을 겁니다. 신의 목소리, 신의 계시를 독점한 왕과 귀족들은 신의 이름을 앞세워 질서를 만들어냅니다. 그 질서는 지배층의 입맛과 이해관계에 충실한 상하 수직적인 질서지요. 신을 팔아 불평등한 질서와 지배 관계를 만들어내고, 그것을 정당화하기까지 합니다. 그런 질서의 틀이 명名이 됩니다.

명名 하면 name, 고유명사로서 한 개인의 이름이 떠오르실 텐데, 고대 동아시아 사회에서 名은 신분을 나타냅니다. 천자와 제후, 대부, 서인庶人과 노예, 이게 다 名입니다. 신분이 名이고 그 名은 命에 의해서 만들어진 거죠. 命에 기초해서 名을 만든다는 말인데 어쩌면 命보다 名이 우선일 수도 있죠. 만들고 싶은, 아니면 이미 만들어져 있는 질서의 틀을 갖다가 신의 이름을 팔아 命으로 정당화하는 것일 수도 있으니까요.

자, 이 命과 名은 공교롭게도 음이 같고, 한자는 음이 같으면 호환 되기도 하고 상호 통하는 뜻으로 쓰이기도 합니다. 특히 과거에는요. 命과 名은 모두 수직적인 질서, 불평등한 기존 질서 내의 위치 관계, 그것과 관련됩니다. 이 점을 잊지 마세요. 자 설명 더 들어갑니다.

名에 집착하는 사상가 무리가 있었어요. 누구일 거 같나요? 유가 입니다.^^ 또 유가야? 하시겠지만 이렇게 철저하게 부딪힙니다, 묵 가와 유가는. 어쩔 수 없어요, 물과 기름입니다. 군주는 군주다워야 하고 신하는 신하다워야 한다, 아버지는 아버지답고 아들은 아들다 워야 한다. 이렇게 名에 집착한 유가를 보고 당대에는 명교名敎라고 까지 했습니다. 사람은 자기 이름에 맞게 살아야 한다, 곧 각자가 자 신의 신분과 사회적 위치 내지 위상에 맞게 살아야 하고 위상에 맞는 덕을 갖춰 처신해야 한다고 유가는 주장했습니다. 어떻게 이름에 걸 맞은 덕을 갖추어 역할 수행을 잘할까. 그것이 유가 사상의 핵심적 문제의식입니다. 임금으로서 가져야 할 덕과 해야 할 역할, 신하로서 가져야 할 덕과 해야 할 역할, 그것에 대해 분명히 규정된 것이 있고, 그러니 각자가 규정된 각자의 일과 역할을 잘하고 그 상태에서 서로 역할 경계를 넘지 말자, 뭐 그런 거죠.

다만 앞서 말씀드린 대로 유가는 갱신한 예, 군자와 지배층의 갱신을 주장했습니다. 더 좋은 왕, 더 좋은 지배층이 되기 위해서 기존의 덕과 역할 규범을 재검토해 거듭나자고 공자는 부르짖었는데, 더 좋은 왕, 더 인자한 지배층, 더 백성을 배려하는 귀족이 되자, 다 좋습니다 다만 그래도 여전히 질서의 칸막이는 견고하게 부여잡고 그것을 지키려는 사람들로 보이죠. 결국 사회 변화를 가로막고 지배층과 귀족들의 기득권을 보호해주는 사상으로 보이기 쉽죠. 여기에 묵자가 반대하며 나섰습니다.

수직적 질서 그 자체는 부정하지 않는다, 우리도 名이란 것 자체를 부정하지는 않는다, 하지만 왜 능력 없는 사람들이 귀한 자리에 앉아 있어야 하는데? 그들이 왜 좋은 명함과 간판 달고 살아야 하는데? 그리고 니들이 말하는 名의 근거가 命인데, 아주 극소수가 독점적으로 깨닫거나 고집하는 것이거나 하늘과 소통해서 얻었다는 그 命이 말이다, 뜯어고쳐야 할 빌어먹을 名의 질서를 뒷받침하고 있잖아? 그렇다면 우리는 우리만의 새로운 기준으로 사람들에게 名을 부여할 것이다. 새로운 기준은 모든 사람들이 접근 가능한 하느님의 의지다. 더 정확히 말해 인민들의 의지가 투영된 하느님의 의지(天志)에 따라 名의 질서를 바꾸겠다는 것이다. 수직적 名의 질서 자체를 완전히 거부하겠다는 게 아니라 전면적으로 재검토하여 질서 틀 자체를 리뉴얼하겠다. 이것이 묵자의 생각이죠.

천지天志를 잘 대행할 수 있으면 하층민이라도 선비라는, 신하라는, 관료라는 名을 얻을 수 있고, 천지를 잘 대행할 능력이 없다면(곧 겸애를 실현할 능력이 없다면) 왕과 귀족, 관료의 이름을 가지고 있어도 그자는 그 이름을 박탈당하고 새로운 이름을 받아야 한다. 이게 묵자의 생각입니다.

그런데 命은요, 수직적 질서와 연관되는 맥락만이 문제가 아닙니다. 다른 의미의 命도 문제가 됩니다. 앞서 말한 대로 命은 사명이라는 의미도 있습니다. 왕이 왕답게, 신하가 신하답게, 지식인이 지식인답게 각자 名에 맞게 도덕적으로 살라고 하늘이 命을 줬답니다. 하늘이 부여한 사명이죠. 그래서 천명天命이라고도 합니다. 또 하늘을 팔아먹어 특권을 이야기하는 건가 싶은데 그래도 유가에겐 특권이라기보단 스스로 깨달은 자신만의 도덕적·윤리적인 길이라는 의미가 강합니다. 하늘이 내게 도덕적·윤리적으로 인생을 살라는 사명을 준 것 같다, 그러니 나는 그 사명대로 살아야겠다. 여기까진 좋습니다만 그러한 사명은 아무나 받는 게 아닙니다. 공자가 나이 열다섯에 학문에 뜻을 두고 서른에 제대로 서서 마흔에 불혹하고, 그러고 나서 쉰에 얻은 경지가 바로 천명을 알게 되었다는 지천명知天命입니다. 맹자도 〈진심盡心〉편 첫 장에서 말하죠.

"자신의 도덕적 마음을 다하니 하늘이 부여해 자기 안에 내재한 어떤 도덕적 본질, 신성과도 같은 도덕적 이성을 만나게 되었고 그것을 다하니 하늘과 만나게 되었다. 올레~"

앞서 6장에서 한 이야기입니다.

뭐 이렇게 어려운가요? 命의 문자적 기원에서처럼 신당에서 왕이

나 아주 높은 무당만이 만날 수 있는 것은 아니지만 여전히 공부 엄청 많이 하고 오랜 시간 수양한 사람만이 만나는 하늘. 그리고 그 천명을 자각한 사람들은 천명을 자각한 자신들이 세상을 이끌어가야 한다고 생각합니다. 그런 왕자병적인 생각이 맹자의 선각자 이론, 유가의 지식인 정치론, 군신공치론을 떠받치는 구조물이 되었습니다. 뭐 천명을 자각했다고 그들이 주장한다 해도 그들이 정말 천명을 아는지 모르는지 깨달았는지 아닌지 어떻게 검증할까요? 물론 하늘이 부여한 명령대로 도덕적으로 살며 공동체 구성원들을 아끼고, 그러한 길을 죽을 때까지 스스로 가는 것 자체가 문제일 수는 없습니다. 자신에게 사명을 부여한 하늘을 우러러 한 점 부끄럼 없도록 살겠다, 내게 주어진 그 길을 가겠다는 삶의 자세 자체가 문제 되지는 않지요. 하지만 그것을 이유로 어떤 특권적인 지위와 사회적 위치를 달라고 하면 문제입니다.

애초에 命 자체가 기존의 질서와 특권을 지탱하는 것이라고 했습니다. 그 命에서 名이 나왔다고 그 名을 어떻게든 부여잡고자 하는 사람들이 유가입니다. 기존의 名 자체는 바꿀 수 없고, 名에 걸맞은 도덕성을 보여라. 이것도 문제의 소지가 있습니다만 유가는 또 命을 사명으로 해석해서 무리수를 둡니다. 비록 종교적 성지에서 소수만이 기도를 통해 命을 받던 과거와 달리, 기도나 주술이 아닌 공부로 命을 받을 수 있다 주장하며 많은 사람들을 命을 알 수 있는 주체로 만들었습니다만 여전히 그것은 특권적입니다. 누구나 교육받고 공부할 수 있는 시대가 아니었으니 그들이 사명의 맥락으로 해석하는 命, 천명도 여전히 특권적이죠. 더구나 자신들이 그 천명을 받았다고 주장하며 그에 걸맞은 대접을 원하거나 자신들의 기득권을 정당화하니 분명 문제의 소지가 있습니다.

이렇게 원래의 命에서 파생되었거나 기존의 命이 뒷받침하는 名의 질서와 논리도 문제가 있어 보이고 유가가 새롭게 해석한 도덕적 사명으로서의 命도 문제 있어 보이고, 이래저래 묵가는 불만이 많았는데 또 묵자는 운명으로서의 命도 싫어했던 것 같습니다. 인간의 주체적인 노력을 방해한다 보았기에요. 유가에게 命은 또 다른 의미가 있습니다. 도덕 주체가 어쩔 수 없는 외부적 결과나 환경으로서의 命. 묵자는 이런 의미의 命도 싫어합니다.

과거의 훌륭한 선비와 대부들은 신중히 말하고 지혜롭게 행동해 위로는 임금에게 올바르게 간하고 아래로는 백성들을 가르쳐 착하게 했다. 그러므로 위로는 임금에게 상을 받고 아래로는 백성들의 칭송을 받았다. 이 훌륭한 선비와 대부들의 이름이 끊어지지 않고 오늘날까지 이르는데, 세상 사람들은 모두 그것을 그들의 노력에서 나온 것이지 그들의 운명이 원래 그런 것이었다고 말하지 않는다. 비명 중中편

初之列士桀大夫, 愼言知行, 此上有以規諫其君長, 下有以敎順其百姓, 故上得其君長之賞, 下得其百姓之譽

列士桀大夫, 聲聞不廢, 流傳至今, 而天下皆曰其力也, 必不能曰我見命焉

과거 3대 폭군들은 눈과 귀의 쾌락을 이기지 못하고 마음의 편벽함을 다스리지 못해 밖으로는 말을 달리며 사냥이나 하고 그물이나 주살로 날짐

승을 잡고, 안으로는 술과 음악에 빠져 국가와 백성을 위한 정치를 돌보지 않았다. 쓸데없는 일만 일삼고 백성들을 못살게 굴고 아랫사람들이 윗사람들과 친하지 않도록 만들었다. 그래서 결국 나라는 망하고 몸은 처형당하게 되었다. 그러나 자신이 못나 정치를 제대로 돌보지 못한 게 아니라, 반드시 운명 때문에 망한 것이라고 말했다. 비명 중편

是故昔者三代之暴王, 不繆其耳目之淫, 不愼其心志之辟, 外之敺騁田

獵畢弋, 內沈於酒樂, 而不顧其國家百姓之政

繁爲無用, 暴逆百姓, 使下不親其上, 是故國爲虛厲, 身在刑僇之中

不肯曰:「我罷不肖, 我爲刑政不善」

必曰:「我命故且亡」

《서경》〈태서〉에서 말하길, "은나라 주왕은 오만하여 상제를 섬기지 않고 조상에게 제사 지내는 것도 팽개쳤다. 또 자기에게는 운명이 있다고 말하면서 국정을 돌보지 않자, 하늘 역시 그를 버리고 돌보지 않았다." 이것은 운명을 고집한 은 주왕의 이야기로, 주나라 무왕은 〈태서〉에서 그 운명론을 비판했다. 이 밖에 다른 하·은·주 3대의 역사책에서도 "그대들은 운명이 있다는 이야기를 믿지 말라"고 하면서 운명이 없다고 분명히 말한다. 그리고 주공과 함께 주나라 성왕을 도운 현사 소공도 말하기를, "삼가라, 천명은 따로 있지 않다. 주공과 소공, 우리 두 사람은 거짓된 말을 하지 않는데, 행복과 불행은 하늘에서 떨어지는 것이 아니다." 또 은나라와 하나라의 시詩와 서書에서도 운명이란 폭군이 만든 것이라 했다. 비명 중편

先王之書太誓之言然曰:「紂夷之居, 而不肯事上帝, 棄闕其先神而不祀

也, 曰:『我民有命, 毋僇其務』天不亦棄縱而不葆」

此言紂之執有命也, 武王以太誓非之

有於三代百國有之曰:「女毋崇天之有命也」

命三百國, 亦言命之無也

於召公之執令於然

且「敬哉！無天命, 維予二人, 而無造言, 不自降天之哉得之」

在於商夏之詩書曰:「命者暴王作之」

　유가가 말하길 도덕 주체가 아무리 열심히 도덕을 행하면서 살아도 그가 세상에서 인정받는 것, 그리고 도덕의 이상 세계가 열리는 것은 기약할 수 없습니다. 도덕 주체와 도덕 주체 밖의 외부 세계 사이에는 단절이 있대요. 그가 아무리 착하게 살아도 복을 받지 못하고, 세상은 조금도 변하지 않을 수 있습니다. 이렇게 도덕 주체와 무관한 외부 세계의 모습과 그 결과, 그것이 바로 命, 운명으로서 命입니다. 그리고 그것 역시 천명입니다. 도덕적으로 살라고 명령을 내리는 것도 하늘이지만 가혹한 시련을 주거나 결과로서 응보하지 않는 것도 역시 命이고 천명입니다. 열심히 사명대로 살았지만 결과가 시원찮으면 그것 역시 하늘의 명령이구나 하고 순응하고 돌아서야 합니다. 이게 유가의 논리입니다. 이해를 돕기 위해 다시 한 번 인용하자면 공자는 이렇게 말합니다.

　"도가 이루어지는 것도 命이고 이루어지지 않는 것도 命이다."《논어》〈헌문〉편)

　이상적인 질서가 실현되는 것도 命이고 실현되지 않는 것도 命이라고 합니다. 허허, 일견 정치 현실이 아주 엉망진창이어도 어쩔 수 없다는 것 같기도 하네요.

맹자는 좀 세련된 말로 표현합니다. 재아자在我者와 재외자在外者라는 표현으로요. 도덕적 사명대로 사느냐 마느냐 여부는 나에게 달린 일, 곧 재아자(주체에게 있는 것)다. 하지만 결과는 알 수 없는 운명의 몫, 곧 재외자(주체의 밖에 있는 것)다. 그 모두에 순응하자. 하늘이 내린 사명에 순응해서 나에게 달린 일도 충실히 따르고, 내 밖에 있는 하늘이 내린 운명에도 순응하고. 그래서 유가의 논리는 이렇게 귀결되죠. 진인사대천명盡人事待天命. 사람이 자기 할 일을 다해놓고 하늘의 명을 기다리자.

그런데 자신의 일을 다해놓고 기다렸지만 뚜껑 뒤에 나온 운명이 "꽝! 다음 기회를 기대하세요"면 어찌해야 하나요? 유가는 그래도 그냥 순응하고 자신의 사명대로 살아가라고 합니다.

그래도 도덕 주체인 개인은 속상할 것입니다. 그렇게 노력했는데도 세상은 몰라주고 변하는 건 없으니 속상하지요. 그럴 때 이렇게 하라고 맹자는 정신 승리법을 가르쳐줍니다.*

"天이 사람에게 장차 큰일을 내리려 하실 적에는 반드시 먼저 그 마음과 뜻[心志]을 괴롭게 하고, 그 몸과 힘을 수고롭게 하며, 그 육체를 굶주리게 하고, 그 몸에 가진 것을 비워 가난하게 하고, 그 행하는 바를 어그러지고 어지럽게 하나니, 이것은 마음을 분발하게 하고 성

---

* 장자 못지않게 맹자도 아큐적 기질이 상당히 있습니다. 노신(루쉰)의 《아큐정전》에 등장하는 그 유명한 '정신 승리'를 맹자도 좋아했던 것 같아요.

을 참게 하여, 그들이 이제까지 해내지 못하던 일을 더 많이 할 수 있게 하려는 것이다."(《맹자》〈고자告子〉하편)

이렇게 정신 승리하며 생각합니다. 언젠가는 도덕적 주체로 살아가는 나의 노력에 天은 부응할 것이고 세상은 변할 것이다. 아, 나쁘지 않습니다. 어쨌든 현실의 시련에도 굴하지 않고 자신의 주관과 이상을 지키며 중심을 다잡고 가는 건 좋은 일입니다. 하지만 팔자 좋은 신소리로 들릴 수도 있습니다. 도가 이루어지는 것도 命이고 이루어지지 않는 것도 命이라고? 어떻게든 현실의 조건을 살피고 또 살펴서 마땅한 대안이 실현되도록 해야지, 도가 이루어지지 않아도 하늘의 命이라고 순순히 수긍하고 갈 수는 없다고 생각하는 사람들이 있었다, 그거죠. 바로 묵자들이죠. 도가 이루어지지 않아도 실행될 때까지 마냥 기다리자고? 더구나 도덕을 닦아서 세상이 변하길 기대하자고? 그리고 무슨 놈의 하늘이 문화적 혜택과 교육을 받은 사람만이 접근 가능하고, 그렇게 애써 접근한 하늘은 왜 현실에서 무력하기만 한데?

천명天命이 아니고 천지天志다. 그 天에는 진입 장벽이 없다. 솔직히 말해 인민들 의식이 수렴되어 만들어진 하늘이다. 그리고 우리는 그 하늘의 뜻이 구현되는 세상을 만들겠다. 우린 자신 있거든. 상동으로 정치구조를 만들어 돌리고 상현으로 인사를 충원하고 비공과 절장, 절용, 비악 등으로 하늘의 뜻을 구현하는, 구체적 정책까지 있다. 우린 할 수 있고, 우리의 하느님은 우리의 노력에 부응할 것이다. 이런 프로메테우스적인 낙관론을 가진 그들은 운명으로서의 命을 단호히 거부합니다. 그저 자신의 무능과 게으름을 천명으로 변명하고

476

정당화하는 좀벌레 같은 지식인들 필요 없다, 命 뒤에 숨지 말고 命 뒤로 도망가지 마라! 이것이 묵자의 뜻입니다.

묵자는 천지의 뜻을 잘 구현할 정치적 방법과 수단을 강구해서 통치 권력을 통해 실천하면 뭐든 된다, 할 수 있다고 생각했습니다.

천지대로 행하면 즐거운 일이 생길 거야!!! 놀라운 일이 생길 거야!!! 행복한 일이 생길 거야!!!

허경영의 〈콜 미〉에 나오는 가사처럼 그들은 낙관합니다. 이렇게 하면 될 것이다, 가정하고 낙관하죠. 반면 유가는 이렇게 해라, 저렇게 하는 것이 옳다고 당위를 말하지만 결과를 낙관하지는 않습니다. 비관적 운명론이죠. '~하면 ~될 것이다'라는 표현이 《묵자》 원문에 참 많이 나오는데요. 그런 표현의 방식도 한 사상가를 나름 잘 설명해주는 것이기에, 텍스트에 나오는 표현의 방식도 놓치지 않으면 좋죠.

이렇게 은밀한 명령, 거기서 파생된 특권적인 질서의 경직성과 횡포, 사명으로서의 命이 가지는 특권 옹호적인 면과 天에 대한 진입 장벽, 그리고 운명으로서의 命이 부추기는 수동적인 무력함, 이런 얼굴들을 가진 命, 천명을 묵자는 모두 부정하고 대안으로 천지, 곧 하느님의 뜻을 내세웁니다. 그리고 '3표법'이라 해서 천지를 구성하는 구체적 방법까지 제시하죠.

천지天志,
그들의 대안

묵자께서 말씀하시길, 오늘날 왕, 공, 대인으로 국가의 정사를 맡아 하는 자는 모두 국가가 부유해지고 인민의 수가 많아지며 법과 행정 질서가 바로잡히기를 바란다. 그런데도 부유해지지 못하고 가난해지며, 백성들이 많아지지 못하고 적어지며, 법과 행정 질서는 바로잡히지 않고 어지러워진다. 이는 본래 그 바라는 바를 잃고 꺼리는 바를 얻게 된 것이다. 이렇게 된 까닭은 무엇인가? 인간들 사이에 운명이 있다고 주장하는 무리가 많기 때문이다. 운명이 있다고 주장하는 자들은 말하기를, "부유할 운명이면 부유해지고 가난할 운명이면 가난해지고 많아질 운명이면 많아지고 적어질 운명이면 적어지며 다스려질 운명이면 다스려지고 어지러워질 운명이면 어지러워지며 오래 살 운명이면 오래 살고 일찍 죽을 운명이면 일찍 죽으니……." 그들은 이런 말로 위로는 왕, 공, 대인들에게 유세하고 아래로는 백성들이 노동에 종사하는 것을 방해한다. 그러므로 운명이 있다고 주장하는 사람들은 어질지 않으며, 그들의 말을 분명히 분별하지 않으면 안 된다. 비명 상上편

子墨子言曰:「今者王公大人, 爲政國家者, 皆欲國家之富, 人民之衆,
刑政之治
然而不得富而得貧, 不得衆而得寡, 不得治而得亂, 則是本失其所欲,
得其所惡, 是故何也?」
子墨子言曰:「執有命者以雜於民間者衆」
執有命者之言曰:「命富則富, 命貧則貧, 命衆則衆, 命寡則寡, 命治則
治, 命亂則亂, 命壽則壽, 命夭則夭 ……
上以說王公大人, 下以駆百姓之從事
故執有命者不仁, 故當執有命者之言, 不可不明辨

어쩌면 참 무책임한 일이 아닐 수 없습니다. 성공과 실패가 정해져 있다, 인간은 노력하고 또 노력해야 하지만 그런 노력과는 무관하게 결과는 운명으로 결정된다. 특히나 지옥 같은 현실에서 살아가는 하층민이 보기에 이런 논리로 정치판에 기웃거리는 사람들은 정말 한심하다 못해 기생충 같은 존재로 보였을 겁니다. 저렇게 주장하는 이들은 누구일까요? 묵자 입장에선 바로 유가입니다.

유가는 운명이 있다고 주장하며 오래 살거나 일찍 죽거나, 가난하거나 부유하거나, 편안하거나 위태롭거나, 잘 다스려지거나 어지러운 것은 본시 하늘의 命에 달린 것이어서 덜하거나 더할 수가 없는 것이라고 한다.

빈궁하거나 출세하거나, 상을 받거나 벌을 받거나, 행복하거나 불행한 것도 정해진 것이어서 사람의 지혜나 힘으로는 어찌할 수가 없다고 한다. 관리들이 이것을 믿으면 자신의 직분에 태만해지고, 서민들이 이것을 믿으면 종사하는 일에 태만해진다. 관리들이 다스리지 않으면 사회는 어지러워지고, 농부가 농사에 힘쓰지 않으면 가난해질 것이다. 가난하고 어지러운 것은 정치의 근본에 위배되는 것이다. 그런데도 유가는 이것을 도라고 가르치니 천하의 사람들을 해치는 셈이다. 비유非儒 하下편

有强執有命以說議曰：壽夭貧富安危治亂, 固有天命, 不可損益窮達賞罰幸否, 有極人之知力, 不能爲焉

群吏信之, 則怠于分職, 庶人信之, 則怠于從事

吏不治則亂, 農事緩則貧

貧且亂政之本而儒者以爲道敎, 是賊天下之人者也

묵자는 이렇게 유가를 아주 신랄하게 비판합니다.

命을 고집하는 사람들은, 윗사람이 상을 주는 것은 그 운명이 본디 상을 타게 되어 있기 때문이지 현명하게 행동했기 때문이 아니라고 한다. …… 그렇다면 사람들은 집에서 가족에게 자애와 효도를 하지 않게 되고 밖에서는 어른을 공경하지 않게 된다. …… 그런 사람들이 관리가 되면 도적질을 하고, 성을 지키게 하면 배반하며, 군주가 어려움에 처해도 목숨을 바치지 않고, ……. 이는 윗사람은 벌을 내리고, 백성들은 욕하고 비난할 만한 일이다. 비명 상편

執有命者之言曰：「上之所賞, 命固且賞, 非賢故賞也, ……

是故入則不慈孝於親戚, 出則不弟長於鄉里, ……

是故治官府則盜竊, 守城則崩叛, 君有難則不死, 出亡則不送

此上之所罰, 百姓之所非毁也

命을 고집하는 사람들은 말하기를, "윗사람에게서 벌을 받는 것은 본디 벌을 받을 운명이기 때문이지 뭘 잘못해서가 아니다 ……." 이런 논리에 따르는 군주는 의롭지 못할 것이고, 신하는 충성스럽지 않을 것이며, 아비 된 자는 자애롭지 않을 것이고, 아들은 불효하고, 형은 어질지 않을 것이며, 동생은 공손치 않을 것이다. 이렇게 命을 고집하는 것은 악한 말의 근원이며 난폭한 사람의 道다. 비명 상편

執有命者言曰: 「上之所罰, 命固且罰, 不暴故罰也, ……」

以此爲君則不義, 爲臣則不忠, 爲父則不慈, 爲子則不孝, 爲兄則不良,

爲弟則不弟, 而强執此者, 此特凶言之所自生, 而暴人之道也

독점적이고 특권적인 베일에 싸여 있는 命. 그 命은 소수만 접근이 가능하며, 命을 쥔 자들이 내키는 대로 상과 벌을 주고 '그것이 命이다, 命 때문이다'라고 하면 인민들은 무엇을 하고 하지 말아야 할지 알 수 있을까요? 정치공동체의 신뢰와 안정은 어디에서 확보해야 하죠?

백성들의 의견을 모아 정치공동체가 보장해줘야 할 최소한 것, 막아야 하고 없애야 할 최소한의 것을 합의해서 그 합의를 바탕으로 정치와 행정이 공정하게 이루어진다면, 백성들은 뭘 해야 상을 받고 뭘 하면 제재를 받는지 알 것이고, 결국 정치사회적 신뢰라는 큰 자산과 국가의 인정을 얻을 수 있을 것입니다. 그런데 命을 주장하는 사람들

이 다스리면 상과 벌이 어떻게 부여되는지 모르니 혼란과 무질서가 생기고, 그로 인해 약자들의 삶은 매우 불안해질 수밖에 없다는 거죠.

지금 명을 주장하는 사람들의 말은 천하의 의義를 뒤집을 수 있다. 천하의 의를 뒤집는 사람은 命을 고집하는 사람으로서 백성들의 근심거리가 된다. 백성들의 근심 걱정을 좋아하는 사람들은 천하를 파괴하는 사람들이다. 그렇다면 의로운 사람이 윗자리에 앉기를 바라는 것은 무엇 때문인가? 묵자께서 말씀하시길, "의로운 사람이 윗자리에 있으면 천하는 잘 다스려지고, 상제와 산천의 귀신들은 반드시 제사를 받게 되며, 만민이 커다란 이익을 얻게 된다." 이러한 사실을 어떻게 알 수 있는가? …… "옛날 탕왕이 박毫 땅에 봉해졌을 때 땅이 사방 백 리였다. 그는 백성들을 차별 없이 사랑하고 이롭게 하며 남는 재물이 있으면 골고루 나누어주었다. 백성을 이끌어 위로 하늘을 공경하고 신령을 섬겼다. 이런 까닭에 하늘과 신령이 그를 부유하게 하고, 제후들이 그를 받들고, 백성들이 그를 가까이하고, 현사가 모여들었다. 그는 살아 있을 때 천하의 왕이 되어 여러 제후를 다스렸다. ……" 비명 상편

今用執有命者之言, 是覆天下之義, 覆天下之義者, 是立命者也, 百姓之誒也

說百姓之誒者, 是滅天下之人也

然則所爲欲義在上者, 何也? 曰:「義人在上, 天下必治, 上帝山川鬼神, 必有幹主, 萬民被其大利」

何以知之? 子墨子曰:「古者湯封於亳, 絶長繼短, 方地百里, 與其百姓兼相愛, 交相利, 移則分

率其百姓, 以上尊天事鬼, 是以天鬼富之, 諸侯與之, 百姓親之, 賢士歸之, 未歿其世, 而王天下, 政諸侯 ……

命을 고집하는 자들은 천하의 대의를 파괴하는 자들이고, 백성을 해치는 자들이라고 합니다. 묵자가 보기에 불의한 자들이겠죠. 그렇다면 命을 고집하는 불의한 자 대신에 의로운 자들이 정치를 해야 합니다. 의義를 바탕으로 정치를 하면 이익이 고루 분배되고, 그 분배에 소외되는 사람이 없고, 모든 사람과 하느님까지 혜택을 받을 것입니다.

그렇다면 義란 무엇일까요? 이제 묵가는 대안을 말해야 합니다. 命을 대신해서 정치 질서의 기초와 토대가 될 것을 말해야 합니다. 그것은 독점적 특권을 위한 것이어선 안 되고, 또 인간의 주체적인 노력을 독려할 수 있는 것이어야 할 것입니다.

그것이 바로 천지天志입니다. 하느님의 뜻인 천명天命에 대한 대안으로 천지를 말한 건데, '명령'과 '뜻'은 어감이 상당히 다르지요. 命하면 신비적이고 강제적인 뉘앙스가 있지만 志는 신비적인 색채나 강제적인 의미가 덜해 보입니다.

묵자가 말하는 천지가 정말 하느님의 뜻인지는 알 수 없습니다. 절대자가 있는지 없는지, 그것을 어떻게 모든 사람이 받아들일 수 있게 입증할 것이며, 존재를 입증한다고 해도 절대자의 뜻이 정확히 무엇인지를 밝혀내 모든 사람이 수긍하게 할 수 있을까요. 어디까지나 하느님을 말하고 때론 팔아먹는 사람 내지 집단의 의사와 바람이 투영된 것이겠죠. 묵가가 말하는 하느님의 뜻은 말씀드린 대로 민지民志

이고 묵지墨志, 그들의 바람이고 염원이죠.

그런데 그들은 그것을 신비스러운 베일 안에 숨겨놓지 않고, 어떻게 만들어지고 무엇을 기준으로 해서 형성되는지 말합니다. 앞서 〈상동〉편에서 아주 명확하게 말했습니다. 리장에서 향장으로, 향장에서 제후로, 제후에서 천자로, 중앙 집권적인 수직적 정치 시스템을 통해 아래에서 위로 의사를 수렴한다고 했습니다. 그렇게 수렴을 통해 합의된 바 그것이 바로 민지이고 묵지이고 천지입니다. 인민들이 옳다고 생각하는 것, 그르다고 생각하는 것을 말하게 하고, 그것을 각 행정 단위가 모아서 상층으로 전달하고, 그래서 수렴하고 합의하는 것. 이렇게 〈상동〉편은 어떤 수단과 통로로, 그리고 무엇에 대해서 인민들의 의견을 수렴해 천지를 형성할 것인지 알려줬습니다.

이제 〈비명〉편에서는 어떤 기준으로 의견을 수렴할지 더 구체적으로 말해줍니다.

묵자께서 말씀하시길, 말을 할 때 반드시 기준을 세워야 한다. 말에 기준이 없다면 이는 마치 빙글빙글 돌아가는 돌림판에 해가 뜨는 방향과 지는 방향을 표시하고 해시계로 삼은 것과 같아서, 끝내 옳고 그름과 이롭고 해로움을 판별할 수 없다. 말에는 세 가지 기준(三表)이 있어야 한다. 세 가지 기준이란 무엇인가? 묵자께서 말씀하시길, 근본을 마련하는 것, 연원을 따지는 것, 실제 쓰임새다. 무엇에 근본을 두는가? 위로 옛 성왕들의 일에 근본을 둔다. 무엇으로 연원을 따지는가? 아래로 백성들이 듣고 본 사실에서 연원을 따져야 한다. 무엇으로 쓰임새를 보는가? 법과 행정으로 시행했을 때 나라와 백성 인민들의 이익에 부합하는가를 봐야

한다. 이것이 말의 세 가지 기준이다. 비명 상편

子墨子言曰:「必立儀

言而毋儀, 譬猶運鈞之上而立朝夕者也, 是非利害之辨, 不可得而明知

也

故言必有三表」

何謂三表? 子墨子言曰:「有本之者, 有原之者, 有用之者」

於何本之? 上本之於古者聖王之事

於何原之? 下原察百姓耳目之實

於何用之? 廢以爲刑政, 觀其中國家百姓人民之利, 此所謂言有三表也

말을 할 때는 반드시 기준을 세워야 한다고 했죠. 여기서 '말'은 단순한 말이 아니라 제도, 원리, 규범, 법 등 사회를 이끌고 가는 것이거나 그것들을 묶는 일반적 원리입니다. 그러니 그것들을 만들 때 기준을 명쾌하게 세우고 가야죠. 여기서 묵자는 세 가지 기준을 말합니다. 성왕들의 전적과 사례, 백성들의 여론, 그리고 실제 시행했을 때 백성들의 이익에 부합하느냐의 여부. 그런데 命이라는 것은 위 세 가지 중 어느 것과도 맞아떨어지는 것이 없다고 합니다. 옛 성왕들은 命을 말한 적이 없고, 命은 백성들의 여론과 상관없는 것이며, 또 백성들의 실제 이익과도 동떨어진 것. 그러니 命으로 정치공동체를 끌고 가서는 안 되죠.

성왕들의 전적은 묵자가 생각하는 이념과 청사진을 가지고 재구성한 역사일 뿐이고, 중요한 것은 백성들의 여론, 그리고 백성들의 이익에 합치되느냐 여부겠죠. 그럼 정치공동체를 이끌어갈 기준은 첨저히 인민들에게서 나오는 것입니다. 그들이 원하는 바와, 반대로 정말 싫어하는 바를 모으고 모읍니다. 거기서 그치지 않고, 여론에 따라 정책을 실제로 시행했을 때 백성들의 이익에 합치되느냐 여부를 따지고 살핍니다. 이렇게 해서 천지가 만들어지고 천지를 구현할 수단으로서 규범, 표준, 제도, 법 등이 나오게 됩니다.

이렇게 해서 천지와 천지를 구현할 수단들이 만들어지고, 이러한 하느님 뜻을 국가가 대행하면 됩니다. 국가는 철저히 그 대행자 기능을 해야죠. 그런데 정말 국가가 그 뜻을 따를까요? 정확히 말해 국가를 이끄는 위정자들이 천지를 잘 따를까요? 또 현실의 인간들이 그 천지에 모두 수긍하고 천지를 현실화하자고 할까요?

묵자는 하느님의 뜻을 따르면 하느님이 상을 주고, 안 따르면 하느님이 벌을 준다는데, 애초에 하느님의 뜻이라지만 따르고 안 따르고는 현실 인간의 몫이라고 생각하는 것 같습니다. 그러니 이렇게 하면 어떤 결과적 이득이 있을 것이라고 하면서 설득하려 하고, 설득을 위한 밑밥들을 다양하게 깔아놓지요.

그런데 여기서, 제가 무슨 이야기를 하고 싶어서 현실의 인간들이 천지에 따를 것인가 안 따를 것인가 이야기하고, 또 따르도록 설득하는 묵자의 태도를 말하는 걸까요?

저는 여기서 묵자의 天/천지와 인간의 관계, 그리고 天/천지와 현실의 관계를 말하고 싶은 겁니다. 정확히 말해 묵자의 天/천지와 인간/현실의 단절된 관계를 말하고자 하는 것인데요. 앞서도 이야기했죠. 묵자의 天이 현실과 또 인간과 단절됨을 봐야 한다, 그 단층을 주목해야 한다고요. 왜냐, 그 단절된 관계가 묵자와 타 학파가 어떻게 또 얼마나 차별되는지, 묵자의 사유가 동아시아 사상사에서 얼마나 개성적인 사유인지 보여주며, 또 그들이 하층민들의 사상을 대변한다는 걸 잘 보여주기 때문입니다.

자, 잠깐 쉬었다가 그 단절을 키워드로 해서 묵자가 말하는 천지, 하느님의 뜻에 대해 마저 이야기하겠습니다.

19

묵 자 읽 기

현실을 만들어가는 하느님

천지天志 편

현실의 인간과
단절된 하느님

따를 수도 있고 안 따를 수도 있다…….

묵자가 보기에 계산하는 존재인 인간, 그는 자유 의지를 가진 존재입니다. 누가 시킨다고 그대로 따르는 존재가 아닙니다. 이것이 맞을까 틀릴까, 나에게 결과적으로 이익이 될까 안 될까? 또는 사고 단위를 사회로 확대해서 사회 전체 구성원들에게 이것이 이익이 될까 안될까 따지고 계산합니다. 인간은 주어진 질서, 위에서 내린 명령에 선택의 여지 없이 따라가야만 하거나 끌려가는 존재가 아닙니다. 그건 하느님에 대해서도 마찬가지입니다. 하느님의 뜻은 뜻이고, 현실의 인간은 인간입니다. 하느님의 뜻이 있지만 인간이 마냥 그것에 끌려간다고 보지 않습니다. 그러다 보니 하느님과 단절이 있는데…….

여기서 다시 유가 이야기를 해봅시다. 유가는 어떤 절대적인 신성과 단절되지 않고 밀착된 존재, 그리고 선택의 갈림길에서 고민하는 존재라기보다는 따라야 할 길이 정해진 존재로서 인간을 말합니다. 전통으로서 전해져 내려오는 바람직한 문화와 윤리인 사문斯文,* 인간으로서 걸어야만 한다고 생각하는 도道 등을 따라야만 하는 존재로서 인간을 말할 뿐, 유가에게 인간은 계산하고 선택하는 존재가 아닙니다. 그리고 도와 사문의 근거가 된다는 그들의 하늘과 천명은 인간과 항상 밀착되어 있습니다. 인간의 안에 숨어서, 항상 인간에게 붙어 있죠. 그렇기에 인간이 자신과 밀착된 하늘의 말을 잘 듣고 하늘이 보증하는 사문과 도를 잘 따르기만 하면 인仁의 세계가 열린다고 합니다. 안 열릴 수도 있지만요.

맹자는 앞에서 말한 대로 자신의 마음을 다하면 자신의 본성을 만나게 되고 본성을 다하게 되면 하늘을 만난다고 합니다. 자기 안으로 계속 들어가서 하늘이 부여한 어떤 본성을 만나고, 그 본성을 탐구하면 하늘이 속삭이듯 말하는 명을 듣게 되고, 그것이 사명이 되고. 인간은 그것을 무조건 따라야 하는 존재이지 하늘의 명을 들을까 말까, 이것이 내게 이익이 되나 안 되나, 더 좋은 대안이나 옵션은 없을까 하고 계산하고 고민하는 자유 의지를 가진 인간을 상정하지 않습니다. 한 사람 한 사람 안에 하늘이 담겨 있고, 공부와 수양을 통해 각자

---

* 공자가 말한 사문斯文은 고대의 성인 군주들이 일구고 선배들이 전수해준 이상적인 도덕 문화를 가리키는 말입니다. 어디서 많이 들어보셨죠. '사문난적斯文亂賊'이라는 말이 있잖아요. '사문을 어지럽히는 도적'이라는 뜻인데, 유학의 나라 조선 시대에 기존의 질서를 거스르며 체제를 위협하는 자 내지 자신의 논적, 아니면 주류 사상과 다른 사상 세계를 가진 사람을 공격할 때 쓰인 전가의 보도가 바로 이 말이죠.

하늘을 만날 수 있으니 모든 사람이 요순이 될 수 있지요. 그것이 성선론이기도 하고요. 인간의 선한 본성, 그리고 그 본성에서 연역해서 만든 예와 윤리 규범 등 현실의 질서 안에 하늘이 녹아들어 있고, 항상 그것들과 연속되어 있습니다.

향후에 주자학에선 '성즉리性卽理', 인간 안의 성性이 전 우주에 산재한 리理라고 하고, 양명학에선 '심즉리心卽理', 현실에서 보이는 인간의 마음 안에 진리가 있다, 저잣거리의 모든 사람이 요순이라고도 하는데,* 이렇게 모든 사람이 성인이 될 씨앗과 가능성을 지닌 존재라는 것, 그래서 신은 저 위의 하늘에 있지 않고 여기저기에 담겨 있고 여기서든 저기서든 볼 수 있다는 것이 유가의 생각입니다. 이렇게 유가는 범신론적인 경향을 띠죠. 그런데 중요한 것은 자신의 안으로 끊임없이 침잠해 들어가서 하늘의 명령을 듣고 그 명령대로 움직이라는 것입니다.

그런데 묵가가 보기에 인간은 하늘, 정확히 말해 하느님과 단절되어 있습니다. 하느님은 하느님이고 인간은 인간입니다. 하층민들의 의지를 투영해서 천지天志를 만들어냅니다. 하느님의 뜻입니다. 명

---

* '심즉리心卽理'를 말하는 양명학陽明學에선 하늘이 인간 안에 깊숙이 내재된 게 아니라 현실의 인간 마음에 드러난다고 하죠. '성즉리性卽理'를 말하는 주자학에선 인간 자신의 성性 안에 내재한 리理, 그것이 하늘이고 그 하늘을 만나려면 굉장히 많은 공부와 수양을 해야 한다고 하는데, 양명학은 그 理를 인간이 바로 마주할 수 있다고 했으니 대중유학적인 성격이 강하고, 그러다 보니 반체제적인 사상으로도 발전할 수 있었죠. 지주나 관료, 지식인의 마음만이 理가 아니라 소작인, 장사치, 공인의 마음도 理로서 꿀릴 게 없으니 말입니다. 조선의 동학이 말한 '인내천人乃天'도 양명학의 사유와 아주 유사하죠. 사실상 '인내천'은 '심즉리'고, 동학은 양명학이 대중종교화한 것이라고 볼 수 있습니다. 동학 역시 만체세석인 성석을 가시고 있있고고.

령이 아닙니다. 하느님이 내 뜻은 이러이러하다고 하네요. 따르고 안 따르고는 인간이 선택할 일입니다. 따르면 그에 응하는 상을 주고 아니면 그에 응하는 벌을 줄 것인데, 그래도 따르고 안 따르고는 너희들 몫이라는 하느님. 그 하느님의 뜻을 국가가 대행하면서 상벌을 준다고 해도 역시 따르고 안 따르고는 사람들 하나하나의 몫이고, 개인이 선택할 일입니다. 그리고 하느님의 뜻이 있고 그것은 구현되어야 할 것이지만 현실에서 구현된 적은 없습니다.

언제 묵가가 말하는 하느님의 뜻이 구현된 지상의 하느님 나라가 있었던 적 있나요? 앞서 묵자는 하느님의 뜻으로 정치를 한 성왕들의 예를 들면서 설득의 장치로 삼았다고 했는데, 그런 성왕들의 전적은 어디까지나 묵자 무리가 자신들의 가치와 이상을 기준으로 재구성해낸 업적일 뿐입니다. 이렇게 하는 것이 좋다, 과거에 성왕들이 있었고 그들은 이렇게 한 사람들이다, 그러니 왕이시여 이렇게 해봅시다, 라고 하는 거죠. 하지만 정말로 그들이 말하는 겸애를 실현한 성왕이 실제로 존재했다고 보긴 어렵습니다. 그리고 지금도 구현될 수 있을지 없을지 장담 못 합니다. 그것을 받아들이기만 하면 좋은 세상이 올 수 있다고 자신하기는 하죠. 그러나 아직입니다. 묵자의 하느님이 저 하늘 위 천국이나 극락, 저승 어딘가에 있는 건 아니지만 분명 그 하느님은 인간 세계와 단절되어 있습니다. 하느님의 뜻과 인간 세계를 가르는 뚜렷한 단층이 있다는 것이죠.

그리고 사실 천지는 애초에 하층민들의 의사가 투영되어 만들어진 것이지 현실 모든 사람들의 의지가 투영되어 만들어진 것이 아닙니다. 특히나 현실에서 칼자루를 쥐고 있는 자들의 의사와 거리가 멉니다. 또 사람들의 여론과 의견은 언제 어떻게 변할지 모릅니다. 그들이 좋아하고 싫어하는 바에 따라 천지는 갱신되어야지요. 각자가 내 안으로 침잠해 들어가 만나는 하늘이 아니고 여러 사람이 각자 대등한 지분을 가지고 모여서 왁자지껄하게 의견을 내서 수렴, 합의되어 만들어지는 하느님의 뜻은 언제든 정치공동체의 여론 향배에 따라 바뀔 수 있습니다. 또 그것을 현실의 인간들이 따르느냐 안 따르느냐, 그리고 국가가 그것의 대행자가 되느냐 안 되느냐는 항상 인간이 안고 가야 할 문제고요.

하느님의 뜻에 따르는 세상 만들기에 그들이 죽도록 헌신했고, 또 그 하느님 의지대로 국정을 이끌면 성공할 수 있다고 크게 자신했으며, 절장·절용·비공 등 하느님의 뜻을 실현할 구체적 수단들을 마련하고 그것들을 실행할 시스템 설계도와 프로그램으로 상동과 상현도 만들어냈지만, 하느님과 현실은 단절되어 있습니다. 이렇게 철저히요.

묵가뿐 아니라 법가, 순자, 도가도 내 안에 긍정적인 가능성으로 침잠해서 선하게 살라고 명령을 내리는 하늘, 그런 식의 하늘은 모두 부정합니다. 그들은 자연을 볼 때 어떤 신성, 종교성과 윤리성 같은 것들은 모두 배제하고 철저히 객관적으로 자연을 관찰하려고 하죠. 자연에서 객관적인 법칙과 원리를 관찰하고, 그것을 토대로 현실을 규율하려고 하거나 자신이 살아남을 수 있는 생존의 방법을 강구하려 하죠. 도가가 자연을 찬미한다 해도 자연을 종교적 대상이나 윤리적인 존재로 보진 않습니다. 《도덕경》에서는 대놓고 '하늘과 땅(天地)은 불인不仁하다'고 하죠. 다만 천지가 항상 보여주는 어떤 균형의 미학, 그것을 보고 배워 살 길을 모색하고자 합니다. 그리고 그것은 옳고 그름의 문제나 도덕과는 상관이 없는 것입니다.

자, 이렇게 공맹이 아닌 다른 학파, 순자와 법가, 도가 들은 모두 하늘과 자연을 객관적인 이치, 물리적 질서와 법칙으로서 봅니다. 그리고 때론 인간 역시 그런 자연의 범주 안에 있는 것으로 보고, 인간 역시 가공하고 개조해야 할 자연 재료 내지 물질 단위와 비슷한 것으로 보기도 합니다. 그러니 그들의 사상 체계에서 天과 인간, 天과 현실, 天과 인간 세계는 연속되어 있습니다. 인간은 객관적인 이치와 법칙에 따라 파악되고 인식되는 존재, 때로 그 이치와 법칙을 알면 잘 조종할 수 있는 존재로서 그 자체가 자연이고 사물이기도 합니다. 1 더하기 1은 2인 것이 자연의 법칙이니 인간 한 명 더하기 인간 한 명은 인간 두 명일 뿐입니다. 극단적인 예를 들면 A라는 자극을 인간에게 가하면 A~라는 반응이 산출되고, B라는 자극을 가하면 B~라는 반응이 산출됩니다. 인간도 일개 물질 단위니 지극히 수동적, 피동적일 수밖에요. 그들에게 인간은 天이라는 객관적 질서 안에서의 자연 사물이고, 따라서 天과 인간은 하나입니다. 인간이 곧 天. 그러니 순자는 잘 가공해가자, 법가는 잘 조종해가자, 도가는 그 자체로 수긍하자고 합니다. 문명사회가 인간에게 쓸데없는 지혜와 욕심을 넣어 바람 들게 하지 말고 말이죠(도가).

그리고 그들이 주장하는 도와 법, 예 등은 현실에서 실현된 적 있거나 실현되고 있는 규범과 제도 내지 법칙으로서, 그것들과 天 역시 떨어져 있지 않습니다. 법은 예전부터 있어왔는데 오늘날 더 가다듬고 체계화할 필요가 있고, 순자가 말하는 예는 선왕이 만들어 지금까지 이어온 것인데 그것을 가지고 사람을 후천적으로 잘 교육해서 쓸

만하게 만들어내느냐가 문제죠. 도가가 말하는 도道는 어제나 오늘이나 자연 법칙으로서 움직이고 돌아가고 있습니다. 그들이 天으로 대변되는 자연과 세계의 이치에 따라 만들었다고 하는 저런 규범과 법 등은 항상 현실에서 볼 수 있었던 것이고 또 현실을 규율하고 지배해왔던 것들이죠.

설명이 좀 어렵나요? 더 쉬운 예를 들어보겠습니다. 봄입니다. 쌀쌀하던 날씨가 풀리고 비가 옵니다. 어떤 군자가 이를 보고 감탄합니다. 이렇게 때가 되니 날씨가 따뜻해지고 백성들의 농사를 위해 비도 오고, 이렇게 하늘은 뭇 생명을 살리는 어진 마음을 가지고 있구나 하고요. 군자가 감탄하는 윤리적인 天은 바로 눈앞에서 현실로 드러납니다. 그리고 비를 보며 기뻐하며 쟁기로 논과 밭을 가는 농부 역시 하늘에 감사합니다. 인간이 살 수 있게 비를 내려주는 하늘은 군자와 농부의 삶과 단절되어 있지 않습니다. 또 그 군자와 농부 모두 뭇 생명을 살리는 하늘의 호생지덕好生之德이 자신의 마음에도 있다 생각하고 그 마음을 잘 키워 타인과 조화롭게 살려 노력합니다. 거기다 군자는 하늘이 주신 호생하는 마음을 바탕으로 사회의 관습과 규범인 예를 만들거나 가다듬습니다. 이렇게 인간과 인간 세계, 인간 세계의 규범은 하늘과 연속되어 있습니다.

한편 다른 학파에서는 봄이 되면 날이 풀리고 비가 오고, 여름이 되면 무덥고, 가을이 되면 곡식이 익고, 겨울이 되면 추운 자연 현상을 보며 하늘의 어진 마음 따위는 생각지 않습니다. 사계절이 차례로 순환하는 것을 보며 자연에는 객관적인 물리적 순환 주기가 있다 생각하고, 법가에서는 이런 순환 주기에 맞춰 제도를 만들어 생산을 독려하고, 비 오고 날이 풀렸는데도 농사일에 주력하지 않는 사람들을 법으로 벌 줄 궁리를 합니다. 한편 도가에서는 이렇게 항상 한결같은 자연의 질서를 보고 그것을 도라고 찬미하면서 자신도 그 도에 맞게 살아보고자 합니다. 사실 도가가 보기에 인간은 원래 그런 자연의 질서대로 살았거나 살 수 있는 존재이기도 하구요. 이렇게 도덕적 관점으로 하늘을 보지 않는 그들에게도 天은 인간, 현실의 제도, 규범 등과 분리되지 않습니다.

하지만 묵가의 天은 인간, 현실, 현실의 제도와 규범 등과 철저히 분리되고 단절된 것입니다. 이렇게 길게 말씀드리니 좀 지루하실 수도 있을 텐데, 왜 묵가의 天을 말하면서 단절, 단층, 분리 등을 강조하느냐면 그래야 그들이 기울인 많은 노력과 여러 가지 정책 대안, 그리고 현실을 만들어가고 개조하는 주체로서 위상을 지니는 묵가의 天을 제대로 이해할 수 있기 때문입니다.

자, 단절되어 있다고 했습니다. 사실 범신론이 아닌 유일신교에서 하느님/절대자는 인간의 현실과 단절될 수밖에 없다고 종교학자들이 그러는데요. 서구 기독교의 하느님은 세상을 만드신 이로서 피조물인 인간 세계와 철저히 단절되어 있죠. 하지만 그 단절된 세계의 인간은 태초에 말씀을 주신 신의 뜻에 따라야 합니다. 묵자의 하느님은 유일신 개념에 가깝기도 한 데다가 애초에 하층민들의 염원으로 빚어낸 존재니 더욱 그 단절이 심할 수밖에 없습니다. 하지만 그들 역시 하느님의 뜻에 충실히 따르려 하고, 하느님의 뜻에 따라 세상을 다시 만들어가려고 하죠.

단절되었지만 그 뜻을 따르려고 한다, 그렇다면 어떻게 해야 할까요? 단절되었기에, 그 단층이 크고 깊기에 더욱 열심히 노력해야겠죠. 기독교처럼 태초에 거룩하신 절대자의 말씀이 있었다고 보지는 않습니다만 하층민들의 뜻이 모여 합의되어 만들어진 하느님의 뜻과 하느님의 의지가 있다고 생각하고, 그에 기반을 둔 여러 가지 정치 이념과 정책 등을 과제로서 인식해 실현하려 했던 사람들이 묵가입니다. 그들은 하느님의 뜻 구현을 위해 정말 열심히 또 지혜롭게 움직였습니다. 앞에서 말씀드린 대로 현실에서 열성적이고 조직적으로 운동하고, 사람들을 설득할 수 있는 여러 가지 기술과 장치를 만들고, 또 하느님의 뜻을 실현하는 데에 필요한 구체적인 정책 대안과 매뉴얼 등을 만들었습니다. 현실의 문제, 국정의 난맥상, 사상 수요자들의 가려운 부분을 잘 읽어내서 해결책을 잘 마련했죠. 정말 묵자는 훌륭하게 해냈고, 묵가의 적지 않은 생각이 현실 정치 구상과 타 학파의 사상에도 수용되었습니다. 그만큼 유용한 것들이었기에요.

현실을 만들어가는
주체로서의 하느님

현실의 인간과 단절된 하느님, 그런데 그렇다고 하느님의 위상이 타 학파의 天보다 떨어지는 것은 절대 아닙니다. 오히려 가장 높습니다. 상대가 안 될 정도죠. 서구 기독교의 하느님이 지니는 어마어마한 위상을 생각해보십시오. 유일신적인 절대자는 그렇게 지고지상한 존재입니다.

묵가의 天은 뚜렷한 의지와 호오를 가지고 현실을 제조하고 끌고 가는 주체입니다. 타 학파에서는 이미 현실에서 드러났거나 관철된 적 있는 질서, 문화가 天보다 우선하고, 그 근거 내지 연결고리로서 天을 이야기합니다. '우리 예대로 하자' '법대로 하자' '도대로 살자'. 그들은 예와 법, 도를 우선 이야기하고 그것이 天의 명이나 자연의 객관적 이치라고 합니다. 이때 하늘은 단순히 이러저러하다며 설명되고 서술되는 객체에 불과한 것이죠. 절대로 현실과 세상을 만들어 가는 주체가 아닙니다.

그러나 묵자는 무조건 하느님의 뜻, 천지가 우선입니다. 그리고 하느님이 무엇을 좋아하고 원하고 싫어하고 바로잡으려고 하는지 분명히 해두죠. 여기서 겸애, 비공, 절장, 절용, 상현, 상동 등 모든 것이 연역되어서 나옵니다. 다 천지가 있어 그 천지에서 나오는 것들입니다. 이렇게 天은 현실을 만들어가는 강력한 주체입니다. 정말 하늘이 아니라 하느님이죠. 그러나 다른 학파에서 天은 현실을 설명해주는 말이거나 연결고리이지 현실을 만들어가는 주체가 아니죠. 그래서 절대 하느님이라 번역할 수 없습니다.

알기 쉽게 표를 그려볼까요.

[묵가]

천지天志

↓↓

↓↓

겸애, 義

↓↓

↓↓

비공, 절장, 절용, 비악, 상현, 상동

*천지는 많은 사람이 대등한 기분을 가기고 의사를 밝히고, 그 의사든은

수렴하여 만듦.

〔타 학파〕

예, 선한 본성, 법, 도 $\Longleftarrow=====\Longrightarrow$ 天

** 극소수만이 천명 또는 객관적 질서로서 天을 깨닫거나 인식.

묵가의 하느님은 그 뜻이 인간 세계에서 실현된 바 없고 또 현실의 인간과 단절되어 있지만, 이렇게 굉장히 높은 비중과 위상을 차지하는 것으로 묵자 사상의 시작이요 끝입니다.

예를 말하는 유가는 애초에 예식 집단이나 하급 무당, 정인들에서 비롯되었고, 법가는 법을 집행하는 법술가 집단이나 타 학파에서 나온 예외적 존재 내지 탁월한 현실 정치가들이었고, 도가는 왕조와 인간의 흥망성쇠를 냉정하게 관찰하는 사관史官 집단에서 나왔습니다. 다 제도권 안에 있거나 있었던 존재들입니다. 그들은 예, 법, 도 등 현실에서 포착된 바를 먼저 말하고 그다음에 그것과 하늘을 연결 짓습니다. 한 번도 제도권 내에 있어본 적 없고 지분과 권리를 인정받아 목소리를 내본 적이 없는 묵자 무리는 철저히 하늘을 먼저 말하고, 하느님의 의사대로 세상을 만들어가려고 합니다.

사실 현실의 인간과 단절된 하늘, 현실화된 적 없는 하느님의 뜻은 그들의 기를 죽이기는커녕 오히려 더욱 열심히 노력하도록 하는 원동력으로 작용했습니다. 하느님의 뜻은 이루어지지 않았지만 정말 아직 이루어지지 않았을 뿐이니까요. 그들은 충분히 자신했습니다. 아직 오지 않았고 실현되지 않았을 뿐, 하느님 나라를 만드는 것을 해낼 수 있다고 보았습니다. 그렇게 자신하지 않았다면 그들이 그토록 헌신적으로 비공 운동을 펼치며 겸애를 주창하지 못했겠지요.

천하를 두루 사랑하여
만민을 이롭게 하는 하느님

자, 이제 원문을 통해 묵자의 목소리를 직접 들으면서 〈천지〉 편을 정리해나가겠습니다.

하느님, 세상 누구보다도 고귀한 존재이며 높은 권위를 가졌으며 천자까지도 받들어야 할 존재인 하느님. 그런 하느님에게서 옳고 그름을 따지는 기준과 인간 세계가 지향해야 할 청사진이 나옵니다. 묵자 사상에서 이렇게 중요한 하느님, 그런데 불행히도 당대 사람들은 그런 하느님을 몰랐나 봅니다. 아니 인정하지 않았나 봅니다. 왜냐하면 그 하느님은 사실 하층민들의 하느님이었기 때문이죠.

묵자께서 말씀하시길, 지금 천하의 사대부와 군자들은 작은 것은 알면서도 큰 것은 알지 못한다. 그것을 어떻게 아는가? 그들이 집안일을 처리하는 것을 보면 알 수 있다. 만약 가족의 일을 처리하다가 가장에게 죄를 짓게 되면 그래도 이웃집으로 도피할 수 있다. 그러나 한편으로는 부모나 형제 및 지인들이 모두 경계하여 말하기를 "조심하지 않을 수 없다. 근신하지 않을 수 없다. 어찌 집안에 살면서 가장에게 죄를 짓고도 괜찮을 수 있겠는가?" 집안일에서뿐 아니라 나라의 일 역시 그러하다. 나랏일을 하다가 임금에게 죄를 지으면 그래도 이웃 나라로 도피할 수 있다. 그러나 부모나 형제 및 지인들은 모두 경계하여 말하기를 "조심하지 않을 수 없다. 근신하지 않을 수 없다. 그 누가 나라에 살면서 나라의 임금에게 죄를 짓고도 괜찮을 수 있겠는가?" 천지天志 상上편

子墨子言曰:「天下之士君子, 知小而不知大

何以知之? 以其處家者知之

若處家得罪於家長, 猶有鄰家所避逃之

然且親戚兄弟所知識, 共相儆戒, 皆曰:不可不戒矣!不可不愼矣!惡有

處家而得罪於家長, 而可爲也! 非獨處家者爲然, 雖處國亦然

處國得罪於國君, 猶有鄰國所避逃之

然且親戚兄弟所知識, 共相儆戒, 皆曰:不可不戒矣！不可不愼矣！誰

亦有處國得罪於國君, 而可爲也！ ……

여기서 '집안'이라고 번역된 가家는 일가족이나 가정이 아니라 정치 단위라고 앞서 말씀드렸죠? 정치적 수장인 대부大夫가 거느리는 정치 단위로서 그 안에 관할 인민들이 있고, 대부는 그들에게서 세금을 걷고 군대로 조직해서 동원하기도 하고, 그 안에는 대부를 돕는 가신家臣이라는 신하들도 존재합니다. 가家의 정치적 수장인 대부는

家의 구성원 모두가 따라야 하는 존재입니다. 그보다 더 높은 정치 단위인 국國의 수장 제후 역시 제후가 관할하는 땅에선 누구든 따라야 할 존재죠. 그런데 천하 사람들, 특히 지배층은 대부와 제후는 따르고 두려워하면서 그들보다 더 높고 고귀한 존재인 하느님은 모른다고 묵자는 꼬집습니다.

[家나 國에서는] 도피할 여지가 있는데도 서로 이처럼 엄하게 경계하는데, 하물며 도피할 여지가 없는 것이라면 어찌하겠는가? 서로 더욱 엄중히 경계하지 않겠는가? 속담에도 "훤한 대낮에 죄를 지으면 어디로 도피할 것인가?" 하며 도피할 곳이 없다는 말이 있다. 숲이나 골짜기 속 한적하고 아무도 없는 곳이라 하더라도 하늘은 분명하게 보고 있다. 그러나 천하의 사대부와 군자들은 하늘이 보고 있다는 것에 대해서는 소홀히 하면서 서로 경계할 줄 모른다. 그래서 나는 천하의 사대부와 군자들이 작은 것은 알면서 큰 것은 알지 못한다는 것을 알았다. 천지 상편

此有所避逃之者也, 相儆戒猶若此其厚, 況無所避逃之者, 相儆戒豈不愈厚, 然後可哉? 且語言有之曰: 焉而晏日焉而得罪, 將惡避逃之? 曰: 無所避逃之

夫天不可爲林谷幽閒無人, 明必見之

然而天下之士君子之於天也, 忽然不知以相儆戒, 此我所以知天下士君子, 知小而不知大也

천하의 군자들은 묵자가 말한 하느님을 모른다기보다 인정하지 않았던 게 아닐까요? 그리고 숲이나 골짜기 속까지 샅샅이 관찰하고

관장하는 하느님을 말하는데, 정확히 말해 묵자는 하느님의 의지를 대행하는 통치 체제가 전 중국을 관할하고 물 샐 틈 없이 관리하기를 바랐던 게 아닐까요? 그런 통치 체제는 나중에 진秦을 통해 현실화되기도 했지만 당시에는 묵자의 바람이었을 뿐입니다. 그런데 묵자의 하느님은 좋아하는 바와 싫어하는 바가 명확하다고 합니다. 전자가 의義, 후자가 불의不義지요.

하늘은 무엇을 바라고 무엇을 싫어하는가? 하늘은 의로움을 좋아하고 불의를 싫어한다. 그러니 천하의 백성들을 거느리고 의로운 일에 종사한다는 것은 곧 하느님이 바라는 일을 하는 것이 된다. 내가 하늘이 바라는 일을 하면 하늘 역시 내가 바라는 것을 해주신다. 그러면 나는 무엇을 바라고 무엇을 싫어하는가? 나는 복록을 바라고 재난을 싫어한다. 만약 내가 하늘이 바라는 일을 하지 않고 하늘이 바라지 않는 일을 한다면, 천하의 백성들을 거느리고서 재난에 빠질 일을 하는 것이다. 천지 상편

然則天亦何欲何惡? 天欲義而惡不義

然則率天下之百姓以從事於義, 則我乃爲天之所欲也

我爲天之所欲, 天亦爲我所欲

然則我何欲何惡? 我欲福祿, 而惡禍祟

若我不爲天之斯欲, 而爲天之所不欲, 然則我率天下之百姓, 以從事於禍祟中也

하늘은 좋아하는 바와 싫어하는 바가 분명한데, 사실 그건 하늘에 뜻에 투영된, 사람이 좋아하는 바와 싫어하는 바겠고, 묵자는 더 이

야기합니다. 천지를 대행하는 통치 권력에 대해서. 앞서 했던 이야기와 중복되더라도 제일 중요한 〈천지〉 편이니 계속 들어봅시다.

의로움이란 다스리는 것이다. 그런데 아래로부터 위를 다스리는 일은 없다. 반드시 위로부터 아래를 다스린다. 이런 까닭으로 서민들은 힘써 자기 일에 종사하기는 하지만 자기 마음대로 다스릴 수는 없으며, 선비들이 그들을 다스린다. 선비들도 힘써 자기 일에 종사하기는 하지만 자기 마음대로 다스릴 수는 없으며, 반드시 장군과 대부가 있어 그들을 다스린다. 장군과 대부들도 힘써 자기 일에 종사하기는 하지만 자기 마음대로 다스릴 수는 없으며, 삼공과 제후가 있어 그들을 다스린다. 삼공과 제후들도 힘써 자기 일에 종사하기는 하지만 자기 마음대로 다스릴 수는 없으며, 천자가 있어 그들을 다스린다. 천자도 자기 마음대로 다스릴 수는 없으며, 하늘이 있어 그를 다스린다. 천지 상편

曰：且夫義者政也，無從下之政上，必從上之政下

是故庶人竭力從事，未得次己而爲政，有士政之，士竭力從事，未得次己而爲政，有將軍大夫政之，將軍大夫竭力從事，未得次己而爲政，有三公諸侯政之，三公諸侯竭力聽治，未得次己而爲政，有天子政之，天子未得次己而爲政，有天政之

하층민의 입장에서 출발했다고 하지만 이렇게 묵자는 수직적 정치 구조, 그리고 거기서 만들어지는 질서를 분명히 인정합니다. 물론 어디까지나 겸애를 위한 것이어야 하고 저 정치구조를 담당하는 사람들은 겸애를 행할 능력을 가져야 하는 등 엄격한 조건에 의해 구속됩

니다만, 그래도 이렇게 철저히 톱다운top-down식(하향식) 구조와 질서를 전제하고 이야기하죠. 백성 스스로 자신을 못 다스리고 위에 사대부가 있어 관할하고, 사대부 위에 제후, 제후 위에 천자, 그리고 천자 위에 하느님이 있다고 하네요. 명백히 종적 질서가 있고 기울기가 가파르게 설정되어 있습니다. 그런데 맨 위에 계신 하느님은 하층민의 의사를 대변하고, 결국 수직적 정치구조는 수직적 구조 그 자체를 위한 존재가 아니라 하느님의 공의를 실현키 위한 수단입니다.

그런데 공자는 '정치란 바르게 함이다政者正也'라고 했는데 묵자는 '의로움이란 다스림이다義者政也'라고 하네요. 여기서도 양 학파 스승 간의 대조적인 정치관 내지 사상의 차이가 보이는 것 같습니다. 정치란 바름으로써 해야 한다는 것은 위정자와 지식인의 몸가짐, 마음가짐을 바르게 함으로써 정치를 해야 한다, 곧 올바른 인격과 잘 수양된 도덕 감정으로 해야 한다는 말입니다. 그런데 정치(政)는 그 인격의 올바름과 도덕 이전에 있는 것이죠. 수직적 질서가 먼저라는 것 같습니다. 다만 그것을 바르게 하자(正)는 것이죠.

반면 묵자는 먼저 의로움(義)이 있고 정치(政)를 통해 그것을 실현해야 한다고 합니다. 의로움은 수직적 질서를 통해 구현되어야 하지만, 수직적 질서 그 자체가 의로움의 목적은 아닌 것입니다. 타 학파 모두에서 의義는 위계질서 그 자체이거나 수직적 질서를 밑에서 지탱하는 핵심 원리인데,* 묵자에게 수직적 질서는 義를 구현하는 수단일 뿐입니다. 義가 있고 수직적 질서가 있는 거지, 수직적 질서가 있고 義가 있는 게 아닙니다. 그리고 의자정야義者政也, '의로움이란 다스리는 것이다'라는 것은 〈상동〉 편에서 우리가 본 것을 다른 말로 표현한 거죠. 합의되어 약속된 공동체의 정의가 우선이고, 그다음에 아래로 내려가는 정치가 시작되어야 한다는 것. 그것을 다시 한 번 다른 말로 표명한 것입니다.

의를 좋아하는 묵자, 〈천지〉편에서 묵자는 의정義政을 말합니다. 의로운 정치. 묵자가 생각하는 올바른 정치를 이렇게 딱 부러지게 말합니다. 유가의 인정仁政과 대조되는 묵자의 정치이상이죠. 의정이란 게 뭔지 묵자의 말을 들어봅시다.

하늘의 뜻을 따르는 것을 의정이라고 한다. 하늘의 뜻에 반하는 것을 역정力政이라고 한다. 그러면 의정은 어떻게 하는가? 묵자께서 말씀하시길, 큰 나라가 작은 나라를 공격하지 않고, 큰 집안이 작은 집안을 빼앗지 않으며, 강한 자가 약한 자를 강탈하지 않고, 귀한 자가 천한 자를 업신여기지 않으며, 꾀 많은 자가 어리석은 자를 속이지 않는 것이다. 이렇게 하면 반드시 위로는 하늘에 이롭고 가운데로는 귀신에 이롭고 아래로는 사람들에게 이로울 것이다. 이 세 가지가 이로우면 이롭지 않은 것이 없다. 그래서 천하의 아름다운 이름을 가져다가 그를 일러 '성왕'이라 하는 것이다. 천지 상편

順天意者, 義政也

* 《한비자》〈해로解老〉편을 보면 당시 타 학파들이 생각한 의義에 대해 잘 알 수 있습니다. "임금과 신하를 나누는 것이요, 아버지와 아들, 귀천을 차별화하는 것이고, 친소親疏 관계와 내외內外(남녀)를 구분하는 것이다. 신하가 군주를 섬기는 것이 마땅하고, 아랫사람이 윗사람을 정성으로 생각하는 것이 마땅하고, 자식이 아버지를 섬김이 마땅하고, 천한 사람이 귀한 사람을 공경하는 것이 마땅함이다……."

反天意者, 力政也

然義政將奈何哉? 子墨子言曰:「處大國不攻小國, 處大家不簒小家, 强
者不劫弱, 貴者不傲賤, 多詐者不欺愚, 此必上利於天, 中利於鬼, 下
利於人, 三利無所不利, 故擧天下美名加之, 謂之聖王 ……

묵자가 생각하는 의정이 뭔지 분명히 보이죠. 역시나 하층민의 입
장에 서 있는 것이 보입니다. 그리고 의정과 대척점에 있는 역정이
뭔지도 묵자는 말해줍니다.

역정力政을 행하는 자는 다르다. 말도 행동도 의정과는 반대되어 마치
서로 반대 방향으로 내달리는 것과 같다. 큰 나라는 작은 나라를 공격하
고, 큰 집안이 작은 집안을 빼앗고, 강한 자는 약한 자를 강탈하고, 귀한
자는 천한 자를 업신여기며, 꾀 많은 자는 어리석은 자를 속인다. 이것
은 위로는 하늘에 이롭지 아니하고 가운데로는 귀신에게 이롭지 아니하
며 아래로는 사람들에게 이롭지 아니한 것이다. 이 세 가지가 이롭지 못
하면 이로운 것이 없다. 그래서 천하의 악명을 가져다가 그에게 붙여 '폭
군'이라고 하는 것이다. 천지 상편

力政者則與此異, 言非此, 行反此, 猶倖馳也

處大國攻小國, 處大家簒小家, 强者劫弱, 貴者傲賤, 多詐欺愚, 此上
不利於天, 中不利於鬼, 下不利於人, 三不利無所利, 故擧天下惡名加
之, 謂之暴王

이것은 묵자가 당대의 현실을 묘사한 것으로 보입니다. 당대 지배

적인 현상이었던 힘의 정치, 역정. 하지만 하느님이 원하는 것은 사랑의 정치인 의정. 이제 묵자는 한 발 더 나아가 하느님의 뜻만이 아니라 하느님의 권능까지 말해줍니다.

오늘날 천하의 선비와 군자들은 천자가 천하를 다스린다는 것은 알지만 하늘이 천자를 다스린다는 것은 알지 못한다. 그러므로 옛 성인께서 이것을 밝혀 사람들에게 설명하셨다. "천자에게 선함이 있으면 하늘은 능히 그에게 상을 주고, 천자에게 잘못이 있으면 하늘은 능히 그를 벌한다." 천자가 내리는 상과 벌이 합당하지 못하고 옥사를 처리하는 것이 공정하지 못하면, 하늘은 질병과 재앙을 내리고 서리와 이슬을 제때에 내리지 않는다. 천지 하下편

今天下之士君子, 皆明於天子之正天下也, 而不明於天之正天子也

是故古者聖人, 明以此說人曰: 「天子有善, 天能賞之, 天子有過, 天能罰之」

天子賞罰不當, 聽獄不中, 天下疾病禍福, 霜露不時

정말 하느님이 천자가 국정을 운영하는 모습을 꿰뚫어보아 그에 상응하는 상과 벌을 줄까요? 정확히 보자면 천자가 하느님의 대행자로서 공정하게 천하를 다스렸으면 하고 바라는 것이겠죠. 여기서 중요한 것은 天의 위상입니다. 정말 막강한 위상을 가지고 있음이 위 글에 잘 보입니다. 인민, 사대부, 제후를 다스리는 천자를 다스리는 것이 하늘이라고 하지요. 하늘은 천자의 정치 행위에 따라 상과 벌을 내리는 권능도 가지고 있고요.

512

이렇게 하느님의 위상을 강조하고 나서, 묵자는 천하를 다스리는 기준에 대해 말합니다. 그 기준은 절대로 어리석고 천한 자에게서 나오지 않고 존귀하고 지혜로운 자에게서 나온다고 합니다. 그리고 천하에서 가장 존귀하고 지혜로운 자는 하느님이고 하느님에게서 천하를 다스리는 기준이 나온다고 하면서, 현실을 만들어가려는 주체로 하느님을 명확히 천명합니다〔是故義者不自愚且賤者出, 必自貴且知者出. 曰誰爲知? 天爲知. 然則義果自天出也 천지 하편〕. 대부가, 제후가, 천자가 아무리 귀하고 지혜롭다고 해도 하느님만 못하고 가치 기준인 義는 하느님에게서만 나온다는 것.

〈천지〉 편에서는 하느님의 뜻과 권능, 위상만을 말하는 게 아니라 하느님이 인간을 어떻게 보는지도 설명합니다. 백성 모두를 동등하게 바라보고 인민을 차별 없이 사랑한다고 합니다. 허황되게 느껴질지 몰라도 참 좋은 하느님 같습니다. 당시에 짐승만도 못한 대접을 받던 하층민들까지 사랑한다니 말입니다. 막강한 권능과 위상을 지니고 정치공동체의 기준과 청사진을 제시하시는 하느님은 원래 백성 모두를 동등하게 사랑하신다네요. 이것은 뭐 사실로 증명하고 말고의 문제가 아니고 신학적인 영역의 문제인 거 같은데, 그런 하느님을 묵자 자신은 믿었을까요?

단호하게 말할 수 있습니다. 그는 그런 하느님을 분명히 믿었다고요. 그렇지 않으면 그가 가진 강한 구세 의식과, 앉은 자리가 따뜻해질 새 없이 그리고 굴뚝이 검어질 새 없이 평생을 분주히 돌아다니면서 세상을 위해 헌신한 그의 모습이 설명되질 않습니다. 죽음을 불사하고 동분서주한 묵자의 헌신적 활동과 노력은 다른 문헌에서도 증명되고, 타 학파에서도 분명히 인정하는 것이었죠. 그를 고깝게 보던 학자나 학파의 문헌들도 묵자의 구세 정신과 헌신적 활동만큼은 분명히 인정했습니다.

〈천지〉 편에서는 인민을 사랑하고 인민 삶의 조건이 개선되길 원하는 하느님의 모습이 많이도 서술되어 있습니다.

하늘이 인민을 깊이 사랑하는 것을 알 수 있는 근거가 여기 있다. 하늘은 해와 달, 별들을 내보내 길을 밝혀주고, 춘하추동 사철을 마련하여 질서를 삼았으며, 눈과 서리와 비와 이슬을 내려 오곡과 삼을 자라게 하여 사람들이 이용하게 했다. …… 또 인민의 선악을 감시하고, 왕과 제후의 자리를 정하여 어진 자에게 상을 주고 난폭한 자를 벌주게 하며, 쇠와 나무와 새와 짐승을 내리고 오곡과 삼을 가꾸도록 하여 인민들이 먹고 입을 재물을 만들게 했다. 이 모든 것은 예로부터 지금까지 변함이 없다. 천지 중中편
且吾所以知天之愛民之厚者有矣, 日以磨爲日月星辰, 以昭道之, 制爲四時春秋冬夏, 以紀綱之, 雷降雪霜雨露, 以長遂五穀麻絲, 使民得而財利之, …… 以臨司民之善否, 爲王公侯伯, 使之賞賢而罰暴, 賊金木鳥獸, 從事乎五穀麻絲, 以爲民衣食之財, 自古及今, 未嘗不有此也

지금 여기 어떤 사람이 있어 자기 자식을 지극히 사랑한다고 하자. 그는 마음과 힘을 다하여 자식을 이롭게 하기 위해 노력한다. 그러나 훗날 그 아들이 자라서 부모의 은혜를 갚을 줄 모른다면 천하의 군자들은 하나같이 그 아들을 어질지 못하고 선하지 못한 사람이라고 할 것이다. 오늘날 하늘은 온 천하를 두루 사랑하기에 만물을 길러 서로 이롭게 한다. 아무

리 작은 것이라도 하늘이 만들지 않은 것이 없다. 사람들은 누구나 이것을 얻어 편리하게 살아가니 하늘의 사랑은 참으로 두텁다고 할 수 있다.
천지 중편

今有人於此, 雖若愛其子竭力單務以利之, 其子長, 而無報子求父, 故
天下之君子, 與謂之不仁不祥

今夫天兼天下而愛之, 撽遂萬物以利之, 若毫之末, 非天之所爲, 而民
得而利之, 則可謂厚矣

먹을 것, 입을 것을 마련해 사람들을 먹여주고 입혀주는 하느님. 그 하느님을 묵자는 부모에 비유하네요. 그리고 묵자는 정의 관념에 투철한 하느님을 이야기하면서 그것 역시 백성들을 사랑하는 하느님의 모습이라고 합니다.

하늘이 인민을 깊이 사랑하는 것을 알 수 있는 근거가 여기에 또 있다. 세상에서 죄 없는 사람을 죽이면 하늘은 이 사람에게 벌을 준다. 죄 없는 사람은 누구일까? 사람이다. 벌을 주는 것은 누구일까? 하늘이다. 만일 하늘이 인간을 깊이 사랑하지 않는다면, 인간이 죄 없는 인간을 죽였다고 해서 어찌 죽인 사람에게 불행을 주겠는가? 이것이 바로 내가 하늘이 인민을 깊이 사랑하는 것을 알게 된 까닭이다. 하늘이 인민을 깊이 사랑한다는 증거는 여기에서 끝나지 않는다. 하늘의 뜻에 따라 사람을 사랑하고 사람들을 이롭게 하여 하늘로부터 상을 받는 이가 있다. 천지 중편

且吾所以知天愛民之厚者, 不止此而足矣

日殺不辜者, 天予不祥

不辜者誰也? 曰人也

予之不祥者誰也? 曰天也

若天不愛民之厚, 夫胡說人殺不辜, 而天予之不祥哉? 此吾之所以知天
之愛民之厚也

且吾所以知天之愛民之厚者, 不止此而已矣

曰愛人利人, 順天之意, 得天之賞者有之

겸兼하는 자에게 상을, 별別하는 자에게 벌을 주는 정의로운 하느
님. 그런 하느님의 정의 역시 인간과 인민에 대한 사랑에서 나온 것
이라고 묵자는 말합니다.

이제 〈천지〉 편의 결론은 너무나 명확합니다. 하느님이 어떤 권능
과 위상을 지니고 어떤 의지를 가지고 있으며 인민을 얼마나 어떻게
사랑하는지 말했습니다. 이제 그 하느님 뜻에 따라 통치 권력이 의정
義政을 펼치면 되는 것이죠. 역정力政이 아닌 의정義政. 역정의 정치
공동체에서 의정의 정치공동체로 가야 합니다.

하느님의 뜻을 따르는 것은 겸兼이고, 하느님의 뜻에 반하는 것은 별別
이다. 兼의 도는 의정義政이며, 別의 도는 역정力政이다. 그런데 의정이
란 어떻게 하는 것인가? 큰 나라가 작은 나라를 공격하지 않고, 강한 자
는 약한 자를 업신여기지 않으며, 다수가 소수를 해치지 않고, 꾀 많은
자가 어리석은 자를 속이지 않으며, 귀한 자는 천한 자에게 함부로 대하
지 않고, 부유한 자는 가난한 자를 멸시하지 않으며, 젊은 사람이 노인의

것을 빼앗지 않는 것이다. 그리하면 천하의 여러 나라가 물, 불, 독약과
무기로써 서로를 해치는 일이 없어진다. 천지 중편

日順天之意者，兼也，反天之意者，別也

兼之爲道也，義正，別之爲道也，力正

日義正者何若？日大不攻小也，强不侮弱也，衆不賊寡也，詐不欺愚

也，貴不傲賤也，富不驕貧也，壯不奪老也

是以天下之庶國，莫以水火毒藥兵刃以相害也

자, 지금까지 〈천지〉 편을 살펴보았습니다. 모두 하느님 앞에서 동
등한 존재로 환원되는 천하 만민. 그들 모두는 하느님의 사랑을 받을
자격이 있고, 마땅히 하느님의 나라에서 살아야 합니다.

그런데요, 이런 묵자의 하느님 나라가 혹시 뜬구름 같고 너무도 먼
이상으로 느껴지시나요? 그럴 수도 있지만 억압과 착취, 수탈의 악순
환이 지구상에서 사라지지 않는다면 묵자가 말하는 하느님은 언제든
현실에서 요청될 수밖에 없을 겁니다. 모두를 사랑하고 동등하게 해방
시켜줄 하느님을 찾는 사람들이 언제든 나타날 수밖에 없죠. 힘없고,
어디 하소연할 데 하나 없고, 매일같이 생존의 위기에 허덕이며 피눈
물을 훔치고 사는 오늘날 세계의 많은 인민들, 그중 적지 않은 이들이
묵자처럼 자신들의 바람을 투영한 하느님을 생각하고 있을 겁니다.

이 땅에서도 불과 한 세기 전에, 모든 사람이 한얼님이고 만민이
한얼님 앞에 평등하다고 하면서, 사람 취급 받지 못하던 여성과 어린
이를 위해 여성 운동, 어린이 운동을 일으키고 반상의 차별을 없애
한얼님의 뜻이 실천된 사회를 만들려 했던 급진적인 종교 운동이 있

었죠. 바로 동학, 천도교. 그 밑바탕에는 모두가 한얼님을 모시고 있다, 그러니 모든 사람이 하늘이다, 또 그러니 사인여천事人如天, 모든 사람 모시기를 하늘처럼 하라는 가르침이 있었는데요.

동학에는 세상의 여러 곳에 신성이 산재하여 드러난다는 범신론적 경향이 보였고, 그래서 '모든 사람의 마음이 리理'라고 한 양명학이 대중종교화한 것이라고도 합니다. 하지만 저는, 그전에 핍박받던 조선의 민중이 있었고 그들의 피눈물 어린 마음이 투영되어 절대자 한얼님이 만들어졌으며, 그런 절대자를 꿈꾸게 했던 가혹한 현실이 중요하다고 생각합니다. 그렇기에 동학, 천도교를 생각하면 더욱 묵자를 떠올리게 됩니다. 안병무, 서남동 선생님의 민중신학과 남미의 해방신학을 생각할 때도 그렇고요.

자, 약자들의 하느님, 약자들을 가여워하시는 하느님, 모두를 차별 없이 두루 사랑하는 하느님. 그런 하느님을 말하기에, 인민들이 고통받으며 피눈물 흘릴 때 묵자의 목소리와 사상을 항상 돌아볼 수밖에 없는 것이 아닐까요.

자, 묵자 여행이 거의 끝나가고 있습니다. 이제 묵자가 직접 묻고 답하는 형식으로 되어 있어 현장감이 살아 있는 〈경주〉, 〈귀의〉, 〈공맹〉, 〈노문〉 편을 보고 나서 여행을 마치도록 하겠습니다. 정말 어려운 장이었는데 수고 많으셨습니다.

墨子

20

묵 자 읽 기

묵자가 묻고 답한 말들

경주耕柱, 귀의貴義, 공맹公孟, 노문魯問 편

〈경주〉, 〈귀의〉, 〈공맹〉, 〈노문〉 편은 앞서 본 편들과 달리 마치 《논어》처럼 묵자가 제자나 다른 학파의 사람, 위정자들과 직접 묻고 답하는 형식으로 이루어진, 여러 이야기의 묶음인데요. 고대 문헌에 담긴 이야기가 흔히 그렇듯이, 후대에 창작하거나 윤색한 설화도 분명히 섞여 있습니다. 중요한 건 구체적인 상황에 대응하는 묵자의 모습을 생생하게 그려내면서 묵가의 가르침을 전달한다는 점입니다. 이들 편에서 제가 특히 중요하다고 생각하는 부분만 소개하겠습니다.

1

제자 치도오治徒娛와 현자석縣子碩이 묵자에게 물었다.

"의로움을 행하는 데 가장 중요한 일이 무엇입니까?"

묵자가 대답했다.

"비유를 들면 담을 쌓는 것과 같네. 흙을 잘 다지는 사람은 흙을 다지고, 흙을 잘 운반해 넣는 사람은 흙을 운반해 넣고, 측량을 잘하는 사람은 측량을 해야 비로소 담장이 완성되네. 의로움을 행하는 것도 이와 마찬가지일세. 변론을 잘하는 사람은 변론을 하고, 책을 잘 해설하는 사람은 책을 해설하고, 몸으로 일을 잘하는 사람은 몸으로 일을 열심히 하여 의로운 일이 성취되는 것일세." 경주耕柱 편

분업적인 인간관 내지 정치관을 볼 수 있죠. 정치인이 그저 전체적이고 포괄적인 방향을 제시하는 국가의 어른 정도가 아니라 실무적인 능력을 갖춘 전문가가 되어야 하고, 이 전문가들끼리 능률적인 분업을 이루는 정치 체계, 그것이 묵자의 정치 이상이었고 또 실제 묵자 조직이 이렇게 기능·직능별로 분업하여 운영되고, 또 그렇게 구성원들을 교육했습니다.

2

섭공葉公 자고子高가 공자에게 정치에 관해 물었다.

"정치를 잘한다는 것은 어떻게 하는 것입니까?"

공자가 대답했다.

"정치를 잘한다는 것은 멀리 있는 자들을 가까이하고, 낡은 것을 새롭게 하는 것입니다."

묵자가 이 이야기를 듣고 말했다.

"섭공 자고는 질문을 제대로 하지 못했고, 공자도 대답을 제대로 하지 못

했다. 섭공 자고가 정치를 잘하려면 멀리 있는 자들을 가까이하고 낡은 것은 새롭게 해야 함을 어찌 알지 못했겠는가? 그가 물은 것은 그렇게 하려면 어떻게 해야 하는가 하는 방법이었다. 공자는 남이 알지 못하는 것을 알려주지 않고 아는 것을 일러준 것이다. 그러므로 섭공 자고는 질문을 제대로 못 했고 공자 역시 대답을 제대로 못 했다.” 경주편

묵자는 포괄적이고 추상적인 방향으로 정치관을 피력하는 데 그치지 않고 실제 정치 현실에서 바로 쓸 수 있는 여러 가지 정책 대안과 수단을 가지고 있었고, 그것을 자신했죠. 그것은 공자가 가지지 못하는 약점이었고 맹자 역시 이를 극복해내지는 못했습니다. 하지만 순자는 훌륭히 극복했죠. 의병議兵, 군도君道, 신도臣道, 부국富國, 치사致士, 강국彊國 등 여러 가지 현실적 과제를 훌륭한 논의로 정리해낸 순자는 유가를 수양론 내지 이상적 도덕의 영역에 머물게 하지 않고 실제로 치인治人, 평천하平天下를 할 수 있도록 현실적인 이론과 방법들을 많이 고안해냈죠. 어쩌면 묵자 사상이 끊어지게 된 데는 묵자의 영향을 많이 받은 순자의 탓(?)도 큽니다. 묵자가 제기하는 유가 사상의 약점을 거의 없애다시피 하고 반대로 묵자 사상만의 특질과 개성, 독자적인 우월함을 많이 약화시켰지요. 군이 너희 묵자식대로 하지 않아도 너희들이 하자는 것을 우리 사상으로도 할 수 있다고 자신 있게 말할 수 있었으니까요.

3
공맹사孔孟子가 필했나.

"군자는 창작하지 않고 서술할 뿐입니다(새것을 만들지 않고 옛것을 계승할 따름입니다_인용자)."

이에 대해 묵자가 말했다.

"그렇지 않습니다. 사람 중에 가장 군자답지 못한 자는 옛날의 훌륭한 것을 계승하지도 않고 지금 훌륭한 것을 창작하지도 않습니다. 그다음으로 군자답지 못한 자는 옛날의 훌륭한 것을 계승하지 않으면서 자기에게 좋은 것이 있으면 만들어내, 훌륭한 것이 자기로부터 나오도록 하려고 합니다. 지금 옛것을 계승하면서 새로 만들어내지는 않는다는 것은 옛것을 계승하기 좋아하지 않으면서 만들어내기만 하는 자와 다를 것이 없습니다. 내 생각으로는 옛날의 훌륭한 것을 계승하고, 동시에 지금 훌륭한 것을 새롭게 만들어야 합니다. 훌륭한 게 더욱 많아지기 바라서지요."경주편

유가는 기본적으로 호고好古(옛것을 좋아함), 술이부작述而不作(서술할 뿐 창작하지 않음) 노선에 서 있죠. 공자 나름대로 재검토, 재해석, 새로운 의미 부여를 통해 과거의 문화와 도덕 관습을 살짝살짝 손보긴 했지만, 기본적으로 전달하는 역할을 자임했지 새로이 만들어내고 창작하려고 하지는 않았습니다. 온고이지신溫故而知新도 옛것을 알아 새롭게 의미 부여를 해 갱신하자는 것이지 새로운 뭔가를 만들어낸다는 뜻은 아니었죠. 한비자는 이런 태도를 수주대토守株待兔(그루터기를 지키며 토끼를 기다림)라고 했습니다. 어쩌다 한번 나무 그루터기에 헤딩해 죽은 토끼를 보고, 허구한 날 그 자리에 앉아 토끼가 뛰어와서 머리를 부딪혀 죽기를 바라며 기다리는 얼간이 농부와 같다고 비판한 건데요. 그 정도로 팔푼이는 아니었을망정 유가의 기

본 노선은 옛것을 따르고 전해주자는 것이 맞습니다. 하지만 묵자는 옛것을 배우기도 하고 또 새로이 만들어내기도 해야 한다는 것이죠. 옛것 중에 좋은 건 배우고 전해야 하지만 당대엔 당대의 문제가 있고 필요가 있으니 거기에 맞게 만들어내고 창작해야 한다는 것입니다.

아, 그리고 여기서 공맹자는 유가 증자曾子의 제자로서 《묵자》 원문에서 전형적인 유가의 대변자 노릇을 하는 캐릭터인데, 증자 계열이라는 것을 보니 유가의 관념론적 견해를 대변하는 목소리인 듯합니다.

4

묵자께서 말씀하시길, 세상만사에 의로움보다 귀한 것이 없다. 지금 어떤 사람에게 "모자(冠)와 신발을 줄 테니 대신 너의 손발을 잘라라. 그렇게 하겠는가?"라고 물으면 반드시 그렇게 하지 않을 것이다. 왜냐하면 모자와 신은 손과 발만큼 귀하지 않기 때문이다. 또 "천하를 네게 주는 대신 네 몸을 죽이겠다. 그렇게 하겠는가?"라고 물으면 반드시 그렇게 하지 않을 것이다. 왜냐하면 천하는 자기 몸만큼 귀하지 않기 때문이다. 그런데 한마디 말을 다투다가 서로 죽이기도 한다. 이것은 의로움이 내 몸보다도 귀하기 때문이다. 그러므로 만사에 의로움보다 귀한 것은 없다고 하는 것이다. 귀의貴義 편

의義에 대한 강조가 보이구요, 또 사람은 모자와 신이 손과 발보다 귀하지 않다고 생각하고, 천하가 자기 몸보다 귀하지 않다고 판단한다는 '계산하는 인간관'이 보이기도 합니다. 그리고 여기서 한마디 말을 다투다가 서로 죽이기도 한다고 했는데 그만큼 사상계에서 나

다 긴다 하는 정객들끼리 논쟁이 치열했나 봅니다. 그들은 왜 싸웠을까요? 각자의 주장과 사상이 달라서겠죠. 각 주장과 사상의 근거와 토대는 각자가 생각하는 의와 직결되고, 각자가 견지하는 의는 서로 달랐을 것입니다. 그 의가 매우 중했기에 네 의가 틀렸네 맞네 하고 핏대 올리며 싸우고, 그러다가 죽이고 살리고 했나 봅니다. 이렇게 사상 투쟁이란 아주 스펙터클한 거죠.

5

묵자께서 말씀하시길, 말이란 행동으로 옮겨질 수 있다면 항상 말해도 되지만, 그럴 수 없다면 말해선 안 된다. 말이 행동으로 옮겨지지 않는데도 자꾸 말한다면 쓸데없는 말에 불과하다. 귀의편

여기서 말은 단순한 말이나 언어가 아니라 제도, 법, 규범, 정치 원리와 직결되는 것이고, 그런 것들이 모두 현실에서 분명히 쓸모가 있어야 한다는 거죠. 공염불 내지 그냥 듣기 좋은 말이 아니라.

6

묵자께서 말씀하시길, 여섯 가지 치우친 감정을 버려야 한다. 침묵할 때는 생각을 하고, 말할 때에는 사람을 가르칠 만한 말을 하고, 행동할 때에는 의로워야 한다. 이 세 가지를 번갈아 실천하면 반드시 성인이 될 것이다. 여섯 가지 치우친 감정이란 기쁨, 노여움, 즐거움, 슬픔, 미움, 사랑인데 이것들을 버리면 인의仁義를 이룰 수 있다. 손, 발, 입, 코, 귀, 눈의 힘이 미치는 한 의를 실천해나간다면 반드시 성인이 될 수 있다. 귀의편

단순히 감정을 절제하자는 이야기 같지는 않고 계산을 위한 이성이 냉철히 작동하도록 하라는 말인 것 같습니다. 이것이 묵자가 말하는 현명한 이의 덕목인 것도 같습니다. 그리고 이렇게 생각해볼 수도 있죠. 감정 절제는 앞서 말한 장례나 음악의 문제와도 연관되는데, 자신의 감정과 감정에 따른 욕망이 과잉되면 필연코 낭비적인 병리 현상이 오지 않을까, 묵자는 우려한 것 같습니다.

7

묵자께서 제자 두세 명에게 말씀하시길, "의를 행하다가 혹 그것이 잘 안 된다 하더라도 결코 그 길을 바꿔서는 안 된다. 비유를 들면 마치 목수가 나무를 깎다가 잘 되지 않는다 하여 먹줄을 탓할 수 없는 것과 같다." 귀의편

활동가, 실천가로서 묵자의 면모가 잘 드러나는 것 같습니다. 그리고 또 공인의 모습도 보이죠.

8

묵자가 노나라에서 제나라로 가는 길에 친구를 방문했다. 친구가 묵자에게 말했다.

"지금 천하에는 의義를 행하는 사람이 없는데 자네는 홀로 스스로를 괴롭히며 의를 행하고 있으니 자네도 그만두는 게 좋겠네."

묵자가 말했다.

"지금 여기에 자식은 연 명 둔 사람이 있다 하세. 한 사람이 농사를 짓고

아홉 명은 들어앉아 있다면 농사짓는 사람은 더욱 열심히 일하지 않으면 안 될 걸세. 왜냐하면 먹는 사람은 많은데 농사짓는 사람은 적기 때문일세. 지금 천하에 의를 행하는 이가 없으니 자네는 마땅히 내게 의를 권해야지, 어째서 나를 말리는가?" 귀의편

천하에 의를 행하는 사람이 없었다니 참 당시 현실이 어두웠나 봅니다. 앞서 말씀드렸죠. 의와 겸애를 말하는 그들의 하느님이 그들 사상에 차지하는 위상과 비중이 아주 대단했지만 현실과 단절되어 있었다고. 그렇기에, 이처럼 현실이 부정적이었기에 도리어 더욱 열정적으로 하느님의 뜻인 의를 실천하려 애썼나 봅니다. 그리고 여기선 묵자의 주 활동 무대가 노나라라는 것이 보이죠. 묵자가 노나라 사람이란 증거가 되는 부분입니다.

9

묵자께서 말씀하시기를, 옛 성왕은 자신의 도道를 후대에 전하고자 죽간과 비단에 글을 쓰거나 쇠붙이나 돌에 글씨를 새겨 자손에게 남겼고, 후대의 자손들은 그것을 공부했다. 오늘날 선왕의 도를 듣고 실행하지 않는 것은 선왕이 남긴 도를 버리는 것이다. 귀의편

새것을 만들어내자고 하면서도 과거의 것을 배우고 이어가려는 묵자의 자세가 분명히 보이죠. 어쨌거나 묵자는 전통의 학문을 잘 보존한 노나라 사람으로 동방 정학을 폈고, 또 과거의 이상적인 군주 이야기를 많이도 내세웠죠. 그래서 아래와 같은 이야기도 있습니다.

묵자가 남쪽을 유세하다가 위나라를 찾아갔는데 수레에 매우 많은 책을 싣고 있었다. 현당자弦唐子가 이것을 보고서 이상히 생각하며 물었다. "선생님께서는 공상과公尙過에게 '사리의 옳고 그름을 분별할 수 있으면 충분하다'고 가르치셨습니다. 그런데 지금 이토록 많은 책을 싣고 계시니 어찌된 일인가요?" 귀의편

역시나 전통 학문을 배우고 그것을 버리지 않은 사람으로 보이죠.

10

묵자께서 말씀하시길, 세속의 군자들은 의로운 선비 보기를 곡식 지고 가는 사람보다도 못하게 여긴다. 여기에 어떤 사람이 곡식을 지고 가던 중 길가에서 쉬었다가 다시 일어나려는데 일어나지 못하는 것을 군자들이 본다면, 늙고 젊거나 귀하고 천한 것에 관계없이 반드시 그를 도와 일으켜 세워줄 것이다. 어째서인가? 그것이 의로운 일이라고 대답할 것이다. 그런데 지금 의로움을 행한다는 군자들은 옛 왕들의 도를 떠받들며 이야기하면서도 이를 실행하지 않으며, 게다가 비방까지 한다. 이것을 두고 세속의 군자들이 의로운 선비 대함을 곡식을 지고 가는 사람만도 못하게 여긴다고 하는 것이다. 귀의편

활동가, 실천가를 자처하는 묵자. 그런데 묵자 학단에 대한 시각이나 대접이 영 시원치 않았나 봅니다. 그리고 의를 말하면서도 실행하지 않는 데다가 비방까지 한다는 것을 보니 돌려서 유가를 비판하고 있다는 걸 알 수 있습니다.

11

묵자께서 말씀하시길, "상인들은 사방에 가서 장사를 해 몇 곱이 남는다면 비록 관문과 다리를 통과하는 어려움이 있고 도적을 당할 위험이 있다 하더라도 반드시 가서 장사를 한다. 지금 선비들이 앉아서 의로움을 말하는 데에는 관문과 다리를 통과하는 어려움이나 도적의 위험도 없을 뿐더러, 이것은 몇 곱의 이익이 남는지 이루 헤아릴 수도 없을 정도다. 그런데도 선비들은 그렇게 하지 않으니 이는 선비들의 계산이 상인들만큼 밝지 못하다는 뜻이 된다." 귀의편

이문이 남는다는 계산이 서면 세상 어디든 가는 것이 상인이죠. 물건을 들고 어디든 갑니다. 묵자는 자신의 의가 상인들이 다루는 물건처럼 천하에 유통되기를 바랐던 것일까요. 자, 여기서도 묵자는 자신들이 말하는 의로움이란 것이 결과적으로 유용하고, 많은 사람들에게 눈에 보이는 이익을 줄 수 있다고 하는 것 같습니다. 옳으면서도 이로운 것이 묵자의 겸애이고, 그것이 묵자의 윤리이고 규범이죠.

12

묵자가 북쪽 제나라에 가다 점쟁이를 만났다. 점쟁이가 이렇게 말했다.
"오늘은 상제께서 북쪽에서 검은 용을 죽이시는 날입니다. 선생은 살결이 검으니 북쪽으로 가선 안 됩니다."
묵자는 듣지 않고 북쪽으로 갔다가 치수에 이르러 그 강을 건너지 못하고 다시 돌아왔다. 점쟁이가 이렇게 말했다.
"북쪽으로 가선 안 된다고 하지 않았습니까."

묵자는 말했다.

"치수 남쪽의 사람들은 강 북쪽으로 건너갈 수 없고, 치수 북쪽의 사람들은 강 남쪽으로 건너올 수가 없었네. 그들의 얼굴은, 어떤 사람은 검고 어떤 사람은 희었네. 그런데 어째서 모두 갈 수 없었는가? 상제께서 갑을 날에는 동쪽에서 푸른 용을 죽이고, 병정 날에는 남쪽에서 붉은 용을 죽이며, 경신 날에는 서쪽에서 흰 용을 죽이고, 임계 날에는 북쪽에서 검은 용을 죽인다는데, 자네의 말을 따른다면 천하 사람들의 왕래가 금지될 것이네. 이는 사람들의 마음을 속박하여 세상을 텅 비게 만드는 것이니, 자네의 말은 도저히 받아들일 수 없네." 귀의편

묵자가 하느님과 귀신을 말했다고 해서 미신적인 사고를 했을 거라 생각하고, 실제 하층민들의 미신이 묵자 사상에 상당히 영향을 주었다고 하는 사람도 있는데, 묵자는 미신이나 주술을 믿은 게 아니라 철저히 현실적인 사고를 한 사람입니다. 그리고 묵자의 얼굴이 검긴 검었나 보네요.

13

묵자가 남쪽 초나라로 유세하러 가서, 혜왕을 만나 책을 바치려 했다. 혜왕은 늙었다는 이유로 사양하며 대부 목하穆賀로 하여금 묵자를 만나게 했다. 묵자가 목하에게 자기주장을 말하니 목하는 크게 기뻐하며 말했다.

"선생님의 말씀은 참으로 훌륭하십니다. 그러나 왕은 천하의 대왕이시니 천한 사람이 지은 것이라 하며 쓰시지 않을까 봐 걱정됩니다."

묵자가 말했다.

"실행할 수 있는 일입니다. 비유를 들면 마치 약과 같습니다. 풀뿌리라 하더라도 천자가 그것을 먹고 병을 고칠 수 있다면 어찌 한낱 풀뿌리라 말하면서 먹지 않을 수 있겠습니까? 지금 농부가 농사를 지어 대신들에게 바치고, 대신들은 그것으로 술과 단술과 젯밥을 만들어 하늘과 귀신들에게 제사를 지냅니다. 천한 농부들이 지은 것이라 하여 제사를 받지 않을 리 있겠습니까? 그러므로 제가 비록 천한 사람이지만 위로는 농부, 아래로는 약에 견주어보면 한낱 풀뿌리만도 못할 리가 있겠습니까?

또한 선생께서도 일찍이 탕왕에 대한 얘기를 들으신 일이 있을 겁니다. 옛날 탕왕이 이윤을 찾아가 만나기 위해 팽 씨의 아들에게 수레를 끌도록 했습니다. 팽 씨의 아들이 가는 중간에 묻기를, '왕께선 어디를 가시려는 것인지요?' 탕왕이 말하길 '이윤을 만나러 가려 한다.' 팽 씨의 아들이 말하기를, '이윤은 천하의 천한 사람입니다. 만약 왕께서 그를 만나려고 하신다면 명령을 내려서 불러들여 물으셔도 됩니다.' 탕왕이 말하기를, '그대는 알지 못한다. 지금 약이 있어서 그것을 먹으면 귀가 더욱 분명해지고 눈이 더욱 밝아진다면, 나는 반드시 기뻐하면서 억지로라도 그것을 먹을 것이다. 지금 이윤은 우리나라에 훌륭한 의사나 좋은 약과 같은 존재다. 그런데도 그대는 내가 이윤을 만나지 않기를 바라니, 이것은 그대가 나의 훌륭해짐을 바라지 않는 것이다' 하며 팽 씨의 아들을 내리라 하고는 그로 하여금 수레를 몰지 못하게 했습니다. 초나라 왕께서 만일 탕왕 같다면 천한 사람의 말을 받아들이실 것입니다." 귀의편

묵자 스스로 자신이 천한 사람임을 인정하네요. 그렇습니다, 묵자 사상은 천인들, 하층민들에게서 나왔죠. 근데 여기서 약초와 치료에

비유해 이야기하는 부분이 인상적이네요. 묵자는 줄곧, 긍정적인 뭔가를 내세우며 당장 이상적인 청사진을 제시하기보다는 우선 갖가지 병리 현상에 주목하고 부정적인 정치 현실의 부조리를 없앨 치유책을 얘기하는데, 여기서도 약초와 치료를 말합니다. 역시나 병리 현상의 치료, 치유가 우선임을 말하는 것 같고, 또 스스로 천하를 치료하는 약초가 되겠다고 말하는 것 같습니다. 어떤 울림이 있습니다, 이 부분은. 천하의 병을 고치는 약초, 겸애 그리고 묵자.

14

공맹자가 묵자에게 말했다.

"진실로 선하다면 어느 누가 알아주지 않겠습니까? 마치 훌륭한 무당과 같으니, 들어앉아 나가지 않아도 많은 복채를 벌어들이는 것과 같습니다. 마치 미녀가 들어앉아 나가지 않아도 사람들이 다투어 그에게 구혼하는 것과 같습니다. 그러나 밖으로 다니면서 스스로 내세우면 그녀를 아내로 맞을 사람은 없을 것입니다. 지금 선생님께서는 두루 다니면서 유세하시는데, 무엇 때문에 그처럼 고생하시는 겁니까?"

묵자가 대답했다.

"지금 세상이 어지러워, 미녀는 구하는 사람이 많으므로 미녀가 비록 나가지 않는다고 하더라도 많은 사람들이 그녀에게 구혼하겠지만, 선함을 구하는 사람은 적어서 힘써 사람들에게 유세하지 않으면 사람들은 그것을 알지 못합니다. 여기에 두 사람이 있는데 점을 잘 친다 합시다. 한 사람은 다니면서 사람들에게 점을 쳐주고, 다른 한 사람은 들어앉아 밖으로 돌아다니지 않습니다. 돌아다니면서 사람들에게 점을 쳐주는 사람과

들어앉아 돌아다니지 않는 사람 가운데 복채는 누가 더 많이 받겠습니까?"

공맹자가 대답했다.

"돌아다니면서 사람들에게 점을 쳐주는 사람이 복채를 더 많이 받을 것입니다."

묵자가 말했다.

"인의도 마찬가지입니다. 돌아다니면서 사람들에게 유세하는 사람의 공적이 훨씬 많을 것입니다. 그러니 어찌 밖으로 나가 사람들에게 유세하지 않겠습니까?" 공맹孔孟 편

수기修己하면 치인治人과 안인安人이 자연스레 이루어진다는 것이 유가의 입장. 근데 한 개인의 수양이 농익는 것으로 세상 문제가 해결될까요? 역시나 밖으로 나가서 발로 뛰어야겠죠. 그것이 묵자의 입장이고요. 묵자의 실천 의식, 적극적 구세 의식이 잘 보입니다.

15

공맹자가 관을 쓰고 허리에 홀을 꽂고 유가의 예복을 입고서 묵자를 뵙고 말했다.

"군자는 바른 옷차림을 한 뒤라야 바른 행동을 하는 걸까요? 바른 행동을 한 뒤라야 바른 옷차림을 하게 될까요?"

묵자가 말하길, "행동은 옷에 달려 있는 게 아닙니다."

공맹자가 말하길, "어떻게 그러함을 아십니까?"

묵자가 대답하길, "옛날에 제나라 환공은 높은 관을 쓰고 넓은 띠를 띠

고서 금칼을 차고 나무 방패를 들고 나라를 다스렸는데 나라가 잘 다스려졌습니다. 옛날 진나라 문공은 거친 천으로 만든 옷과 암컷 양의 가죽을 입고 가죽 끈으로 칼을 띠에 차고서 나라를 다스렸는데 그 나라는 잘 다스려졌습니다. …… 옛날 초나라 장왕은 화려한 관에 색실로 짠 끈을 달고 …… 옛날 월나라 구천은 머리를 깎고 문신을 하고서 나라를 다스렸는데 그 나라는 잘 다스려졌습니다. 네 왕의 차림은 같지 않았지만 그들의 행동은 모두 하나였습니다. 나는 이것으로써 행동은 옷에 달려 있지 않다는 것을 알았습니다."

공맹자가 말하길, "좋습니다. 제가 듣건대 선을 알고서 실천하지 않으면 좋지 않으니, 홀을 버리고 관을 바꿔 쓰고서 다시 선생님을 뵙고자 합니다. 괜찮겠는지요?"

묵자가 말하길, "그대로 좋습니다. 만약 반드시 홀을 버리고 관을 바꿔 쓴 뒤에야 만날 수 있다면 정말 행동이 옷에 달려 있는 셈이 되어버리는 것입니다." ^{공맹편}

증자 계열 사람이라는 공맹자는 《묵자》 원문에서 희화화된 캐릭터로 등장하는데요. 이 사람이 정말 유가를 대표한다면 유가 측에선 좀 억울할 듯싶습니다. 근데 《안자춘추晏子春秋》라는 책을 봐도 그렇고, 유가 집단은 확실히 형식에 얽매인 사람들이란 인식이 당대에 있었습니다. 그런데 위에서 제나라 왕 환공과 진나라 왕 문공이 좀 대조되어 보이죠. 실제 제나라는 아주 부유한 나라였고, 문공의 진晉나라는 가난하지는 않았지만 물자를 상당히 아끼고 효율적으로 써야 했던 나라입니다. 《묵자》는 사상서기만 이렇게 역사적 사실도 알려주고.

16

공맹자가 묵자에게 말하기를, "옛 성왕들의 시대에는 최고의 성인이 천
자 자리에 오르고 그다음이 경대부 자리에 앉았습니다. 지금 공자께서는
《시경》과《서경》에 두루 통하시고 예의와 음악에 밝으며 만물에 대해 자
세히 아십니다. 만약 공자께서 성왕의 시대를 만났다면 어찌 천자가 되
시지 않았겠습니까."

묵자가 말하길, "지혜로운 사람은 반드시 하늘을 존경하고 귀신을 섬기
며 사람들을 사랑하고 물자를 절약해야만 합니다. 그것이 다 합쳐져야
지혜로운 사람이고 성인이라 할 수 있습니다. 지금 당신은 공자가《시
경》과《서경》에 두루 통하고 예의와 음악에 밝고 만물에 대하여 자세히
안다고 하면서 천자가 될 수 있는 분이라 했는데, 이것은 남의 장부를 계
산하면서 부자가 되었다고 생각하는 것과 같은 일입니다." 공맹편

각자가 생각하는 성인상이 다른 것 같습니다. 유가 쪽에서는 학문
과 인격 수양이 정점에 이른 사람이 성인이고, 그런 사람이 천하를
경륜하는 군주의 자리에 올라야 한다고 생각하지만(그런다고 누가 왕
의 자리를 선선히 주겠습니까? 순진한 생각이죠), 묵가 쪽에선 사람들을 사
랑하고, 묵가식대로 말하면 인민들을 이롭게 하고, 거기에 물자를 절
약할 줄 아는 현실의 정치가가 성인이라는 것입니다. 현실에서 정치
로써 실제적 능력을 보여주지 못하면 학문과 인격이 아무리 완성되
어 있어도 성인이 아니라는 것이죠. 이렇게 양 학파의 성인 관념이
대조적입니다.

17

공맹자가 말하길, "가난하고 부유한 것과 오래 살고 일찍 죽는 것은 엄연히 하늘에 달린 일이어서 덜하거나 더하게 할 수 없습니다."

그리고 또 말하길, "군자는 반드시 배워야 합니다."

이에 묵자가 말하길, "사람들에게 배우라고 가르치면서 운명이 있다고 주장하는 것은 마치 사람들에게 머리를 감싸라고 하면서 〔머리를 감쌀_인용자〕관은 버리라고 하는 것과 같습니다."

공맹자가 묵자에게 말하길, "의로운 일과 의롭지 못한 일이 있지만 의롭다고 복을 구할 수 있는 것이 아니고 의롭지 못하다고 화가 오는 것이 아닙니다."

묵자는 대답하길, "옛 성왕들은 모두 귀신은 신명스러우며 화와 복을 내려준다고 믿었고, 그래서 사람이 의로움을 행하면 복을 받고 의롭지 못하면 화를 받는다고 주장했습니다. 그래서 국정이 잘되고 나라가 평안했습니다. 폭군 걸왕과 주왕 이후에는 귀신이 신명치 않으며 복과 화를 내릴 수 없다고 믿었고, 그래서 의롭다고 복을 받고 불의하다고 화를 받는 게 아니라고들 주장했습니다. 그래서 정치는 어지러워지고 나라는 위기에 빠졌던 것입니다." 공맹편

유가식의 명命을 공격한 것이지요. 제대로 현실을 살피고 대안을 세워 강하게 실천하면 뭐든 된다는 낙관론의 묵자. 현실에서 이상적인 질서가 이루어지도록 죽을 때까지 노력을 경주해야 하지만 그것이 성공과 실패 여부는 기약할 수 없고 하늘에 달린 일이라는 것이

유가. 이런 대립적 입장이 잘 보입니다. 여기선 유가를 희화화한 것
이 아니고, 이것이 정말 유가가 말하는 命의 한 부분입니다. 운명으
로서의 命.

18

묵자가 공맹자에게 말했다.

"유가의 상례에서는 왕·부모·처·맏아들이 죽으면 삼년상을 하고, 백
부·숙부·형제가 죽으면 13개월상을 치르고, 친족이 죽으면 오개월상을
치르며, 고모·누이·외삼촌·생질이 죽으면 서너 달 상을 치른다고 했습
니다. 또한 상을 지내지 않을 때에는 《시경》을 외우고 연주하고 노래하
고 춤추라고 했습니다. 만일 유가의 상례를 따른다면 군자들은 언제 국
정에 종사하고 평민들은 언제 생업에 종사할 수 있겠습니까?" _{공맹편}

상례를 길고 후하게 지내자는 유가의 입장에 반대하는 입장을 보
이고 있지요. 낭비가 심하고 국정의 공백을 초래한다는 것입니다.

19

묵자가 정자程子[●]와 토론하다가 공자를 인용했다. 정자가 말했다.

"유가를 비난하시는 분이 왜 공자님을 인용하시나요?"

"합당한 것은 바꿀 수 없기 때문입니다. 새들은 땅이 덥고 가물면 높이

● 정번程繁. 송나라 시대의 유학자인 정명도程明道(1032~1085)와 정이천程伊川
(1033~1107) 형제도 '정자'라 일컬어지는데, 전혀 다른 사람입니다. 정번에 관해서는 자
세한 내용이 전해지지 않지만, 유가의 한 사람이라는 점은 확실합니다.

날아오르고 물고기들은 수면이 덥고 가물면 물 아래로 잠깁니다. 비록 우임금과 탕왕이라 하더라도 이러한 이치를 바꿀 수 없습니다. 새나 물고기는 어리석다고 할 수 있는데도 우임금과 탕왕은 그대로 따릅니다. 저도 지금 어찌 공자를 인용하지 않겠습니까?" 공맹편

맞는 사실이고 합당한 이치이면 수용하고 따를 수 있다는 것입니다. 논리적이고 근거가 확실한 이론은 그 이론을 말하는 사람들과 별개로 독립된 것이고, 계속 이어질 수 있는 것이라고 봤습니다. 하지만 유가에서는 말이 그 사람과 절대 떨어질 수 없는 것이며 행동과 함께 가는 것이죠. 말하는 사람의 마음을 담아내고 그 사람의 몸가짐을 대변하는 것이지, 말이 말을 하는 사람과 분리된다거나 별개의 이론, 법, 제도, 규범으로 독립해 자기 자리를 만든다고 생각하지 않았습니다.

20

공맹자가 묵자에게 말하기를, "군자란 점잖게 기다리다가 누가 물으면 말하고, 묻지 않을 때는 가만히 있습니다. 마치 종을 치면 울리고 치지 않으면 울리지 않는 것과 같지요."

이에 묵자가 대답하기를, "말을 하는 데에 세 가지 고려해야 할 것이 있습니다. 선생은 그중 한 가지만을 알 뿐이고 또 그 한 가지도 왜 그렇게 해야 하는지 모르는 것 같습니다. 만약 통치자가 나라에 음란하고 난폭한 짓을 저지른다고 합시다. 직접 나서서 간언하면 불손하다는 말을 들을 테고 다른 사람을 통해 간언해도 역시 분란만 일으킨다고 할 것입니

다. 이것이 바로 군자들이 의혹을 품고 말을 안 하는 까닭입니다. 만약 통치자의 정치가 국가에 환난을 가져온 판국이라면 군자는 반드시 그 일을 간언하여 이익을 가져와야 합니다. 이런 경우가 바로 종을 치지 않아도 소리를 울려야 할 경우입니다.

만약 통치자가 의롭지 못하게 처신한다면, 기막힌 병서를 얻더라도 전쟁을 벌여 죄 없는 나라를 공격하고 땅과 재물을 얻으려다 반드시 욕만 보게 될 것입니다. 공격하는 쪽도 공격을 당하는 쪽도 이롭지 못한데, 이런 경우에도 종을 치지 않더라도 소리를 울려야 합니다. 그런데도 선생은 '군자는 가만히 기다리다가 물으면 말을 하고 묻지 않으면 가만히 있는 법이다. 마치 종을 치면 울리고 치지 않으면 울리지 않는 것과 같다'고 했습니다. 지금은 아무도 선생에게 묻지 않았는데 선생이 말했으니, 이는 치지 않았는데도 울린 것이고 그럼 선생은 군자가 아니겠군요." 공맹편

국정의 난맥상이 있으면 가만있지 말고 반드시 지적을 해야 한다는 것이죠. 왜 진묵이 통일 후 그렇게 탄압받을 수밖에 없었는지 보이기도 하네요. 쳐야 울리는 종이 아니라 치지 않아도 울리는 종이 되겠다는 묵자의 말, 소극적인 유가와 달리 적극적이고 실천적인 구세 의식을 잘 보여줍니다. 천하의 병을 고치는 약초, 그리고 치지 않아도 울리는 종. 묵자는 당시 어지러운 천하에 경종을 울리고자 했던 사상가인 것 같습니다. 정말 전국 시대의 목탁이 아니었는지.

21

제자 두세 명이 묵자에게 고했다.

"고자告子가 선생님의 말씀은 의로우나 그 행동은 심히 악하다고 합니다. 청컨대 그를 멀리하십시오."

묵자가 대답했다.

"아니다. 내 말은 칭찬하고 내 행동을 헐뜯는 것은 그러지 않는 것보다 낫다. 어떤 사람이 이와 같이 '묵자는 어질지 않다. 하늘을 존숭하고 귀신을 섬기며 사람을 사랑하라고 하면서 몹시 어질지 않다'고 한다면, 이는 아예 말하지 않는 것보다 차라리 낫다. 고자의 말은 지나치지만, 내가 인의仁義에 대해 한 말은 헐뜯지 않고 내 행동만 헐뜯었으니, 이는 말하지 않는 것보다 나은 것이다." 공맹편

고자는 맹자 때 사람이라 이것은 후대에 만들어진 이야기로 보이는데요. 하지만 여기서 자신들을 비방하는 무리에 대한 묵가의 대범한 태도를 볼 수 있습니다. '저 사람은 내 행동은 나쁘다고 욕하지만 내 말은 의롭다며 욕하지 않는다. 내 말을 무시하는 것보다는 내 행동을 헐뜯는 게 차라리 낫다'고 하잖아요. 악플이 무플보다 낫다고, 비록 욕을 먹더라도 하늘을 섬기고 사람을 사랑하자는 대의만은 조금이라도 더 공유되기를 바라는 마음이 느껴집니다.

22

노나라 임금이 묵자에게 말하길, "내게 아들이 둘 있소. 하나는 학문을 좋아하고, 다른 하나는 남에게 재물을 나누어주기를 좋아하오. 누구를 태자로 삼는 게 좋겠소?"

묵자가 말하길, "알 수 없습니다. 혹시 상과 명예를 위하여 그렇게 하느

것인지도 모릅니다. 낚시하는 사람이 태도를 삼가는 것은 물고기에게 고마워서가 아닙니다. 쥐에게 독이 든 먹이를 주는 것은 쥐를 사랑하기 때문이 아닙니다. 바라건대 왕께서는 두 아들이 행동하는 동기와 공로를 잘 관찰해보십시오." 노문魯問 편

    흔히 유가를 동기주의라고 하고 법가를 결과주의라고 하죠. 거칠게 분류하는 말이지만 분명 유가에게는 선한 동기가 중요하고, 법가는 어떻게든 결과로써 설득을 하죠. 묵가의 경우는 이익을 앞세우다 보니 결과주의인 것처럼 흔히 이야기되는 것 같은데, 누누이 말씀드린 대로 옳고 또 이득이 되니 해야 한다고 주장하는 묵가에게는 옳은 동기와 행위자의 선한 의지가 중요합니다. 위 글은 결과주의 진영으로 묵가를 몰아넣곤 했던 그간의 오해를 한 큐에 불식하는 묵자의 발언이죠. 윤리 교과서에 묵자가 공리주의功利主義, 결과적 이익만을 말하는 것으로 소개되어 있나요? 그렇다면 정정 부탁합니다.
    묵자가 동기를 중시한다는 예는 더 있습니다. 〈경주〉 편인데요.

    무마자巫馬子가 묵자에게 말하길, "선생께서는 천하를 두루 사랑한다 하지만 아직 그 이로움이 보이지 않습니다. 저는 천하를 사랑하지 않지만 아직 해로움이 보이지 않습니다. 결과가 모두 나타나지 않았는데 선생께선 어찌하여 홀로 스스로는 옳다 하고 저를 그르다고 하십니까?"
    묵자가 말하길, "지금 여기에 불이 났다 합시다. 한 사람은 물을 들고서 끄려 하고, 다른 한 사람은 불을 들고서 그것을 더 타오르게 하려 합니다. 결과는 모두 나타나지 않았지만 당신은 두 사람 중에서 누구를 귀

하게 여기겠습니까?"

무마자가 말하길, "저는 물을 든 사람의 뜻을 옳게 여기고, 불을 든 사람의 뜻을 그르다 여깁니다."

묵자가 대답하길, "나도 역시 내 뜻을 옳게 여기고, 당신의 뜻을 그르다 여깁니다." 경주편

여기서도 묵자가 의도와 동기를 중시한다는 것을 알 수 있죠.

23

노나라 남쪽 시골에 오려呉慮라는 사람이 살고 있었는데 겨울엔 질그릇을 굽고 여름엔 밭을 갈며 자신을 순임금에게 비유했다. 묵자가 그 말을 듣고서 그를 만났다.

오려가 묵자에게 말하길, "의로움만 있으면 되는 것입니다. 어찌 말하고 다닐 필요가 있겠습니까?"

묵자가 말하길, "선생께서 말씀하시는 의로움이란 있는 힘껏 남을 위해 수고하고 자기의 재물을 남에게 나누어주는 것입니까?"

오려가 대답하길, "그렇습니다."

묵자가 말하길, "저는 일찍이 생각해본 적이 있습니다. 제 손으로 농사를 지어 천하 사람들을 먹여주리라 생각했습니다. 그런데 잘해야 한 농부가 농사짓는 수확밖에는 안 되니 이것을 천하에 나눈다면 한 사람에 곡식 한 되도 돌아가지 않습니다. 설령 한 되씩 돌아간다고 하더라도 그것으로는 천하의 굶주리는 자들을 배불리 할 수 없음을 쉽게 알 수 있습니다. 또 제가 베를 짜서 천하의 사람들을 입혀주리라고 생각해보았습니

다. 잘해야 한 부인이 짜는 만큼밖에 안 되니, 그것을 천하에 나누어준다면 한 사람에 천 한 자도 돌아갈 수 없습니다. 설령 천 한 자씩 돌아간다고 하더라도 그것으로는 천하의 헐벗는 자들을 따뜻하게 해줄 수 없음이 자명합니다. 또 제가 견고한 갑옷을 입고 예리한 무기를 들고서 제후의 환난을 구하리라 생각해보았습니다. 잘해야 한 사람 몫밖에 싸울 수가 없으니 그것으로 대군을 막아낼 수 없음은 뻔히 알 만한 일입니다. 그래서 저는 옛 성왕들의 도를 배워 그 사상을 추구하고 성인들의 말씀을 통해 그 의미를 밝혀서, 위로는 왕, 공, 대인들을 설복하고, 그다음에는 일반 백성들을 설복하는 게 더 낫다고 생각했습니다.

왕, 공, 대인들이 제 의견을 채택하면 나라는 반드시 다스려질 것입니다. 일반 백성들이 제 의견을 채택하면 그들의 행동이 다듬어질 것입니다. 그러므로 저는 비록 농사를 지어 굶주린 사람을 먹이지 않고 베를 짜서 헐벗은 사람들을 입히지 않는다 하더라도, 그 공로는 농사지어 먹이고 길쌈하여 입히는 사람들보다 훨씬 크다고 생각합니다."

오려가 묵자에게 말하길, "의로움이면 다 되는 것입니다. 어찌 말하고 다닐 필요가 있겠습니까?"

묵자가 말하길, "만약 천하의 사람들이 농사를 지을 줄 모른다고 합시다. 그때 사람들에게 농사짓는 방법을 가르쳐주는 것과 사람들에게 농사짓는 방법을 가르쳐주지 않고 홀로 농사짓는 것, 이 두 가지 방법 중에 어느 방법의 공로가 더 크겠습니까?"

오려가 말하길, "사람들에게 농사짓는 방법을 가르쳐주는 사람의 공로가 더 클 것입니다."

묵자가 말하길, "만약 의롭지 못한 나라를 공격한다고 합시다. 북을 쳐서 여러 사람이 진격하여 싸우게 하는 것과 홀로 진격하여 싸우는 것 중에서 어느 편의 공로가 더 크겠습니까?"

오려가 말하길, "북을 쳐서 여러 사람을 진격하게 하는 사람의 공로가 더 클 것입니다."

묵자가 말하길, "천하의 백성들과 선비 중에 의로움을 아는 이가 적습니다. 그러니 천하에 의로움을 가르치는 사람의 공로가 더욱 클 것입니다. 그런데 어찌하여 널리 의를 말하지 않겠습니까?" 노문편

그런 생각 해본 사람이 있을 겁니다. 내가 커서 성공해서 이웃들에게 많이 베풀고 살아야겠다. 좋지요. 잘나가는 사람 되어서 주위 이웃들에게 베풀고 가진 것을 사회에 환원하는 선한 개인, 이타적 개인이 많을수록 살맛 나는 세상 될 겁니다. 하지만 한 사람 한 사람이 선해지는 것보단 사회 시스템이 바뀌는 것이 좋지 않겠습니까. 사회 복지가 확충되고 안전망이 확대되고. 한 사람 한 사람이 세상을 바꾸는 건 너무도 어려운 일이고, 통치 권력이 변하고 사회 시스템이 바뀌어야 진정으로 사회가 개선되고 진보하는 게 아닐까요? 위에서 묵자가 잘 말해주네요. 유가는 개개인이 선해짐을 강조하면서 인격 수양에 방점을 둔다면 이렇게 묵자는 사회 시스템을 중시합니다. 그러니 왕들에게 유세하고자 그렇게 노력했고 군주들을 설득하기 위한 장치를 잘 준비했던 것이죠. 아, 그리고 '있는 힘껏 남을 위해 수고하고 자기의 재물을 남에게 나누어주는 것'이 의義라는 묵자만의 정의도 위에 보이죠.

24

묵자가 밖으로 나가 유세하는데 제자인 위월魏越이 물었다.

"선생님께서는 사방의 군주를 만나면 무엇을 먼저 말하십니까?"

묵자가 대답했다.

"어느 나라고 그 나라에 들어가면 긴박한 일부터 골라 처방책을 제시한다. 만일 나라가 혼란하다고 진단되면 먼저 상현과 상동을 제시한다. 만일 나라가 빈궁하다고 진단되면 절용과 절장을 제시한다. 만일 나라가 음악과 술에 빠져 있다고 진단되면 비악과 비명에 대해 이야기한다. 만일 나라가 음란하고 무례하다고 진단되면 하늘을 존경하고 귀신을 받들라고 이야기한다. 만일 나라가 다른 나라를 속이고 약탈하고 침략하고 업신여긴다고 진단되면 겸애와 비공을 제시한다. 그래서 긴박한 일부터 골라 처리한다고 말한 것이다(택무이종사擇務而從事)." 노문편

《묵자》원문 중에 가장 빛나는 편이 아닌가 싶기도 합니다. 급한 일을 골라 종사하라는 택무이종사, 이 부분 말입니다. 국정을 관찰해서 지금 어디가 곪았고 가장 시급히 손봐야 할 부분인지 명확히 진단하고, 우리 묵가가 가진 대안적 정치사상과 정책 대안 중 적절한 것을 적용해 그 나라의 병든 부분을 치료하라!! 얼마나 멋집니까? 자신들이 가진 여러 가지 치료약을 가지고 어느 나라에 가든 병리 상태를 정확히 진단해 치료약을 처방, 병든 나라를 일으키겠다는 저 준비 자세. 그 자세가 바로 묵가를 말해주는 것이죠. 추상적이거나 지나치게 포괄적인 목표를 제시하기보단 저렇게 치료약이 될 수 있는 사상과 정책 대안들을 준비하는 겁니다. 그리고 그 준비된 자의 자신감. 역

시 묵자는 묵자입니다.

자, 이제 대단원의 막을 내려야 할 것 같습니다. 그 전에, 여기서 살펴보지 않은 《묵자》 원문의 나머지 부분에 대한 이야기를 좀 하겠습니다.

우선 〈명귀明鬼〉와 〈삼변三辯〉 편, 그리고 군사 방어 문제를 집중적으로 다룬 〈비성문備城門〉, 〈비고림備高臨〉, 〈비제備梯〉, 〈비수備水〉, 〈비돌備突〉, 〈비혈備穴〉, 〈비아부備蛾傳〉, 〈영적사迎敵祠〉, 〈기치旗幟〉, 〈호령號令〉, 〈잡수雜守〉 편을 보지 않았는데요. 묵자가 남긴 군사 관련 매뉴얼도 살펴보면 묵자를 더 잘 이해할 수 있겠지만 이 책에서는 정치사상과 철학을 중점적으로 다루었기에 제외했고, 귀신(신령)에 관해 다룬 〈명귀〉 편은 보지 않아도 묵자 사상과 철학을 이해하는 데 별 문제가 되지 않는다 생각해서 뺐습니다. 〈삼변〉 편은 〈비악〉 편과 중복되는 이야기라 뺐고요.

묵가 구성원 중 상당수가 방어 전문 무사들이라고 했으니 저 방어 관련 편들에 대해 살짝 설명을 드리자면, 〈비성문〉은 성문 수비 방법을 일러주는 내용입니다. 〈비고림〉은 성 앞에 흙을 높이 쌓고 높은 곳으로부터 성을 공격해 오는 적에 대비하는 방법을 논하는데, 당 태종과 양만춘의 안시성 싸움을 떠올리시면 되겠네요. 당 태종의 군대가 고구려 안시성 앞에 높이 흙산을 쌓았는데, 고구려군이 선제공격을 날려 그 흙산을 점령해버렸지요. 〈비제〉는 성벽 아래에서 성벽 위로 사다리를 걸치고 공격해 올 때 방어하는 방법을 논하고, 〈비수〉는 공격해 오는 적을 물로써 역공해 방어하는 방법을, 〈비돌〉은 성에 구멍을 뚫고 공격해 오는 적을 방어하는 법을 자세히 다룹니다. 〈비혈〉은 성 밑에 땅굴을 파고 공격해 오는 적에 대응하는 대비책 여러 가지를 서술하고, 〈비아부〉는 상대가 한 번에 개미떼처럼 많은 병력을 동원해 성벽을 오를 때 대처하는 방법, 〈영적사〉는 제사에 대해 논합니다. 대대적으로 쳐들어오는 적과 맞서 싸우기 전에 올리는 제사를 이야기한 편인데, 성안의 병력과 주민들의 정신 무장을 위한 것이겠죠. 그리고 〈기치〉는 깃발에 대한 것인데, 과거 깃발은 전쟁에서 요긴한 통신 수단으로 신호를 전달하는 도구였죠. 〈호령〉 편은 군대를 어떻게 짜임새 있게 조직할지, 또 어떻게 군대가 물 샐 틈 없으면서도 유기적으로 움직이도록 할지를 다룬 군사 조직론, 군대 운영론이라 할 수 있습니다. 여기서 어떻게 병사들의 공과에 따라 상과 벌을 줄지도 논하는 걸 보면 군 조직론을 넘어서서 '묵자병법'이라 할 수도 있겠네요. 〈잡수〉 편은 〈비성문〉처럼 성문 방어에 대해 서술한 편인데 〈비성문〉 편이 서론에 해당한다면 〈잡수〉 편은 정말 다양하고 구체적인 방법을 다룹니다.

이들 편 모두 방어 기술과 군대 조직, 통솔에 대해서 굉장히 상세하게 다루면서, 표준 매뉴얼이 될 수 있도록 구체적인 숫자까지 써 가며 서술합니다. 정말 묵가가 대단한 방어 무사 집단임을 잘 말해주는 편들이고, 철학 사상과는 크게 연관이 없다고 생각해 자세히 다루진 않았지만 읽어볼 만한 편들인 건 사실입니다. 특히 군사학과 병법을 연구하는 학자들에겐 아주 소중한 자료들이지요.

그리고 《묵자》 원문 중에서 후기 묵가가 남긴 것을 보지 않았는데요. 〈경經〉 상上, 하下, 〈경설經說〉 상, 하, 〈대취大取〉, 〈소취小取〉, 이렇게 여섯 편이 후기 묵가가 남긴 저작으로서 《묵경墨經》이라고도 하는데요. 엄밀히 말해 묵자 당대의 사상이 아니고 후세의 제자들이 독자적으로 만들고 일군 것이라 했습니다. 또 솔직히 말해서 《묵경》이 굉장히 어려운데, 제가 아직 공부가 부족해 제대로 이해를 하지 못했습니다. 특히 묵자 사상과 어떻게 연결되고 묵자 사상의 무엇을 발전시키고 특화시킨 건지 제가 제대로 알지 못하는데요. 분명히 제가 앞으로 공부해서 언젠가 벗들께 설명드려야 할 부분이기에 열심히 공부해보겠다고 약속하겠습니다. ^^

자, 이렇게 이야기 스무 고개를 넘어오며 고생 많으셨을 텐데, 묵자란 사상가의 사상, 묵자가 말하는 겸애, 그리고 묵자가 살고 부대꼈던 시대와 그가 고민하고 아파했던 것들, 그런 것들이 좀 와 닿으시나요? 서두에 제가 이런 것 저런 것을 말씀드리고 풀어가겠다고 약속했는데 약속을 충실히 지켰는지 잘 모르겠고, 또 같은 말을 반복하며 지루하게 했던 감도 있지 않나 우려되는데, 제 능력껏 최대한 성실히 약속을 지키려 했습니다. 반복하는 서술 방식은 사실 《묵자》 원문의 주된 서술 방식이기에 겹치는 부분을 냉정히 잘라내지 않고 그냥 묵자식대로 나가봤습니다. 묵자 이야기를 하는 책이니 묵자적 서술 방식을 쓰는 게 좋지 않을까 싶어서요.

모든 사람이 기초적인 생활을 보장받고, 노동하는 사람의 권리와 이익이 보장되는 사회, 그리고 인간의 존엄성을 뿌리째 뽑아버리는 전쟁이란 괴물이 없는 세상, 그런 것을 꿈꾸었던 묵자를 어떻게 받아들이셨는지 여쭙고 싶네요. 저런 세상이 정말 올 수 있을지도 궁금하고, 또 여러분께서도 그런 세상을 꿈꾸시는지, 그런 세상이 올 거라고 얼마나 낙관하시는지도 궁금합니다.

갈수록 심해지는 양극화와 자산의 불균등한 소유, 재앙에 가까운 비정규직 문제, 경제적 문제로 결혼과 출산을 포기하는 젊은이들, 분단된 상황으로 인해 이어지는 사회적 억압과 비용 낭비, 끝도 없이 계속되는 무리한 토목 건설과 대형 국제스포츠대회 유치, 그로 인해 날아가는 국민 세금, 여전히 노동 분쟁과 노동자의 집단행동을 부정적으로 보도하는 사이비 주류 언론들. 정말 묵자의 문제의식이 절실한 현재 대한민국에서, 여러분과 묵자 여행을 완주했습니다. 국민들 각자가 누릴 몫이 보장되기는커녕 국민들 각자의 어깨에 무거운 가계 대출만 잔뜩 지워져 있는 대한민국, 정말 갈 길이 너무도 멉니다. 하지만 현실이 그토록 어둡기에 우리는 더욱더 묵자의 말에 귀를 기울여야겠죠. 하느님이 동등하게 아끼는 모든 인민이 잘 먹고 잘살아야 하니까요. 이렇게 같이 여행해온 벗들께 작별 인사를 드리려는 지금 제 귀엔 〈청계천8가〉라는 천지인의 노래가 울리고 있습니다.

칠흑 같은 밤 쓸쓸한 청계천8가
산다는 것이 얼마나 위대한가를
비참한 우리 가난한 사랑을 위하여
끈질긴 우리의 삶을 위하여

우리의 삶이 비참하지 않았으면 좋겠고 우리 모두가 가난하지 않은 사랑을 했으면 좋겠습니다. 아울러 남과 북의 땅에 사는 모두에게 묵자가 말하는 세 가지 환난이 없었으면.

  배고픈 자 먹지 못하고, 헐벗은 자 입지 못하고, 일한 자 쉬지 못하나니……

에필로그

1

호국 보훈의 달 6월, 국민학생 시절 담임선생님의 인솔하에 반 동무들과 함께 경찰 묘지에 간 적이 있습니다. 한국전쟁 시기, 북조선 인민군과 싸우다 죽은 한국 경찰들의 묘지가 있는 곳. 당연히 반공 교육을 위해서 간 것인데 공교롭게 그 근처에 또 다른 사람들의 묘지가 있습니다. 하지만 그 묘지에는 어떤 탑도, 위령을 위한 시설도 없고, 그 넋을 위로하기 위해 들르는 사람도 없었습니다.

경찰들의 묘지와 위령탑이 마주 보는 코앞의 산 계곡엔 한국전쟁 당시 단지 좌익에서 전향했거나 좌익 운동가의 가족이라는 이유만으로 '보도연맹'이라 묶여서 떼죽음을 당해야 했던, 정말 말 그대로 개죽음을 당했던 보도연맹원 학살 터가 있었습니다. 참 이런 아이러니

가 있나. 보도연맹원 학살은 대부분 경찰들 손에 이루어진 것으로 아는데, 경찰 묘지 코앞에 보도연맹원 학살 터라니. 머지않은 곳에 바다가 있어서 보도연맹원들 중에는 손발이 묶인 채 바다로 던져져 수장된 경우도 많았고, 그래서 가족들이 시체를 수습할 엄두도 못 냈다는데, 총살을 당해 계곡에 묻힌 사람들은 차라리 다행이었을까요?

예전엔 근처 경찰 묘지를 지나갈 때 침을 뱉고 싶었습니다. 해방된 지 얼마 안 된 시기의 경찰이었으니 보나마나 일제의 주구였겠지, 그리고 보도연맹을 학살하는 데도 관련되었겠지 하고 짐작해 그리 생각했습니다. 그런데 갈수록 이런 생각이 듭니다. 어쩌면 그들도 역사의 희생자이지 않을까, 그 경찰들과 희생된 보도연맹원들은 하느님 나라에 가서 화해했을까 하는 생각들. 그리고 겨레를 사랑하고 조선의 민중을 딱하게 여긴 동학의 종사 수운 선생과 2대 스승 해월 선생, 그분들이 말하는 한얼님이 정말 있고 한얼님의 나라가 있다면 그 한얼님의 나라에서 그들은 어떻게 살고 있을까 하는.

골〔谷〕로 간다는 말이 그 시기에 생겼다지요. 사람들을 계곡으로 끌고 가 죽이는 일이 일상다반사였으니. 허허, 공자는 어진 자는 산을 좋아한다고 했습니다. 인仁을 산에 비유한 것인데, 산은 뭇 생명을 품어주는 어머니 같은 존재이기에 그렇게 비유한 것입니다. 그런데 산이 뭇 생명을 품어주려면 계곡이 있어야 합니다. 물이 있는 계곡 근처에 과일나무도 자라고 짐승들도 모이고 또 마을도 생기고 하니까 계곡이 없으면 산이 仁할 수 없는 노릇. 그런데 한국 땅에서는 계곡에서 사람들을 살육하고 도륙했습니다.

언젠가 고향 땅에서 선생님이 학생들을 이끌고 경찰 묘지와 보도연맹원 학살 터를 모두 둘러보는 일이 생길 수 있을까? 전 바라지도 않습니다. 확률 제로의 일. 하지만 고향 땅의 보도연맹원 학살 사건은 제게 일찍이 화두를 주었고, 묵자 공부를 하게 만들었습니다.

2

글쓰기란 게 묘합니다. 치유 기능도 있는 것 같습니다. 아직 글쓰기가 서툴고 배울 게 많지만 분명합니다, 글쓰기엔 글을 쓰는 사람을 치유하는 약이 있다는 것이.

고향의 보도연맹 학살과 어린 시절 우연히 본, 황해도 신천 사건을 그린 피카소의 〈Massacre in Korea〉, '한국에서의 학살'이란 작품. 어린 시절부터 전쟁이란 게 뭐고 얼마나 무서운 것인지 고민하고 생각하고, 또 그것을 머리에, 어깨에, 등에 이고 가면서 저는 두보杜甫 (712~770, 중국 당나라 때의 시인)의 시를 자주 보기 시작했습니다. 전쟁의 참혹함과 전쟁으로 인해 선량한 보통 사람들이 겪는 고통을 자주 풀어낸 두보 선생의 시를 읽으면서 더욱더 슬프기도 했지만 반대로 묘하게 마음이 위로받는 것을 느낄 수 있었는데, 이번에 비공과 반전을 말한 묵자에 대한 책을 쓰면서 두보가 치료해주지 못한 부분까지 상당히 치유가 되지 않았나 싶습니다. 글쓰기란 게 참 좋지 아니한가? 이렇게 마음의 병을 고쳐주기도 하고. 그것도 스스로 고치게 하니.

그런데도 저는 여전히 두보 시집을 자주 열어보고 읽어보는 것을 보니 아직도 치유할 부분이 있고, 그 치유에 두보 선생의 시가 필요한가 봅니다. 진실로 두보 선생은 시의 성인이 아닐지. 사람 마음 어루만져주는 데에 두보 선생의 시만 한 게 없습니다.

3

머리가 굵어지며 사회 현상에 대해 관심을 가지게 되고 알게 되면서 여러 가지 문제의식을 품게 되었습니다. 분단 문제, 군사문화에 찌든 억압적 환경과 폭력의 끊임없는 확대 재생산, 바닥 수준의 인권 의식, 특히나 교육이 아니라 사육되는 청소년들, 너무도 배타적이고 물질적 욕망에 눈이 멀어 공동체의 암적 존재이다 못해 악이 되어가는 특정 종교의 문제.

그런데 갈수록 눈에 들어오고 피부에 와 닿고 저를 고민하게 한 건 노동 관련 문제였습니다. 10년째 임금이 그대로인 곳, 갈수록 늘어나는 비정규직과 비정규직에게 강제되는 턱없이 낮은 임금과 열악한 노동 환경, 죽어라 야근하는 사람들, 거지 같은 노동 환경 때문인지 기형적으로 높은 자영업 비중, 일하는 청소년들은 무슨 노예도 아닌데 성추행에 임금 체납, 폭력에 시달리기도 하고. 대학생과 청소년들이 아르바이트를 하면서 배울 수 있는 건 노동의 신성함도 돈의 소중함이나 돈 벌기의 어려움도 아니고 그저 내 노동의 하찮음뿐(자신의 노동만이 아니라 노동 전반에 대해 하찮음을 배우는 거 같습니다). 공동체는 니미, 경쟁만을 강요하는 직장과 사업장에서 적대적 인간관계에 치이고 갖은 비인간적인 대접을 항상 받는 사람들. 경조사비를 뜯어 갈 때만 공동체인 직장. 관리자들은 무슨 전근대 시대의 탐관오리, 악덕 영주 내지 왜정 때 지주들인가??

그보다 가장 기가 막힌 건 초·중·고·대학을 졸업할 때까지 수업 시간에 한 번도 노동자로서 가져야 할 권리 의식이나 연대 정신 같은 것에 대해 교육받지 못한 것. 아니, 대부분의 국민이 노동자로서 살아야 하는데 왜 한 번도 나의 스승들은 제자들에게 노동자로서 가져야 할 의식이나 정신을 말해주지 않았을까? 그런데도 정녕 그들이 나의 스승일까? 가르침까지는 아니더라도 귀띔이라도 좀 해주지. 아, 정말 일하는 사람들의 권리가 보장되고 노동하는 사람들이 피눈물 흘리지 않는 세상은 한낱 꿈이란 말인가?

이런 생각들 때문에 묵자 사상에 천착하고, 아직도 공부가 영글지 않았지만 이렇게 책까지 쓰게 되었는데요. 정말 일하는 자, 노동하는 자의 권리와 존엄을 말한 묵자 사상에 대해 많은 사람들이 알았으면 좋겠습니다.

시궁창이라는 말도 과분한 한국의 노동 환경, 도무지 찾을 수 없는 노동자들의 존엄, 너무도 심한 직업의 귀천. 자식들이 노동자가 아닌 전문직 종사자가 되길 바라는 나머지 밑도 끝도 없이 사교육비를 퍼붓는 부모들(전문직 종사자도 노동자인 것 같지만 우리나라 부모들 생각엔 아니니 그렇다 치고요). 군사정권보다 더 큰 권력을 누리며 국민 위에 군림하는 경제권력과 자본들. 이런 대한민국엔 정말 묵자의 사상과 목소리가 절실한데, 묵자 사상이 알려지고 메아리쳐지는 데 미약하게나마 제가 쓴 책이 보탬이 되었으면 싶습니다.

4

종로 낙원상가 떡집 근처에 대한민국 천도교 본당이 있습니다. 따로 믿는 종교가 없는 저는 갈 때마다 그냥 본당을 향해 가볍게 목례를 하는데, 들어가서 아주 신자가 되어볼까 하는 생각도 몇 번 들었지만 문 앞까지 가서 망설이다가 그냥 돌아오곤 했습니다. 다른 이유가 있어서가 아니라 다만 천도교가 말하는 사인여천事人如天, 사람을 하늘처럼 섬기라는 교리를 지키고 살 자신이 없어서입니다. 그래도 항상 목례를 하는 건 이 땅의 겨레와 민중을 사랑한 수운 선생과 해월 선생에 대한 존경심 때문이며, 그분들이 말하는 한얼님에 대한 막연한 감사함 때문입니다. 수운 선생과 해월 선생이 말한, 모든 사람을 사랑하고 모든 사람 안에 계시는 그런 한얼님이 정말 있을까요? 모르겠습니다. 하지만 그 한얼님이 있다면 정말 모든 사람, 특히 조선 땅의 민중을 아끼고 딱히 여기지 않을까 싶습니다. 그래서 지나칠 때마다 항상 목례를 하고, 동학과 천도교, 수운과 해월 선생을 생각할 때마다 묵자와 묵자의 하느님을 떠올리곤 합니다. 똑같이 모든 사람을, 특히나 고통 받는 하층민들을 사랑하신다는 절대자이기에.

아직도 저는 자신이 없습니다. 사인여천 하고 살 깜냥이 못 됩니다. 그래서 천도교 입문은 엄두가 나질 않지만, 책이 나오면 한번 천도교 본당에 들러 인사를 드리고 싶습니다. 수운 최제우 선생, 해월 최시형 선생, 소파 방정환 선생, 소춘 김기전 선생……, 한얼님의 가르침대로 사신 이 땅의 스승님들께 인사나 드린다는 생각으로.

마지막으로 오랜 시간 생명평화탁발순례단을 이끌고 전국의 보도연맹원 학살 터에서 위령제를 지내주시며 여래의 자비심을 몸소 실천하신 도법스님께 다시 한 번 감사의 마음을 표현하고 싶습니다. 사적인 자리에서 한번 뵙고 인사드린 적 있지만 다시 한 번 지면을 통해서 받은 은혜에 감사함을 표시하고 싶습니다.

"선생님, 제 고향에 와서 위령제 지내주시고 정말 감사합니다. 큰

절 받으십시오."

"이 사람이 절은 무슨, 그냥 악수나 한번 하세."

참고문헌

가이즈카 시게키, 이목 옮김, 《한비자 교양강의》, 돌베개, 2012

공원국, 《춘추전국 이야기》 1~5, 역사의아침, 2010-2012

기세춘, 《墨子: 천하에 남이란 없다》 上·下, 나루, 1992

김경수, 《출토문헌을 통해서 본 중국 고대 사상: 마왕퇴 한묘 백서와 곽점 초묘 죽간을 중심으로》, 심산, 2008

김상준, 《맹자의 땀 성왕의 피: 중층근대와 동아시아 유교문명》, 아카넷, 2011

김성희, 《공자, 제자들에게 정치를 묻다》, 프로네시스, 2008

김학주, 《묵자》, 명문당, 1993

류위 외, 조영현 옮김, 《패권의 시대》, 시공사, 2004

문춘영, 〈중국 선진(先秦)시대 묵자(墨子)의 커뮤니케이션사상과 「묵변(墨辯)」에 관한 연구〉, 서울대학교 박사학위 논문, 2007

박문현, 《묵자》, 지식을만드는지식, 2012

박민영, 《논어는 진보다》, 포럼, 2008

박재범, 《묵자》, 홍익출판사, 1999

비탈리 에이 루빈Rubin, Vitalii Aronovich, 임철규 옮김, 《중국에서의 개인과 국가: 공자, 묵자, 상앙, 장자의 사상 연구》, 율하, 2007

서울대학교 동양사학연구실, 《古代中國의 理解》, 지식산업사, 1994

서울대학교 동양사학연구실, 《講座中國史 1》, 지식산업사, 1989

손영식, 〈성악설의 흐름: 묵자·순자·법가 및 노자의 인간관〉, 《東洋古典研究》 10輯 (1998년 5월), 東洋古典學會

손영식, 〈묵자의 '하나님의 뜻'에 근거한 보편적 사랑의 이론〉, 《人文論叢》 16輯(1999년 6월), 울산대학교 출판부

손영식, 〈묵자의 유일신론과 맹자의 범신론〉, 《人文論叢》 23輯(2004년 11월), 울산대학교 출판부

송영배 외, 《제자백가의 다양한 철학흐름》, 사회평론, 2009

송영배, 《중국사회사상사》, 사회평론, 2012

시라카와 시즈카, 심경호 옮김, 《한자 백 가지 이야기》, 황소자리, 2005

시라카와 시즈카·우메하라 다케시, 이경덕 옮김, 《주술의 사상: 시라카와 시즈카, 고대 중국 문명을 이야기하다》, 사계절, 2008

신정근, 《사람다움이란 무엇인가: 仁의 3천년 역사에 깃든 상생의 힘》, 글항아리, 2011

신정근, 《사람다움의 발견: 仁사상의 역사와 그 문화》, 이학사, 2005

양국영, 이영섭 옮김, 《맹자평전》, 미다스북스, 2002

양국영, 황종원 외 옮김, 《유교적 사유의 역사》, 성균관대학교출판부, 2006

왕건문, 은미영 · 이재훈 옮김, 《공자, 최후의 20년: 유랑하는 군자에 대하여》, 글항아리, 2010

이개원, 하병준 옮김, 《진시황의 비밀》, 시공사, 2010

이상수, 《아큐를 위한 변명: 대륙이 만들어낸 중국정신의 두 얼굴》, 웅진지식하우스, 2009

이성규, 《中國古代帝國成立史硏究: 奉國齊民 支配體制의 形成》, 일조각, 1997

이수태, 《논어의 발견》, 생각의나무, 2009

이운구, 《묵자》, 길, 2012

이운구 · 윤무학, 《墨家哲學硏究》, 성균관대학교대동문화연구원, 1995

이춘식, 《춘추전국시대의 법치사상과 세勢 · 술術》, 아카넷, 2002

이형준, 〈묵가 정치철학 체계의 근본개념 연구〉, 서울대학교 석사학위 논문, 2010

이해영, 〈先秦諸子의 批判意識에 관한 硏究〉, 성균관대학교 박사학위 논문, 1989

장원태, 〈전국시대 인성론의 형성과 전개에 관한 연구: 유가, 묵가, 법가를 중심으로〉, 서울대학교 박사학위 논문, 2005

정명숙, 〈墨子 兼愛의 사회질서 원리에 관한 연구〉, 서울대학교 석사학위 논문, 1995

정재현, 〈무차별적 사랑을 역설한 논리주의자〉, 《철학과 현실》 52, 철학문화연구소, 2002

정재현 《묵가사상의 철학적 탐구》, 서강대학교 출판부, 2012

조기빈, 조남호 · 신정근 옮김, 《反논어: 孔子의 論語 孔丘의 論語》, 예문서원, 1996

진정염 외, 《中國大同思想硏究》, 지식산업사, 1990

貝塚茂樹, 김석근 옮김, 《諸子百家: 中國古代의 사상가들》, 까치, 1989

몽배원蒙培元, 《蒙培元講 孔子》, 《蒙培元講 孟子》, 北京大學出版社, 2006

많은 분께 빚을 졌지만 우선 원문 해석은 이운구, 박재범, 김학주 선생님께, 묵자의 인성론과 하늘 관련해서는 손영식, 장원태 선생님께, 법가와 병가 관련해서는 김경수 선생님께, 묵자의 이익에 대한 관점과 의로움, 상동에 대한 관점은 이형준 선생님께, 《논어》와 공자, 공자의 仁에 대한 부분은 신정근 선생님께 빚을 졌습니다. 진나라와 묵자 관련해서는 이성규 선생님께, 개념이 되는 한자 단어의 문자적 기원 관련해서는 시라카와 선생님께 빚을 졌고, 춘추전국 시대사의 이해에 대해서는 공원국 선생님께, 그리고 문춘영 선생님의 논문도 많이 참고했습니다. 감사하다는 말씀 드리고 싶고, 마지막으로 2007년 돌아가신 선진 철학자 이운구 선생님의 영면을 기원합니다.